W9-AYM-852

Sueños del Corazón
Memorias

S I G N O M Á S

Violeta Chamorro

con Sonia de Baltodano
y Guido Fernández

Sueños del Corazón
Memorias

Traducción de Andrés Linares

ACENTO
EDITORIAL

Este libro ha sido escrito originalmente en inglés.
La autora ha aportado a la traducción castellana
algunos giros y expresiones propios de Nicaragua.

© Fotografía de cubierta: 1989 Cindy Kapa/Time Life Photo Lab
   Fotografías interiores: colección personal de Violeta Chamorro
Diseño de cubierta: Alfonso Ruano

Título original: *Dreams of the Heart*
Publicado originalmente en inglés por Simon & Schuster, Nueva York
© Violeta Barrios de Chamorro, 1996
© Acento Editorial, 1997
   Joaquín Turina, 39 - 28044 Madrid

Comercializa: CESMA, S.A. - Aguacate, 43 - 28044 Madrid

ISBN: 84-483-0242-7
Depósito legal: M-16.181-1997
Fotocomposición: Grafilia, S.L.
Impreso en España / *Printed in Spain*
Imprenta SM - Joaquín Turina, 39 - 28044 Madrid

SUMARIO

Reconocimientos

Deseo expresar un agradecimiento especial a mi hija Cristiana Chamorro, por haberme animado y orientado a contar mi historia; a Sonia Cruz de Baltodano, por generar y promover la idea de este libro; y a Reid Boates, mi agente literario, que me representó y me impulsó a seguir adelante en la redacción de esta obra durante cinco años.

También deseo dar las gracias a Guido Fernández y Sonia por ayudarme a expresar mis sentimientos en palabras. Guido elaboró un primer borrador manuscrito en castellano, que fue ampliado por Sonia, quien a su vez proporcionó el contexto histórico para el libro con la ayuda de Cristiana. Luego Sonia redactó en inglés y lo repasó conmigo, con Cristiana y Bob Bender, jefe de edición de Simon & Schuster.

Debido a mis obligaciones en la Presidencia de la República, me resultó difícil encontrar tiempo para escribir este libro, por lo que estoy muy agradecida por toda la ayuda que he recibido. Agradezco especialmente a los amigos y familiares que leyeron los borradores de distintos capítulos y me ofrecieron sugerencias, incluyendo al Dr. René Sandino, al Dr. Fernando Zelaya, Rodrigo Cruz y José Antonio Baltodano.

Quiero expresar un reconocimiento especial a todos aquellos que me prestaron su ayuda en estos esfuerzos, especialmente a Margarita Dorn, de la Oficina del Presidente, y a Julio León, de la biblioteca del diario *La Prensa*. Ambos dedicaron tiempo extra, ayudando a Sonia Cruz y Cristiana en las labores de investigación.

Y sobre todo le doy las gracias al pueblo de Nicaragua, que inició una gran protesta cuando mi marido fue asesinado y luego puso su confianza en mí, cuando me presenté a las elecciones a la Presidencia. Para el pueblo de Nicaragua he escrito este libro. Por los nicaragüenses entré en la vida política no premeditada.

A todos los que llegarán a ser presidentes de Nicaragua después de mí les digo: no olviden nunca que una vida en el servicio público no es una tarea sencilla. Nuestras acciones deben estar siempre guiadas por un espíritu de autosacrificio, honradez y competencia.

A mi difunto esposo,
Pedro Joaquín Chamorro Cardenal,
y a mi nieto Marcos Tolentino,
quienes me enseñaron una lección de amor y coraje
que no olvidaré jamás, y a mis nietos
Valentina, Sexto Pedro Joaquín, Sergio Antonio,
María Andrea, Violeta Margarita,
Fadrique Damián, Mateo Cayetano,
Cristina María y Antonio Ignacio,
Luciana Fernanda, Andrés Fernando,
para que algún día se sientan inclinados
a contribuir, en la medida que sea,
a ayudar a Nicaragua a ser tan libre y hermosa
como sus abuelos desearon que fuera.

OCÉANO ATLÁNTICO

HONDURAS

Tegucigalpa

EL SALVADOR

Golfo de Fonseca

OCÉANO PACÍFICO

Río Coco

Río Huahua

REGIÓN LOS INDIOS MISQUITOS

Río Bocay

San Andrés de Bocay

Yamales

CORDILLERA ISABELIA

NUEVA SEGOVIA

Quilalí

JINOTEGA

Río Prinzapolka

Río Grande de Matagalpa

Río Tuma

Wasalá

Río Blanco

Matagalpa

MATAGALPA

ZELAYA

REGIÓN DE LOS INDIOS RAMA

Río Escondido

Rama

Bluefields

REGIÓN DE LOS INDIOS SUMO

RÍO SAN JUAN

San Carlos

El Castillo

San Juan del Norte

COSTA RICA

Río San Juan

San Pedro de Lóvago

CHONTALES

Acoyapa

Juigalpa

Cuapa

BOACO

Mojejones

Camoapa

Olama

Boaco

Lago de Managua

Concepción

Madera

Isla de Ometepe

RIVAS

Rivas

San Juan del Sur

Ochomogo

Sapoa

Granada

MASAYA

Masaya

Diriamba

Jinotepe

CARAZO

Casa Colorada

Montelimar

MANAGUA

Managua

Lago de Nicaragua

LEÓN

León

Poneloya

Corinto

CHINANDEGA

Chinandega

Cosigüina

Ocotal

MADRIZ

ESTELÍ

Estelí

La Trinidad

Sébaco

Ocotal

Sébaco

N

N I C A R A G U A

△ Base de la contra
── Límite departamental
- - - Límite nacional
▨ Zona de actividad de la
Contra después de 1990

0   25   50   75 millas

0   25   50   75   100 km

Prólogo

El 25 de abril de 1990 asumí la Presidencia de la República en el Estadio Nacional en un ambiente de gran tensión, provocado por el sentimiento de dos bandos completamente opuestos. Nicaragua vivía en ese entonces un clima de guerra y de violencia. Siete años después, el 10 de enero de 1997, en un nuevo ambiente de paz y democracia, regresé al Estadio Nacional a traspasar la Banda Presidencial, de manos de una mujer civil libremente electa por el voto popular, a otro presidente electo en las urnas electorales. Transcurrió casi un siglo de historia para que este traspaso de un civil a otro fuera posible en Nicaragua.

Quiero decir con sinceridad a todos mis lectores que cuando asumí la Presidencia de la República sentí una gran angustia en mi corazón al recibir un país en guerra y destruido.

La Patria que heredé era una sociedad desgarrada por la división. Los nicaragüenses no nos reconocíamos como hijos de una misma Patria. Podían más los intereses partidarios y personales que los legítimos intereses del pueblo.

Como mujer pacífica que soy y alejada de partidos políticos, no puedo negarles que sentí miedo ante los enormes retos de la gran misión que me había encomendado el pueblo nicaragüense.

Aquella noche del 25 de abril de 1990 me retiré a la soledad de mi habitación y frente a la imagen de la Virgen y de nuestro Señor recibí las fuerzas necesarias y la valentía para trabajar sin descanso por construir un nuevo país.

Fui elegida por una mayoría de los nicaragüenses, pero goberné para todos, sin distinciones políticas, religiosas, étnicas o de cualquier otra clase. No di cabida en mi corazón ni al odio ni a la revancha y siempre dije que sin reconciliación y perdón era muy difícil reconstruir nuestra Patria.

Quise una Nicaragua de todos y para todos. Una nación con ciudadanos capaces de convivir armoniosamente en medio de la diversidad de signos ideológicos. Siempre pedí que declinaran las ambiciones personales y los emblemas partidarios para dar lugar al azul y el blanco puro de nuestra Bandera Nacional.

En esos siete años de Gobierno procuré tratar con el mismo respeto y consideración al trabajador humilde, a la mujer obrera o campesina, a los pequeños y medianos productores, a los profesionales y a los grandes empresarios; en fin, a todos los nicaragüenses.

En mi discurso del 25 de abril de 1990 recordaba que mi esposo, Pedro Joaquín Chamorro, que llevaba diecinueve años asesinado, tuvo una pequeña embarcación para atravesar el Gran Lago de Nicaragua llamada «Santa Libertad». En medio de las tormentas y las dificultades, puedo decir que, bajo mi conducción, en Nicaragua arribamos unidos, en el barco de la libertad, al puerto de la democracia.

En tiempos de oscuridad, mi país fue una inmensa cárcel. En horas de tempestad, Nicaragua fue un país sin Estado de derecho. Desde 1990 se terminaron las persecuciones, los exilios y los presos políticos. Nicaragua recuperó la libertad.

La Nicaragua de hoy tiene un periodismo libre, sin censuras ni amenazas. La autoridad militar está subordinada al poder civil. El ejército y la política son cada vez más profesionales y ya no llevan las siglas de ningún partido.

Los cuatro poderes del Estado son independientes. Quedó atrás el Estado paternal y centralista. La economía y el mercado recuperaron su dinamismo. Resurgió la creatividad de nuestros empresarios, que son el motor de nuestra economía. Se redujo sustancialmente la enorme deuda externa heredada que hipotecaba el futuro de nuestra nación.

La desconfianza hacia nuestro país ha desaparecido. Hoy el mundo nos ve como gente hospitalaria, trabajadora y con deseos de superación. Dejo un país con grandes oportunidades y atractivos para la inversión.

Hemos pasado ya una etapa difícil de nuestra historia. Quienes gobernarán de ahora en adelante encuentran una Nicaragua transformada y en paz.

Doy las gracias a todos los países amigos y organismos internacionales por su generoso e invaluable apoyo para lograr estos cambios extraordinarios en Nicaragua. Hemos demostrado que somos dignos de la confianza internacional.

Durante mi gestión busqué en todo momento un nuevo estilo de gobernar, inspirado únicamente en el deseo de servir y en el respeto a nuestro pueblo. Compartí responsabilidades con un gran equipo de trabajo que siempre me apoyó, especialmente en los momentos más difíciles.

A lo largo de mi mandato recibí muchas presiones políticas y económicas; pero siempre actué conforme a mi conciencia, a mis convicciones democráticas y por la dignidad nacional.

A pesar de estos grandes logros, aún persisten graves desafíos sin resolver, debido a la inmensa magnitud de los problemas heredados. La superación de la pobreza y el desempleo, el fortalecimiento permanente de las instituciones democráticas y el progreso económico son temas de una agenda pendiente.

Tenemos la responsabilidad de seguir cultivando el entendimiento y la convivencia entre los nicaragüenses. Debemos pensar primero en Nicaragua, construyendo nuestra nación en base al diálogo y la reconciliación.

A mi pueblo quiero reconocerle el inmenso sacrificio que ha realizado en estos años y agradecerle especialmente la confianza depositada en mi persona y en mi equipo de gobierno para cumplir este difícil proceso de transición democrática.

He tratado de cumplir con todo corazón y entereza el mandato que recibí. Por lo que no pude cumplir y por lo que me equivoqué, pido perdón.

Violeta B. de Chamorro

Capítulo Primero

Los ideales de la revolución habían sido traicionados. Los nicaragüenses se encontraban en guerra consigo mismos, atrapados en una espiral de violencia que había producido ya treinta mil muertos y la bancarrota económica del país. En caso de continuar en el poder los dirigentes sandinistas, las raíces del comunismo se extenderían por toda la región, asfixiando para siempre la libertad en Centroamérica. Ésta era la situación con la que me encontré cuando, en septiembre de 1989, acepté la nominación de la Unión de Oposición Nicaragüense (UNO) para presentarme a la Presidencia y oponerme a la poderosa fuerza política de los sandinistas en las elecciones de 1990, que constituyeron las primeras elecciones presidenciales libres y justas celebradas en nuestro país desde 1934.

¿Por qué decidí presentarme? Me sentía impulsada a hacer realidad el sueño de Pedro, mi difunto marido, de que Nicaragua llegara a convertirse en una República auténticamente democrática. Mi metamorfosis, de madre y esposa a viuda del líder sacrificado de la oposición, y finalmente, en febrero de 1990, a presidenta democráticamente elegida de un país, fue el resultado último de más de veinticinco años de lucha tenaz y desafiante contra una dictadura militar. La respuesta a ese desafío, que fue el asesinato de Pedro y mi calidad de guardiana de su sueño, me lanzó al centro del campo de la batalla política de Nicaragua.

Nadie podría haber adivinado que yo seguiría ese camino cuando nací en el seno de una familia de hombres que habían dirigido los movimientos secesionistas de 1811 contra la Corona española y combatido en la guerra de Independencia de 1821:

estaba llamada a cumplir los sueños republicanos de mis antepasados. El día que conocí a Pedro, un apasionado defensor de la libertad que había jurado a cualquier costo redimir a Nicaragua de la tiranía de los Somoza, mi destino quedó sellado. En dos ocasiones he sido llamada para contribuir a derrotar dictaduras: primero, como figura simbólica de la revolución contra Anastasio Somoza Debayle, el adversario de toda la vida de Pedro; y luego como dirigente de la oposición contra los sandinistas, mis antiguos compañeros, que habían traicionado nuestra revolución. Las dos veces lo que me ha motivado ha sido el deseo de ver realizado el sueño de mi marido difunto, un ideal patriótico que llevaba en su corazón como una obsesión ardiente. Pedro me lo confesó por primera vez poco después de conocernos. Me dijo que su patriotismo lo llevaba sobre sus hombros como un manto que Dios hubiera puesto sobre ellos. Ese sueño inspiraba todos sus pensamientos, guiaba todas sus opciones, aunque sabía que le costaría su propia vida. Un día me dijo: «Como resultado de mi muerte, Nicaragua se verá liberada para siempre».

Debería haber sabido que nunca gozaría de libertad para llevar una vida normal y corriente, ya que desde el mismo momento en que conocí a Pedro, los espíritus de nuestros antepasados pareciera que desde sus tumbas se decidieron a trazar un camino para nosotros en la historia de nuestro país. De hecho, con el tiempo he llegado a comprender que nuestro encuentro no tuvo nada de accidental. Creo que nos enamoramos como sujetos inconscientes de una fuerza que nos impulsaría a cumplir un destino del que no podríamos librarnos y que habría de unirnos hasta que la muerte nos separara.

TANTO Pedro como yo somos descendientes de hombres que ocuparon los escalones más altos de la estructura social de Nicaragua, que todavía subsistía cuando yo nací el 18 de octubre de 1929. La nuestra era una clase dominante de criollos de origen europeo (hijos de españoles nacidos en América) en la que el nacimiento determinaba el estatus. Éramos terratenientes y generales, los patrones de los labradores ladinos; es decir, mestizos de blanco e indio, la mayoría de los cuales procedían de las tribus indias Nahuatl o Chorotega.

Recuerdo que de niña oía las meditaciones de varios miembros de mi familia cuando analizaban las contradicciones políticas de nuestro país en la casa de mis padres. ¿Por qué, se preguntaban, las cosas en Nicaragua van empeorando cada día? Desde entonces parecía que estábamos condenados a repetir los sangrientos errores del pasado. Mientras nuestros países vecinos lograban forjar un espíritu nacional, definir su legado, defender sus fronteras, nosotros no éramos nada más que un ideal, una aspiración que nunca lograba cobrar forma. Entre los trastornos y perturbaciones de las guerras civiles, apenas habíamos logrado iniciar el camino que había de convertirnos en una nación. «Algunas veces», solía decir mi padre, «parecemos que sólo somos un conjunto de familias, liberales y conservadores, y no la suma de numerosas partes distintas que dan como resultado un gran país».

Aunque entonces no podía comprenderlo, ahora sé lo que a mis parientes les resultaba imposible comprender: que nuestros fracasos como República han sido consecuencia directa de las devastaciones provocadas por los distintos gobiernos militares y las desigualdades socioeconómicas que han existido siempre en Nicaragua.

LA HISTORIA de mi familia comienza en 1762, con mi sexto abuelo español, don Francisco Sacasa, que fue hecho prisionero por un corsario inglés durante un breve período de la ocupación británica de Florida permaneciendo siete meses encarcelado en el fuerte de San Agustín. Llegó a Nicaragua a través de La Habana, Cuba, acompañado por un grupo de nobles españoles. En aquella época, Nicaragua era un país en gran medida inexplorado por los europeos, habitado por una rica diversidad de tribus indias. Las colonias españolas de Granada y León, fundadas en 1524, eran manchas aisladas de civilización europea, mientras permanecían vírgenes las inmensas llanuras, las montañas y lagos del país.

EL POETA nicaragüense Pablo Antonio Cuadra Cardenal, primo de mi marido, idealiza las afirmaciones de los geólogos relativas a la formación del continente americano. Describe a Nicaragua entre los dos océanos a modo de una «Venus de Botticelli», como una conexión entre América del Norte y del Sur. Según esos relatos, lo que primero apareció fue un trozo de tierra en forma de luna creciente, el volcán Mombacho, que flotaba como una isla en lo que era probablemente un enorme golfo. Miles de años después, y debido a un poderoso movimiento sísmico, esta región se convirtió en la costa del Pacífico Nicaragua, de 200 millas de longitud, recorrida por toda una cadena de volcanes: Cosigüina, San Cristóbal, Telica, Cerro Negro, Momotombo, Masaya, Mombacho, Concepción y Madera. Fue entonces cuando se formaron los grandes lagos Xolatlán (posteriormente conocido como Lago de Managua) y Cocibolca (posteriormente conocido como el Gran Lago de Nicaragua), como dos grandes superficies interconectadas de agua. El Lago de Managua recibe las aguas de hasta ocho ríos procedentes del Norte y el Este. Esta confluencia de aguas se vacía en el Lago de Nicaragua, del que nace el río San Juan, que va a desembocar en el Océano Atlántico. Se ha llegado a afirmar que las aguas dulces del Lago de Nicaragua y del río están llenas de tiburones, delfines, manatíes, tortugas de mar y caimanes, debido a que en otros tiempos existió una conexión con el Océano Pacífico a través de la región en la que se encuentra situada la ciudad de Rivas, ciudad en la que yo nací.

Algunas personas afirman que, debido a que se encuentra en la parte central del istmo que une América del Norte y del Sur, Nicaragua es el auténtico centro del continente. Esta afirmación se ve corroborada por las exuberancias de nuestra flora y fauna, y así los pumas y los bosques de pinos, típicos de los países septentrionales, se mezclan indiscriminadamente con los jaguares y jabalíes que abundan en las selvas húmedas del trópico. La gran profusión de tribus indias que no siempre pacíficamente coexistieron en nuestro territorio es otro argumento de quienes consideran que somos el centro de América. Aquí estaban los Subtiavas, grandes fumadores de tabaco, los dictatoriales Nahuas, y los más civilizados Chorotegas, que supuestamente bajaron desde California y que se creen están emparentados con las tribus Siux de América del Norte. Las tribus de la costa del Pacífico predominaban sobre los Ramas, Sumus y Miskitos, aficionados a masticar hojas de coca, y que al parecer habían emigrado a nuestra costa al Caribe desde Colombia y otras regiones de América del Sur.

En 1762 llegó mi antepasado don Francisco Sacasa, y se encontró con este conjunto de culturas étnicas, climas y paisajes. Don Francisco entró sorteando los rápidos del río San Juan para hacerse cargo del fuerte de la Inmaculada Concepción. El anterior superintendente, don José Herrera y Sotomayor, otro español, había muerto de cólicos durante un prolongado asedio al fuerte por parte de tropas británicas, dejando para supervisar la defensa de la ciudadela a su hija de diecinueve años de edad, Rafaela. Según la historia, durante los últimos cuatro días del asedio los soldados estaban dispuestos a rendir el fuerte cuando, dando una muestra de su gran carácter, Rafaela disparó los cañones y consiguió que los hombres volvieran a las armas hasta repeler con éxito a los invasores.

Según distintos relatos familiares, cuando, tras sortear los rápidos del río San Juan y pasar los bancos de arena en los que habían encallado tantas embarcaciones, don Francisco llegó a El Castillo, se quedó deslumbrado por la belleza de la zona y por la espectacular vista de la fortificación, majestuosamente emplazada en lo alto de una montaña a mitad de camino del curso del río San Juan. Es la zona que en su libro sobre Nicaragua, publicado en 1852, E. G. Squier describía como un auténtico paraíso terrenal con «árboles que se elevan como columnas góticas». Ser el comandante en jefe de El Castillo no era una tarea en absoluto sencilla; implicaba tener que rechazar invasiones periódicas de piratas y almirantes ingleses deseosos de conquistar la rica ciudad de Granada, situada en las proximidades.

Los excelentes resultados de don Francisco en la defensa de El Castillo le condujeron en 1784 a ser ascendido a una posición política superior, en la ciudad española de Granada, a la que se trasladó junto con su esposa, doña Lucía Marenco López del Torral, una criolla, hija de un magistrado y una terrateniente de origen genovés, a la que había conocido en esa hermosa ciudad. Fueron acompañados por sus tres hijos: Josefina, nacida en 1748, que se casó con Joaquín Chamorro Fajardo (pariente lejano de mi marido, Pedro); doña María del Pilar, nacida en 1749, que contrajo matrimonio con Manuel Antonio Arana; y Roberto, nacido en 1751, que llegó a ser gobernador general de Granada a los veintitrés años de edad. Don Roberto Sacasa se quedó en Granada y contrajo matrimonio con doña Paula Parodi, la hija de un aventurero capitán de barco genovés llamado Giovanni, que había navegado hasta la costa atlántica de Nicaragua. Roberto y Paula (mis tatarabuelos) tuvieron un único hijo, José Crisanto Sacasa y Parodi, nacido 1779. Muchos años después, la familia se trasladó hasta la capital de la provincia real de Nicaragua, León. La ciudad barroca de León en la que vivieron mis antepasados no tenía nada que ver con el asentamiento original. Éste, conocido como León Viejo, y situado unos cuantos kilómetros hacia el Este, permanece enterrado bajo las cenizas producto de una erupción del volcán Momotombo en 1610. La actual ciudad de León se ve también castigada por las erupciones periódicas de un volcán (mucho más joven).

José Crisanto Sacasa y Parodi, coronel del Ejército real, alcanzó preeminencia política y fue nombrado administrador de León. Se casó con la criolla doña María de los Ángeles Méndez Figueroa. Tuvieron ocho hijos.

A partir de 1808, cuando Napoleón Bonaparte destronó al monarca Borbón Fernando VII e instaló en el trono de España a su hermano José, los lazos de fidelidad y alianza con la Corona se vieron irremisiblemente rotos. En las colonias, varios años después, el fermento de la independencia invadió el espíritu de don Crisanto, como se le llamaba, y le impulsó a encabezar el movimiento secesionista. Tras la larga lucha por la Independencia, las colonias de América Central proclamaron su independencia el 15 de septiembre de 1821. Durante un breve período de tiempo permanecieron unidas en una confederación no muy sólida que abarcaba las Repúblicas de Guatemala, El Salvador, Honduras, Nicaragua y Costa Rica. Esta organización se mantuvo hasta 1838, cuando una guerra de «todos contra todos» estalló por todo el istmo.

En todas sus empresas militares, don Crisanto se vio acompañado por mi bisabuelo Francisco Sacasa y Méndez, su tercer hijo, y por su hijo mayor, médico de profesión. Las horribles escenas de hombres heridos expirando en el fragor de la batalla y las ambiciones desencadenadas de las que fue testigo impulsaron posteriormente a don Francisco a alejarse para siempre de la política. En 1826 se retiró a la ciudad fronteriza de Rivas, a la que sólo se podía acceder a través del Gran Lago Nicaragua, donde puso un consultorio médico y fue terrateniente hasta el día de su muerte.

Con el corazón devastado por la barbarie de la guerra y la política, mi bisabuelo intentó que sus hijos le dieran la espalda a toda esa serie de peleas violentas y traicioneras que formaban parte de la vida cotidiana de las ciudades de León y Granada, centros respectivamente de la política liberal y conservadora.

POR el contrario, el hermano más joven de mi bisabuelo, Juan Bautista Sacasa y Méndez, dio origen a toda una serie de presidentes. Su hijo, Roberto Sacasa y Sarria, se convirtió en 1889 en presidente de Nicaragua. Y a su vez, su hijo de éste, Juan Bautista Sacasa y Sacasa, siguió sus pasos en 1932.

El caos provocado por la Guerra de la Independencia duraría cien años. Los combates constantes y la anarquía no fueron resultado sólo del vacío de poder que dejó la ausencia de la Corona española, sino también consecuencia de las distintas filosofías políticas de conservadores y liberales. Los primeros creían en la importancia del orden constitucional, el mantenimiento de las tradiciones familiares y el papel de la Iglesia Católica, que en su opinión debía participar en el gobierno, mientras que los liberales opinaban que la Iglesia debería limitar su influencia en el campo de lo espiritual. Además, a los liberales se les consideraba como intelectuales burgueses y anarquistas que, al carecer de los lazos familiares y la riqueza de los conservadores, deseaban abolir el pasado aristocrático de Nicaragua. En los años comprendidos entre 1827 y 1850, el enfrentamiento entre esas dos clases guerreras produjo no menos de 38 levantamientos civiles y 17 directores de Estado que se alternaron en la formación de gobiernos, fijando alternativamente la capital en León y Granada. Así pues, en 1852, Managua, originalmente una aldea de pescadores situada entre ambas ciudades, que había sido fundada en 1846 como parte de una provincia o distrito gobernado por el municipio de

Granada, fue declarada como sede del gobierno, pero no como capital del país. Eso sería más tarde.

Por aquel entonces Managua era una ciudad emergente que había empezado a rivalizar con Granada y León en importancia económica. La razón de su cambio de suerte fue el café, introducido por un grupo de familias conservadoras durante la segunda mitad del siglo XIX en las altiplanicies frescas y húmedas que rodeaban la ciudad. El café no tardó en convertirse en un cultivo muy rentable que enriqueció la zona.

En el escenario de la guerra civil intermitente, en 1853 apareció una figura preeminente, Fruto Chamorro, el tío bisabuelo de mi marido, un indomable general dispuesto a derramar hasta la última gota de su sangre para ganar la batalla de los conservadores.

FRUTO CHAMORRO, hijo ilegítimo de un padre europeo y una madre india, era un mestizo que superó las circunstancias de su nacimiento hasta llegar a convertirse en una figura política respetada, fundador del Partido Conservador y primer presidente de Nicaragua. Antes de don Fruto se les llamaba directores de Estado. Promulgó el primer conjunto de leyes destinadas a poner orden en el caos de Nicaragua. Su gran rival, el liberal Máximo Jerez, se opuso a todos sus esfuerzos.

Tras un año de combates, durante el cual estalló una terrible epidemia de cólera en Granada que causó la muerte de Fruto y de la mayoría de sus hombres, los liberales enviaron agentes a California para contratar un ejército de mercenarios. De ese modo, en 1855, mientras Fruto estaba agonizando, William Walker entró en el conflicto nicaragüense. Walker era un médico, abogado y periodista de Tennessee con una personalidad muy audaz y, por supuesto, una gran ambición. En su anterior incursión como soldado de fortuna, había intentado la conquista del territorio de Sonora, situado en el Noroeste de México. Tras su fracaso, se trasladó a Baja California, donde fue capturado y condenado a prisión por haber violado el derecho internacional. Una vez puesto en libertad, entró en Nicaragua con un contingente de 150 hombres. Apoyado por políticos norteamericanos que deseaban incorporar nuevos Estados a la Confederación y establecer la esclavitud en Nicaragua, y con la ayuda de los liberales, no tardó mucho en apoderarse del país, derrotó a los conservadores e incendió la ciudad de Granada. Poco después se nombró a sí mismo presidente.

Esta agresión a nuestra soberanía por parte de un extranjero provocó un gran impulso patriótico de unidad en los corazones de todos los nicaragüenses. Este espíritu y la decisión de un puñado de nicaragüenses, al mando del general José Dolores Estrada, y con la ayuda de un ejército centroamericano integrado por 1.800 hombres, el 14 de septiembre de 1856 derrotaron a Walker en la batalla de San Jacinto y lo expulsaron de Nicaragua (aunque no para siempre). En honor a ese general, y durante mi primer año de presidencia, establecí la orden ceremonial José Dolores Estrada «Batalla de San Jacinto». Es la orden que he concedido al Rey Juan Carlos de España, al presidente Jimmy Carter y a otros que han colaborado en favor de la paz y la democracia en Nicaragua.

Después de la expulsión de Walker, y durante algún tiempo, gobernó Nicaragua por dos años un gobierno conjunto de liberales y conservadores, representados por los generales Máximo Jerez y Tomás Martínez. En 1858 se modificó la Constitución, se fijó el mandato presidencial en cuatro años, y se proclamó a Managua capital del país. Esta última medida puso fin a la rivalidad entre León y Granada. El período que vino a continuación fue una auténtica «edad de oro», en el que se registró un avance económico sin precedentes. Lo denominamos los Treinta Años de Paz Conservadora.

En 1876 alcanzó la presidencia Pedro Joaquín Chamorro Alfaro, medio hermano de Fruto y bisabuelo de Pedro, mi esposo. Don Pedro Joaquín se esforzó por completar grandes proyectos civiles, como la construcción del primer ferrocarril. Le siguió la de un hospital con todas las instalaciones modernas, un muelle sobre el Lago de Managua, un nuevo mercado central y una Biblioteca Nacional, que fue en parte administrada por un joven poeta nacido en León y llamado Rubén Darío, que habría de convertirse en el gran poeta nacional de Nicaragua. Como su última obra de gobierno, don Pedro construyó un sistema telegráfico, que permitió al país comunicarse tanto a nivel interno como con el resto del mundo.

EL 6 DE AGOSTO de 1889, la presidencia vacante (porque el anterior presidente había fallecido repentinamente) fue ocupada por el senador conservador Roberto Sacasa y Sarria, mi tío bisabuelo. Su primera medida como presidente fue la creación de una policía urbana. Sus miembros fueron cuidadosamente elegidos entre un grupo de personas conocidas por su honradez y buenas costumbres e inclinadas al servicio civil.

El 25 de julio de 1893, don José Santos Zelaya (que estaba también emparentado con mi marido) marchó sobre Managua desde León a la cabeza de una revolución liberal. Después, una junta gobernante rigió el país durante un breve período, hasta que el congreso recién formado elaboró una nueva Constitución que hacía suyo el programa liberal de Zelaya y le permitió expulsar del poder a sus compañeros de Junta y convertir su régimen en una dictadura militar, creando de ese modo el prototipo para todas las posteriores tiranías liberales que ha padecido nuestro país.

Ése fue también aproximadamente el momento en el que el abuelo de mi marido, Pedro Joaquín Chamorro Bolaños, tercer hijo del anterior presidente Pedro Joaquín Chamorro Alfaro, contrajo matrimonio con su prima hermana doña Ana María Zelaya Bolaños. Se convirtió en un ferviente defensor del Partido Conservador. Se decía de él que era un hombre muy reservado, que incluso en las raras ocasiones en las que hablaba, no revelaba nunca grandes cosas sobre sí mismo. Sin embargo, su vida constituye un auténtico testimonio de su heroísmo, ya que durante la mayor parte de la misma se dedicó a labores de oposición contra su primo José Santos Zelaya. A pesar de los lazos de sangre, Zelaya no vaciló en arrestar a su primo y encadenarlo, provocando de ese modo que se hincharan sus piernas diabéticas, y sufriera los dolores más espantosos. Falleció a los cuarenta años de edad, como consecuencia del deterioro de su salud. Dejó un hijo de siete años, Pedro Joaquín Chamorro Zelaya, el padre de mi marido.

El niño fue a vivir con unos parientes de su padre, una familia que le ofreció un hogar estable, distinción social, una rica y compleja red de parientes y, el más importante punto de referencia, una tradición de servicio público. La mayor influencia masculina fue ejercida por su tío Mariano Zelaya Bolaños, con el que vivió en el exilio en El Salvador durante un determinado período de tiempo. Mariano estimuló su interés por los estudios y le puso en contacto con la política como parte inevitable de su vida. En 1909, Pedro Joaquín Chamorro Zelaya volvió a Nicaragua, pero pasaría algún tiempo antes de que ocupara el lugar que le correspondía en la política de nuestro país.

Me han contado que, de adulto, el padre de mi marido era un hombre tranquilo y reflexivo. En un principio le interesaba más escribir que la política. En 1923 contrajo matrimonio con doña Margarita Cardenal, de la familia de los Cardenales de Granada, una acaudalada familia conservadora de formación rigurosamente católica. Tuvieron cinco hijos, Pedro en 1924, Ana María (Anita) en 1927, Ligia en 1930, Xavier en 1932 y Jaime en 1934. Durante sus primeros años de matrimonio, la familia vivió modestamente de las rentas producidas por una hacienda situada en Chontales, que doña Margarita había heredado de sus padres.

Se trasladaron a Managua en 1925, año en que don Pedro fue elegido para el Senado, donde se distinguió por la integridad de sus posturas y por la fría lógica de su mente perfectamente educada. Fue en ese momento cuando don Pedro se implicó en el recientemente fundado periódico conservador *La Prensa*. En 1932, don Pedro compró *La Prensa*, Juan Bautista Sacasa fue elegido presidente y Anastasio Somoza García aumentó su poder al convertirse en jefe de la Guardia Nacional. Con el tiempo, don Pedro habría de convertirse en el principal crítico de Somoza García.

En 1944, mi marido, Pedro Joaquín, por aquel entonces un joven estudiante de Derecho, comenzó su carrera como activista político encabezando una revuelta de estudiantes para protestar contra la tercera vez que Somoza García se presentaba a la Presidencia de Nicaragua. Fue golpeado, encarcelado y posteriormente expulsado de la Universidad. Su familia le envió a México para que pudiera completar sus estudios universitarios en la carrera de Derecho. Allí comenzó a reunirse con frecuencia con otros exiliados y a mantener con ellos discusiones políticas. Entre los exilados estaba Juan Bautista Sacasa, y el pariente de Pedro, Emiliano Chamorro. Un año después, en 1945, los padres de Pedro se vieron también obligados por Somoza García a irse al exilio. Durante este período, la familia se trasladó a Nueva York, donde tuvo que sufrir numerosas penalidades.

El haber crecido en una provincia aislada hace que no recuerde mucho de la Managua de hace cincuenta y tantos años. Pero Pedro me contaba que se trataba de una ciudad llena de amplios bulevares con filas de árboles, que amarilleaban debido al calor del verano. Le gustaba de forma especial recordar las sorbeterías y puestos de refrescos que de joven frecuentó junto con amigos para calmar la sed después de una agotadora jornada de patines en el parque o de todo un día cazando lagartos en las orillas del Lago Managua. Todas las tardes solía tocar una banda musical. Los hombres lucían trajes de saco blancos, o ligeras chaquetas de lino y, para ocasiones más informales, guayaberas, camisas sueltas de algodón con las pecheras fruncidas. Las mujeres lucían la moda por entonces dominante a base de vaporosos vestidos de seda con la falda hasta la rodilla.

En la familia de Pedro muchos de sus antepasados se destacaron por su valentía y audacia, tanto que en Granada había un dicho que decía «no puede nacer nunca un Chamorro que no sea valiente». Me atrevo a añadir que los Chamorro son también muy inteligentes y poseen profundas convicciones, un gran amor por la libertad, una honradez sin fisuras y una marcada devoción por la familia y la Patria. Su lado negativo es quizás una cierta tendencia a mostrarse arrogante frente al peligro y obstinados frente a la razón, así como una fuerte inclinación a portarse de manera autocrítica. También es importante añadir que, en un número asombroso de ocasiones, han ocupado cargos de poder, siempre a través de medios democráticos, con una única excepción: la del «tío segundo» de Pedro, el general Emiliano Chamorro.

Se dice que Emiliano Chamorro fue el último de los grandes hombres fuertes militares de América Central conocidos como «caudillos». Sus seguidores lo veneraban por su valor personal, demostrado en una larga serie de batallas, por la firmeza de sus principios y por una ambición fuerte e incansable.

Las preferencias de José Santos Zelaya en favor de los banqueros europeos y su feroz oposición a la expansión de los intereses norteamericanos en Nicaragua no le ganaron el favor del entonces presidente de Estados Unidos, William Howard Taft. Por tanto, en 1909, cuando los enemigos de Zelaya formaron una coalición de conservadores y liberales bajo el liderazgo del general Emiliano Chamorro, del general Juan José Estrada y de don Adolfo Díaz, Taft ofreció su apoyo. Debido a ello tuvo lugar lo que me atrevería a denominar segunda invasión militar a nuestro país por parte de Estados Unidos, después de la de William Walker de 1855. En esta ocasión, los norteamericanos regresaron en un batallón integrado por cuatrocientos *marines*, que desembarcaron en nuestra costa atlántica en el puerto de Bluefields, para prestar ayuda a los rebeldes. La justificación teórica de esta intervención evidente fue la defensa de las vidas y derechos de propiedad de los ciudadanos norteamericanos. Fue esa ocasión la que legitimó el movimiento rebelde y en último extremo catapultó a los conservadores de nuevo al poder el 28 de agosto de 1910, en la persona del general Juan José Estrada. En 1916, en unas elecciones libres y justas, Emiliano Chamorro se convirtió en presidente. (En los años anteriores, como consecuencia de la Revolución mexicana, la presencia norteamericana en Nicaragua no sólo se había mantenido, sino que se había incluso ampliado.) En 1924 la facción conservadora de Emiliano Chamorro se vio derrotada por una coalición independiente formada por liberales y conservadores al mando de Carlos José Solórzano y de Juan Bautista Sacasa y Sacasa, quienes pasaron a ocupar la Presidencia y Vicepresidencia de la República.

Los *marines* norteamericanos salieron de Nicaragua en 1925. Dos meses y medio después de su partida, el 25 de octubre de 1925, Emiliano Chamorro, descontento con su derrota electoral, dio un golpe de Estado conocido como el lomazo, poniendo sitio al palacio presidencial y consiguiendo la dimisión inmediata de Solórzano.

El presidente Juan Bautista Sacasa huyó a México para solicitar ayuda y organizar una invasión, con el objeto de reclamar la Presidencia como sucesor de Solórzano, desatándose nuevamente la guerra civil. Los *marines* norteamericanos volvieron a Nicaragua para imponer una tregua entre las dos facciones a cambio de garantizar la celebración de unas elecciones libres. Años después, mi marido, Pedro, señalaría este episodio como la razón por la que el partido de sus antepasados, los Chamorro-conservadores, perdieron su preeminencia en la política nicaragüense. De joven, Pedro reprocharía con frecuencia a Emiliano ese grave error político. A cambio, Emiliano le echaría en cara el no haberse declarado miembro de buena fe del Partido Conservador y negarse a jugar un papel en la política partidista del país. El general Emiliano Chamorro le sucedió en la Presidencia. Más tarde vino otro tío de Pedro, don Diego Manuel Chamorro, quien murió en el ejercicio del poder en 1923.

FUE durante una de esas luchas partidistas cuando mis abuelos conservadores, terratenientes de sólida formación católica, huyeron de Nicaragua. Mis abuelos no tenían nada que ver con la política; pero en aquella época, como hoy, no podía uno evitar verse implicado de una forma u otra. El exilio repartió a mi familia por los cuatro puntos cardinales. Por el lado de mi madre, la familia Torres fue a parar a Costa Rica, como haríamos Pedro y yo muchos años después, víctimas de los mismos prejuicios y de la misma intolerancia que a lo largo de nuestra historia han infectado todos los estratos de la sociedad de nuestro país.

Por el lado de los Barrios Sacasa, viajaron todavía más al Norte, hasta Nueva York, acompañados de sus siete hijos. Ésa es la razón por la cual mi padre se educó en Nueva York y tuvo la oportunidad de estudiar en el Massachusetts Institute of Technology (MIT). Lamentablemente, no logró graduarse, debido a que su padre falleció y no tuvo más remedio que hacerse cargo de una hacienda familiar llamada Santa Rosa, situada en la antigua provincia nicaragüense del Guanacaste, Costa Rica, una gran extensión de terreno, donde aprendió a hablar español entre los campesinos y también lo que significaba ser nicaragüense. Descubrió que la nacionalidad es un don extraordinario que se niega a los que viven en el exilio.

En 1927, con la promesa de que se celebrarían por fin unas

elecciones justas, todos los partidos se pusieron de acuerdo en una ligera paz. La única excepción fue la de un joven oficial del ejército, Augusto C. Sandino. Permaneció en las montañas de Nicaragua, combatiendo durante mucho tiempo a los *marines* norteamericanos. Pedro me enseñó a respetar a Sandino como nacionalista y patriota que fue. No fue nunca comunista, como quisieron presentarlo los sandinistas.

De ser un oponente a los conservadores, y de mostrarse crítico a la rendición de sus correligionarios liberales, Sandino pasó a convertirse en un feroz oponente de los yanquis, quienes diezmaron las filas de sus fuerzas insurgentes durante los siete años que duró la lucha guerrillera. Por su audaz desafío a las fuerzas norteamericanas, se convirtió en héroe de los socialistas y antiimperialistas de todo el mundo. Décadas después sería la fuente de inspiración del movimiento político sandinista.

Cuando mi marido, Pedro, era todavía un niño en edad escolar, escuchó una lección de historia sobre Sandino. Pero el relato que le contaron no fue el de un heroico guerrillero que defendió a su país contra una fuerza invasora y murió a manos del traidor Somoza García. Le dijeron que Sandino era un bandido. Pedro pensaba de otra manera. Era admirador de Sandino, al que consideraba un idealista y un patriota, y siempre insistió en que en las paredes de nuestra casa estuviera colgado un retrato del guerrillero.

En 1932, la madre de mi marido, doña Margarita Cardenal de Chamorro, una típica señora de su época por su dedicación al hogar y a los hijos, vendió la pequeña hacienda de Chontales que había heredado de sus padres y entregó el producto de la venta a su marido, Pedro Joaquín Chamorro Zelaya. Don Pedro utilizó este dinero para adquirir el periódico conservador *La Prensa*, que venía funcionando desde 1926. Como era su costumbre, doña Margarita no puso en cuestión la prudencia de sus actos y se limitó a apoyar lo que su marido hacía. El periódico se convirtió en fuente de enfrentamientos políticos entre toda la familia Chamorro y el gobierno liberal de Somoza, e incluso con un grupo de conservadores que deseaban que *La Prensa* se convirtiera en un diario partidista. Los constantes ataques y persecuciones a los que se vieron sometidos desde todos los flancos representaron un auténtico calvario que doña Margarita y sus hijos aprendieron a llevar con dignidad.

Fue durante este período cuando Anastasio Somoza García contrajo matrimonio con Salvadora Debayle Sacasa, una pariente lejana mía con la que nunca tuve la menor relación, y con la que tengo lazos sanguíneos a los que me hubiera gustado poder renunciar. Mostrando grandes dosis de audacia política, Somoza García se introdujo en el campo político. Había sido falsificador de moneda, luego inspector de medidores eléctricos de la compañía de luz, convirtiéndose después en vendedor de coches y finalmente en general. Su credencial más importante era la de poseer algunos conocimientos del idioma inglés, aprendido en los barrios bajos de Filadelfia. Pero por sus venas corría la sangre indómita de Bernabé Somoza, un señor bandolero de la guerra que había aterrorizado al país durante la presencia de don Fruto Chamorro hasta ser finalmente capturado y ahorcado, lo que puso fin a una carrera realmente sangrienta. Fueron probablemente esos antecedentes los que impulsaron a Somoza García a convertirse en jefe de un tosco instrumento de presión como la Guardia Nacional, cargo para el que fue designado en 1932 por Juan Bautista Sacasa y Sacasa cuando éste resultó elegido presidente.

La retirada definitiva de las fuerzas norteamericanas de Nicaragua tuvo lugar un año después, en 1933. En el país quedó un ejército de dos mil hombres denominado la Guardia Nacional. Supuestamente debía tratarse de una fuerza apolítica. Pero, en manos de Somoza García, se convirtió en un instrumento de opresión como fuerza pretoriana que operaba ante la indiferencia manifiesta del Departamento de Estado de Estados Unidos.

La Prensa, para el padre de Pedro, era una especie de púlpito que le servía para expresar sus ideas políticas y religiosas. Se pasaba la mayor parte del tiempo en *La Prensa* o encerrado en su estudio, rodeado de libros polvorientos, que con frecuencia discutía con su cuñado Carlos Cuadra Pasos, también un gran pensador político. Juntos reflexionaban sobre las consecuencias posiblemente nefastas del ascenso al poder del general Somoza García. Estaban preocupados por lo que era ya una «grosera exhibición de codicia e inclinación desmesurada del poder». Pronto se convencieron de que Somoza García era corrupto y que sería incapaz de servir bien a su país.

Somoza García era ambicioso, hábil y políticamente astuto. Comprendía la importancia de la paciencia y sabía cómo recompensar a sus amigos y castigar a sus enemigos. Dicho brevemente, poseía todas las cualidades de un dictador de República bananera.

Su primera víctima fue su compañero liberal el general Augusto C. Sandino, al que tendió una trampa el 21 de febrero de 1934. A las cinco en punto de la tarde de ese día, Sandino y sus lugartenientes se desplazaron para asistir a un banquete en el palacio presidencial destinado a celebrar los acuerdos que establecerían la paz entre el presidente Sacasa y Sandino. Por última vez en su vida, el soldado rebelde vio anochecer sobre el horizonte de Managua.

Cuentan que cuarenta y cinco minutos después el general Somoza García llamó al embajador norteamericano, Arthur Bliss Lane, a su residencia. En tono angustiado le contó los acuerdos firmados entre el presidente Sacasa y el general Sandino. Los calificó de amenaza y de insulto a la independencia de la Guardia Nacional. Luego afirmó que estaba siendo presionado por altos oficiales del ejército para eliminar a Sandino y que estaba meditando una posible forma de actuar. Pero prometió que no haría nada sin consultar previamente al embajador.

La recepción en el palacio presidencial comenzó a las 7 en punto. El general Sandino se mostraba sonriente y locuaz, pero advirtió a Sacasa: «Tal como están las cosas, señor presidente, usted tiene únicamente el poder aparente; en último extremo éste se encuentra en manos de la Guardia. Sus miembros son los supremos dictadores de Nicaragua y, como están dominados por un gran odio y codicia, tengo mucho miedo de que se lancen al ataque contra nosotros y contra la paz que acabamos de establecer». En la calle todo el mundo sabía que, aunque Somoza García había concedido a Sandino seguridad de amnistía y tránsito seguro por todo el país, se estaba tramando algo contra el famoso guerrillero.

La fiesta terminó aproximadamente a las 9.30 de la noche. Sandino se despidió de su anfitrión. Se subió a su carro junto

33

con sus ayudantes y su chófer. En el carro de Sandino había un total de seis personas, algunas de ellas señaladas con la marca de la fatalidad. Inmediatamente vieron un súbito destello de luz procedente del balcón del palacio presidencial, era una señal para los diez hombres a los que le tenían preparada una emboscada un poco más adelante. Esos hombres capturaron a Sandino y a dos de sus ayudantes. Los condujeron a las afueras de Managua, donde abrieron fuego sobre ellos con sus ametralladoras y les dieron muerte.

Conspirar contra el tío de su esposa, el presidente Sacasa, no representó ningún problema para Somoza García. Primero tramó una revuelta militar contra Sacasa, y luego convocó elecciones nacionales en las que él era el único candidato. Sacasa huyó a México, donde murió en el anonimato. El Gobierno de Estados Unidos respaldó las acciones de Somoza García y de las generaciones de Somozas que le sucedieron. Aprendiendo en el regazo del dictador estaban sus dos hijos, Luis y Anastasio Somoza Debayle, quienes algún día controlarían cada uno un trozo del pastel, el primero como presidente de la Asamblea Nacional, y el segundo como jefe de la Guardia Nacional.

De muchacho, mi marido, Pedro, no podía entender las principescas actitudes de los dos hermanos Somoza, Luis y Anastasio. Sabía lo que el padre de ambos le había hecho a Sandino y Sacasa y consideraba que debían sentirse abrumados por la vergüenza.

Pedro me contó que cuando todavía eran chavales de unos doce años de edad y comenzó a notar que la riqueza de Somoza García se estaba convirtiendo en un tema habitual de discusión entre los nicaragüenses, escuchó a un compañero de colegio preguntarle a Anastasio Jr. por qué a su padre le gustaba ser presidente. La respuesta fue: «Evidentemente, por el dinero». Desde el punto de vista de Pedro, la idea de que una persona pudiera verse impulsada en su vida nada más que por la codicia resultaba despreciable. Pedro era un idealista con grandes dosis de integridad y coraje.

Hijo de devotos católicos, Pedro fue criado y educado dentro de los principios del Catolicismo más estricto. Los primeros años de su vida se desarrollaron en un entorno moral riguroso; sus padres, partidarios de una fuerte disciplina, le castigaban severamente si mentía y le señalaban constantemente la diferencia entre el bien y el mal. De ese modo, Pedro empezó a ponerse cada vez más del lado de los oprimidos y a rechazar a los que los explotaban y adoptaban actitudes corruptas.

Pedro combatió en total contra tres Somozas. El primero, Anastasio Somoza García, gobernó durante dieciséis años. Llegó al poder en 1932 como jefe del Ejército y fue ametrallado en 1956, en la cúspide de su poder. Tras su fallecimiento, se vio inmediatamente sucedido por su hijo mayor, Luis, que rigió los destinos del país durante seis años y ocho meses, hasta mayo de 1963. Le sucedió brevemente el candidato que había nombrado a dedo, René Schick. Luis falleció de un infarto en 1967, meses antes de que Anastasio Somoza Debayle (Tachito), su hermano menor, se hiciera cargo del gobierno, que se conservó hasta 1979. Tachito gobernó nueve años, con una interrupción entre 1972 y 1974. Se trató de un breve período en el que Somoza permitió la formación de una junta de títeres, integrada por el conservador Fernando Agüero así como por un liberal y por un general del ejército.

La historia habla de la dinastía de los Somoza que duró cuarenta y dos años, pero en realidad habría que incluir los años en los que Somoza García reinó sobre la Guardia Nacional, ya que aunque Sacasa era teóricamente el jefe de gobierno, era Somoza con la ayuda de sus aliados norteamericanos quien mantuvo sometida a Nicaragua en lo que llegó a convertirse en la intervención política más larga de toda América Central.

Pedro y yo nos sentíamos avergonzados de la alianza de los Somoza con los norteamericanos y de la intromisión de éstos en los asuntos de América Central. Pero lo que nos resultaba más humillante era el conocimiento de que, cada vez que en suelo de Nicaragua aparecía la huella de algún guerrero norteamericano, era casi siempre como respuesta a las llamadas desesperadas de un «compatriota» nicaragüense que pedía la intervención en nuestros asuntos internos.

Hoy en día puedo comprender que cuando los políticos se apresuran a ocultarse bajo las faldas del Congreso de Estados Unidos o de la Casa Blanca, pidiendo sanciones contra nuestro país, están actuando bajo un impulso que tiene un profundo origen en nuestro pasado. Pero eso no les absuelve de su crimen. Desde los tiempos de William Walker, está claro que abrir las puertas a la intervención extranjera sólo sirve para traicionar nuestra soberanía.

ÉSTA es la historia que Pedro y yo compartimos, es nuestro legado común. Juntos admiramos el valor de nuestros antepasados que lucharon para liberarnos del dominio de la Corona española y combatir las intervenciones extranjeras. Nos maravillábamos ante los logros heroicos de nuestros antecesores, su férrea determinación, su inagotable capacidad para resistir el castigo y su dedicación obsesiva a la política. Pero, y eso es lo más importante, llegamos a comprender que el amor familiar puede servir de sostén a una persona durante los años tempestuosos y que mediante la aplicación de la tolerancia y el respeto podemos ser una nación.

Esas primeras lecciones de Historia nos predispusieron para combatir la opresión y nos incitaron a rebelarnos contra los dictadores. Pero también nos revelaron la importancia de la unidad de nosotros dos en todas nuestras empresas.

Capítulo segundo

Mi padre, Carlos Barrios Sacasa (Chale para sus amigos y familia), era un hombre de la tierra, un ranchero que heredó de sus padres, don Manuel Joaquín Barrios y doña Carmen Sacasa Hurtado, varias fincas de gran extensión. El bisabuelo de mi padre, el doctor Francisco Sacasa y Méndez, fue el fundador de la rama de la familia Sacasa en Rivas, y un veterano de la guerra de Independencia.

En el momento en que nació mi padre, la política había dejado una profunda huella en su familia, y quizás también una cierta angustia y desconsuelo debido a los exilios que la familia había tenido que padecer. Mi papá nos decía siempre que los miembros de su familia habían extraído algunas lecciones importantes de la adversidad. Entre ellas, las ventajas de una buena educación y la importancia de la flexibilidad en las relaciones humanas. Se preocupaba por hacernos entender que cuando la gente se ve obligada a dispersarse pueden encontrar sostén en el amor paterno, la unidad y las tradiciones familiares. «La persecución», decía mi papá, «puede despojarnos del patrimonio, pero no alejarnos nunca de nuestros principios morales ni de nuestros talentos personales».

Supongo que ésa es la razón por la cual mi padre se esforzó tanto en proporcionarnos las necesarias comodidades y ventajas de una buena educación. Siempre estaba preocupado por darnos las mejores oportunidades. Aunque poseía varias propiedades, la que le ocupaba la mayor parte de su tiempo era «Santa Rosa», en la región de Guanacaste. Sus viajes a esa finca le llevaban días y días de viaje a lomo de su caballo de raza, hospedándose en posadas situadas a lo largo del camino, o viajando en lancha desde el puerto de San Juan del Sur, en nuestra costa del Pacífico. En determinado momento, el territorio de Nicaragua se extendía mucho más hacia el sur y hacia el norte que hoy en día. En el sur, la República abarcaba la totalidad de las provincias de Guanacaste y Nicoya. Pero las perdimos en favor de Costa Rica, al igual que más tarde también se nos fueron los territorios situados entre los ríos Coco y Patuca al norte, en favor de Honduras.

EN CADA uno de los viajes de mi papá, mi mamá se ocupaba de todas y cada una de sus necesidades. Preparaba las medicinas, los alimentos y la ropa que le gustaba llevar a la finca: pantalones de montar color caqui, camisas manga larga y botas viejas de cuero, que rechinaban por toda la casa. Pero sus viajes representaban una pesada carga para mi mamá. Ella era bien romántica, entonces durante los meses que él pasaba totalmente alejado de nosotros ella se moría de tristeza. Algunas veces oía que mi mamá le rogaba diciéndole: «Chale, ¿por qué no vendemos "Santa Rosa" para que puedas quedarte más cerca de nosotros?», pero mi papá no quería ni oír hablar de eso.

Así fue que, debido a las agotadoras responsabilidades de mi papá, correspondió a mi mamá ocuparse de las tareas de educar a cinco hijos. Era rigurosa, pero amable, en la aplicación de sus reglas. Mostraba elevadas expectativas en relación a todos nosotros. Nunca nos permitió ceder ante la idea de fracasar en algo y jamás le gustó la imperfección en nuestras tareas. Todo ello nos lo transmitió en una forma bien suave. De mi mamá aprendí que uno puede ser en el fondo fuerte, pero moderado en la forma de expresarse. «El convencimiento en las propias creencias», solía decir, «debe expresarse con la mayor de las cortesías».

Recuerdo que, motivado por su deseo de ganarse nuestro cariño después de sus largas ausencias, mi papá era más propenso a ceder a la presión de nosotros sus hijos. No obstante, nunca confundimos su amabilidad con debilidad; para nosotros estaba perfectamente claro que mi papá era un hombre de firmes convicciones, dotado de gran autoridad y que gozaba del respeto de todos los que entraban en contacto con él. Mi papá nos enseñó que «la mejor forma de ejercer la autoridad es mediante la persuasión y sólo adquiere carácter sagrado cuando se apoya en el ejemplo».

Rivas, la pintoresca ciudad colonial en la que nací y viví hasta contraer matrimonio, no era muy distinta de la Rivas de hoy en día. La ciudad se encuentra en una estrecha llanura, a mitad de camino entre la bahía de San Juan del Sur en el Pacífico y, el puerto de San Jorge sobre el Lago de Nicaragua. Su antiguo trazado octogonal, que dio origen a una ciudad de una extensión de aproximadamente quince millas cuadradas, permanece prácticamente igual. En su borde oriental, elevándose majestuosamente a distancia, están los dos poderosos volcanes Concepción y Madera, en la isla de Ometepe, en el centro del Gran Lago de Nicaragua. Gracias a ellos una persona de Rivas puede saber siempre con exactitud dónde se encuentra con respecto a los cuatro puntos cardinales.

La red de calles de la ciudad cuenta con cuatro grandes vías que se cruzan en una gran plaza pública, o plaza mayor. Esta plaza es el corazón de toda la ciudad. Su dimensión regula las cuadras que la rodean, las cuales dividen la plaza en cuatro secciones.

Las unidades en las que se dividen cada una de esas secciones se denominan solares. Uno fue asignado a la parroquia de la ciudad, los otros vendidos a los colonos más destacados. Nuestra casa se encontraba en la calle al otro lado de la parroquia de Rivas, en una esquina enfrente de la plaza mayor. Más abajo en esa misma calle vivían mis abuelos Torres, directamente enfrente de la plaza, y en el extremo más distante vivía el clan de los Barrios Sacasa. Aquel era un mundo que seguía los lentos ritmos propios de la vida rural y carecía de toda artificialidad. La iglesia y la familia constituían los pilares de nuestra existencia.

Me han contado que nuestra casa se construyó el mismo año de mi nacimiento, en 1929. Mis tías, que eran más conservadoras y austeras que mi papá, lo criticaban por estar siempre modernizando su forma de vivir, lo que consideraban un derroche excesivo de dinero. Aunque en Rivas se nos consideraba una familia acaudalada, mi papá se preocupó siempre mucho de no incurrir en una opulencia ofensiva, consciente de nuestra posición de «privilegio» en medio de una población menos afortunada. Mi padre, que había crecido en Estados Unidos, representaba un auténtico cambio en cuanto a las actitudes sociales, ya que no se mostraba dispuesto a renunciar a ciertas comodidades elementales. «Lo que yo quiero es una casa moderna», le dijo al arquitecto que vino desde Managua para construirla. Años después, cuando tuve la oportunidad de viajar a Estados Unidos, descubrí para sorpresa mía que nuestra casa no podía calificarse realmente como moderna. Era una mezcla de estilo colonial español y medio griego norteamericano.

A PESAR de estar fascinada por mi casa, la gente de Rivas nos criticó por no haberla construido dentro de la tradición española, con muro rodeando todo el perímetro de la acera, un porche que protege su fachada de la lluvia y el sol, y un patio en el centro en torno al cual se organizan las habitaciones.

A diferencia del modelo español de vivienda, nuestra casa tenía un patio delantero con rosas blancas. Para asegurar la intimidad, la casa contaba con un muro de cinco pies de altura. Se accedía a ella a través de un camino de baldosas cuyo aspecto se asemejaba al de una alfombra extendida hasta la misma entrada. A diferencia de las casas de estilo español, la nuestra no se asentaba directamente sobre el suelo, sino que se encontraba elevada sobre una especie de embasamiento, lo que nos proporcionaba desde un barandal una buena vista de la plaza mayor y del parque.

HASTA que mi papá construyó nuestra casa, Rivas era una ciudad dotada de un aspecto homogéneo.

La ubicación y determinados toques elaborados diferenciaban las casas de la oligarquía de las de la gente más sencilla. No había la menor confrontación entre lujo y pobreza. Las paredes se encalaban y se construían de adobe hasta una altura de unos veinte pies, que se consideraba el mínimo para una adecuada circulación del aire. Todas las casas carecían de instalaciones de fontanería y dependían de letrinas y del agua extraída de un pozo cuidadosamente situado en el centro de un patio al aire libre. Mi abuela, a la que llamábamos Macaca, vivía en una casa que recuerdo tenía en el patio toda una familia de iguanas. En los días lluviosos, el agua de la lluvia inundaba los corredores y lavaba los suelos. Después, Felicidad, la empleada de mi abuela, secaba los corredores hasta sacarles tanto brillo que podía ver mi propio reflejo borroso en las baldosas. Las habitaciones estaban dotadas de persianas cerradas todo el día, para impedir la entrada del aire excesivamente recalentado. Se abrían por la noche para permitir la entrada de aire fresco.

Los domingos, la comida de mediodía era un acontecimiento formal en el que participaba toda la familia. En una sala cerrada pero fresca, con un techo muy alto que hacía que sus voces resonasen de manera extraña, la familia discutía las vicisitudes de su vida cotidiana, las tribulaciones de la vejez y formas de curarlas.

En el interior, nuestra casa se ajustaba a los planos típicos de una vivienda española, con dos salas para recibir. En una de ellas se encontraba el enorme piano Stroud que mi papá había importado de Nueva York para que yo tomara en él mis primeras lecciones. Pero a mí lo que más me interesaba era el gallo y las seis gallinas que nos proporcionaban huevos frescos todas las mañanas. Estaban también una lavandería, en la que Otilia planchaba y plegaba nuestras ropas en grandes cubas de aluminio; y los establos, en los que carros tirados por bueyes descargaban las terneras, cerdos y corderos que la cocinera asaba con lo que se encontraba en el mercado.

Cuando mi papá decidió instalar inodoros y regaderas en los baños de la casa, la medida se consideró demasiado ostentosa. «¡Qué disparate, Chale!», solían decir mis tías. «¡Tanto gasto en esos cuartos de baño!»

A mi papá no le preocupaban las críticas; se enorgullecía de ser una persona de ideas progresistas. A mí me gustaban algunas formas antiguas de hacer las cosas. Sentía un gran cariño por los caballos y la naturaleza. Otra afición de mi papá era viajar. Le encantaba ir a América del Sur a visitar las sedes del Imperio inca y las antiguas ciudades coloniales de los virreyes. Pero, como le daban miedo los aviones, solía realizar largos cruceros acompañado de mi mamá.

En tres ocasiones, mis hermanos, Carlos, al que llamábamos

41

también Chale; Ricardo; Manuel Joaquín, al que llamábamos Maquín; y Raúl, así como a mí, nos dejaron encargados a la Mimí Ruiz, la mujer que había llegado casi de niña desde «Amayo», una de las fincas. La Mimí llegó el mismo día en que se casaron mis papás, para convertirse en la empleada de la casa.

El año en que yo debía recibir la Primera Comunión, un gran acontecimiento en la vida de un niño de Nicaragua, se produjo una gran tragedia en mi familia. Ésa sería la primera, pero no la última tristeza de mi vida. La Escuela de los Ángeles en Costa Rica, a la que asistía mi hermano Ricardo junto con Chale, estaba en proceso de terminar la construcción de un gran tobogán. Los muchachos solían deslizarse por él a velocidades vertiginosas. Debido a que todavía no se había puesto la escalera, para repetir la hazaña los chavales tenían que volver a escalar por la pendiente del tobogán. Un compañero de clases de mi hermano Ricardo se dejó caer sin darse cuenta de que Ricardo estaba subiendo. Debido al choque entre los dos chavales, Ricardo cayó al suelo de cabeza, fracturándose el cráneo. Se le declaró muerto nada más llegar al hospital. Recuerdo cómo recibimos esa mala noticia. En aquella época, yo no creía demasiado en presagios. Pero desde aquel día, empecé a vigilar mejor mi subconsciente, que esa vez me hizo sentir un dolor oculto. El día en que ocurrió la tragedia, mi mamá se despertó triste. Se mostró preocupada todo el día, pero sin saber por qué. Por la tarde, incapaz de soportar más la angustia, se decidió a salir de la casa y visitar a mi Macaca. Como siempre, la acompañé, y juntas recorrimos la calle cogidas de la mano. La casa se encontraba a sólo dos cuadras de distancia, en el otro extremo de la plaza. Cuando llegamos, nos quedamos muy sorprendidas al encontrar la puerta medio abierta y en una gran oscuridad. El generador eléctrico alimentado con gasolina que normalmente servía para iluminar la casa de la Macaca no estaba funcionando. El zaguán estaba iluminado con una solitaria lámpara de gas, lo que daba un aspecto sombrío a la casa, que parece que deprimió más a mi mamá. De repente le dijo a mi Macaca que no podía quedarse más, que la disculpara y expresó que había amanecido triste y no sabía por qué. Volvimos a casa, pasando por delante de la casa de una de mis tías. Nos invitaron a que pasáramos adelante, pero mi mamá se excusó. Cuando llegamos a la casa, la Mimí Ruiz nos recibió en la puerta y nos acompañó hasta el dormitorio de mi mamá para ayudarla a preparar su cama y que se acostara. Cuando mi papá no estaba en Rivas, yo siempre acompañaba a mi mamá y rezábamos juntas el rosario a los pies de su cama. Estábamos a punto de terminar el rosario cuando nos golpearon la puerta de la casa. Era un mensajero, que llevaba en la mano tres radiogramas. Mi mamá preguntó: «¿Por qué tantos?». «Creo que se trata de malas noticias, señora», contestó él. Asustada con la respuesta, mi mamá le dijo al mensajero: «Por favor, léalo usted». «Perdone, señora; éstas son malas noticias que debería leer usted misma». No olvidaré jamás la cara de dolor de mi mamá después de terminar la lectura. Se tapó el rostro con las manos, comenzó a llorar y me dijo: «Ricardo ha sufrido un grave accidente», y luego salió corriendo hasta la puerta de al lado, de la casa donde vivían los Najarros. «Dennis, Dennis, Ricardo se murió». En ese momento me tapé los oídos. No quise escuchar ni una palabra más.

Los días siguientes estuvieron llenos de trajín. Debido a que en Rivas no había pista de aterrizaje, se procedió a limpiar un terreno de pastos para que el cadáver de Ricardo pudiera llegar en el avión que mi papá había contratado. El cadáver de Ricardo llegó acompañado de mi papá, de mi hermano Chale, de unos pocos sacerdotes, de algunos de sus profesores y de una gran profusión de flores. Una vez celebrado el funeral, y aunque le dolía mucho, Chale volvió a Costa Rica a la escuela en la que había muerto Ricardo. Sin embargo, al año siguiente, regresó a Nicaragua y se matriculó en Granada en el Colegio Centro América.

Aunque el tiempo aplaca el dolor, mi mente está todavía llena de los recuerdos de la despedida final. Recuerdo haberme sentido extrañamente tranquila en aquel momento, como me he mostrado en todas las demás muertes de seres queridos que he tenido que sufrir, como una espectadora al margen del tiempo y de las circunstancias, sin expresar pena ni aflicción. Sin embargo, todas esas desgracias me han enseñado la lección de que todo lo que hacemos encierra un cierto peligro. La muerte nos llegará de una forma u otra, pero mientras llega no debemos sentirnos paralizados por el miedo a la misma.

ME EDUQUÉ en el Colegio Francés, un internado de Granada dirigido por religiosas francesas, que me enseñaron que Dios proporciona a cada persona determinados dones y que si los usa adecuadamente, recorrerás el camino que Él te tiene preparado. Para ayudarnos en ese proceso de descubrimiento, las monjas nos enseñaban historia, aritmética, geografía, literatura española (que incluía la poesía de nuestro compatriota Rubén Darío, cuyos poemas tenía que aprender de memoria y recitar), y música, que era lo que más me gustaba. Creía que ése era mi don. Bajo la guía de don Evelio Pérez Aycinena, aprendí a tocar muchos valses de Strauss y delicadas sonatas de Mozart, que interpretaba con el conjunto musical del colegio. Aprendí que la música de conjunto se toca mejor cuando las piezas se interpretan con una disciplina de grupo, aun a costa de las habilidades propias. Los intérpretes deben recordar que están al servicio de la música y que son simplemente transmisores de ideas mayores que ellos mismos. (La política debería ser igual. Para mí, no gira en torno al poder, el ego o el deseo de mandar, sino en torno al conocimiento, la sabiduría y el deseo de conseguir cosas para el bien del país y los demás.

El viaje desde Rivas a Granada implicaba tener que atravesar el Gran Lago de Nicaragua en un viejo barco de vapor llamado *El Victoria*. Era un viaje largo y cansado. El barco había alcanzado su venerable vejez desde la época que llegó al lago recorriendo las tranquilas aguas del río San Juan. Ahora, en esa etapa frágil y delicada de su vida, se le exigía que se enfrentara a la furia de un lago que el conquistador español Gil González Dávila llamó un «mar de agua dulce».

En aquella época, y debido a la lentitud de los desplazamientos, las separaciones no eran nunca por períodos breves, sino que se prolongaban hasta convertirse en largas ausencias que parecían no terminar nunca. Para mí eso significaba que tenía que resignarme a pasar las vacaciones lejos de mi casa, como huésped en la mansión de una sola planta de doña Engracia Carazo, la madre de mi amiga y compañera de clase María Jesús Chamorro Carazo.

Las calles de Granada eran más anchas que las de Rivas, con múltiples plazas de grandes dimensiones repartidas por toda la ciudad. Cuando nuestros mayores lo permitían, nos divertíamos acudiendo al quiosco de música del parque central, en el que una banda local interpretaba conciertos a los que solía asistir toda la población, sentándose a la sombra de los árboles de mango.

Las primeras Navidades, las de 1938, que pasé lejos de mi casa, me consolé pensando cariñosamente en mi familia y en las últimas vacaciones que habíamos pasado con Ricardo en nuestra casa de verano situada en la hacienda «Amayo», a orillas del Gran Lago de Nicaragua.

Recordé cómo tardábamos cinco horas en completar el viaje desde Rivas a «Amayo». Mi papá, Chale, Ricardo, Maquín y yo, nos íbamos a caballo, vadeando las grandes corrientes con las que algunas veces nos encontrábamos al tener que atravesar los diversos ríos que separaban un punto de otro. Mi mamá y mis hermanos menores, Raúl y Clarisa, que eran todavía pequeños, iban con las empleadas en carretas cubiertas. Recuerdo cómo los peones tenían que abrir con machetes el camino a través de la montaña y cómo, de vez en cuando, las ruedas de los carros cedían en alguna pendiente inclinada, lo que hacía a los peones de la finca maldecir mientras se esforzaban por liberar los carros.

Por aquel entonces, yo tenía diez años y me gustaba mucho un potrillo descarado que respondía al nombre de *Torpedo*, que al capataz de la hacienda de Amayo no le gustaba que yo montara debido a su propensión a salir disparado como una bala conmigo cuando veníamos del monte hacia la casa grande. Tan pronto desmontábamos en Amayo, nos íbamos a bañar al Gran Lago de agua dulce. Olvidándonos de los posibles tiburones y lagartos, nadábamos y jugábamos en el lago hasta cuatro veces al día.

La casa grande de Amayo se apoyaba contra una colina que dominaba el lago. Desde allí podíamos ver las majestuosas curvas de los volcanes Concepción y Maderas dormitando a lo lejos. Para nosotros representaban una visión abrumadora y luminosa que nos seguía a todos los lugares a donde íbamos. Eran objeto de constante observación entre nuestros mayores debido a que, en el pasado siglo, Rivas había resultado destruida por un terremoto que al parecer había sido provocado por erupciones del volcán Concepción. Según el folklore local, todos los problemas de Nicaragua pueden remontarse al momento en el que surgieron de la tierra esos dos colosales volcanes. Los indios lo cuentan de esta manera: «Cuando Nicaragua carecía de habitantes y todo lo que había era tierra, lagos, lagunas y ríos, sólo había peces que nadaban en el agua; cangrejos que jugaban en las playas de arena; colibrís que revoloteaban alrededor de las flores; lagartos que se deslizaban entre las rocas; iguanas perezosamente recostadas bajo los cálidos rayos del sol; coyotes, conejos y pumas que vagaban de un lado para otro en las montañas; y cuervos apoyados en las ramas de exuberantes higueras de Bengala y altos cedros. Los dueños de todo eran los animales, los insectos y los reptiles. Vivían llenos de tranquilidad y felicidad hasta que los dos volcanes aparecieron en medio de una auténtica tempestad de lava lanzando al cielo grandes nubes de humo, haciendo que la tierra temblara y ardiera.»

El recuerdo que yo tengo de la relación entre mis padres es el de que eran muy cariñosos y afectuosos. Desde el mismo momento en que se conocieron, se enamoraron el uno del otro, aunque las costumbres sociales impedían que las parejas jóvenes establecieran una relación romántica directa. Mientras sus mayores no decidieran que sus sentimientos no eran un capricho pasajero y que se podía anunciar un compromiso, había que mantener la más estricta reserva. Esas condiciones tan restrictivas limitaban el conocimiento que las parejas podían tener mutuamente antes de contraer matrimonio. Más adelante esas costumbres cambiarían. El anhelo experimentado durante esos largos períodos de miradas furtivas y espera transformaban con frecuencia a los amantes en figuras ilusorias, dotadas de virtudes y sentimientos improbables, lo que en mi opinión debe de haber sido la causa de muchos matrimonios desgraciados. Más adelante esas costumbres cambiarían.

Mi mamá me contó en cierta ocasión que su vida en Rivas comenzó a cambiar tras la segunda invasión, con la llegada de los *marines* norteamericanos, que trajeron a nuestras casas el Vicks VapoRub. Según ella, el olor a alcanfor sustituyó a los remedios caseros, como el zacate limón y la tisana que venían utilizándose desde tiempos inmemoriales. Al parecer, el Vicks VapoRub tuvo un efecto revolucionario en las mentes de los jóvenes, pues esa novedad se vio muy pronto seguida por la aparición del charlestón en los salones locales de baile y los bailes de la sociedad, en los que anteriormente habían reinado los valses de Strauss. Pero ninguna de esas innovaciones fue adoptada por la familia de mi mamá. Ella era el producto de una educación anticuada, la hija única de comerciantes prósperos, a la que se le había enseñado a hacer gala de una conducta intachable fuera cual fuera el comportamiento que pudieran mostrar los demás. La suya era una educación que, como el confucianismo, se basaba en gran medida en el respeto a los mayores y a los logros de los antepasados, todo ello unido a la disciplina más rigurosa, que en ausencia de la psicología, se imponía mediante el uso de una tajona, una especie de látigo casero de nueve colas.

Recuerdo siempre a mi mamá como una mujer linda de finos rasgos, muy delgada, con pelo castaño, el cutis del color de la miel clara, cejas oscuras y ojos verdes. Poseía una gracia indescriptible, y se desplazaba por la casa con la elegancia de una gacela. Pero cuando me parecía más adorable era cuando se ponía una mantilla blanca de blonda para asistir a la misa de las seis todas las mañanas. Durante toda mi infancia y adolescencia, la gente solía decir que yo era una Barrios en todos los sentidos de la palabra, alta como mi padre, y con sus mismos ojos y pelo oscuros. Ahora que tengo ya casi sesenta y siete años, y con mi pelo blanco, mis hijos me dicen que mi aspecto es exactamente igual al de mi madre, que tiene ya noventa y cuatro.

De niña me gustaba observar a mi madre mientras permanecía solemnemente sentada, siguiendo la misa con la ayuda de un misal encuadernado en cuero y con adornos dorados, lleno de imágenes a todo color de los apóstoles y los mártires, mientras yo oía la misa cantada en latín. En aquellos momentos, su figura pura y esbelta se transfiguraba sobre aquella música mística para convertirse en algo verdaderamente celestial.

Me contaba que nunca le gusto ningún otro hombre salvo mi padre, y que la primera vez que lo vio, mientras salía de la iglesia, con su papá y su mamá, sintió una fuerza seductora que parecía girar en torno a ella. Allí, a sólo unos metros de distancia, estaba el que iba a ser mi papá, alto y elegante, mirándola con sus ojos oscuros. Desde ese momento se sintió atrapada por el fervor sin esperanza del primer amor. Había encontrado al hombre con el que iba a casarse. Se respetaron siempre el uno al otro; nunca hubo entre ellos una discusión, un desacuerdo ni una queja en público. Fueron un ejemplo para mí, un ejemplo de respeto mutuo, de un amor que puede ser fuerte y duradero.

Tras terminar mis estudios en la escuela primaria, pasé a un colegio en Managua, la Academia de la Virgen Inmaculada, en la que impartía enseñanzas la misma orden de monjas de la Madre Cabrini. Allí comencé mi primer año de estudios superiores. Durante todo el viaje desde Rivas, en el tren que me conducía a la capital, en lo único que podía pensar era en que me estaba alejando cada vez más y más de Rivas, la finca y mi familia. En aquel momento no llegué a comprender el carácter definitivo de los acontecimientos que estaban teniendo lugar; pero cuando llegamos finalmente a nuestro punto de destino, me guindé del cuello de mi mamá e intenté detener mis lágrimas. La despedida con mi papá fue mucho más contenida. Me abrazó y me dio un último consejo: «No discutas nunca sobre política o religión, y verás cómo te llevas bien con todo el mundo». Y así fue. Hice muchas amigas que, al igual que yo, procedían de regiones remotas de Nicaragua. El tiempo que pasé en la Inmaculada resultó ser muy feliz para mí.

Era una buena alumna, obtenía medallas, matrículas de honor, etcétera, aunque lo pasaba muy mal durante las épocas de exámenes. Lo que realmente me gustaba eran los deportes y la música. En ningún momento dejé de echar de menos a mis padres y esperaba con ansiedad su visita anual en septiembre para la celebración de las Fiestas Patrias, las fiestas en las que conmemoramos nuestra Independencia y la derrota del invasor norteamericano William Walker.

Todos los años por esas mismas fechas, y al igual que las restantes escuelas de Managua, la Inmaculada participaba en un desfile. Recuerdo que el colegio contaba con una banda y que marchábamos al unísono al ritmo de clarines, platillos y tambores. En el segundo año que estudié en la escuela, las hermanas me pidieron que dirigiera el desfile. Sintiéndome demasiado avergonzada para asumir un papel tan destacado, no llegué a hacerlo. Entonces sugirieron que tocara el clarinete, oferta que mi mamá me aconsejó que rehusara porque creía que mis labios podían verse monstruosamente deformados teniendo que soplar tanto. Replicaron con la oferta de tocar los tambores, pero también me negué porque no quería ser la fuente de un ruido que podía resonar de manera ofensiva en los oídos de todos. Finalmente me dijeron: «Violeta, ¿no quieres al menos llevar la bandera?». Contesté: «Acepto esta tarea por patriotismo».

Recuerdo que para aquella ocasión tuve que ponerme un atuendo especial, no el vestido vaporoso de color blanco y plisado que las otras muchachas se veían obligadas a llevar con un sombrero de paja y guantes; el mío era un traje hecho a la medida, una chaqueta y una falda de color azul marino acompañados de una blusa blanca y una corbata, rematado con zapatos de color negro y calcetines amarillos que me llegaban hasta las rodillas. Incluso en aquella época yo mostraba ya una marcada preferencia por la sencillez en el vestir.

Desfilábamos desde la puerta de nuestra escuela situada en la avenida Roosevelt hasta la plaza de la República, donde las muchachas se agrupaban en filas de seis. Luego, marchábamos acompañadas por el sonido de los tambores y de las trompetas, hasta el parque Rubén Darío, donde los dignatarios extranjeros acompañaban sentados al presidente de la República, Anastasio Somoza García, contra el que la familia Chamorro Cardenal había lanzado una campaña en su periódico *La Prensa*.

Somoza García había anunciado sus intenciones de reformar por segunda vez la Constitución. Su objetivo evidente, el de mantenerse indefinidamente en el poder, estaba siendo objeto de amplias críticas. Pedro Joaquín Chamorro Zelaya, el padre de Pedro, se oponía a esa medida y escribió fuertes artículos en los que denunciaba vehementemente la tiranía de Somoza. Estábamos en 1944. Por aquel entonces, Pedro tenía veinte años y estaba empezando a organizar manifestaciones masivas contra el régimen.

En 1945, las acciones apenas encubiertas de Pedro contra Somoza García lo llevaron a la cárcel durante tres semanas y finalmente a la expatriación de toda su familia y al cierre del periódico durante un año. Sus padres y sus dos hermanas menores, Ana María y Ligia, se fueron a Nueva York, donde el padre de Pedro, de profesión historiador, trabajaba en la Biblioteca Pública de la ciudad de Nueva York, mientras que la aristocrática doña

Margarita trabajaba como costurera en un taller de confección. Sus hermanos Xavier y Jaime se quedaron con su abuela Cardenal en Granada. Pedro fue a México para completar sus estudios de Derecho; allí se puso en contacto con la comunidad de nicaragüenses exiliados, entre ellos Emiliano Chamorro y Juan Bautista Sacasa. Por aquel entonces, Harry Truman había llegado a ser presidente de Estados Unidos. En marcado contraste con su predecesor, Franklin Roosevelt, Truman consideraba embarazosa la alianza norteamericana con Somoza García. Dio, por tanto, instrucciones al Departamento de Estado para que advirtieran al tirano de que Estados Unidos no estaba a favor de sus planes de reelección. Siempre interesado en mantener una relación positiva con sus patrones norteamericanos, Somoza García intentó inicialmente complacerlos. Renunció públicamente a su candidatura y restauró durante algún tiempo las libertades civiles.

Cuando yo llevaba ya un par de años en la Inmaculada, mis padres decidieron que había llegado el momento de que perfeccionara mi inglés en un internado norteamericano. Mi preocupación era que, al no conocer el idioma, no lograría estar a la altura del resto de la clase. Mis papás me aseguraron que no tenía ninguna razón para preocuparme; aprendería el idioma en muy poco tiempo. Al no ser muy partidaria de discutir, hice lo que me decían y me preparé para otra despedida, esta vez por mucho más tiempo.

El plan era que, después de estudiar un curso en Estados Unidos, viajaría a Inglaterra, y luego a Suiza, para completar mi educación. Sabía que tardaría mucho tiempo en volver a Nicaragua. Le pedí, por tanto, a mi papá que me permitiera experimentar una vez más la majestuosidad y aspereza de Amayo. Accedió al viaje, pero quiso que lo hiciera en la comodidad de su carro Packard recién comprado. Para complacerle, accedí a realizar la segunda mitad del viaje en el carro, tras haber atravesado a caballo el río Vergel, donde si uno no tenía cuidado las corrientes podían arrastrarnos y provocarnos la muerte. Para mí aquél fue uno de los momentos culminantes del viaje.

Todo ello ocurrió en agosto de 1944, la última vez que viajé a Amayo con mi papá. Después subí a un avión de la Pan Am con rumbo a Brownsville, Texas, y me encontré con todo mi equipaje en una ciudad más civilizada que cualquiera que yo hubiera visto antes. Pero no me sentí en absoluto impresionada. Mi fascinación estaba reservada para las montañas, los volcanes, lagos de color azul intenso, aguas en perpetuo movimiento y briosos caballos, un reino en el que no hay horizonte, ya que el agua y el cielo se confunden en una auténtica orgía de azules. Por tanto, ¿como podía conmoverme el modernismo de la forma de vida urbana y norteamericana?

En Brownsville alquilamos un carro en el que fuimos hasta San Antonio, donde me reuní con mi hermano Chale, que nos acompañó hasta «Our Lady of the Lakes», el internado en el que iba a ingresar. Estaba cerca de Austin, donde Chale completaba sus estudios. Esta proximidad no era una simple coincidencia, sino un requisito, ya que una niña de catorce años como yo no podía alejarse tanto de su familia y vivir por su cuenta en un país extranjero. Todo ello tenía que hacerse de manera controlada, teniendo no muy lejos un pariente cercano al que me pudieran confiar. Para mis padres no había mejor candidato para esa tarea que mi hermano mayor.

Mi estancia en «Our Lady of the Lakes» no sería muy larga. Aunque, gracias a mi velocidad, destacaba en la práctica de *softball* (variedad de *baseball* que se juega con una pelota blanda), y del baloncesto debido a mi altura, y el coro por mi formación musical, descubrí que me resultaba imposible aprender el inglés. En el *campus* había alrededor de ochenta niñas latinoamericanas que hablaban todo el tiempo en español. Pensaba con nostalgia en mis compañeras de la Inmaculada, que estaban completando su último curso de estudios y se graduarían al año siguiente. Yo, por el contrario, estaba quedándome irremediablemente atrás en mis estudios. En una carta llorando transmití esos sentimientos de desconsuelo y pérdida de tiempo a mis padres. Me respondieron diciéndome que no debía preocuparme, que todo lo iban a resolver el próximo año cuando ellos vinieran a EE UU para la graduación de Chale en la Facultad de Ingeniería de Austin, Texas. Finalmente, cuando llegaron mis padres, los cuatro nos dedicamos a buscar un nuevo entorno académico para mí. Debido a la aversión a los aviones de mi papá, nos desplazamos hasta Nueva York en tren, en primera clase. Pasamos cuatro días y cuatro noches en el tren. Es una experiencia que no volvería a repetir jamás.

La hermana de mi papá, Julia, vivía en Nueva York. Nos ayudó a alquilar un apartamento para que estuviéramos cómodos y tuviéramos la oportunidad de visitar varios centros de enseñanza. La idea era la de que yo debía asistir a alguna escuela situada en Nueva York o en algún punto cercano a Boston. Pero llegamos demasiado tarde. Era ya el mes de junio y en la mayoría de los colegios ya estaban llenos los cupos de ese año. Por fin encontramos una escuela llamada Blackstone, en Virginia, a una hora y media en carro desde Richmond. Habíamos confiado en que fuera una escuela católica, pero Blackstone no lo era. Sin embargo, había muy pocas opciones, y mis padres pensaron que asistir a una escuela con una mezcla de alumnos católicos y protestantes estimularía en mí el respeto a las ideas de los demás. Y así ocurrió de hecho. Los domingos, las alumnas nos dirigíamos a la ciudad para asistir a los servicios preferidos por cada una, y luego, libres de cualquier prejuicio religioso, intimábamos amigablemente en los bailes y conciertos organizados por la escuela. Esta educación laica norteamericana resultaba perfectamente compatible con la forma en que me había educado en mi casa. Los dos años que pasé en Blackstone sirvieron para reafirmar mi respeto por el pluralismo, algo que he mantenido tenazmente durante toda mi vida.

Mi inglés no era demasiado bueno. Hablaba en frases cortas y entrecortadas, pero, de un modo u otro, lograba hacerme entender e incluso realizar mis exámenes escritos. Mi primera compañera de habitación fue Silvia Sánchez, la hija de un diplomático cubano. No fue muy buena idea que nos pusieran juntas, ya que, por mucho que intentábamos evitarlo, no podíamos dejar de hablar en el idioma con el que nos sentíamos más cómodas. Pedí, por tanto, que me trasladaran a otra habitación, junto a una niña norteamericana. Así es como conocí a Marie Guarini.

La experiencia de compartir habitación con Marie fue decisiva para la formación de mi carácter. Aunque procedíamos de mundos distintos, Marie se convirtió en mi amiga, compañera y confidente. Compartíamos con el mayor entusiasmo las clases, las tareas, la correspondencia, los sueños y expectativas, el medio a través del que las mujeres manifiestan unas a otras sus sentimientos recíprocos de confianza, lealtad, respeto y apoyo. Recuerdo con cariño, cómo, cuando una de nosotras se sentía momentáneamente triste, la otra se apresuraba a levantarle el ánimo con una expresión alentadora de optimismo o mediante bromas inocentes. Tanto Marie como yo nos sentíamos enormemente unidas a nuestras familias. Las dos procedíamos de hogares estables, teníamos padres que nos querían, una firme formación católica y una actitud positiva hacia la vida. Descubrimos que, salvo unas pequeñas diferencias culturales, nuestros valores eran esencialmente los mismos. A Marie le gustaba fumar cigarrillos Pall Mall, mientras que a mí no me gustaba en absoluto fumar. Ella solía llevar faldas plisadas de marca, mientras que las mías eran de corte recto y habían sido confeccionadas por mi costurera de Rivas. Me gustaba Bach y Mozart, mientras que ella prefería escuchar a Louis Armstrong o Benny Goodman.

El colegio era muy hermoso, edificios de ladrillo rojo estilo Jefferson repartidos por varios acres de colinas onduladas cubiertas de árboles y hierba, que en primavera se volvía de color verde esmeralda. Jugábamos al hockey, al *softball* y montábamos a caballo, todo lo cual evocaba en mi mente recuerdos de mi papá y de mí misma conduciendo el ganado en Amayo desde el amanecer hasta la puesta del sol. La comida, servida en mesas cubiertas de elegantes manteles de lino, era muy buena. Después de comer, pasábamos a la terraza para tomar el postre acompañado de té. Era un ambiente de lo más refinado. Pero durante mi segundo año de estancia en el colegio la nostalgia y el deseo de volver a mi casa se hicieron insoportables. Tenía la sensación de que, si no volvía pronto, no volvería a ver a mi papá vivo, pues estaba a punto de morir.

En junio de 1947, mis papás llegaron para su visita veraniega anual. Nunca olvidaré esas vacaciones. Chale y yo observamos que mi papá padecía de una tos persistente que se ponía peor cuando fumaba un cigarrillo. Presionado por nosotros, accedió a someterse a un reconocimiento rutinario. Decidió hacerlo en el Lenox Hill Hospital de Nueva York, ya que en él trabajaba un antiguo compañero suyo del MIT (Massachusetts Institute of Technology). Recayó en ese antiguo compañero de estudios la penosa tarea de comunicarle a mi papá la más triste de las noticias: a los cincuenta años de edad, padecía un cáncer de pulmón de carácter terminal.

Habíamos experimentado ya la dolorosa pérdida de Ricardo, pero esa amenaza a la vida de mi padre resultaba todavía más desoladora; para nosotros constituyó una sorpresa total, ya que en aquella época no relacionábamos el tabaco con el cáncer. Pero lo que más preocupaba a mi papá era la vida solitaria que sabía que mi mamá llevaría sin él, a pesar de tener sólo cuarenta años. Durante los tres meses siguientes se produjo una transformación increíble en mi papá. Acostumbraba a mirarle desde abajo debido a su mayor altura, no estaba preparada a mirarle desde arriba echado en una cama de hospital, marchitándose ante mi vista, con su fuerte mandíbula hundiéndose por el dolor, y sus bigotes repentinamente volviéndose grises por la angustia. Cada mañana dudaba delante de la puerta cerrada de su habitación de hospital, si tendría la fuerza suficiente como para enfrentarme al inválido en que se había convertido mi padre, vestido en un pijama impecable, yaciendo entre las sábanas blancas y almidonadas de hospital. Los días transcurrían todos iguales, mi mamá y yo rezando a los pies de la cama mientras se lo llevaban a realizarle distintos tipos de pruebas y tratamientos. Pronto no hubo esperanza. Llegó el momento en que los médicos consideraron que no se podía hacer ya nada, salvo permitirle salir del hospital. Quería volver con mis padres a Rivas. Pero ellos, que no daban cuartel a la adversidad, me convencieron de que debía quedarme, asegurándome de que todo iría bien. Prometieron volver en diciembre, supongo que confiados en que se produciría algún milagro. Evidentemente, una parte de mí quería creer también en él.

De mala gana volví a Blackstone aquel otoño, pero me resultó difícil concentrarme en mis estudios, ya que estaba constantemente pensando en mi papá. Llegó el Día de Acción de Gracias, lo pasé con Chale en Pennsilvania, donde seguía un largo programa de entrenamiento con la empresa Westinghouse en Pittsburgh. Luego llegaron las Navidades. Como mis padres no pudieron venir, Marie Guarini me invitó a pasarlas en su casa de Jersey City.

Los Guarini vivían en una casa de ladrillo estilo georgiano, situada en Britton Street. Marie y su hermano, Frank, eran los dos únicos hijos de un abogado criminalista de éxito. Los dos se parecían mucho a su padre, que tenía los ojos azules y el pelo oscuro. Recuerdo que Frank estaba estudiando en Dartmouth, concretamente Derecho, para hacerse abogado como su padre. Durante mi visita nos escoltó a todas partes, acompañándonos a fiestas en Nueva York y al teatro. Fue una visita muy agradable y placentera hasta que llegó el 31 de diciembre. Aquella noche los Guarini celebraron una fiesta familiar en la que todos brindaban con *champagne*, y yo, como hago todos los años, empecé a pensar que había sobrevivido a Ricardo toda una década. Por dolorosa que hubiera sido su desaparición, había llegado finalmente a aceptarla.

Pero sobre mí pesaba mucho el estado de salud de mi papá. Los informes que llegaban de la casa eran positivos, pero mi instinto me decía lo contrario. Empecé a preguntarme cómo podía disculparme para no seguir en la fiesta. No podía explicar mi temor y tenía miedo de que mis pensamientos nostálgicos arruinaran la noche a los demás. De repente empezaron a deslizarse las lágrimas por mis mejillas, suspiré profundo intentando mantener la mayor compostura y expliqué a los Guarini que no me sentía bien y que necesitaba irme a acostar. La señora Guarini se mostró sumamente atenta y amable, pero nada parecía capaz de sacarme de mi estado de ánimo. En el piso de arriba, sola en la habitación de Marie, permanecí en la oscuridad escuchando el ruido que llegaba desde la planta de abajo, y pensando que no había nadie capaz de consolarme. Finalmente, y tras dar numerosas vueltas en la cama, me quedé dormida. Al día siguiente me desperté sintiéndome todavía peor. Había pasado la noche entera soñando con mi papá, que en mis sueños había permanecido sentado junto a mi cama, agarrándome y diciéndome que había venido para despedirse de mí. En los últimos momentos de mis sueños me había aferrado a una especie de letargo para evitar enfrentarme a la calamidad que parecían anunciar mis premoniciones. Durante el desayuno, y aunque había decidido no compartir mi experiencia con la familia Guarini, estoy segura de que mi angustia resultaba visible.

Estábamos todavía sentados a la mesa cuando la empleada

de los Guarini anunció una visita. Era el tío Manuel, el hermano de mi padre. Tan pronto como le vi, supe que mi sueño no había sido una simple fantasía. «Decidme, tío Manuel, ¿se murió mi papá?». «¿Cómo sabes?», me preguntó sin poder ocultar su desconcierto. Cuando le conté mi sueño, se mostró visiblemente perturbado. Tras recuperar la compostura, me dijo: «Tu hermano Chale está ya de camino regresando a Rivas. Me ha pedido que vengas con nosotros después de comprarte ropa de luto.»

Me despedí inmediatamente de Marie y les di las gracias a sus padres, sabiendo que no volvería a verlos jamás. Sabía que desde aquel momento mi vida seguiría un rumbo totalmente distinto, ya que, con el fallecimiento de mi papá, mi mamá renunciaría a seguir viviendo.

Desgraciadamente, llegué demasiado tarde para los funerales que se celebraron en Rivas. En Nueva York me dio una bronquitis tan grave que no tuve más remedio que permanecer tres semanas en cama en la habitación de un hotel. Chale, quien después de la muerte prematura de mi padre había abandonado una prometedora carrera como ingeniero eléctrico y se dedicaba fundamentalmente a administrar la hacienda de Amayo, estaba en el aeropuerto para recibirme.

Con el fallecimiento de mi papá, la casa se vio dominada por la muerte. Se cerraron sus puertas, que no abríamos salvo para recibir amigos íntimos. Mi mamá se refugió entre las cuatro paredes de su dormitorio, donde hizo un altar con la fotografía de mi papá y una vela que permanecía constantemente encendida. Durante mucho tiempo se negó a salir incluso para echarle un vistazo al jardín desde el balcón de su casa. Recayó, pues, sobre mí, la hermana mayor de sustituir a mi mamá en sus varios papeles tanto domésticos como familiares. Delegó en mí la plena autoridad para llevar la casa. Con dieciocho años cumplidos, acepté esa responsabilidad.

Un luto completo para las mujeres de aquella época no duraba en ningún caso menos de dos años. El primer año el luto se llevaba hasta el extremo de que la viuda y sus hijas sólo podían vestir de negro. Dado el agobiante calor de Rivas, aquello era un auténtico sacrificio. Durante el segundo año, la viuda podía mantener el rigor del luto completo, pero a las hijas se les permitía llevar vestidos medio negros y medio blancos, o de medio luto, hasta la etapa final, un año después, cuando los parientes cercanos podían vestir todos de blanco. No obstante, esa misma medida social no se aplicaba a los hombres. Al día siguiente del funeral podían ir al cine.

La austeridad femenina en el cumplimiento del período de luto constituía una auténtica expresión del profundo dolor experimentado por las familias que se habían visto definitivamente separadas de sus seres queridos a través del carácter irrevocable de la muerte. Era un símbolo de su unidad y de los lazos que existían entre ellos, que en los tiempos antiguos se consideraba debían durar toda la vida.

Así pues, cuando mi hermano Maquín terminó sus estudios superiores en el Colegio Centro-América, fui yo quien tuvo que acompañarle a la ceremonia en la que le entregaron su diploma. Recuerdo que no tenía ningún vestido lo suficientemente elegante para la ocasión y que no tuve más remedio que arreglar uno de los vestidos de mi mamá. Era un vestido muy sencillo y bonito, con la parte delantera drapeada. Chale, Maquín y yo viajamos hasta Granada en el nuevo Packard de color gris plateado que dejó mi padre, comprado durante su último viaje a Nueva York. Nos alojamos en la casa de mi amiga María Jesús. Cuando pronunciaron el nombre de Maquín, lo acompañé, protectora, por el pasillo central del salón en el que se celebraba la ceremonia.

Después de esto hubo una fiesta. Chale me presentó a algunos de sus antiguos compañeros de clase, Enrique Pereira, Luis Cardenal, Paco Castro y Pedro Joaquín Chamorro, su amigo íntimo. Había existido siempre una gran camadería entre Chale y Pedro. Cuando Pedro regresó del exilio en México y empezó a trabajar en *La Prensa*, se pusieron de acuerdo para intentar verse en todas las ocasiones en las que Chale estuviera en Managua en búsqueda de provisiones. Quizás fuera por lo distraída que estaba, pero aquella noche mi sexto sentido no me puso sobre aviso del hecho de que estaba en presencia del hombre con el que terminaría casándome. Mis recuerdos de este primer encuentro con Pedro Joaquín Chamorro son bastante vagos. Lo encontré un muchacho atractivo, inteligente y agradable, pero no más que cualquiera de los otros a los que conocí esa noche.

Capítulo tercero

Cierto día de 1948, durante uno de esos viajes a la capital, Chale volvió a encontrarse con Pedro Joaquín Chamorro mientras bajaba por la avenida Bolívar. Los dos amigos decidieron ir juntos al bar local de moda, «El Gambrinus». Mientras se tomaban una cerveza, Pedro le preguntó a Chale qué se proponía hacer el fin de semana.

Mi hermano respondió inocentemente que ese fin de semana iba a ir a «Amayo». En ese momento fue cuando formuló su propuesta, obviamente intencionada a su fin.

«Sabes, Chale, no deseo imponer mi presencia, pero desde que volví de México siento un gran deseo de ir a tirar conejos y venados. Mi mamá está pasando la temporada en San Juan del Sur, y estoy pensando ir el fin de semana por allí.»

Chale, siempre abierto y generoso, se apresuró a formular la invitación que Pedro estaba evidentemente deseando recibir. «Pedro, si tienes ganas de ir a tirar, venite a la casa de nosotros en Rivas y te llevo a Amayo. Pero, ¿cómo te vas a ir, tenés carro?»

«No, no tengo, estaba pensando en tomar el bus Santa Fe Expres.»

«Eso te va a llevar hasta el antiguo mercado de Rivas. Si querés, te recojo allí», le dijo Chale.

Al día siguiente, de vuelta en Rivas, Chale nos informó de que un amigo suyo procedente de Managua iba a llegar en el Santa Fe y que iba a ir al viejo mercado a recogerlo.

Mi hermano me sugirió que lo acompañara a él y a su amigo en el viaje a tirar que iban a hacer. Acepté la propuesta. No había ido a Amayo desde hacía semanas.

Después de cargar el carro con la provisión necesaria, se fue a recoger a Pedro, dejándome instrucciones explícitas: «Cuando toque el claxon del carro, salís de inmediato. Se está haciendo tarde y quiero llegar a Amayo antes de que oscurezca.»

Mi mamá me había ordenado que fuera al patio, por el que corrían sueltos los pollos y las gallinas, y que escogiera uno de ellos para la cena. Poco tiempo después escuché el claxon del carro fuera. Me despedí de mi mamá con un beso y corrí llevando el pollo en un brazo y un bote de repelente de insectos Fleet en el otro.

Debo haber ofrecido un aspecto divertido. Pero me confesó años después que cuando me vió, con unos pantalones negros y una sencilla blusa blanca, con una cola en el pelo moviéndose para adelante y para atrás, y agarrando con una mano una gallina gorda, el amor que ya empezaba a bullir dentro de él se convirtió en una auténtica erupción. Al parecer, desde el día en que Chale nos había presentado en la ceremonia de graduación de Maquín, Pedro se había sentido atraído por mí. Pero ahora esos sentimientos latentes y reprimidos habían explotado, haciéndole experimentar todos los proverbiales síntomas del enamoramiento adolescente: unos rápidos latidos del corazón, unas manos sudorosas y la agitación nerviosa que no le permitía permanecer tranquilo en el asiento.

Desgraciadamente para Pedro, yo no experimenté la misma atracción que él y me limité a subir a la parte trasera del Packard, sin atender a sus peticiones de que fuera adelante, a su lado.

En carro, el trayecto hasta Amayo duraba aproximadamente una hora, ofreciéndonos grandes oportunidades de contemplar el paisaje. Era el mes de marzo y el sol tropical es inclemente. Había provocado grandes sequías desecando el lago y convirtiendo en charcas fangosas, de un sombrío color pardo sus orillas.

Cuando llegamos a Amayo, el capataz de la finca, Jesús Marchena, salió a recibirnos. Aquel viejo nos salió al paso con las botas sin atar, el revólver con la empuñadura amarillenta en una pistolera colgada de la cadera, y un largo cuchillo firmemente presionado contra su cuerpo. Estaba de espaldas al lago, en el que se estaba poniendo el sol con una línea fina de color naranja que dividía en el horizonte la enorme extensión de agua del cielo. Observé que Jesús llevaba puestas las gafas de montura dorada de mi papá que mi mamá le había regalado después de su fallecimiento, así como unos viejos pantalones de éste.

La visión de las prendas de vestir de mi papá llevadas por otro me hizo sentir que su desaparición era algo definitivo, lo que me oprimió el corazón y evoqué recuerdos de una felicidad completa que no volvería jamás. Sensible al sombrío estado de ánimo que parecía aquejarnos, Marchena rompió el silencio llamando nuestra atención sobre la belleza de la puesta de sol.

«Mirad, patroncitos», e hizo un gesto hacia nosotros con una mano en la que le faltaban dos dedos. «Los pastos están ardiendo. Los conejos saldrán corriendo de sus agujeros y también los armadillos, pues por gruesas que sean sus conchas, también ellos odian el fuego. Hoy debería haber una buena *cazada*.»

Luego, de buena gana, Chale siguió a Marchena hasta los establos para revisar cómo se estaban ensillando los caballos, mientras yo conduje a Pedro por el porche en el que estaban las mecedoras. Recuerdo que el aire estaba impregnado de un polvo que se quedaba adherido a nuestra piel. Por tanto, Pedro y yo nos dirigimos hacia un pequeño fregadero de color blanco sujeto a la barandilla del porche y empezamos a lavarnos. Entonces se volvió hacia mí e inesperadamente me preguntó: «¿Qué vamos a hacer?»

En aquella época no teníamos todavía instalación eléctrica en Amayo y, aunque el camino hasta el rancho estaba iluminado con lámparas de querosén, el resto de la casa permanecía en la mayor oscuridad. Así pues, tras encender una vela y llenar una lámpara, sugerí: «Juguemos a las cartas.»

Si mal no recuerdo, la partida fue de póquer. Utilizando como fichas conchas de tortuga, Pedro y yo jugamos varias manos, evidentemente sin llegar a apostar nunca en serio. No obstante, le gané prácticamente siempre. De hecho, no creo que yo perdiera ni una sola vez.

Aunque no soy en absoluto una jugadora habitual, creo que venciéndole me gané hasta cierto punto el respeto de Pedro. Quizás pensó que había encontrado por fin en mí a una formidable adversaria femenina, a una mujer que podía mirarle a los ojos sin sentirse deslumbrado por su posición o por la. mística que le rodeaba. Y, a pesar de tratarse de un juego tan trivial como las cartas, creo que Pedro se dio entonces cuenta de que había encontrado una compañera que estaba en todos los sentidos a su altura. Por así decirlo, Pedro Joaquín Chamorro había encontrado «la horma de su zapato».

No obstante, y por especial que fuera aquel momento nuestro, no dejó de ser algo transitorio. Justo cuando acabamos nuestra duodécima mano, llegó el resto con los rifles y lámparas para llevarse a Pedro a la cacería nocturna. Mientras dejaba caer las cartas sobre la mesa, se despidió de mí y se marchó para toda la noche, dejándome a mí encargada de la tarea de poner sábanas limpias en los camastros a los que él y Chale volverían para dormir antes de que amaneciera.

A LA mañana siguiente desayunamos un gallopinto, el plato a base de arroz y frijoles típico de la cocina nicaragüense. Luego nos bañamos en las aguas frescas del lago. Cuando llegó el momento de partir para Rivas, Pedro nos invitó a que fuéramos hasta San Juan del Sur para visitar a su mamá. Pero yo me negué, considerándolo una diversión inadecuada para alguien que estaba todavía bajo los rigores del luto. Chale, sin embargo, decidió ir con él. Cuando me dejaron en Rivas, me despedí de Pedro sin imaginarme que la amistad que habíamos entablado en Amayo conduciría a algo más. El fin de semana siguiente, las emociones e intenciones de Pedro quedaron claramente evidentes.

Sin que ninguno de nosotros lo supiera, organizó una excursión de dos carros llenos de muchachos de la capital a Rivas, pensando que Chale y yo nos ofreceríamos a hospedarlos en Amayo. Nos quedamos muy desconcertados cuando apareció con sus amigos. Pero aceptamos acompañarlos y nos llevamos con nosotros a nuestra prima Amalita Torres, una sobrina y tocaya de mi mamá.

Desde ese día, y durante todo el año, Pedro no quitó los ojos de mí. Se presentaba a Rivas todas las semanas, acompañado por alguno de sus amigos. Llegaba en moto o en un autobús destartalado. Se alojaba en el hotel situado en la plaza del viejo mercado. Inevitablemente, no tuve más remedio que darme cuenta del cortejo galante de Pedro. Aun así, hice todo cuanto estaba en mi mano para desanimarlo. Viéndolo retrospectivamente, creo que tuve suerte de que fuera tan persistente. Al mismo tiempo, lamento igualmente que desperdiciara tanto el tiempo que pasamos juntos rechazando sus proposiciones.

En una ciudad en que los asuntos de cualquiera se convertían de inmediato en cuestión de interés público, muy pronto se difundieron rumores de que Violeta estaba siendo cortejada, y se desencadenó la rivalidad entre los posibles aspirantes a conseguir mi mano. Aparecieron numerosos pretendientes, incluyendo a otro Chamorro de Granada, tan insistente como Pedro.

Siendo una persona que nunca se ha visto atraída por el dinero, no mostré ningún interés por ninguno de ellos, y empecé a impacientarme con los comentarios ruidosos e indiscretos que salían de boca de nuestros parientes y amigos. Tal como yo lo veía, no tenían ningún derecho a entrometerse en mi vida.

Aunque la inteligencia de Pedro, su carácter simpático y la intensidad con la que perseguía sus metas le había convertido en un hombre muy popular en Managua, en Rivas nadie sabía quién era. Todo lo que podían ver era que se trataba de un Chamorro de aspecto más bien desaliñado y que carecía incluso de su propio medio de transporte.

Sin embargo, el otro Chamorro si merecía la aprobación de mis tías y sus amigos. Llegaba siempre impecablemente vestido, como un profesor, en un carro elegante con neumáticos de color blanco. En verdad era un hombre elegante, pero quizás demasiado consciente de serlo. Las hermanas de mi papá solían abordar a mi mamá con la pregunta de: «Amalita, ¿por qué recibe Violeta a este Pedro Joaquín Chamorro cuando el otro es todo un sueño de hombre?».

Sin embargo, para mí, ambos eran sólo pretendientes. Ninguno me había despertado interés. Al no tener todavía ninguna experiencia en esas cuestiones, me sentía confusa y preocupada. No sabía bien cómo decirles que se olvidaran de mí, sin por eso ofenderles.

Así pues, todos los fines de semana, acompañada por mi prima Amalita, recibía sus visitas en el balcón de nuestra casa, desde el que podía ver la plaza. Frecuentemente nos entreteníamos contemplando las actividades que se desarrollaban en el corazón de

Rivas. Algunas veces ambos Chamorros coincidían por casualidad y, halagada ante el doble homenaje que me rendían, me sentaba entre los dos refiriéndome a ellos como «mis dos ángeles». En otras ocasiones los invitaba a dar un paseo por la ciudad. «¿Quién quiere conducir?», preguntaba, agitando delante de sus ojos las llaves del Packard de la familia. Como es lógico, yo era consciente de que los dos hombres deseaban impresionarme con sus habilidades como conductores. Pero quizás un incentivo todavía mayor radicaba en el hecho de que el conductor se sentaría junto a mí en la parte delantera del coche. Juguetonamente, lanzaba las llaves al aire y dejaba que Pedro y su primo lejano compitieran tratándolas de agarrar. Sé que no estaba bien; pero, como me decía a mí misma, si voy a ser cortejada, lo menos que puedo hacer es darme la oportunidad de divertirme de vez en cuando.

En el transcurso de su quinta visita, Pedro se me declaró. Estábamos sentados los dos en sillones de mimbre en el balcón, contemplando el crepúsculo anaranjado de Rivas. Por un momento, la intensidad de sus palabras hizo que me sintiera al mismo tiempo complacida y asombrada. Pero luego, de forma inexplicable, adopté una postura dura hacia él, y mi respuesta fue un rechazo categórico que lo decepcionó profundamente.

«No perdás tu tiempo conmigo, Pedro. Nuestra familia está todavía de luto. No he salido de esta casa desde que murió mi papá. No conozco ni Managua bien. ¿Cómo se te ocurre pensar que quisiera casarme con vos e instalarme con tu familia durante el resto de mi vida? Además, aunque yo tengo edad para enamorarme, no estoy enamorada de vos.»

Movió la cabeza como si se negara a comprender y luego levantó la mano para acariciarme el pelo. Pero, con un movimiento rápido, eché la cabeza hacia atrás y me levanté para poner fin a ese momento de ternura para el que no estaba preparada.

Mientras Pedro se marchaba, comentó con un tono de voz divertido: «Sos una mujer rara, Violeta». Y luego, bajando la voz como susurrando, añadió: «Pero te quiero y volveré la semana que viene como siempre. Así que esperame».

Mirando hacia atrás, ahora puedo comprender que en mi rechazo había mucho de mojigatería. Aunque no era consciente de ello, para un hombre decidido como Pedro mis negativas servían únicamente como una invitación para que se mostrara todavía más insistente.

Así fue cómo Pedro empezó a tener un conocimiento íntimo de mis idas y venidas. Como es lógico, mis movimientos diarios resultaban bastante predecibles. Vivía en lo que ahora denominaría una especie de limbo social. Me levantaba todos los días a las cinco, con los primeros cantos del gallo. Luego a las seis iba a la iglesia. Después de la misa, la cocinera y yo nos dirigíamos al mercado con nuestras canastas a comprar las verduras del día, y luego volvíamos a la casa para organizar el resto del día. Durante las últimas horas del día dedicaba mi tiempo libre a tocar el piano en la sala o a practicar mecanografía.

En 1948 en Rivas había sólo un teléfono. Estaba en el hospital local, y todas las llamadas se convertían rápidamente en cuestión de dominio público. Cualquiera puede imaginarse mi horror cuando, sin fallar una sola vez, todos los jueves Pedro llamaba para preguntar si podía venir a visitarme. Cada vez, el mensajero del hospital tocaba la puerta de la casa y anunciaba que había una llamada desde Managua para la «niña Violeta».

No tenía más remedio que dirigirme al hospital para recibir la llamada, furiosa con Pedro por colocarme en esa situación tan embarazosa. Al mismo tiempo, no paraba de recibir montones de preguntas de parientes curiosos: «¿ya son novios, están halando?», me preguntaban mis tías, impulsándome a contestar con un «¡no!» furiosa.

Supongo que tras mi negativa se ocultaba el temor a volverme vulnerable y exponerme a nuevas emociones que no era capaz de controlar. Pero me preocupaban más los sentimientos que pudieran surgir sin verse controlados por mi sentido convencional de lo que era o no correcto. Por tanto, repudiaba totalmente a Pedro. «¡No vengás!», le decía. «No tengo ningún interés en vos».

Mis palabras no parecían significar nada para él. Cuando llegaba el sábado, allí estaba en la puerta de la casa. Los domingos, como él no sabía a cuál de las misas iba a ir, se pasaba el día entero sentado en un banco de la parroquia esperando a que apareciera. Cada día que pasaba, aumentaba mi incomodidad con las propuestas y persecuciones que ya me estaban desesperando.

Me sentía totalmente abrumada con sus insistencias. Pero Pedro persistía en su asedio, escribiéndome innumerables cartas de amor: «¿Me querés, Violeta?, porque yo te quiero. Sigo todos tus pasos. Sé que algunas veces venís con Chale a Managua y no me llamás. ¿No sentís nada por mí? Violeta, soy serio en mi deseo de construir un hogar con vos y tener hijos.»

«No perdás tu tiempo conmigo, Pedro», le escribía yo a modo de contestación. «No tengo la menor intención de comprometerme con nadie, y mucho menos con un muchacho de Managua. Además en la capital hay muchachas mucho más bonitas que yo.»

En sus respuestas a veces había una mezcla de ira y dolor, al punto que a veces me hacía dudar si realmente quería que se alejara de mí. Pero nunca le dije nada que pudiera interpretarse como un cambio con respecto a mi postura original.

Según el ritual propio de los enamorados, con tantos rechazos tan categóricos, no debía volver. Al menos durante algún tiempo.

Llegó finalmente el día en que Pedro dejó de visitarme y se interrumpieron las cartas y las llamadas telefónicas. De nuevo sola, encerrada en la intimidad de mi vida de soltera, me comenzó a hacer falta, comencé a tomar conciencia de lo que sentía por Pedro y me di cuenta de la gran falta que me hacía, supe que había caído en mi propia trampa. Sin que me diera cuenta de ello, había dejado de ser el obsesionado pretendiente sin esperanzas y se había convertido en el hombre con el que yo me quería casar. En las noches permanecía despierta y pensaba en Pedro. Sola en mi dormitorio oscuro. Comencé a arrepentirme de los desplantes que le había hecho y sentir angustia sobre un posible éxito de alejarlo de mí.

Afortunadamente, Pedro puso fin a esa moratoria. Algunas semanas después de no dar señales de vida, recibí de mi mamá la noticia de que doña Margarita, amiga suya, había llamado para preguntar si ella y un grupo de muchachas jóvenes de la capital, podían venir y quedarse con nosotras para asistir a un baile de sociedad en el casino de Rivas. Aunque estábamos todavía de luto y no podíamos participar en el evento, mi mamá le dijo que con gusto, y me indicó que debía ocuparme de la preparación de las habitaciones para nuestras huéspedes: «Violeta, asegúrate de que estén hechas las camas para las amigas y que se prepare comida para atenderlas.»

Todo eso lo hice con la debida diligencia y de buen humor. Pero cuando me dijeron que una de las muchachas que iba a asistir al baile iba a venir acompañada de Pedro Joaquín Chamorro, comencé a conocer los celos.

No obstante, mi congoja disminuyó cuando quedó claro para mí que Pedro se había limitado a aprovechar una oportunidad para verme, ofreciéndose a acompañar a una de las muchachas. Aquella noche, cuando llegaron los de Managua, con sus trajes oscuros para escoltar a las muchachas a la fiesta, Pedro y yo nos saludamos con una cortesía comedida, pero pronto quedó claro para mí que Pedro no quería separarse de mi lado. Estuvo todo el tiempo buscando excusas para quedarse un poco más y finalmente se expresó con franqueza y me dijo: «O venís con nosotros o yo me quedo con vos.»

Eso era algo totalmente fuera de lugar. Intenté que razonara: «Pedro, veniste para acompañar a una muchacha. No podés quedarte aquí porque es mala educación ofenderla, y yo no puedo ir al baile. Cumplé con tu deber. Andate a la fiesta y después hablamos.»

Mi conversación con Pedro se vio interrumpida por doña Margarita, que estaba hablando con mi mamá: «Amalia, vine para hacer de chaperona con estas muchachas, pero preferiría quedarme platicando con vos. No quisiera ir a esa fiesta.»

Yo me apresuré a ofrecerme: «No se preocupe, doña Margarita. Puede quedarse con mi mamá todo el tiempo que quiera. Maquín y yo las llevaremos en el carro al casino cuando quieran.»

Pedro y yo no intercambiamos ni una palabra más, aunque yo era en todo momento consciente de que estaba escuchando atentamente todo lo que se decía. Luego se marcharon todos a la fiesta. Supe después que Pedro no tuvo ni un solo instante de paz. Se pasó toda la noche asomándose a la ventana, seguro de que yo llegaría en cualquier momento.

El casino era un edificio muy hermoso, rodeado de amplios porches. Dentro había varios salones de gran tamaño. Cuando llegamos, la orquesta estaba tocando «Blue Moon», pero Pedro no estaba bailando. Estaba de pie en el porche, esperando. Cuando doña Margarita se apeó del carro con Maquín, Pedro se saltó por encima del murito que rodeaba el casino y se vino corriendo hasta el asiento delantero del carro.

«Aquí estoy a tu disposición. Vamos a algún lado donde me podás contestar de una vez por todas: ¿te intereso o no?»

«No, ahora no», le respondí. «Veniste con una pareja y tenés que volver con ella. Además, ando con Maquín, y tengo que irme con él ahorita.»

«Bueno, pero prométeme que nos vemos mañana.»

«Sí, mañana está bien.»

«Mañana, ¿cuándo?», insistió.

«No sé todavía. Ahí vemos.»

Después de eso, no me pidió nada más y volvió al casino. En el carro, camino de vuelta a la casa con Maquín, seguí pensando en las contradicciones de mi actitud. Antes, había alejado de mí a Pedro. Ahora, de repente, deseaba mucho estar con él. Varias horas después, en el dormitorio de mi mamá, seguía todavía despierta pensando en Pedro cuando oí que las muchachas volvían de la fiesta. Todas hablando horrores del comportamiento de Pedro en la fiesta, el que calificaron de muy rudo.

«... y cómo ignoraba a la pobre..., cuando fue él quien le pidió salir con ella. Qué bárbaro comportarse así con ella cuando sabía perfectamente bien que le gustaba.»

«Sí, todo este viaje ha sido un desastre», le interrumpió otra voz.

«¿Por qué no empacamos y nos vamos en este mismo momento?»

Me moría de curiosidad por saber qué es lo que Pedro había hecho para hacer que las muchachas hablaran así y se quisieran ir. Pero me daba pena y, por otro lado, me sentía halagada porque sabía que cualquier cosa que Pedro hubiese hecho, lo había hecho por mí.

A la mañana siguiente, yo estaba oyendo misa de ocho cuando Pedro entró por el pasillo central de la iglesia hasta sentarse a mi lado. «Querés que me ponga de rodillas y te ruegue que me aceptes?», preguntó. Como no contesté, dibujó con la llave del cuarto del hospedaje un corazón en el banco de la iglesia situado delante de nosotros y volvió a preguntarme: «¿Me querés o no me querés?»

Yo todavía seguí negándome a contestarle mientras estaba la misa. Una vez que se terminó el oficio religioso, delante de la iglesia, Pedro y yo saludamos a mis tías. Mientras platicábamos con ellas, me halaba de la manga de la blusa, al tiempo que me decía: «Quiero hablar contigo a solas.»

Lo invité a que fuéramos a mi casa. Allí, en el balcón, donde me había cortejado tantas veces, esperé ansiosa a poder hablar con el hombre al que tantas veces había rechazado. Pero Chale, mi hermano, estaba siempre alrededor de nosotros, y no tuvimos nunca un solo momento de privacidad. La misa había terminado a las nueve, y eran casi las diez cuando Chale nos informó que tenía que ir a Amayo para resolver unos asuntos. Pedro y yo decidimos acompañarlo en lugar de quedarnos en Rivas.

Amayo demostró ser el lugar más adecuado posible. Mientras estábamos en la playa del Gran Lago Nicaragua, donde yo había nadado y jugado con mis hermanos bajo la sombra de los volcanes gemelos, Pedro Joaquín me propuso matrimonio.

Lo primero que hizo fue preguntarme si podía seguir visitándome en Rivas. «Quiero seguir viniendo para verte», me dijo respetuosamente, «de forma que podamos conocernos mejor el uno al otro». A cada una de sus propuestas, yo respondía con un movimiento afirmativo con la cabeza. Tímidamente, siguió adelante.

«Quiero hablar con tu mamá y con tu hermano Chale.»

«¿Para qué?»

«Para que sepan que estoy pensando seriamente en casarme contigo, y obtener su consentimiento.»

Me divirtió mucho esa muestra de respeto cortés hacia mi familia. No lo imaginaba capaz de un comportamiento tan tradicional. Yo respetaba mucho a mi hermano. Desde el fallecimiento de mi papá se había convertido en el cabeza de familia y, aunque yo me había propuesto contarle a Chale y a mi mamá lo de la declaración de Pedro, aquello lo consideraba simplemente como una formalidad y no como algo que exigiera su bendición. Ver a un hombre tan vibrante y elocuente como Pedro, caracterizado por una forma muy libre de expresarse y comportarse, reducido a hablar en frases tímidas y entrecortadas resultaba tan atractivo que yo deseaba prolongar aquella declaración un poquito más. Así que, medio en broma y medio en serio, le dije: «¿Y quién quiere casarse, Pedro?»

«Yo, por supuesto, y espero que vos también.»

«Entonces pedímelo directamente, Pedro. ¿Por qué te ponés como asustado de repente?»

«Violeta, ¿querés ser mi esposa?»

No recuerdo si lo acepté con un sonoro ¡sí! o si lo hice con un simple movimiento de cabeza. Pero sí me acuerdo de que nos besamos. De ese modo se inició una relación en la que habríamos de compartir veintisiete años de vida y todos los años de separación que Dios decidió. Pero puedo asegurar esto: nunca volveré a casarme. No creo que un amor tan hermoso como el nuestro pueda repetirse jamás.

NOS comprometimos el 19 de marzo de 1949, y nos casamos veintiún meses después, en el duodécimo aniversario de mi Primera Comunión, el 8 de diciembre de 1950, fiesta de la Inmaculada Concepción, lo que en mi opinión trajo muchas bendiciones a nuestra unión. Recuerdo que Pedro llegó a la fiesta de compromiso vestido de lino blanco, y él, que siempre había dicho que no creía en los anillos, me trajo uno pequeño, que todavía conservo.

¿Por qué, entre los dos Chamorro, acepté a Pedro? Finalmente me sentí impresionada por su constancia y su pasión. Pedro era también un hombre con gran ternura y excepcional galantería. En cierta ocasión, cuando yo estaba con mi mamá en la casa de mi tía María en San José, Costa Rica, mucho tiempo antes de aceptar su proposición, me envió un ramo de rosas rojas. No tengo ni idea de cómo se enteró dónde estaba yo, pero contaba con una vasta y compleja red de amigos que le servían como un sistema de espionaje y le permitían vigilar atentamente cada uno de los pasos que yo daba. Y no sólo supo mi dirección, sino que tenía un itinerario completo de mi viaje. A mi regreso, nos estaba esperando en el aeropuerto.

«Soy tu comité de recepción», me dijo con una sonrisa triunfante.

Pedro poseía también un carisma poco habitual. Era un interesante narrador de historias y supongo que, en el fondo de mi corazón, lo admiraba también por eso. Después de un viaje de cuatro horas de duración desde Managua, llegaba a su hotel, se lavaba, se cambiaba de ropa y, sin detenerse a comer, aparecía en mi casa y permanecía en ella durante todo el tiempo que yo quisiera. Como no lo había aceptado formalmente, pensaba que invitarlo a comer con la familia resultaba algo demasiado serio. Por tanto, no le ofrecí nunca nada más que un vaso de zumo de naranja en el balcón. Todavía no sé cómo consiguió subsistir durante esas largas horas de los fines de semana en Rivas.

Las normas eran entonces muy estrictas. Todo tenía que hacerse de acuerdo con el protocolo, ya que los vecinos se apresuraban a interpretar equivocadamente cualquier situación. Pero, algunas veces las tradiciones bordeaban el ridículo. Por ejemplo, si el pretendiente pedía una foto, una tenía la obligación de negársela mientras no hubiera formulado una declaración formal de sentimientos y se hubiera acordado un compromiso. Regalar la foto equivalía a una señal delicada de que se había llegado a un acuerdo, al igual que la devolución de la foto simbolizaba la ruptura de la relación.

Hoy en día esas normas de comportamiento no se siguen de forma tan estricta. Los muchachos no pierden su tiempo en declarar románticamente sus sentimientos a una chavala, ni tampoco establecen formalidades para acordar visitarse durante algún tiempo. Tampoco tienen la paciencia necesaria para embarcarse en un largo período de noviazgo. Pero, cuando recuerdo los inocentes encuentros entre Pedro y yo, me sigo emocionando.

Recuerdo que, poco después de haber aceptado a Pedro, estábamos paseando por la costa del lago y Pedro andaba con su cámara de fotografiar. «Por fin voy a tener una foto tuya», me dijo emocionado mientras me enfocaba con ella. Ahora puede parecer estúpido, pero durante mucho tiempo no supe cómo responder adecuadamente a los numerosos cariños y halagos de Pedro; creía que tenía que reprimir cualquier emoción inapropiada mientras no hubiéramos recibido las bendiciones.

Así pues, cada vez que me preguntaba, «¿te hice falta?», yo me limitaba a asentir con la cabeza, sin confesar que yo también ya sentía el amor como un animal hambriento que comenzaba a devorarme por dentro. Recuerdo que en diciembre, una semana antes de que nos casáramos, y como gran prueba de mi enamoramiento hacia él, le envié a Pedro una caja de chocolates con la foto que me había tomado en la playa aquel día, pues en mi opinión a todos los hombres les viene bien endulzarse un poco. La ausencia de mi papá disminuyó la alegría de mi boda. Al igual que en mi Primera Comunión (que se celebró poco tiempo después del fallecimiento de Ricardo), todos nosotros estábamos demasiado sumergidos en nuestro dolor como para poder celebrar nada. Pero Chale y mi mamá insistieron estoicamente en casarme con la celebración de una fiesta como es debido. Recuerdo haberles dicho que Pedro y yo preferíamos quedarnos con el dinero en lugar de gastarlo en una fiesta cara en que todas las provisiones debían venir desde la capital. No obstante, mi familia insistió. La comida fue preparada por una señora famosa en Managua, propietaria de una excelente repostería, doña María Alaniz. El queque nupcial fue hecho por doña Carlotita Argüello de Pasos, que era la vecina de mi suegra en la calle El Triunfo, barrio que en 1972 se vio reducido a escombros a causa del terremoto.

En aquella época acababa de inaugurarse la carretera Panamericana, pero estaba todavía sin pavimentar, cubierta sólo de piedrín. Por ese camino accidentado llegó el camión procedente de Managua con todas las mesas y las sillas alquiladas, las copas de vino y los platos. Incluso los meseros vinieron en aquel camión. Se suponía que el queque debía llegar también con todo eso. Pero la suerte decidió que se olvidaran de recogerlo en casa de doña Carlotita. Cuando doña Carlotita se dio cuenta de lo que había pasado, corrió a mandarlo con sus dos empleadas en un taxi.

En la mayoría de las bodas celebradas en los pueblos, el camino hasta la iglesia es una larga procesión a pie. Un niño vestido de ángel va adelante, portando una Estrella de David de cartón recubierta de papel de plata. Le siguen las damas de honor de la novia, muchachas llevando ramos de flores y luego la novia con todos los invitados detrás. No obstante, yo no quería un espectáculo como ése y me proponía limitarme a atravesar la calle del brazo de Chale. Pero el alcalde de Rivas, don Paco Gallegos, que era pariente nuestro, se negó a aceptar eso. Ordenó que se cubrieran de arena las calles sucias de la ciudad, especialmente para mi boda, y sencillamente no podía ignorar ese gesto sin ofenderlo. Acepté, por tanto, seguir las costumbres y recorrí en procesión la calle con mi hermano Chale del brazo, Raúl con alas de ángel llevando la Estrella de David, delante de nosotros Clarisa, mi única hermana, como mi dama de honor.

Chale compró mi vestido de novia, la ropa interior y los zapatos durante un viaje ocasional a Dallas, Texas. El vestido estaba hecho de satín blanco, con un corte muy sencillo que me gustaba mucho y me quedaba muy bien. Durante toda la procesión, mi mamá, que iba vestida de negro desde la cabeza hasta los pies y llevaba velo, lloraba desconsoladamente. «¡Cuánto le hubiera gustado a mi Chale poder verla!»

Para mí el día estuvo tan lleno de dolor como de alegría. Me sentí atrapada entre dos polos opuestos de emoción, que a lo largo de toda mi vida parecen completarse extrañamente.

En aquella época, la tradición dictaba que la familia del novio decorase la iglesia. Por tanto, la mamá de Pedro, doña Margarita, había mandado colocar grandes ramos de lirios blancos en el altar y una larga alfombra blanca desplegada desde los escalones de entrada a la iglesia a todo lo largo del pasillo.

Todo parecía perfecto y hermoso, sin ninguna nota discordante. La única complicación radicó en que antes yo nunca había llevado sandalias, y durante la procesión la arena de las calles logró introducirse entre los dedos de mis pies, haciendo que me sintiera sumamente incómoda.

Esperándome ante el altar mayor estaba Pedro, luciendo un traje negro que le daba un cierto aire de hombre juicioso e inteligente. A su lado estaban su papá y el sacerdote que había venido desde Managua para oficiar la ceremonia. No era costumbre celebrar una boda acompañada de misa. Pero le habíamos dicho al padre Federico Argüello que deseábamos recibir la comunión en el transcurso de la ceremonia. Para entonces yo estaba más que convencida de mi amor por Pedro. Quería sellar eternamente mi matrimonio con el más sagrado de los ritos católicos, recibiendo en mí el Cuerpo de Cristo. La experiencia se vio embellecida por la voz de una soprano a la que doña Margarita había contratado para que cantara el *Ave María* durante la Consagración y mientras recibíamos la Eucaristía.

Cuando llegamos a nuestra casa, el queque ya estaba allí, aunque medio aplastado, lo que ofrecía un aspecto cómico. No obstante, aparte de mí nadie pareció darse realmente cuenta. Todo el mundo comentó lo magnífico de la fiesta, a la que asistieron invitados de varias ciudades de Nicaragua: Granada, Diriamba, Managua, e incluso León. En cierto sentido, mi boda constituyó algo así como un acontecimiento histórico. Se podría afirmar que fue un encuentro de reconciliación, porque en la misma mesa se sentaron granadinos y leoneses, los dos bandos opuestos en las guerras civiles que habían ensangrentado el país desde la independencia. Pudieron brindar por la felicidad de Pedro y por la mía propia sin terminar a golpes unos con otros ni restregándose las heridas.

Mucho antes de la ceremonia, Pedro y yo habíamos discutido ya nuestros planes para la luna de miel. Él solía ofrecerme viajes a todas partes del mundo, Estados Unidos, Europa, Asia, etcétera, pero yo siempre supe que no iríamos mucho más lejos que el hotel Majestic en Diriamba. Mi mamá nos prestó el Packard para ese viaje, que duró aproximadamente dos semanas. Celebramos nuestra luna de miel parándonos en todo el camino hasta nuestro destino final, la casa de los padres de Pedro en la calle El Triunfo de Managua, donde íbamos a vivir.

Nos fuimos la misma tarde del casamiento, después de una emotiva despedida con llantos míos, de mi mamá, Chale, Maquín, Clarisa y el pequeño Raúl. Desde nuestra casa viajamos hacia el norte, atravesando las tierras ganaderas de Rivas, cruzando el caudaloso río Ochomogo, que riega las llanuras agrícolas de Nandaime, hasta llegar finalmente a Diriamba. Allí Pedro y yo pasamos nuestra primera noche juntos. Aunque yo había llegado a mi boda sin ninguna experiencia amorosa, esa noche dejé de ser mojigata. Al haber visto a los garañones perseguir a las yeguas sabía qué es lo que iba a pasar. No necesité ninguna explicación. Pedro era un hombre de fuertes impulsos y yo me entregué sin ningún temor.

Al día siguiente nos instalamos en Casa Colorada, la región cafetalera de las *sierritas* de Managua. Nos alojamos en la casa de uno de los tíos de Pedro, don Carlos Cardenal, llamada Las Tejitas. Antes de nosotros había llegado ya una de las empleadas de mi mamá para encargarse de las labores de cocina y limpieza. Permanecimos allí siete días. Luego partimos con otra pareja de recién casados, Enrique Pereira y Daysi Solórzano, rumbo a las playas de Pochomil. Recuerdo que allí fueron a visitarnos don Pedro Joaquín y doña Margarita. Después de todo partimos para Managua. Desgraciadamente, no volví a mi casa de Rivas hasta poco antes de nacer mi segunda hija, Claudia Lucía.

De este modo es como llegué a formar parte del intenso y refinado clan de los Chamorros, en el que hasta veinte personas solían compartir las comidas, las mujeres nunca servían los platos. Había entre ellos un aire de orgullo casi imperial y una obsesión por la política que parecía consumir a toda la familia. Todo eso contrastaba claramente con mi inocencia rural y la forma sencilla y espontánea con la que había vivido hasta entonces.

Fue entonces cuando dejé de ser Violeta Barrios, o, dicho más formalmente, Violeta Barrios Torres Sacasa Hurtado, y me convertí en Violeta Barrios de Chamorro.

En aquella época no comprendía la importancia de ese cambio, pero esto resultaría visible poco tiempo después. Era como una crisálida que surge de un capullo para vivir en un mundo totalmente distinto, un mundo con un número infinitamente mayor de obligaciones, y no sólo en lo que se refería a mi marido o mis hijos, sino también a lo que llegué a considerar como mi gran familia, la de todos los nicaragüenses.

Capítulo Cuarto

Lo que me impulsó a aceptar a Pedro fue únicamente el amor. Ninguna otra cosa importaba. Me ilusionaba la nueva vida que juntos íbamos a empezar, la casa que construiríamos para nosotros mismos, los hijos que tendríamos. Nunca sospeché lo que vendría después: nuestra falta de independencia económica, las dificultades que se derivarían del hecho de vivir con la familia Chamorro Cardenal, los que me parecieron siete meses interminables. A Pedro le esperaban años de encarcelamiento y torturas. Durante los veintisiete años que estuvimos casados, cumplió cuatro años en prisión y uno bajo arresto domiciliario. Sólo la fuerza del invencible amor que sentía hacia él me permitió superar lo que sufrí por Pedro.

Me resultó también muy difícil abandonar la ciudad en la que había nacido y dejar la libertad de mi vida en el campo, dos cosas que estaban tan firmemente arraigadas en mí que durante años seguí sintiendo una gran nostalgia. Con ella recordaba las palmeras del parque, la misa de la mañana en la parroquia al otro lado de la calle y viajar en tren o carro desde Rivas a Managua al final de cada curso escolar, pasando junto al Mombacho, contemplando los potreros ondulados, los tonos verdes y las texturas del paisaje, así como el suelo volcánico rebosante de cultivos de arroz, frijoles, caña de azúcar, mangos y sandías.

Renuncié a toda esa belleza sencilla y honesta para vivir con Pedro, un hombre al que no comprendía del todo hasta que me casé con él. Se pasaba la vida en el edificio de al lado, en las oficinas de *La Prensa*, pegado a una silla y a su máquina de escribir, redactando artículos de opinión para la página editorial del periódico, intentando lograr la unidad de todos los nicaragüenses, y, finalmente, la libertad para todos nosotros. Preocupado como estaba por las grandes cuestiones, se olvidaba de las responsabilidades diarias y carecía totalmente de vocación para administrar las finanzas de la familia. Hubo un momento en que yo me atreví a sugerirle que se ocupara de la hacienda Santa Clara, que yo había heredado de mi papá. «¡No tengo tiempo!» era su respuesta invariable. Durante toda la década de los cincuenta Pedro se entregó en cuerpo y alma a su campaña anti Somoza. Muy pronto me di cuenta de que mi marido poseía una dosis poco habitual de ardor cívico. Su formación, sus talentos le habrían permitido llegar a ser abogado, empresario o catedrático universitario. Pero no le interesaban esas posiciones. No obstante, yo no podía culparle, ya que yo misma tampoco me interesaba por la riqueza ni por el prestigio. Para mí el dinero no ha sido nunca más que un medio para conseguir algún fin, y con Pedro se transformó en instrumento sólo para alcanzar metas superiores. Lo que Pedro quería era tener la oportunidad de cambiar las cosas. Por tanto, el papel que más le atraía era el de escritor y apóstol, el de una persona que libraba una guerra contra la injusticia desde las trincheras de su periódico. Impaciente, fervoroso y obstinado, Pedro descubrió en el periodismo la vocación de su vida. Pero no era un hombre dispuesto a esperar medio siglo para alcanzar sus objetivos. Llegaría el momento en que, al encontrar bloqueadas todas las demás vías de actuación, se lanzaría por el camino de la rebelión.

SIN EMBARGO, alguien tenía que llevar la casa, ocuparse de los hijos y planificar las tareas diarias, y ese papel me correspondió a mí. Una vez al mes, Pedro me entregaba su sueldo. Entonces yo calculaba nuestros gastos y dividía el dinero en fajos de billetes cuidadosamente enrollados en papelitos que administraba con el mayor de los rigores. Nunca cuestionó ni el más pequeño de mis gastos; pero, al final de cada mes, yo le presentaba una relación detallada de nuestras finanzas en un cuaderno que llevaba. El método era anticuado, pero me ayudó a administrar nuestros recursos de la forma más juiciosa posible para no caer en la desgracia de tener que vivir pidiendo prestado.

ACOSTUMBRADA a la austeridad de mi familia, conseguí adaptarme a una vida sobria. La prudencia en la administración del dinero es un rango que me ha prestado grandes servicios a lo largo de toda mi vida, y no sólo en mi papel de esposa y ama de casa, sino también ahora, cuando tantas personas dependen de mí para que administre los recursos de nuestro país. Evidentemente, el Gobierno no es una familia, pero algunos de los principios que aprendí de niña y practiqué de adolescente me han resultado de gran utilidad durante mi vida adulta. El orden y una planificación razonable de los gastos constituye uno de los principios que me han servido más en mi calidad de Jefe de Estado.

Convivir con los parientes de mi marido llegó a convertirse en un combate heroico. Al principio, Pedro y yo tuvimos algunos problemas de adaptación en nuestro matrimonio, debido a que vivíamos rodeados de personas con opiniones muy firmes y no por nuestra propia cuenta, como hacen las restantes parejas. Lógicamente, me sentía rodeada de una auténtica multitud y privada de mi derecho a adoptar mis propias decisiones. Pero tampoco permití que nadie se aprovechara de mí. Cuando llevaba seis meses embarazada de nuestro primer hijo, dejé perfectamente claro a Pedro que tenía la necesidad imperiosa de ser dueña de mi propio hogar, por modesto que fuera. Con mucho cuidado para no lastimar el honor de Pedro, le hablé francamente del tema. Le dije: «Esta situación con tus padres es como vivir en un internado, en donde todo está reglamentado. Tenemos que tener nuestra propia casa. Entendelo, por favor, Pedro: o te venís conmigo o me voy sin vos. Sé que los mil doscientos córdobas al mes que ganas como director gerente de *La Prensa* no bastan para alquilar una casa, por lo que me gustaría que me dieras permiso para hablar con mi mamá para que me entregue parte de mi herencia.»

Para mi sorpresa, no inició una discusión conyugal; Pedro dio su consentimiento para que mi mamá me cediera los ingresos de una casa de alquiler que poseía cerca de la parroquia de Santo Domingo y del mercado de San Miguel en Managua. Con esa suma adicional, alquilamos una casa modesta en la calle Candelaria, en un barrio viejo en el que las casas se habían construido hacia principios de siglo. La vivienda tenía los suelos de baldosa y techos de 18 pies de alto. Poco tiempo después de trasladarnos a ella le colgué pintorescas hamacas de las columnas de los patios y adorné los corredores con maceteras de coludos, palmeras y «aves del Paraíso» *.

El hijo que tanto habíamos deseado nació en el Hospital General de Managua a las siete de la mañana del día 25 de septiembre de 1951, once horas antes de que su padre cumpliera los veintisiete años. Don Pedro y doña Margarita estaban allí. El nacimiento fue asistido por un especialista en obstetricia elegido por la familia Chamorro Cardenal, el doctor Jacinto Alfaro, y no, como yo hubiera querido, por el doctor Fernando Vélez Páez, que me había asistido desde los once años de edad y en el que tenía total confianza.

Me quedé totalmente exhausta a causa del dolor y las dificultades del parto. La atención postparto que recibí no fue en absoluto satisfactoria, y tardé tanto tiempo en recuperarme de los estragos del parto que no pude dar el pecho a mi hijo. Pero de esa experiencia salí más decidida que nunca a confiar en mis propios instintos. Todos mis otros hijos llegaron al mundo con la ayuda de un médico elegido por mí misma.

Llamamos al niño Quinto Pedro Joaquín de la Merced. Era el quinto Pedro Joaquín Chamorro. Lo bautizamos así no por mi marido, que rechazaba la idea de perpetuarse a través de su hijo, sino por mi suegro, que me rogó que lo hiciera. Aunque sé que eso contradecía el deseo de Pedro de permitir a nuestro hijo tener su propia identidad, consideré que no podía negarle eso al hombre que se había mostrado tan amistoso conmigo cuando yo no era nada más que una recién casada solitaria y llena de nostalgia que vivía en su casa.

Poco tiempo después, en 1952, falleció el padre de Pedro. Doña Margarita, Pedro y sus hermanos y hermanas recibieron partes iguales en el periódico y crearon una junta directiva. Realizaron todos los nombramientos y adoptaron todas las decisiones relativas a la política editorial de La Prensa. Pedro, que era el mayor y el que mejor conocía el negocio, se convirtió en el di-

---

* Ave del Paraíso, flor de vistosos colores que tiene forma de ave.

rector general del periódico. Pablo Antonio Cuadra, primo de Pedro, fue llamado por Pedro para que le ayudara con la dirección. En aquella época *La Prensa* era sólo un modesto periódico de seis páginas, pero Pedro juró convertirlo en el mejor diario de la nación. Conservo todavía fragmentos de la carta en la que escribió esta promesa. Con este fin, la familia mandó construir un nuevo edificio y traer equipos modernos. Pero eso no significaba que Pedro estuviera dispuesto a convertirlo solamente en un gran negocio periodístico. Lo que se proponía era utilizar el diario para redimir Nicaragua. Y de ese modo, tanto dentro como fuera del periódico, mantuvo siempre una postura agresiva contra los Somoza, los opresores de Nicaragua.

Cuando el pequeño Pedro Joaquín tenía catorce meses de edad, supe que estaba embarazada de nuestro segundo hijo. En aquellos momentos, los ataques de Pedro contra los Somoza y su participación cada vez mayor en las causas cívicas convirtieron a *La Prensa* en objetivo de persecución política. Los Somoza ordenaban frecuentes cierres del periódico, lo que ponía en riesgo la fuente de nuestro bienestar económico. Para reducir nuestros gastos y ahorrarme el alquiler, decidí trasladarme a la casa en Santo Domingo que me había regalado mi mamá.

Luego, un día les planteé a mis hermanos venderles la mitad de mi finca Santa Clara. Mi decisión de desprenderme de esa propiedad los tomó por sorpresa. Como es lógico, quisieron saber mis razones. Les dije sinceramente que Pedro y yo no podíamos administrarla, por lo que la finca estaba medio abandonada. Venderla nos proporcionaría medios para ser económicamente independientes. Para endulzar la propuesta, les ofrecí realizar la venta al crédito y sin intereses. Todo se acordó verbalmente, sin necesidad de documentos ni abogados, como solía hacerse en aquella época. Conservamos la otra mitad de la finca. Siempre la visitábamos durante Semana Santa. Antes de ir de vacaciones, los peones levantaban un ruedo en el que Pedro podía provocar a los toros jóvenes de Santa Clara, como había visto hacer a los toreros cuando era estudiante en México. En ocasiones, se ponía el traje de torero completo, pero la mayoría de las veces se dirigía a ese ruedo improvisado, agitando su capa y vestido elegantemente con unos *jeans*.

Fue un viernes por la mañana del mes de marzo de 1953, justo antes de la Semana Santa, cuando Pedro me anunció que iba a viajar a Costa Rica acompañado de mi hermano Chale, «para quitarme las telarañas», dijo, y asistir a un partido de fútbol. Ese deseo de marcharse no era propio de mi marido. Los hombres como Pedro, con un sentimiento exaltado de tener una misión en la vida, no se permiten nunca el lujo del descanso. Se sienten culpables cuando sucumben al ocio. No obstante, su padre había muerto tres meses antes y Pedro se había visto sometido a una gran presión. Por tanto le animé a irse, a pesar de las numerosas dolencias físicas que yo padecía como consecuencia del embarazo y de mi miedo que el niño que llevaba en mi seno pudiera nacer prematuramente. Cuando Pedro se marchó, y para no quedarme sola, decidí irme a pasar una temporada a Rivas con mi mamá. El mismo día de mi llegada, aproximadamente a las once de la noche, comencé a sentir unos intensos e inusuales calambres abdominales. Decidí no decirle nada a mi mamá. No quería preocuparla. En aquella época era costumbre en Rivas que las mujeres de buena familia dieran a luz en su casa. Pero para organizarlo, mi mamá debía haber sido avisada de antemano. Por tanto, decidí resolverlo todo con la ayuda de Maquín; Raúl era demasiado joven, Chale estaba en Costa Rica con Pedro, y Clarisa estaba en un internado en Managua. Le pedí a Maquín que fuera a buscar al partero local, el doctor Rafael Urtecho. No sé por qué, pero Maquín decidió irse a pie. Pasó una hora antes de que volviera acompañando al médico, después de encontrarlo no en su casa, sino en el cine.

Para entonces los dolores del parto eran tan intensos que resultaba imposible ocultarle a mi mamá lo que estaba pasando. «No te preocupes, mamá, es sólo que el niño se está viniendo un poco antes de tiempo», le dije.

«Pero, Violeta, Pedro no está aquí.»

«Todo irá bien, mamá, yo me ocuparé de todo.»

Inmediatamente llamé por teléfono a Amalia Carazo, la administradora del hospital San José, y le pedí que preparara una habitación para mí. «El hospital está lleno», me contestó. Pero, como el niño no parecía dispuesto a esperar, se improvisó para mí una cama sobre la mesa del administrador del hospital. El sábado, 7 de marzo de 1953, a la 1 del mediodía, y entre ficheros, máquinas de escribir y papeleras, nació nuestra hija. Era una niña muy pequeña, que aparentemente gozaba de buena salud, aunque sólo pesaba poco más de dos kilos. La vestimos con ropas prestadas del hijo de Chale, ya que todavía se estaba lavando y planchando el vestuario que había comprado para ella en la tienda de bordados de doña Lola Vigil.

Después del parto, le sugerí a mi mamá que le mandáramos a Pedro un telegrama muy breve, informativo pero no alarmante, diciendo simplemente «Ha nacido una niña, Violeta está bien». No nos detuvimos a pensar que Pedro era un periodista entrenado para captar las diferencias más sutiles. Posteriormente nos enteramos que cuando Pedro recibió el telegrama, se mostró inmediatamente alarmado porque mi mamá y yo nos habíamos olvidado de escribir al final del mismo la despedida habitual de los Barrios: «muchos besos y abrazos».

Del telegrama y debido al carácter poco emotivo del mensaje, Pedro sacó la conclusión de que yo estaba enferma. Organizó por tanto su inmediato regreso a Nicaragua. Pero, en aquella época, no eran frecuentes los vuelos entre San José y Managua. Cuando Pedro llegó a Rivas, yo ya estaba bien. Pero para la niña la situación se había vuelto crítica. Se mostraba extrañamente apagada; no lloraba; apenas mamaba; era imposible que se alimentara directamente de mi pecho, por lo que teníamos que darle el biberón. En aquellos momentos había perdido casi un kilo y, como consecuencia de ello tenía dificultades para mantener la temperatura corporal. En aquellos tiempos los hospitales de Rivas no contaban con incubadoras. Por tanto, mi mamá y yo recurríamos a envolverla estrechamente en mantas. Si la destapábamos, se ponía de color morado. Ése es el estado en el que Pedro encontró a nuestra hija.

Testigo de mi desesperación ante el deterioro de la situación, el doctor Urtecho me aconsejó que pidiésemos inmediatamente un pediatra a Managua. Así pues, Pedro partió inmediatamente para la capital para traer al doctor Carlos Báez Díaz. Temerosa de que la niña se me pudiera morir, hice llamar a un sacerdote para que bautizara a nuestra hija, que todavía no tenía nombre. Durante la ceremonia, que exigía que le desabotonáramos el vestido para que el sacerdote pudiera rozarla con los óleos sacramentados, mi mamá y yo la mantuvimos caliente con la ayuda de una vela y le proporcionamos al sacerdote agua bendita calentada en una cuchara para que pudiera echarla sobre su cabeza. La llamamos Claudia Lucía Cayetana.

Poco después de concluir el bautizo, Pedro volvió con el pediatra, el doctor Báez. Al igual que Pedro, parecía estar muy agitado. Examinó concienzudamente a la tierna y le miró en la boca. Luego pidió unas tijeras, abrió la boquita de Claudia y liberó su lengua de un frenillo corto que limitaba sus movimientos. Sólo entonces la pobre niña pudo finalmente empezar a mamar.

Tras el nacimiento de Claudia, el doctor Urtecho aconsejó que me quedara en Rivas un mes y medio. Pedro pasaba los días laborables en la capital y venía a vernos los fines de semana. El resultado de esos encuentros tan ardientes fue que resulté embarazada de nuestro tercer hijo.

La perspectiva de una nueva incorporación a la familia nos obligó a trasladarnos de nuevo, esta vez a las *sierritas* de Casa Colorada, al sur de Managua, a una propiedad de los Cardenal, la misma casa en la que Pedro y yo habíamos pasado nuestra luna de miel tres años antes. Ocho meses después, el 5 de febrero de 1954, nació una niña. La bautizamos como Cristiana. A diferencia de los otros, este parto no tuvo ninguna complicación. Pero la niña padecía lo que algunos médicos denominan «ciclo invertido»: dormía todo el día y lloraba toda la noche.

Dos meses después, una noche Pedro llegó a la casa más tarde que de costumbre para la cena. Tenía aspecto avergonzado y llevaba en los brazos lo que parecía ser un suministro de pan para todo un mes. Medio sospechando la respuesta, le pregunté en broma: «¿Tanta hambre tenés, Pedro, que necesitas toda esa comida?»

«Es para los muchachos», me respondió lacónicamente. «Están preparando una acción.» En aquella época eso sólo podía significar una cosa, una insurrección. Llegaría a conocerse como la Rebelión de Abril, el primer intento de Pedro para derrocar a Somoza García. Los «muchachos» eran un puñado de guerrilleros que, al igual que Pedro, llevaban años combatiendo a Somoza. A ellos se unió un grupo de ex oficiales del ejército, entre ellos

Arturo Cruz (un futuro miembro de la Junta Sandinista) y su cuñado Adolfo Báez Bone, que en otros tiempos había sido ayudante personal de Somoza. Las armas habían llegado desde Costa Rica con la aprobación tácita de don José «Pepe» Figueres, el presidente de dicho país. En años anteriores, don Pepe había expulsado de la presidencia a don Teodoro Picado, un buen amigo de Somoza García, y que según algunos afirmaban había sido electo fraudulentamente. Era con esos rebeldes con los que Pedro y Emiliano habían venido colaborando. El plan consistía en tenderle a Somoza García una emboscada cuando se desplazase a su plantación de azúcar cerca del mar, en Montelimar. La insurrección fracasó debido a que, en el último momento, Somoza decidió no ir a su hacienda, sino al aeropuerto para recibir un par de caballos de carrera que le había mandado como regalo el presidente argentino, Juan Domingo Perón. Los conspiradores se desbandaron en medio del pánico, creyendo equivocadamente que el cambio de ruta se había producido debido a que alguien les había traicionado. Uno de los guerrilleros se entregó. Con la información obtenida a través de su confesión, y ayudado por su hijo Anastasio, Somoza García organizó el aplastamiento de la rebelión. Los miembros de la Guardia Nacional, incluyendo Báez Bone, que habían participado en la conspiración, fueron acorralados en el campo y ejecutados, en ausencia de cualquier posible testigo del crimen. Arturo Cruz, Emiliano y Pedro fueron todos arrestados en la ciudad, sin ofrecer ninguna resistencia, e inmediatamente encarcelados.

El día que detuvieron a Pedro estábamos pasando una tranquila tarde de domingo en Las Tejitas. Habíamos pasado el día con amigos, jugando a las cartas, cuando escuchamos cañonazos. Antes que pudiéramos preguntarnos cuál podría ser el blanco de los ataques, se apagaron las luces y nos vimos inmediatamente rodeados por soldados de la Guardia Nacional. Se llevaron a Pedro en el Oldsmobile último modelo.

Mis amigos se quedaron con los niños mientras que yo, con una lámpara de mano, corrí hasta la carretera para buscar alguien que me llevara a la ciudad. Horas después, supe que Pedro estaba en una oscura celda de una cárcel en Managua. Estaba siendo torturado, golpeado e interrogado sin contar con la presencia de un abogado. Pasaron tres semanas antes que nos dijeran cuáles eran las acusaciones en contra de Pedro y el tribunal que le juzgaría. Se le obligó a presentarse ante un tribunal militar. Acusado de formar parte de una trama comunista contra el régimen de Somoza García, Pedro fue condenado a tres años de cárcel. Nunca supimos qué le había pasado al Oldsmobile. Supongo que algún teniente o capitán lo reclamó para sí como parte de su botín. El encarcelamiento de Pedro me obligó a volver a vivir bajo la protección de mi suegra. Sin embargo, esta vez estaba acompañada de tres niños, dos de ellos todavía en pañales. La ayuda que recibí de doña Margarita me permitió atender a Pedro mientras permanecía en prisión, proporcionándole raciones diarias de alimentos y ropa limpia. Con el tiempo llegué a tener conocimiento de primera mano de todas las prisiones de Managua, donde entablé amistad con los guardianes, que me permitían introducir clandestinamente en la celda de Pedro jugo de tomate, whisky y cerveza, todos ellos pequeños antojos, ya que cuando los hombres no tienen nada que hacer tienden a comportarse como una mujer embarazada.

Después de cumplir dos años de cárcel, se dejó a Pedro en libertad bajo mi custodia y se le permitió volver a la casa de su madre para estar junto a su familia y cumplir un año más de arresto domiciliario. Una vez más, el ardor y la pasión que se adueñaron de nosotros tras esa larga separación dieron como resultado un embarazo más. Tres meses antes de que Pedro cumpliera su condena, el 1 de marzo de 1956, nació otro hijo. No era nada guapo e inexplicablemente tenía la piel muy oscura. Sus excrementos dejaban rastros de sangre en los pañales. Nuestro médico de cabecera llegó a la conclusión de que estaba desangrándose y recomendó un rápido bautismo. En aquella época, y debido a la condena de Pedro, estábamos todos sujetos a la caprichosa voluntad y macabros estados de ánimo de nuestro dictador supremo. Para poder asistir a la ceremonia en la iglesia, Pedro tuvo que obtener previamente una dispensa presidencial de Somoza García que le permitiera salir de la casa y dirigirse al templo situado a sólo unas pocas cuadras de distancia. Llamamos al niño Carlos Fernando Fruto Eugenio, «Carlos Fernando» era el nombre cristiano que yo quería ponerle. «Fruto» fue elegido por

Pedro en honor al pariente que tanto admiraba, y que había muerto sin tener un hijo que perpetuara su nombre. Al padre Estanislao se le ocurrió el nombre de «Eugenio» en honor al papa Pío XII, Eugenio Pacelli, en cuyo cumpleaños había nacido Carlos Fernando. Al principio me opuse a un nombre tan largo, pero demostró ser la única forma de satisfacer los deseos de todos.

Inmediatamente después de nuestra sombría celebración del sacramento, llegó el pediatra y preguntó si Pedro y yo nos habíamos sometido a una prueba de incompatibilidad de Rh sanguíneo negativo. No habíamos oído hablar nunca de ese procedimiento; pero, deseosos de hacer todo cuanto fuera necesario, nos sometimos a las pruebas. Las sospechas del médico se vieron confirmadas. Al parecer, mis glóbulos blancos contenían anticuerpos contrarios a los de mi hijo. Durante el embarazo, nuestra sangre se había mezclado y ahora mis anticuerpos estaban matando a Carlos Fernando. Inmediatamente se organizó una transfusión de emergencia. Nunca olvidaré el espectáculo. Primero bombearon sangre de refresco en el cuerpo de Carlos Fernando y luego lo colgaron cabeza abajo, suspendido de los tobillos como cuando se lleva una gallina al mercado. Cuando Pedro volvió para su siguiente visita, el niño mostraba estables signos de mejoría, aunque su piel seguía siendo de color naranja y tenía las encías de un enfermizo tono verdoso. Finalmente, Carlos Fernando logró recuperarse.

Pedro cumplió su condena en el aniversario de la Independencia de los Estados Unidos de América, el 4 de julio de 1956. Ese día recuperó la libertad, y nuestra vida volvió a ser normal. Eso significaba la reanudación de las actividades políticas por parte de Pedro. Para entonces, como las enseñanzas de san Agustín que a Pedro le gustaba tanto leer, su oposición a Somoza se había convertido ya en un «imperativo moral que no podía ignorar».

Intenté distraer su atención y centrarla en cuestiones más alegres que su acoso a los Somoza, diciéndole que había llegado el momento de que nos preocupáramos en construir una casa para nuestros hijos. Le recordé el pequeño solar que su madre nos había regalado en la calle 27 de mayo. Sin embargo, como no cumplía los requisitos de nuestras necesidades, sugerí a Pedro que vendiéramos el solar y buscáramos en otro sitio un terreno sobre el cual construir. Reaccionó con su habitual distracción. Y, a pesar de tratarse más de una omisión que de una decisión afirmativa, obtuve su aprobación.

Poco tiempo después, encontré un solar en un nuevo reparto llamado Las Palmas. Por aquel entonces no era un barrio como hoy, sino un campo de algodón en las afueras de Managua, lleno de serpientes. Intenté llevar allí a Pedro para que lo viera, pero sus pensamientos se centraban únicamente en nuevos modelos de imprenta y barriles de tinta. Pedro estaba preocupado por *La Prensa*, y por tanto me dijo: «Hacé lo que vos querrás, Violeta.» Lo interpreté como una carta blanca para seguir adelante. Así pues, decidí buscar al propietario del solar de Las Palmas y proponerle que intercambiáramos mi terreno, más pequeño, pero más valioso en el centro de la ciudad por su solar. El acuerdo era bueno para ambos y, con la cooperación tácita de Pedro, se firmó la escritura. Pero pasaron varios años antes de que pudiéramos construir nuestra casa, debido a que antes de que hubieran pasado tres meses después de la puesta en libertad de Pedro, Somoza García fue asesinado y Pedro volvió a la cárcel.

La medianoche del 21 de septiembre de 1956, cuando volvíamos a casa de una fiesta, un grupo de miembros de la Guardia Nacional armados con metralletas salieron de las sombras y rodearon nuestro vehículo. Nos dijeron: «No se muevan. Están arrestados.» En la penumbra, pude distinguir los rasgos del oficial a cargo del grupo, al que le pregunté directamente: «¿Qué es lo que pasa?»

«Está arrestado, no se mueva y permanezca en el carro.»

Me volví hacia Pedro y le dije: «Sé que sos inocente. Me pondré en contacto con un abogado para tu defensa.» Con esas palabras abrí la puerta del carro y corrí hacia la entrada de la casa. Los miembros de la Guardia Nacional no hicieron nada para detenerme.

UN GRUPO de ellos se montó en el carro y se fue con Pedro. Me quedé en la puerta toda confusa. Sin saber qué otra cosa podía hacer, volví a la fiesta para informar a todo el mundo de lo que había ocurrido y preguntar si alguien sabía qué es lo que estaba pasando. Había observado cómo se estaban desplegando tropas por toda la ciudad. Entonces me dijeron: «Somoza García fue muerto a tiros en León.» Había anunciado su intención de conseguir un cuarto mandato presidencial. Pero, tras diecinueve años de Somoza García en la presidencia y doce intentos de golpe de Estado, pensar en posibles formas de librarse de él había llegado a ser un auténtico pasatiempo nacional. Ahora se había presentado alguien dispuesto a cambiar su vida por la de Somoza.

Yo personalmente no tenía la menor simpatía por el asesinado Somoza García, porque había matado y traicionado a tantas y tantas personas. Los herederos de su poder no veían las cosas de esa manera. En el plazo de veinticuatro horas, Pedro, Emiliano Chamorro y futuros dirigentes sandinistas como Carlos Fonseca Amador y Tomás Borge fueron apresados junto con otros enemigos de Somoza y encarcelados por orden del hijo de éste, Anastasio, el comandante en jefe de las Fuerzas Armadas. Luis, el mayor de los dos hermanos, asumió la presidencia de Nicaragua exactamente igual que un descendiente real asciende al trono.

Para mí, los acontecimientos posteriores fueron una auténtica tortura. Primero llevaron a Pedro a las celdas de El Hormiguero, el famoso cuartel general de la policía situado como un fuerte en el centro de la ciudad. Luego lo despojaron de todas sus pertenencias personales, su ropa, su reloj de pulsera, sus cigarrillos, su encendedor, su monedero y, lo que era más importante, sus derechos civiles. Luego fue conducido hasta la colina de Tiscapa, a las celdas situadas en el sótano del palacio presidencial, tan frías y húmedas como las catacumbas romanas. El primer interrogatorio tenía siempre lugar en la pequeña «sala de costura» situada bajo el atrio del palacio, que según me han informado se llama así debido a que en algún momento fue el lugar en el que la «reina del país», doña Salvadora Debayle de Somoza, mandaba coser sus ropas a mano. Al principio, los guardias del palacio mostraron hacia Pedro una cortesía empalagosa. Cuando no lograron quebrantar su resistencia, empezaron a golpearlo desnudo, durante días y días y a exponerlo frente a los leones del zoológico que había en el palacio presidencial. Pero ni los peores tratos podían obligar a Pedro a confesar algo que no sabía y que no había hecho. No había habido ninguna conspiración. Somoza había muerto a manos de un único asaltante, Rigoberto López Pérez, pero Anastasio como Luis se negaban a aceptarlo. Las acusaciones fueron sólo una excusa para intentar eliminar a sus oponentes. Hasta el último momento, Anastasio creyó que Pedro había formado parte de una trama comunista para asesinar a su padre e insistió en que se había mostrado muy generoso perdonándole la vida.

Seis meses después se llevaron a Pedro para juzgarlo en el Campo de Marte ante un tribunal militar que aplicaba la ley marcial, ya que los hermanos Somoza habían declarado el estado de sitio. Enfrentando a sus captores uniformados, Pedro recurrió a toda la fuerza que le quedaba en los pulmones para gritar por última vez: «Soy inocente, y lo mantengo ante este tribunal humano y ante los ojos de Dios.» Pero eso no sirvió de nada. Fue condenado a cuatro años de confinamiento solitario en las celdas de la prisión Aviación, en la que se decía que Somoza había mandado ejecutar sumariamente a Sandino hacía veintidós años. Lo visité a diario llevándole comida y ropa, lo que un guardián amistoso introducía disimuladamente en su celda. En la cárcel, Pedro mataba el tiempo pintando acuarelas y escribiendo un diario en trocitos de papel escondidos en mil sitios distintos, hasta que pude sacarlos clandestinamente y transcribirlos fielmente para él. Sus crónicas eran las de un hombre privado de libertad, juzgado arbitrariamente e injustamente condenado a vivir aislado. Estas notas se convirtieron en la base para *La estirpe sangrienta: los Somoza*, publicado en la Ciudad de México en 1957, y *Diario de un preso*, publicado en Managua en 1961 por la «Revista Conservadora». Cooperando con Pedro en sus escritos, compartí sus sufrimientos y me convertí en parte integrante de sus aventuras políticas.

Cuando se cumplían los cuatrocientos veinte días de la estadía de Pedro en prisión, a la hora que le llevé el desayuno, los guardias que se habían hecho amigos míos me dijeron: «Señora, no se aparte de su marido ni un segundo. Están planeando llevárselo esta noche.»

Por tanto me quedé y exigí que me dijeran dónde se proponían llevarse a mi marido. Después de esperar horas en la puerta, me dijeron que Pedro iba a ser trasladado a San Carlos, donde debía cumplir una sentencia de cinco años en libertad condicional.

San Carlos era un puerto rústico situado en la orilla suroriental del Lago de Nicaragua, prácticamente en la frontera con Costa Rica. Ofrecía una magnífica oportunidad para que Pedro intentase escapar. Por tanto le dije: «Me voy con vos.» Pensé que si estaba con él, podía desanimarlo de que intentara huir a Costa Rica y que si esto fallaba yo podía irme con él en la huida.

Al principio Pedro rechazó vigorosamente mi sugerencia. Pero, presionado, accedió a mis planes. Me apresuré a disponer que nuestros dos hijos mayores, Pedro Joaquín y Claudia, se quedaran con mi suegra, mientras que los dos menores, Cristiana y Carlos Fernando, se quedarían con mi madre en Rivas.

Una vez en San Carlos, me convertí en la sombra de Pedro. Sabía que, en cualquier momento, y ayudado por don Pepe Figueres, Pedro se rebelaría contra su castigo y huiría, que era exactamente lo que quería Tacho, Anastasio Somoza Debayle. Tacho le había dicho a un buen amigo nuestro que toda la idea de enviar a Pedro a San Carlos se basaba precisamente en tentarlo para que intentara huir. Mi amigo recordaba que Tacho había dicho: «Dejemos que intente escapar para poder llenarle el cuerpo de balas.» Resulta, por tanto, comprensible que me mostrara preocupada cuando, al cabo de varios meses, Pedro me confesó sus planes de huida. Yo me había llevado algo de dinero conmigo, y la idea de Pedro era contratar a un lanchero de remos para que lo alejara de San Carlos a través del Gran Lago, hasta llegar río abajo a Los Chiles en Costa Rica, y desde ahí volar a San José y a la libertad. Luego yo volaría junto con mis hijos para reunirme con él.

Pero, cuando me casé con Pedro, había jurado que permanecería siempre a su lado «hasta que la muerte nos separe», y creía realmente en ello. Por tanto le dije: «Pedro, eso no funcionará. ¿No ves que, si te escapas, Tacho no me dejará nunca salir del país? Mi única alternativa será la de pedir asilo político junto con los niños. Podés imaginarte, Pedro, la incomodidad que provocarían en una embajada con treinta y dos pañales sucios al día?

No hay más solución que me vaya con vos. Después mandaremos a traer a los niños.»

Tras escuchar mi explicación sobre las intenciones de Tacho, y preocupado por mi seguridad, Pedro siguió intentando convencerme de que me quedara, formulando innumerables objeciones. Pero me mostré firmemente decidida. «Pedro, yo voy también. Nada de lo que digas podrá disuadirme. En esto debes confiar en mí. Pedro, a pesar de nuestro frágil aspecto, las mujeres somos fuertes.» Cediendo ante mis demandas, finalmente refunfuñó: «¡Mujeres!, son la maldición de los hombres.»

El sacerdote de San Carlos sabía que éramos católicos devotos. Por tanto me pidió que participara de la lectura en el servicio litúrgico que debía celebrarse el Viernes Santo. En la ciudad, eso se consideraba un honor. Pero la suerte determinó que habíamos planeado nuestra huida precisamente para esa semana, ya que confiábamos en que, distraídos por las celebraciones, las autoridades de la ciudad no notarían nuestra ausencia hasta que estuviéramos ya muy lejos de su alcance. También sabíamos que, si declinaba la invitación, era seguro que el sacerdote intuiría cuáles eran nuestros planes. No teníamos más opción que revelárselo todo a través del sacramento de la Penitencia, la Confesión. Eso le obligaría a mantener en silencio nuestro peligroso secreto ante todos salvo Dios.

Cuando llegó finalmente el día de nuestra huida, Pedro me tomó del brazo mientras andábamos repasando nuestro plan. En los tres meses que habíamos permanecido en San Carlos, parte de nuestra rutina diaria consistía en recorrer a pie la corta distancia que separaba la pensión en la que nos albergábamos del muelle. Luego Pedro y yo echábamos una cuerda al agua y esperábamos a que picaran los peces. Cuando el sol iniciaba su lento descenso, manteníamos charlas vespertinas con el capitán Mejía, el padre de los hermanos Mejía Godoy (que alcanzarían fama internacional como músicos y cantantes sandinistas). Aquella tarde hicimos lo mismo de siempre y nos encaminamos hacia el muelle, pasando delante del *General Somoza*, el vapor que estaba siempre anclado en él. Había tantas cosas que llevaban el nombre de los Somoza que servían para recordarnos siempre quiénes eran los propietarios de Nicaragua.

El Viernes Santo, las calles estaban llenas de gente luciendo sus mejores atuendos. Recuerdo que la mayoría de los habitantes de San Carlos tomaban parte en la procesión. Cuando pasamos delante de la iglesia, donde la estatua de Cristo con una túnica púrpura, adornada con guirnaldas elaboradas por las devotas mujeres de San Carlos, estaba lista para ser testigo silencioso de la crucifixión de Nuestro Señor, Pedro me recordó que mientras estábamos contemplando la procesión, yo tenía que distraer la atención del capitán Mejía para que él pudiera dirigirse al muelle y organizar nuestra travesía.

En el momento adecuado, me dijo, «pasará a tu lado un campesino, se quitará el sombrero para saludarte y te dirá "buenas tardes, están sonando las campanas, el servicio está a punto de empezar". Ésa será mi señal que todo está listo y que deberás reunirte conmigo en el muelle».

Todas las noches de la última semana nuestro lanchero de remo había permanecido esperándonos a que eligiéramos el mejor momento para escapar. Cada noche que pasaba, Pedro se mostraba cada vez más nervioso. A las siete de la tarde, y muy agitado, Pedro me señaló la desacostumbrada luminosidad del cielo vespertino. Desgraciadamente, cuando hicimos nuestros planes, no tuvimos en cuenta los cambios de la luna, que aquella noche estaba llena y brillaba en el cielo resplandeciente. Como es lógico, eso aumentaba todavía más las probabilidades de que fuéramos detenidos.

Por otro lado, yo tenía la sensación de que habíamos llegado a un punto de no retorno, a una situación en la que nuestras acciones no podían seguir dictando ya nuestro destino. «Tenemos que hacerlo esta noche», le dije. «Ahora todo lo que podemos hacer es encomendarnos a Dios y a la Virgen, y confiar en que todo salga bien.» Expliqué a mi marido que su meticulosa atención a todos los posibles detalles y contingencias era innecesaria. «Relájate, Pedro. Todo está listo. Antes del amanecer estaremos en Los Chiles para nuestra cita.»

Alrededor de las ocho, Pedro partió para el muelle, mientras que yo dirigí mis pasos hacia la iglesia para ver la procesión. Debajo de la falda, llevaba enrollados un par de pantalones de trabajo que utilizaría durante nuestra huida. Cuando llegué a la iglesia, el capitán Mejía me había reservado un sitio a su lado. Al cabo de algún tiempo, llegó el campesino y pronunció unas palabras que yo estaba esperando oír. Con toda tranquilidad, me levanté de mi silla, me despedí del capitán Mejía y me marché para reunirme con Pedro. Afortunadamente, toda la atención del pueblo estaba centrada en la procesión, y nadie pareció darse cuenta de mi partida. Eran cerca de las nueve. Los faroles de las calles se habían encendido ya mientras yo avanzaba tranquilamente entre las sombras hacia el muelle en el que estaría esperándome Pedro y nuestro lanchero de remos. Pero antes de llegar a mi destino, me encontré con Pedro. «El hombre no está», me dijo. «Tenemos que cancelar el plan. Alguien nos ha traicionado.» Pero justo en ese momento vimos un guardia aproximándose a nosotros. Mi corazón empezó a latir de miedo a que de hecho hubiéramos sido traicionados. Observé que el guardia iba con una muchacha colgada del brazo y la estaba acariciando distraídamente. Dejándome llevar por mi impulso, agarré a Pedro hacia mí y lo abracé apasionadamente. El soldado y su chavala pasaron a nuestro lado sin ni tan siquiera molestarse en mirarnos. De repente, a lo lejos, y apenas visible, vi como la silueta de una canoa que se aproximaba con un hombre a bordo.

«Ahí está, Pedro», le dije. El hombre nos había estado esperando en otro punto. Pedro le hizo una señal. «Cuidado», dijo el hombre según subíamos a la pequeña embarcación. «No tengan miedo», nos dijo, «navegamos hacia un mundo libre». Cuando estábamos sentados ya en el bote, Pedro le pidió al barquero un remo. Pero él se negó obstinadamente a dárselo y comentó: «Si no queremos llamar la atención, sólo debería remar uno de nosotros.» Lentamente remó hasta alejarnos del muelle, y nos deslizamos como una sombra oscura sobre las tranquilas aguas. Pero no podíamos dejar de pensar en las potentes embarcaciones de la Guardia Nacional amarradas a sólo unos cuantos metros de distancia. Si observaban nuestra ausencia, con sus motores de noventa caballos, aquellas lanchas podrían darnos alcance en sólo cuestión de minutos.

Al cabo de un tiempo, las luces de San Carlos fueron haciéndose cada vez más y más pequeñas como si las aguas del río nos tragaran completamente en una oscuridad cuyo aspecto cambiaba a medida que íbamos pasando por debajo de los frondosos árboles de sus orillas. De repente, el barquero sacó el remo del agua y se puso el dedo sobre los labios, indicándonos que permaneciéramos en silencio. El miedo se apoderó de nosotros. Estaba tan aterrorizada ante la posibilidad de ser capturada, que apenas me di cuenta de los movimientos rápidos y juguetones de los numerosos bancos de pez-sierra a los que habíamos perturbado al atravesar sus aguas. Saltaban alrededor del bote, surgían de la superficie del agua, se sumergían y volvían a emerger una y otra vez. Paradójicamente, no logramos disfrutar nada del espectáculo. Cuando navegábamos por una curva del río peligrosamente cercana a un cuartel nicaragüense situado cerca de la orilla, pensamos que los saltos de los peces-sierra estaban revelando nuestra presencia a cualquiera que se encontrara a una distancia relativamente corta. Nuestro lanchero, cuya figura desdibujada apenas podía ver en la oscuridad, bajó silenciosamente el remo en el agua, guiándonos con suavidad hacia un alto grupo de hierbas que crecían junto a la orilla del río.

«Si oímos que vienen detrás de nosotros, saltamos al agua y nos perdemos por los campos cercanos. Nadie nos encontrará allí.»

Camuflados entre el monte, estábamos a punto de volver a deslizarnos sobre el bote cuando un haz de luz blanca recorrió la superficie del agua, lo que nos obligó a ocultarnos todavía más adentro de la lanchita. Durante lo que pareció un período de tiempo interminable, el haz recorrió toda la zona, pero no reveló nuestra posición.

Esperamos hasta que se apagó la luz y proseguimos nuestro viaje.

Al cabo de algún tiempo, nuestro lanchero anunció que nos encontrábamos a la entrada de uno de los afluentes del río San Juan, situado a lo largo de una extensión de terreno propiedad de los Somoza (quienes tenían propiedades por todo el país). Podíamos oír a lo lejos los ladridos estruendosos de un perro. Como medida de precaución, nuestro barquero guió la embarcación hasta la otra orilla del río, cortando vigorosamente el agua con el remo para dotar a nuestra embarcación de la velocidad necesaria para escapar a cualquier posible peligro. Pero nada ocurrió.

El resto del camino lo recorrimos en silencio, sin nuevos incidentes, hasta que llegamos a un punto situado a lo largo de la costa en el que nuestro barquero nos dijo que tropas de la Guardia Nacional solían permanecer ocultas para sorprender a los contrabandistas que traficaban en la frontera entre Costa Rica y Nicaragua. Nuestro barquero guió la canoa con gran precaución hasta cerca de la orilla opuesta. Allí, encima de una colina, vimos una casa. Había varias lanchitas como la nuestra amarradas a un muelle; en los potreros comían las vacas y las orillas del río aparecían adornadas por tablas de lavar de piedra. Todo estaba envuelto en un gran silencio. Remamos hasta avanzar unos doscientos pies más, cuando finalmente nos atrevimos a pensar que habíamos alcanzado la libertad, otro poderoso haz de luz iluminó las aguas oscuras y quietas.

«¡Rememos rápido!», dijo el lanchero y luego preguntó, «¿tenés un revólver?»

«No», contestó Pedro.

Los brazos del lanchero se movieron cada vez con mayor velocidad según iba rompiendo vigorosamente el agua con su remo. Pedro se unió a sus esfuerzos y, recurriendo a sus últimas fuerzas, lograron situarnos fuera del alcance del haz de luz.

«Ahora no pueden cogernos», dijo, «y si intentan hacerlo nos defenderemos con los remos».

En total habían sido cinco o diez minutos de angustia, durante los cuales todas las energías del lanchero se habían agotado en su deseo de salvarnos. Estaba empezando a salir el sol y, a lo lejos, logramos ver una grieta brillante en medio del paisaje.

Nuestro lanchero señaló tranquilamente aquel punto resplandeciente y dijo «allí están Los Chiles». Finalmente libres de la tensión, nos relajamos e iniciamos una conversación. El lanchero se presentó a nosotros, nos dijo que su familia había emigrado de Nicaragua a Costa Rica «por razones políticas». Recordó las formas que los pequeños comandantes de la provincia se habían apoderado de la tierra y dado muerte a todos quienes se habían atrevido a oponerse a ellos. Describió las mentiras, los engaños, la explotación de los pobres por personas que buscaban la oportunidad de gobernar sólo para poder enriquecerse, historias que desgraciadamente no tenían nada de nuevo para nosotros, todo lo cual había impulsado a la población campesina a rebelarse contra el régimen de Somoza. En Pedro veían a una figura capaz de defender la causa.

Luego el lanchero navegó hasta un estrecho canal de unos cinco pies de anchura, lleno de troncos de árbol y de una densa vegetación. Sonrió y nos dijo «aquí no nos seguirán, las hélices de los motores de sus lanchas se romperían».

Recorrimos el canal durante unos cuantos minutos, hasta que nuestra lancha encalló en una pequeña ensenada fangosa en un lugar llamado Los Robles. Allí amarramos el bote, desembarcamos y continuamos a pie nuestra expedición hasta Los Chiles.

Al cabo de una hora llegamos a Los Chiles. Pedro pagó a nuestro guía. Nos despedimos con un cálido adiós. Habían transcurrido varias horas desde que habíamos salido de San Carlos, y ahora volvía a su casa. Me sentí preocupada por él y le desee lo mejor. Como muestra de gratitud, y para protegerle, le regalé el rosario con el que había rezado durante todo nuestro viaje. Años después, cuando llegué a la Presidencia, se presentó ante mí un hombre que afirmaba ser el lanchero que nos condujo hasta la libertad. Pero no puedo estar segura que fuera realmente él. Si hubiera conservado el rosario, sí que lo estaría y le hubiera dado las gracias por habernos llevado aquel día hasta la libertad.

Tenía hambre y frío, pero no pudimos detenernos hasta una hora después, cuando vimos una casa solitaria situada en lo alto de una colina azotada por los vientos. Resultó ser el hogar de un policía costarricense. Dando muestras de gran hospitalidad, él y su mujer nos recibieron en su casa y nos dieron de comer tortillas y empanadas.

A lo lejos podíamos escuchar el ruido de motores de aviones. Afortunadamente, estábamos cerca del aeropuerto, en el que nos esperaba nuestro avión para llevarnos a la capital, San José.

Echamos a correr hacia él. Un piloto uniformado mantenía abierta la puerta y había hecho bajar una escalera, cuando alguien de la multitud nos reconoció y comenzó a gritar: «¡Son fugitivos, no se los lleven!». Los pilotos no sabían a quién se les había enviado a recoger, ni tampoco tenían demasiados conocimientos acerca de los aspectos específicos de su misión. Nos ayudaron a subir a bordo y nos condujeron hasta San José sin formular ninguna pregunta. Fuimos recibidos por un enviado de don Pepe, Carlos Andrés Pérez, el futuro presidente de Venezuela. Pérez llevaba viviendo en Costa Rica en el exilio desde 1949, cuando su jefe, el presidente de Venezuela Rómulo Gallegos, fue depuesto a consecuencia de un golpe militar de derecha. Como consecuencia de ello, Pérez, que era su jefe personal, había partido al exilio en Costa Rica y trabajaba como periodista en el diario costarricense *La República*. Llevaba consigo nuestros salvoconductos, cortesía de don Pepe Figueres. Así es como comenzó nuestra vida en el exilio.

Cuando Tacho se enteró de nuestra huida, se dejó llevar por la furia incontenida, ordenó que se negara la visa de salida a nuestros hijos. Desgraciadamente, Pedro y yo tuvimos que soportar el sufrimiento de vivir sin ellos durante algún tiempo. Finalmente, Luis Somoza consiguió imponerse sobre su hermano y permitió que los niños viajaran a Costa Rica acompañados de mi suegra, doña Margarita.

También descubrimos que las repetidas torturas que había sufrido Pedro en la cárcel habían afectado gravemente su salud, sobre todo en la espalda, que necesitaba verse sostenida en todo momento con la ayuda de un corsé.

Decidimos que debía de ser chequeado por un reconocido especialista norteamericano. Hicimos planes para viajar a Estados Unidos. Sin embargo, Tacho se ocupó de que nos negaran la visa, gracias a sus contactos con la embajada norteamericana.

Un año y medio después, en agosto de 1958, supimos que estábamos esperando otro hijo. «No es posible», discutí con el ginecólogo. «He tenido dificultades con casi todos mis embarazos y no estoy preparada para tener más hijos.» En aquella época existían los anticonceptivos, pero nuestra fe católica nos limitaba a intentar adaptarnos a los ritmos de mis ciclos menstruales. Se trataba de un método muy poco confiable. Así lo demostraron cinco embarazos en ocho años de matrimonio.

En los dos primeros años en el exilio, el tiempo pasó volando según yo me ocupaba de la casa, me preparaba para el nacimiento de mi quinto hijo y cuidaba de los otros cuatro, que por entonces vivían con nosotros. Pedro trabajaba entonces en *La Prensa Libre* y estaba escribiendo su libro *La estirpe sangrienta*, que sería publicado en México y prohibido en las librerías nicaragüenses. También estaba trazando planes para una invasión. Todo lo que Pedro necesitaba era respirar el aire limpio de la libertad para que su pasión se viera reavivada y su patriotismo lo empujara por el camino de la rebelión.

Don Pepe Figueres, enemigo de los dictadores, se mostraba manifiestamente favorable a la cada vez más amplia comunidad de exiliados nicaragüenses que vivían en Costa Rica. Con frecuencia nos invitaba a cenar en su cafetal próximo a San José, que había bautizado como Rancho La Lucha, en honor a nuestro esforzado combate por la democracia en nuestro continente. Allí nos reuníamos con Carlos Andrés Pérez y con otros exiliados nicaragüenses que, al igual que nosotros, eran antisomocistas y habían participado en otros intentos de golpe. Gente como Luis Cardenal, Enrique Lacayo Farfán, Carlos Pasos, Ernesto Solórzano Thompson, Eduardo Chamorro, Reynaldo Tefel, Horacio Aguirre y Panchito Frixione, así como otros que ahorita no recuerdo. Más adelante comenzamos a reunirnos en nuestra modesta casa del barrio Escalante. Así es como nació la idea de la invasión que llegó a conocerse como Olama y Mollejones.

Fue durante esta fase de nuestras vidas cuando Castro se hizo con el poder en Cuba, el 1 de enero de 1959. A los pocos días, Pedro viajó en avión a La Habana acompañado de Reynaldo Tefel, el doctor Enrique Lacayo Farfán, el general Carlos Pasos y el doctor Hernán Robleto, para solicitar la ayuda de Castro para derrocar a Somoza. Pero sólo llegaron a entrevistarse con el Ché Guevara. Cuando se encontró con Pedro, y sin estrecharle la mano, el Ché le dijo: «Pedro Joaquín Chamorro, como en el Tratado Chamorro-Bryan». Se estaba refiriendo al general Emiliano Chamorro, el tío segundo de Pedro, que en calidad de enviado diplomático de Nicaragua en Washington había firmado el acuerdo por el que concedía al gobierno norteamericano los derechos de un canal que supuestamente iba a construirse en Nicaragua. En aquellos momentos se estaba planteando todavía la posibilidad de que los norteamericanos construyeran un canal que atravesara el Istmo por Nicaragua. El Ché interpretaba equivocadamente la ratificación de ese tratado como una venta a los intereses norteamericanos por parte de la burguesía nicaragüense. Pedro le dijo al Ché que era un Chamorro por nacimiento, pero que seguía una línea política independiente a la de sus parientes. «Esas cuestiones», le dijo, «pertenecen a otra generación».

Pero el Ché consideraba a Pedro y sus compatriotas como reaccionarios y traidores burgueses, y los rechazó en favor de otro grupo de guerrilleros nicaragüenses, encabezados por un ideólogo comunista muy poco conocido en ese entonces en nuestro país, Carlos Fonseca Amador, el futuro fundador del Movimiento Sandinista (FSLN). Lógicamente, fueron los planteamientos izquierdistas de Fonseca los que consiguieron el apoyo de los cubanos.

Pedro y sus amigos volvieron a Costa Rica desde La Habana con las manos vacías y desalentados por la actitud de Fidel.

El fracaso de este viaje a Cuba se vio seguido tres meses después por otro más productivo hecho por Pedro a Venezuela para conocer a Rómulo Betancourt, el dirigente democrático recién elegido del país.

Quizás fuera la tensión de la separación, o quizás el destino; pero, durante la ausencia de Pedro, tuve un parto prematuro. Blanca como una hoja de papel. Mi madre fue la primera en decirme que nuestra hija había nacido muerta. «Es un ángel», declaró el capellán local. «Debemos bendecirla con el signo de la cruz y darle un entierro decente.» Pero lo que debería haber sido una cuestión sencilla se vio rodeada de toda una serie de extrañas formalidades. Dado que estábamos en el exilio, resultó muy difícil encontrar una tumba para la tierna. Afortunadamente, mi mamá me recordó que mi abuelo Manuel Joaquín Barrios había muerto en Costa Rica y estaba enterrado allí. Con el permiso de la familia, pudimos enterrar el pequeño ataúd blanco junto al de mi abuelo. En una muestra de respeto, 160 aspirantes a guerrilleros escoltaron a mi hija hasta la tumba.

Cuando Pedro volvió de Venezuela, trajo consigo dinero para organizar la invasión y un pequeño anillo para mí, que todavía conservo. Me dijo que, en caso de haber sobrevivido nuestra hija, la habría llamado María Milagros, pues habría sido un milagro que viviera. Yo no era una mujer muy inclinada hacia las joyas ni otros lujos, pero comprendí a través de ese gesto tan sencillo y de sus palabras quería reconocer mi dolor y liberarme de cualquier sentimiento de culpabilidad que pudiera haber sentido por la pérdida de nuestra hija.

La invasión comenzó en abril de 1959 en una playa poco acogedora de Costa Rica llamada Punta Llorona. En caso de que, como yo, los conspiradores hubieran prestado atención a los malos augurios, habrían previsto que un lugar con ese nombre tan triste era un mal sitio para iniciar la invasión. Además, Punta Llorona era una estrecha franja de tierra rodeada de altos cocoteros. Las calurosas tardes tropicales permitían que en esa zona tan boscosa vivieran todo tipo de insectos. No había fuentes de suministros de alimentos ni de agua dulce. Sin embargo, fue en ese trozo de tierra tan poco hospitalario donde, encabezados por Pedro, se reunieron unos cien patriotas nicaragüenses durante mes y medio para planificar y prepararse para el momento en que pudieran armarse y volver a entrar en Nicaragua como parte de una fuerza revolucionaria.

Durante todo un mes, y según planeaban la invasión, la única comunicación de Pedro con nosotros fue a través de una emisora clandestina de radio instalada en el campamento. A los niños les dijimos que su padre estaba en una reunión en una casa amarilla situada más abajo del edificio en que vivíamos en Barrio Escalante. Pero no creo que ninguno de ellos nos creyera. Sabían que había una verdad oculta, pues podían ver a través de mis lágrimas y asociarlas con las ausencias de Pedro. Nuestras hijas, Claudia y Cristina, recuerdan este período como extremadamente difícil. Echaron mucho de menos a su padre.

Viéndolo en retrospectiva, quizás fue cruel recurrir a mentiras para no contarle a los niños lo que estaba realmente ocurriendo. Pero Pedro y yo habíamos llegado al acuerdo de que no tenía sentido hacerles partícipes de nuestra desgracia, aunque inevitablemente lo eran.

Juntos intentamos compensarles por todas las perturbaciones que experimentaban en sus vidas disfrutando al máximo cada día que pasábamos unidos en familia. La vida con Pedro me enseñó que los lazos matrimoniales no consisten simplemente en estar unidos en los grandes momentos de la vida, sino que el amor crece y madura mediante constantes actos de amor en todas las cuestiones cotidianas. Supongo que ésa es la razón de que, durante nuestros períodos de vida colectiva, cuando Pedro estaba en la casa con nosotros, nuestra existencia asumiera una calidad intensa y acelerada, pues nos esforzábamos por rodear a nuestros hijos de amor y calor, atendiendo algunos de sus caprichos para compensar la atención de la que desgraciadamente carecían en tantas otras ocasiones.

El 31 de mayo de 1959, los invasores aterrizaron en una pista improvisada de un potrero en la provincia nicaragüense de Chontales, conocida desde siempre como los Mollejones. Toda la fuerza estaba integrada por unos cien soldados, pero el avión, pilotado por un ex miembro de la Guardia Nacional, no tenía cabida para más de 65 hombres a la vez. Como consecuencia de ello, se trazó el plan de desembarcarlos en dos viajes. El primer contingente, encabezado por Pedro, debía reunirse con un grupo de unos trescientos campesinos rebeldes; pero, cuando aterrizaron, se encontraron con sólo tres hombres y sus burros. Sin apoyo en tierra ni medios de comunicación, Pedro y sus hombres se dieron cuenta de que su única esperanza de sobrevivir a los ataques de la milicia local (a la que al parecer se le había avisado de la invasión) consistía en intentar huir a las montañas de Chontales.

Cuando el avión volvió para el segundo aterrizaje, el piloto descubrió que era incapaz de encontrar la pista, que había sido destruida ya por los guardias. Se vio obligado a aterrizar en otro punto, pero su mala suerte y la de los 25 hombres que llevaba a bordo hicieron que realizara un aterrizaje de emergencia en una zona pantanosa de Boaco, en las proximidades de un lugar llamado Olama. Mientras los guerrilleros estaban intentando rescatar el avión con la ayuda de bueyes, se vieron atacados desde el aire por un escuadrón de la fuerza aérea. Algunos de ellos fueron ametrallados hasta la muerte. El piloto y el copiloto huyeron a Costa Rica con tres costarricenses miembros de la expedición. Los cinco fueron capturados y asesinados por los guardias. Los otros revolucionarios se internaron más en la zona pantanosa, donde posteriormente fueron rodeados y capturados por los guardias. Quedó perfectamente claro que el ataque lanzado por mi marido estaba condenado al fracaso desde el primer momento.

Tras una marcha de siete días de duración, el contingente de Pedro se detuvo a descansar en la hacienda Fruta de Pan. A la mañana siguiente se vieron bombardeados por aviones de la fuerza aérea de la Guardia Nacional y rodeados de tropas que exigieron su rendición incondicional; capitularon obligados por la fuerza de la artillería pesada, salvo un núcleo fiel compuesto por quince hombres, entre ellos Pedro, Luis Cardenal y Eduardo Chamorro. Esquivando el fuego enemigo, se retiraron a las montañas para iniciar un combate de guerrillas que resultó decepcionantemente breve. Pronto corrieron los rumores de que todos ellos habían caído en una emboscada.

Los jóvenes idealistas habían confiado en que, simultáneamente a la invasión, se produciría un levantamiento interno y una huelga general organizada por la Unión de Oposición Nicaragüense (UON). Pero toda una serie de reveses hicieron descarrilar la empresa. Se habían filtrado las noticias de lo que se había llegado a calificar como una expedición gigantesca y, sin que Pedro lo supiera, se habían adoptado en Nicaragua toda una serie de medidas enérgicas, que impidieron a sus seguidores consolidar un apoyo de base para la invasión.

Recuerdo haber pensado hasta qué punto resultaba paradójico que, mientras que los nicaragüenses patriotas morían, los hermanos Somoza se dedicaban a celebrar banquetes en sus mansiones. El 10 de junio de 1959, Pedro me escribió una carta:

Ahora estoy en las manos de Dios. Él es grande y poderoso. Hace milagros. Pero si decide que ha llegado mi momento, en mi alma llevará a la otra vida no la angustia de la muerte, sino tu recuerdo y el de la maravillosa vida que hemos llevado.

Perdóname todos los sufrimientos que te he provocado. Perdona mi dureza, mi falta de efusividad, pero te he querido siempre y me duele mucho dejarte y dejar a mis hijos... pero... ¿qué puedo hacer?

Amor: antes de ayer y en medio de un bombardeo inmisericorde, la Virgen me salvó la vida. Confío en que caminaremos cogidos de la mano, pero si decide llamarme a su lado, perdóname y acuérdate de mí. Dile a nuestros hijos que la Patria son

101

ellos y otros niños como ellos, y que por ellos debemos sufrir y en ocasiones incluso morir.

No recibí esa carta hasta cinco meses y dos días después de que fuera capturado. Pero la mañana del 11 de junio me desperté angustiada llena de temores, aterrorizada ante la idea de que el combate de Pedro contra los Somoza había terminado provocándole la muerte. Sin embargo, el 14 de ese mismo mes recibí un telegrama desde Managua notificándome que Pedro y otros habían sido detenidos en Chontales, en un lugar llamado San Pedro de Lóvago. Cubiertos de barro y derrotados, fueron obligados a marchar por las calles de Managua.

En pocas horas, hice mi equipaje y el de los niños, y volvimos a Nicaragua. Les dije que íbamos a volver a estar junto a su padre. Pero, ante su sorpresa, y después de los besos y abrazos en casa de doña Margarita, su padre no llegó a presentarse jamás. Concretamente Cristiana era muy consciente de ello. Estábamos sentadas a la hora del almuerzo, en la larga mesa en la que se reunía toda la familia, cuando me preguntó dónde estaba su papá. Aunque no consideraba conveniente amargarles la vida compartiendo con ellos mi tristeza, me sentía obligada a ofrecerles una explicación y a intentar que todos ellos comprendieran el calvario de su padre. También quería que supieran que un padre como el suyo era una auténtica bendición y algo de lo que debían sentirse orgullosos. Así pues, después del almuerzo, les pedí a todos que permanecieran sentados y les conté que su padre había sido capturado mientras estaba intentando derrocar a Somoza, e intenté explicarles sus motivos. «Pedro», les dije, «se rebeló contra la dictadura de Somoza y como consecuencia de ello está ahora en la cárcel. Lo hizo porque ama a su país y consideró su deber demostrar al mundo que no somos todavía una nación esclavizada y que en nuestro pueblo nace un corazón noble y patriótico».

Nos quedamos otra vez en la casa barroca de mi suegra, próxima a *La Prensa*. Ella se ocupaba de los niños mientras yo visitaba a Pedro. Durante varios días no se me permitió verle. Cuando lo logré, lo encontré echado en un camastro, todavía con el uniforme que había llevado puesto al atravesar los ríos de Chontales, cubierto de barro de las montañas. Delgado y sin afeitar, me miró con un extraño brillo en los ojos. Entre profundos suspiros, me dijo: «Anoche soñé que había muerto. Ocurrió en Banadí, donde estábamos descansando quince de nosotros..., precisamente en el sitio donde debería haber muerto, pues, Violeta, ahora sé lo que significa sentir vergüenza. Hemos fracasado, Violeta, y nuestra derrota no es sólo nuestra, sino la de toda la nación.» Así, a través de la más dolorosa de las lecciones es como aprendimos que una insurrección sin apoyo cívico es una auténtica locura y que un movimiento cívico sin apoyo militar tampoco puede tener éxito.

Para los niños fue también una lección cruel y penosa. Normalmente rehusaba su oferta de acompañarme a visitar a su padre en la cárcel. No quería que lo vieran en medio de las condiciones degradantes propias de una prisión. Pero, por mucho que nos esforzábamos, no podía protegerlos totalmente de las repercusiones de las actividades políticas de Pedro. El fracaso de la invasión de Olama y Mollejones, como llegó a conocerse a la acción debido a los aterrizajes, dio alimento a los partidarios de Somoza para que acosaran a nuestros hijos en el colegio, diciéndoles que su padre era traidor y cobarde. Para entonces, los dos mayores, Pedro Joaquín y Claudia Lucía, habían empezado a leer en secreto los diarios privados de Pedro. A través de sus escritos llegaron a conocer la verdad acerca de su padre. Intentando defender el honor de Pedro, se peleaban furiosamente con sus compañeros de clase. En esos momentos yo tenía que estar allí para ofrecerles mi amor y consuelo, pero siempre con una mano firme para evitar que llegaran a convertirse en personas rencorosas. Solía decirles: «No hagan caso a esos niños. ¿Qué saben ellos del amor hacia el propio país?» En último extremo, nuestros hijos aprendieron a coexistir tranquilamente con los somocistas. Pero la tarea resultaba especialmente difícil para Cristiana, que tenía seis años de edad y era compañera de clases de Carolina Somoza. Antes de que pudiera comprender las implicaciones para su propia vida de las actividades políticas de su padre, se vio obligada a convivir con Carolina Somoza. Las monjas del colegio al que asistían insistieron en que, desde tercer curso, se sentaran en clase con los pupitres juntos. Como consecuencia de ello, desde tem-

103

prana edad, sus compañeras de clase solían acosarla con preguntas tales como: «¿Cristiana, qué tal te llevas con la hija del general?» «¿Te gusta?» A Cristiana no le resultaba fácil exponer sus creencias sin ofender a Carolina, a la que después de todo no podía culpar por las acciones de su padre. Pero la lealtad hacia su padre era grande y no podía permanecer callada cuando se atacaba su honor. La carta de Pedro desde Olama y Mollejones la conmovió profundamente. Cristiana creía que su padre era un hombre con una visión del mundo que dotaba de un sentido superior a la vida. Fue un impacto que la marcó para siempre.

En diciembre, cuando Pedro y sus compañeros habían permanecido ya seis meses en la cárcel, llevé a mis hijos a que escucharan la sentencia de su padre. Tanto él como los demás fueron condenados a ocho años de cárcel por traicionar a la Patria, acusación absurda para aquellos que habían intentado restablecer la justicia social y económica. Fue Luis, el políticamente más astuto de los dos Somoza quien concedió la amnistía a todos los prisioneros, salvo a Pedro, ya que se dio perfectamente cuenta de que la población percibiría lo absurdo de esa acusación.

Pedro fue liberado seis meses después, en el aniversario de Olama y Mollejones, en junio de 1960. Poco después, Pedro y yo partimos para Estados Unidos para internarlo en una clínica, en la que se ocuparon de chequearle sus diversas dolencias a causa de las torturas.

Así, a la temprana edad de nueve años, enviamos a Pedro Joaquín a Granada a estudiar internado en el Colegio Centro-América, donde pasaría el tiempo disparando a los pájaros con su tiradora y cometiendo las continuas vagancias de los chavales. Claudia, Cristiana y Carlos Fernando permanecieron con su abuela Chamorro hasta nuestro regreso seis meses después. Aunque fueron en todo momento atendidos por las tías, tíos y primos, aquel fue un período difícil para los niños. Con frecuencia, cuando nadie la estaba mirando, Cristiana buscaba un rincón de la casa para llorar. Claudia se alejaba a pintar.

A los tres meses de estar lejos del país, volví sola a Nicaragua para visitar a los niños, pero los numerosos regalos que les llevé apenas aliviaron la tristeza que sintieron cuando volví a marcharme. Decidí en mi corazón que, cuando volviera, lo haría de forma definitiva, que haría todo cuanto estuviera en mi mano para proporcionar a nuestros hijos la infancia normal que merecían, incluyendo un hogar propio. Iniciamos por tanto una nueva vida en una casa alquilada en el barrio San Sebastián, cerca de las oficinas de *La Prensa*. Como los campesinos, Pedro se levantaba temprano todas las mañanas. A las cinco y media estaba ya de pie para darse un paseo en la moto Honda de segunda mano que se había comprado. Le encantaba atravesar en moto las calles de nuestra capital y ver cómo iba cobrando vida según llegaban a la plaza del mercado los primeros carros de fruta conducidos por vendedores campesinos y sentir cómo el estruendo de los carros y motos invadía la paz de una ciudad que había permanecido descansando toda la noche. Observaba a su pueblo y comprobaba qué se disponían a hacer los guardias. Quería tener tanto conocimiento de primera mano sobre nuestro país como fuera posible. Con frecuencia yo lo acompañaba, montada detrás de él en la moto, abrazándolo estrechamente. En algunas ocasiones recorríamos todo el camino hasta las *sierritas* de Casa Colorada.

A las siete estaba de vuelta para el desayuno, que consistía en un café con leche acompañado de pan mientras leía *Novedades*, el órgano de expresión diario de la familia Somoza. A las siete y media se apresuraba a ir a la iglesia para ofrecer una oración a Dios y pedirle su bendición y protección, tras lo cual encaminaba sus pasos hacia las oficinas de *La Prensa*.

A mediodía volvía a la casa para almorzar y relajarse un rato leyendo algo o echándose una pequeña siesta. A las dos estaba de vuelta en *La Prensa*, para escribir el editorial del día siguiente, y se quedaba hasta las cinco de la tarde, momento en que el periódico empezaba a ser distribuido en las calles por los vendedores de prensa locales. En ocasiones traía a la casa cuentos de muñequitos para los niños, los que compraba en un quiosco de la esquina. Pero otras veces llegaba a la casa irritado y distraído por algún problema que había tenido en la oficina, y que compartía conmigo. Yo era la persona en la que Pedro depositaba todas sus preocupaciones. Manteníamos un equilibrio especial y delicado. Para mí, él era mi universidad y yo su fuente de paz y tranquilidad.

En la cena, en la que nos acompañaban los niños, solíamos discutir de política, tema que parecía interesarles a todos, aunque siempre teníamos cuidado de no analizar cuestiones que pudieran provocar en ellos sentimientos de rencor.

Algunas veces, si Pedro no estaba demasiado cansado, nos íbamos al cine a las seis. Le gustaban las películas de misterio, los dramas y en general todas aquellas que, como él, fueran muy moralistas. Pero la mayoría de las veces nos quedábamos tranquilamente sentados en la casa y hablábamos. En nuestras conversaciones vespertinas, solía describir cómo serían nuestros hijos de adultos. Decía: «Pedro, cuatro ojos, será como ahora impulsivo, afectuoso y travieso; la Cayetana gorda, mi regordeta Claudia será apasionada y enérgica; Cristiana, la quirina pretenciosa, mi flaquita rebelde, ir siempre más allá de lo establecido. El tímido e introvertido Carlos Fernando, mi Fruto-Frutín, es un pensador revolucionario.» (Cuando era adolescente, solía llamarlo siempre Karl Marx.)

Fue nuestra época más feliz. Finalmente habíamos iniciado una vida juntos, que maduró y se perfeccionó todavía más en 1963 cuando nos trasladamos a nuestra propia casa en el barrio Las Palmas, el lugar en el que todavía vivo, acompañada por mis pericos, loras y tucanes, y protegida por mis helechos, begonias y palmeras.

Capítulo quinto

Nos trasladamos a la nueva casa de Las Palmas en junio de 1963. La casa tiene una superficie de aproximadamente siete mil pies cuadrados, incluyendo el jardín, rodeado de un muro. Tiene cuatro dormitorios, el nuestro y el de los niños, así como habitaciones para las empleadas. Posteriormente construimos un apartamento encima del garaje.

Para construir la casa, tuve que vender una parte de las propiedades que había heredado de mi papá conjuntamente con mis hermanos. La madera para construir la casa en Las Palmas fue la de las ceibas de Amayo. Las columnas las compré a un antiguo edificio en León. No pretendo afirmar que sean de museo. Pero sí son especiales. Tiene una sala que nosotros llamamos «corredor de piedras» porque está construida con piedras del Gran Lago. En el patio que le sigue, Pedro y yo construimos una pérgola de hierro donde pusimos a crecer una parra de uvas. Pedro la cuidaba él personalmente, consiguiendo que produjera grandes racimos de jugosas uvas. Le fascinaba comprobar que se podía cultivar en un clima tan cálido como el nuestro. A nuestro hijo Pedro Joaquín no le gustaban, ya que tenían semillas. Pero siempre creímos que lo que hacía que estuvieran tan dulces eran precisamente las semillas.

Los muebles de la casa fueron apareciendo poco a poco. Una parte de los mismos, como las sillas del comedor, las heredamos de doña Margarita. Otras cosas, como la mesa de trabajo de mi abuelo Manuel Joaquín Barrios, las traje yo de la casa de mi mamá. La limpié y la puse en la oficina de Pedro. Las camas de nosotros me las dio mi mamá, al igual que los armarios de caoba tallada. El resto lo fuimos comprando de segunda mano según íbamos logrando un ahorrito para terminar de amueblarla.

Fue en esta casa, en el corredor de piedras, donde Pedro comenzó a realizar reuniones políticas todos los domingos. A esos encuentros solían venir importantes figuras políticas, visitantes distinguidos, colegas y amigos, expresión de una rica diversidad de opiniones. Los temas de discusión variaban. Cualquiera podía convertirse en uno, incluso Pedro. Con el tiempo, nuestra casa llegó a convertirse en un salón político, en el que deseaban poder entrar los niños. Recuerdo a Carlos Fernando, con sólo siete años de edad, y a sus amigos, colándose en esas reuniones. A Pedro le interesaba mucho oír las opiniones de los jóvenes, entonces los animaba a quedarse y participar activamente en los debates. Inevitablemente, las discusiones terminaban centrándose en los hermanos Somoza y en las formas con que se podía impedir que su dictadura se perpetuara durante varias generaciones. Con frecuencia esas reuniones sirvieron de inspiración a muchos editoriales de Pedro en *La Prensa*.

Bajo la guía de Pedro, el periódico que la familia Chamorro Cardenal había heredado de su padre se convirtió en el foro de las batallas políticas de Nicaragua y en una plataforma para toda una serie de causas cívicas y morales.

No había ni un solo debate en Nicaragua en el que Pedro no participara a través de *La Prensa*, que convirtió en la voz de la conciencia de los nicaragüenses. Así pues, Pedro bautizó al periódico como «La república de papel». El estado agonizante de nuestra república era siempre el tema de los editoriales de Pedro. Consideraba a la familia Somoza personalmente responsable de la miseria que reinaba en nuestro país. Predecía sólo dos alternativas viables después de los Somoza: el comunismo o la socialdemocracia. El primero lo rechazaba por considerarlo nada más que la «esclavización de un pueblo libre». En su opinión, el segundo constituía la solución cristiana a los problemas de nuestro país.

El trabajo de Pedro en *La Prensa* afianzó su reputación de periodista apasionado y abnegado. Como consecuencia de su trabajo, la Universidad Nacional Autónoma de Nicaragua (UNAN) le pidió que impartiera un curso de periodismo. En la UNAN

Pedro descubrió que la juventud de Nicaragua estaba contra los Somoza y en favor de reformas sociales que tendían hacia el marxismo.

A través de sus clases y editoriales, Pedro esperaba influir en la juventud de Nicaragua para que no se fueran a los extremos políticos, argumentando que «no puede haber peor empresario que un estado comunista que limita los salarios de la clase trabajadora». Advertía que una reacción negativa al somocismo y nuestro oscuro pasado era buscar los extremismos radicales. Según él, «los extremos impiden la creación de una democracia representativa». En lugar de recurrir a la extrema izquierda o derecha, les proponía a sus alumnos unirse a CIVES, una organización estudiantil que había fundado recientemente para inducir el cambio de forma positiva.

Pedro llamaba a la Cuba de Fidel «la Cuba de Rusia» y siempre que podía tronaba en sus editoriales contra la «hermandad internacional del socialismo», que prohíbe el patriotismo y crea monopolios estatales mediante confiscaciones. «En mi opinión», solía decirles a sus lectores, «un sistema comunista en Nicaragua no contribuirá a redistribuir la riqueza. Sólo servirá para extender la miseria por todo el país. Por el contrario, una mejor formación laboral, mayores incentivos para los trabajadores, aumentarán la productividad y, como consecuencia de ello, aumentará la riqueza de todo el país».

Convencido que la educación podría mover conciencias y provocar el cambio, lanzó la primera campaña nacional de alfabetización de Nicaragua en septiembre de 1963. Su lema decía: «El que no se atreve a aprender a leer es como si estuviera ciego.» A partir de ese momento, diariamente y durante todo un año, en todos los números de *La Prensa* titulado «El deber moral de las personas educadas», Pedro animaba a los que sabían leer a enseñar a los que no sabían.

La campaña de alfabetización recibió tanta publicidad por parte de emisoras de radio y organizaciones cívicas, que el Ministerio de Educación Pública y Universidades de todo el país decidieron adoptar el plan. El éxito de este esfuerzo fue tan grande que, al cabo de un año, Luis Somoza decidió poner fin a la campaña.

Pedro se sintió tan frustrado que comenzó una campaña en *La Prensa* denunciando que Luis Somoza estaba negando al pueblo sus derechos más básicos, estaba incubando una insurrección comunista. Para Pedro, el gobierno de Somoza estaba permitiendo que lujos exagerados coexistieran con la miseria, lo cual era burlarse de la democracia.

Para entonces, la familia Somoza llevaba veintisiete años controlando Nicaragua, incluyendo los breves períodos de tiempo en que habían tenido que renunciar a la Presidencia pero no al mando del ejército, lo que les había permitido seguir gobernando de hecho el país. En aquel momento ocupaba el trono Luis, el mayor de los tres hijos legítimos de Somoza. Los otros eran Anastasio y Lilian, casada con Guillermo Sevilla Sacasa, representante diplomático de Nicaragua en Washington.

Luis tenía casi treinta y cuatro años de edad cuando llegó al poder en septiembre de 1956. En los años sesenta no se había logrado prácticamente nada significativo para Nicaragua. Seguíamos siendo una de las naciones menos desarrolladas de América Central. Pero se calcula que Luis había más que duplicado la fortuna que él y sus hermanos habían heredado de su padre. Se cree que, en el momento del fallecimiento de Somoza García, la familia poseía alrededor de veinte millones de dólares, la mayoría de ellos ganados durante la II Guerra Mundial confiscando propiedades a los ciudadanos alemanes residentes en Nicaragua. Luis, quien había sido enviado a Louisiana a estudiar Administración de Empresas, para que aprendiera a administrar la fortuna de la familia, había inventado formas muy creativas de incrementarla. Por medio de la intimidación, realizó compras sumamente ventajosas de tierras a precios por debajo de su valor en el mercado. Incrementó el valor de las propiedades personales de la familia modernizando la infraestructura mediante proyectos de obras públicas en las zonas en que ellos poseían tierras. Aumentó la liquidez de la familia exigiendo comisiones a los empresarios que necesitaban que se aprobaran sus proyectos y, si la empresa le parecía realmente prometedora, exigía una participación en el nuevo negocio incrementando y diversificando de ese modo los negocios de la familia. En un encuentro con presidentes de América Central, John Fitzgerald Kennedy, presidente de Estados

Unidos, mostró públicamente su rechazo hacia Luis. Somoza se inquietó y para complacer a su mayor aliado terminó entregando su cargo, en favor de un candidato nombrado a dedo. De ese modo daba la apariencia de tener un sistema democrático, con lo que al parecer dejó satisfecho a Estados Unidos y a su presidente. «Después de todo», le contó a sus hijos, «uno debe siempre recordar que, para mantenerse siempre controlando el carro, algunas veces hay que ceder el volante y conformarse con ir sentado en la parte de atrás». Así es como en mayo de 1963 René Schick llegó a ser presidente de Nicaragua, mientras que Luis asumió un papel menos visible como ministro de Reforma Agraria.

La tarea de vigilar estrechamente a Schick correspondió a Anastasio, el hermano menor y jefe de las Fuerzas Armadas. Era, por así decirlo, el feo de la casa, mientras que Luis desempeñaba el papel del hombre civilizado, del estadista. En el momento del asesinato de Somoza García, fue Anastasio el que se encargó de supervisar personalmente las torturas aplicadas a Pedro. Fue Tacho hijo también quien impidió que nuestros hijos viajaran a Costa Rica, mientras que Luis permitió que se unieran a nosotros en el exilio. Durante la invasión de Olama y Mollejones, fue Anastasio quien orquestó la persecución de las fuerzas rebeldes, y Luis el que concedió a todos menos a Pedro un perdón presidencial. En realidad, Luis y Anastasio operaban en perfecta sincronía, interpretando su propia versión del policía bueno y el policía malo.

Pero, un poco antes de que Luis dejara el cargo, reconquistó el favor de Kennedy como consecuencia del fracaso de Bahía Cochinos, la invasión a Cuba concebida durante los últimos días de la Presidencia de Eisenhower, pero lanzada en abril de 1961 bajo la dirección de John F. Kennedy. El plan consistía en invadir Cuba utilizando como trampolín la costa atlántica de Nicaragua. La decisión de Kennedy de abortar la misión en el último momento dio como resultado la captura de ocho mil cubanos. Pero para los hermanos Somoza la invasión de Bahía Cochinos fue una gran oportunidad para demostrar que eran enemigos del comunismo, y por tanto, fundamentales para la estabilidad de América Central. Para todos los que nos oponíamos a los Somoza, 1961 representó un año trágico. Los Somoza se habían vuelto invulnerables. Estaban protegidos por los Estados Unidos y además tenían el apoyo de las fuerzas armadas de Nicaragua.

Fue también 1961 el año en que nació un movimiento rebelde armado contra el somocismo, el Frente Sandinista de Liberación Nacional (FSLN), creado bajo el liderazgo de Carlos Fonseca Amador y Tomás Borge. Fonseca Amador era el hijo ilegítimo de Fausto Amador, un administrador de una de las fincas de la familia Somoza. En su calidad de niños pobres residentes en una pequeña ciudad situada al norte de Nicaragua y llamada Matagalpa, Fonseca Amador y Borge habían sido amigos desde la infancia. Juntos habían participado en revueltas estudiantiles y, en más de una ocasión, habían estado en la cárcel. Al igual que Pedro, su mayor anhelo era derrocar a los Somoza. A diferencia de Pedro, eran comunistas y deseaban instalar un gobierno revolucionario. Antes de 1961 pusieron en marcha una pequeña operación guerrillera que tomaría como base la frontera septentrional de Nicaragua con Honduras y desde ella realizarían incursiones por el territorio montañoso situado en las proximidades. De vez en cuando resultaban capturados. Oíamos hablar de ellos cuando se les deportaba a Guatemala u Honduras. Pero se trataba de estallidos esporádicos a los que nadie prestaba demasiada atención.

Cuando Kennedy fue asesinado el 22 de noviembre de 1963, Lyndon Johnson se juramentó para el cargo de presidente de Estados Unidos, otra vez les pidió a los Somoza que cooperaran enviando tropas en apoyo de otra invasión. La solicitud se le hizo directamente a Anastasio Somoza Debayle, que era jefe del Ejército, a pesar que Luis estaba por encima de él. En esta ocasión Estados Unidos iba a invadir la República Dominicana para colocar en el poder al dirigente político ultraderechista Reid Cabral.

Evidentemente, Somoza cumplió lo que se le ordenaba, y de ese modo contribuyó a consolidar todavía más la relación de la dictadura con los Estados Unidos.

Hacia finales de 1966, cansado de que Anastasio lo manejara como a un títere, Schick comenzó a tramar una conjura contra sus benefactores. Se proponía huir a México, para denunciar el régimen de los Somoza. Desgraciadamente, sus intenciones no tuvieron suerte. Horas antes de su partida sufrió un infarto. Los

Somoza, informados de sus planes, se apoderaron inmediatamente de la situación y aislaron a Schick de todo el mundo, incluyendo su propia familia. Algunos dicen que murió en 1966, bajo el cuidado de un médico del Ejército y de una enfermera militar. Para sustituirle, Luis nombró a su fiel amigo Lorenzo Guerrero. Antes de que hubiera transcurrido un año, Anastasio Somoza Debayle anunció su candidatura para las elecciones presidenciales de 1967.

En aquellos momentos, el único desafío a los Somoza políticamente organizado era Fernando Agüero Rocha, el candidato del Partido Conservador. Después de Olama y Mollejones, Pedro quedó convencido de que «mediante la sangre y las balas no se puede pacificar a Nicaragua», por lo que decidió apoyar a Agüero e intentar derrotar a Tacho Somoza por medios cívicos. Desde el primer momento tuve mis reservas acerca de Agüero. Sin embargo, cuando Pedro me invitó a participar en un gran acto político en Managua el 22 de enero de 1967, le dije: «Lo hago por vos, Pedro.» El acto debía ser una protesta de resistencia pasiva, en el que alrededor de veinte mil personas realizarían una resistencia pacífica al estilo Gandhi. Agüero, que era un orador de talento, exaltó a las multitudes afirmando que Tacho había corrompido la pureza del proceso electoral comprando votos y utilizando recursos gubernamentales en favor de su candidatura. Proclamó que en esas condiciones las elecciones nicaragüenses no podrían ser nunca justas. Terminó su discurso anunciando que iba a boicotear las elecciones mientras observadores internacionales no pudieran supervisar el proceso electoral. Instó a todos sus seguidores a marchar en protesta hasta la Loma de Tiscapa, donde estaba la sede de la Guardia Nacional y el palacio presidencial.

La multitud respondió con entusiasmo. El discurso encendido de Agüero la impulsó a actuar. Habían recorrido varias cuadras de la Avenida Roosevelt cuando se encontraron con la Guardia Nacional. Pedro y yo estábamos en medio de las multitudes. El ambiente enardecido nos hizo presentir que estaba a punto de producirse una masacre, Pedro intentó pedirle a la gente que permaneciera en calma. Dijo: «Contra la fuerza de la Guardia, la única opción consiste en mantener una postura cívica.» Es posible que le hubieran prestado oídos; pero, justo en ese momento, se produjo un disparo y cayó muerto un teniente al mando de la tropa. Se produjo un gran tumulto. Perdí a Pedro de vista. Más adelante supe que Agüero, Pedro y otros grupos de manifestantes, cuando se vieron rodeados de los tanques Sherman de Tacho, se refugiaron en el Gran Hotel situado en las proximidades. Durante veinticinco horas permanecimos secuestrados mientras que diplomáticos de distintos países negociaban para conseguir la retirada de los tanques. Tacho prometió concedernos a todos la amnistía. No obstante, dos días después, Pedro fue detenido en nuestra casa. Se le acusó de ser un dirigente terrorista y se le condenó a cuarenta y cinco días de cárcel.

Recuerdo que cuando vinieron para llevárselo, Carlos Fernando, que tenía sólo once años de edad, les abrió la puerta a los oficiales de la Guardia Nacional. Claudia, Cristiana, Carlos y yo vimos cómo los guardias mostraban a Pedro la orden de detención. Pedro no discutió. Con total impasibilidad, le dijo al guardia: «Está bien. Iré. Pero primero permítanme quitarme mi reloj de pulsera y darle a mi mujer estas llaves de la casa.» Para los niños quedó perfectamente claro que en nuestro país una vida en la política implica grandes riesgos y que uno debe estar en todo momento dispuesto a aceptar las consecuencias de sus acciones con gracia y dignidad.

Pocos días después nos enteramos de que en la misma mañana de la manifestación, Edén Pastora había sido arrestado en las proximidades de Tipitapa. Según los informes policiales, llevaba armas en su automóvil. Se le encarceló, se le torturó hasta hacerle sangrar y luego se le obligó a chupar su propia sangre del suelo. Con el tiempo, el odio de Edén Pastora hacia Anastasio Somoza Debayle llegó a ser tan grande que se hizo guerrillero del ejército sandinista, convirtiéndose en un futuro en el legendario «Comandante Cero».

Por mucho que intentamos no influir en nuestros hijos para que desarrollaran sus propias personalidades, Pedro antes sus ojos era un héroe por los repetidos actos de valentía en que lo vieron actuando. Llegaría el día en que intentarían imitar su patriotismo y estar a la altura de sus ideales igualitarios. También creo que, al igual que yo, nuestros hijos pensaban que su padre no permanecería mucho tiempo entre nosotros, por lo que intentaron acompañarlo en sus actividades, tomando parte en las reuniones políticas que se celebraban en nuestra casa, uniéndose a él en actos políticos o participando en su vida en *La Prensa*. Casi sin advertirlo, compartiendo la vida de Pedro, tanto yo como mis hijos llegamos a tener una vida propia en la política.

Agüero, un mes después del incidente del Gran Hotel, en lugar de boicotear las elecciones como había prometido en su discurso, participó en las mismas sin decir ni una sola palabra sobre los acontecimientos que habían ocurrido en el transcurso de ese acto político. Sus partidarios lo consideraron como una muestra de cobardía y traición y lo acusaron abiertamente de haberse vendido a los Somoza. El 15 de febrero de 1967, Anastasio Somoza Debayle fue elegido para su primer mandato como presidente de Nicaragua. Dos meses antes de que Tacho ascendiera al trono, Luis Somoza falleció repentinamente como consecuencia de un infarto cardíaco. Tenía 44 años de edad.

Para entonces, las operaciones clandestinas realizadas por Carlos Fonseca Amador en las montañas de Nicaragua lo habían convertido en una auténtica leyenda. Estudioso y cerebral, había logrado desplazar a Borge y convertirse en el líder reconocido del grupo guerrillero. En 1968, dejando a Borge a cargo de las operaciones militares, viajó a Costa Rica. Las autoridades de Costa Rica lo estaban buscando por haber asaltado un banco en dicho país. Somoza les avisó de que Fonseca estaba en San José, donde fue capturado mientras caminaba por las calles de la ciudad. Pedro, que buscaba siempre formas de unir a la oposición, viajó a San José para visitarlo en la cárcel. Recuerdo que Pedro, que sabía que a Fonseca Amador le gustaba mucho leer, le llevó un montón de libros. Posteriormente me contaría que cuando le permitieron verlo encontró que era un hombre amargado y sumido en sus reflexiones. Fonseca Amador era un radical que despreciaba a la burguesía. En lugar de mostrarse agradecido por la visita de Pedro, rechazó con rudeza su regalo y lo llamó burgués despreciable. Después de esa visita, mi marido quedó totalmente convencido del rigor y la aspereza del líder del FSLN. Nunca volvería a intentar un acercamiento.

Por aquel entonces, Anastasio Somoza Debayle tenía tres hijos: Anastasio III (Tachito); Julio, quien se haría también militar; y Roberto, que era sólo un niño. También tenía dos hijas tímidas y calladas, Carolina, la compañera de clases de Cristiana, y Carla. De ese modo aseguraba la sucesión y se habían puesto los cimientos para que el fuego cruzado entre los Chamorro y los Somoza continuara durante todo el siguiente siglo.

En sus vacaciones escolares, nuestro hijo Pedro Joaquín trabajaba en *La Prensa* como fotógrafo. Cuando no estaba en el internado lejos de nosotros, lo que más le gustaba era ir a tirar conejos y a pescar con el clan de los Barrios. Cada vez que tenía oportunidad, se iba a Rivas. Su tío favorito era mi hermano Raúl. Los dos eran muy parecidos: carismáticos y con don de gentes.

Carlos Fernando, que tenía cinco años menos que Pedro Joaquín, creció como un niño solitario. Era un chaval introvertido que se pasaba todo el tiempo leyendo o en compañía de adultos, escuchando nuestras reflexiones políticas. Su campo de juegos favoritos era *La Prensa*, donde Pedro lo mandaba a llevar papeles o a limpiar las barras de plomo de la linotipia. Según fue creciendo, aumentaron la importancia de esas tareas esporádicas. Primero trabajó en el departamento de circulación. Luego, cuando inició sus estudios superiores, escribió de vez en cuando reportajes para las páginas deportivas del periódico. Durante su paso por el Colegio Centro-América, Carlos Fernando participaba en apostolados patrocinados por el colegio junto a un sacerdote jesuita llamado Eduardo Cuadra. Se trataba de visitar los barrios pobres de la capital para realizar tareas sociales. Con el tiempo, el contacto con las desigualdades de la sociedad nicaragüense dio como resultado una inquietud política que inclinó a nuestro hijo hacia el marxismo.

Con las niñas, Pedro demostró ser un padre al que se le caía la baba. Les permitió una gran independencia, no les impuso nunca horarios ni limitaciones a su elección de amigos. La confianza que depositó en ellas no se vio nunca traicionada. Durante sus años de adolescencia demostraron tener su propia orientación moral y se comportaron por tanto con la mayor respetabilidad. Desde su más tierna infancia, Claudia había querido ser pintora. Se gastaba hasta el último centavo en materiales para pintar, papel y acuarelas. Tenía talento como dibujante y era una gran colorista. Captaba a la perfección todo lo que veía. Cuando veo sus primeros cuadros de escenas de Managua antes del terremoto me siento como si tuviera toda la historia en mis paredes. A su manera, Claudia era tan periodista como nuestros otros hijos. Era una narradora nata, sólo que con imágenes. Creo que fue pensando en Claudia como Pedro hizo Expo-Arte, una galería de arte de *La Prensa* que Claudia le ayudó a llevar. A través de Expo-Arte, Claudia llegó a conocer el lastimoso estado de los artistas de Nicaragua que intentaban sacar su obra adelante. Para entonces, Cristiana había decidido convertirse también en periodista y colaborar eventualmente en *La Prensa*.

Pedro mantuvo una oposición tan activa contra el tercer Somoza como la que había hecho contra los dos primeros. Había logrado convertirse en un periódico próspero. Además de las quince páginas de noticias del diario, Pablo Antonio Cuadra, que había llegado a ser Jefe Redactor, comenzó a publicar un suplemento semanal llamado *La Prensa Literaria*, que sirvió de escaparate para la obra de poetas, escritores y artistas nicaragüenses. Dado que empezaba a ganar dinero con el periódico, la familia Chamorro Cardenal decidió invertir una pequeña suma, quince mil dólares, en una isla situada en el Gran Lago, la que doña Margarita llamaba Poponjoche, debido al enorme árbol que crecía en su centro. Todos los fines de semana nos reuníamos allí: Anita, la hermana de Pedro y Carlos Holman, Jaime e Hilda Chamorro, Xavier y Sonia Chamorro. Para nosotros mandamos a construir una casita de madera con ventanas rústicas y un porche donde colgábamos nuestras hamacas. Para el cuidador Santos Martínez, mandamos construir una casa de ladrillo mucho más cómoda. En opinión de Pedro, éste se merecía la mejor casa. Poco tiempo después, Pedro hizo un buen negocio y compró el casco de un viejo buque que estaba en estado razonablemente aceptable. Con gran entusiasmo lo equipó con un motor de doce caballos y a bordo de esa embarcación realizamos toda una serie de recorridos increíblemente lentos por el lago. A Pedro Joaquín le encantaba ir de pesca en el *Santa Libertad*, como lo llamaba. Se pasaba horas y horas enteras manipulando el motor para conseguir que la vieja lancha navegara más rápido. Al igual que la casa, ese lanchón rústico se convirtió en un nuevo lugar para las veladas políticas.

Las excursiones de la familia a Poponjoche se interrumpieron cuando en 1969 Pedro Joaquín se graduó y marchó a Canadá para estudiar en la Universidad McGill. Al año siguiente, Claudia Lucía se graduó y viajó a Nueva York para asistir a clases en el College of New Rochelle. Doce meses después, Cristiana siguió sus pasos. Fue el año en que Claudia contrajo la hepatitis B. Volvió en avión a Nicaragua para recuperarse, dejando a Cristiana sin compañía. Preocupados ante este hecho de que Cristiana se hubiera quedado sola en Nueva York, decidimos enviarla a Canadá y matricularla en un Junior College para que pudiera estar cerca de su hermano.

El 1 de diciembre de 1971, dos meses después de terminar sus estudios superiores, Carlos Fernando también partió para Montreal. Deseaba estudiar Derecho, lo que exigía que permaneciera en Nicaragua. Pedro intentó convencerlo de que viajara a otro país para que recibiera una mejor educación. Carlos Fernando solamente aceptó pasar un breve período de tiempo en Canadá para aprender inglés.

En Nicaragua Claudia tenía muchos amigos y conocidos; pero, hacia finales del verano de 1972, resultaba ya claro para nosotros que se estaba interesando seriamente por José Bárcenas. Lo que había comenzado como una amistad se estaba convirtiendo en una relación amorosa. Cuando llegó el momento de volver al Colegio, nos informó de que se había matriculado en la Universidad Centroamericana e iba a quedarse en Nicaragua y estudiar Derecho. Al cabo de algún tiempo, Claudia nos informó oficialmente de la formalización de su relación con José Bárcenas.

A finales de 1972, tanto Pedro como yo nos encontrábamos en una etapa de nuestras vidas en la que el amor y la energía que habíamos vertido en diversos proyectos nos empezaban a dar frutos. En el caso de Pedro, eso significaba que había conseguido hacer de La Prensa el mejor periódico de Nicaragua y uno de los mejores de Centroamérica. Además, él se había convertido en una figura política destacada. En mi caso, significaba reconocer que nuestra familia permanecía fuerte y unida a pesar de todas nuestras vicisitudes, luchas y separaciones que habíamos tenido que soportar. La adversidad había fortificado nuestro carácter. Para entonces, Somoza había dejado la Presidencia. Un año antes se había hecho cargo de la misma el triunvirato formado por Fernando Agüero, Roberto Martínez y Alfonso Lobo Cordero. No obstante, Somoza se había quedado con el cargo de jefe de la Guardia Nacional y comandante en jefe de las Fuerzas Armadas. De ese modo conservó intacto su poder mientras siguió haciendo campaña para su reelección. La única oposición contra Somoza que no había sido captada por el triunvirato era Pedro por su lado y el FSLN por el suyo. Estos últimos continuaban su lucha de guerrillas contra Somoza, que duraba ya diez años.

Entonces se produjo el terremoto. El 22 de diciembre, el día antes que temblara la tierra, estaba sentada en mi tocador delante del espejo preparándome para una fiesta de Navidad, aunque no me sentía con ganas de ir a la fiesta. Carlos Fernando se había ido a estudiar inglés a la Universidad McGill. Iba a pasar Navidades junto con Pedro Joaquín en Canadá. Cristiana estaba pasando unas breves vacaciones con nosotros. Claudia hablaba de matrimonio. La lejanía de mis hijos me tenía en un estado de ánimo melancólico. Así es como me encontró Pedro cuando vino a la casa y me informó de las predicciones de Carlos Santos Berroterán.

Según Pedro, esa tarde él estaba ocupado preparando la edición del día y apurado para cerrarla antes de las dos y treinta, cuando Carlos Santos Berroterán le pidió que no lo hiciera, porque había una noticia importante que debería incluir. Eso resultaba del todo imposible, ya que hubiera interrumpido la salida del periódico a la calle, que debería estar listo para las cuatro de la tarde con el fin de que a las cinco estuviera ya en manos de los «voceadores», vendedores callejeros que se ocupaban de repartirlo. No obstante, leyó el artículo y, lleno de alarma, me lo trajo a casa para que yo lo leyera también.

El artículo prevenía a los ciudadanos de Managua de que deberían tomar precauciones contra un terremoto que se produciría quizá ese día o al día siguiente, pero en cualquier caso en

119

muy breve plazo. Berroterán siguió explicando su teoría, que resumiré del modo siguiente: sus investigaciones de las pautas climatológicas de nuestro país le habían permitido establecer la existencia de una conexión entre las sequías de Nicaragua y los fenómenos sísmicos.

Citó un ejemplo de 1930-1931. Luego pasó a afirmar que la magnitud de la sequía que llevábamos sufriendo le inducía a creer que se producirían grandes temblores de tierra y quizás incluso un terremoto de intensidad igual o mayor que el de 1931. El carácter de Pedro era más bien escéptico, y el mío intuitivo. Le dije a Pedro que, dado los estudios que Santos Berroterán había realizado al respecto, era lógico conceder cierta credibilidad a la teoría, aunque yo creía que las cosas simplemente no podían ocurrir como él decía. Y así, sin más palabras, terminé de vestirme.

Salimos para la fiesta después de que Cristiana salió con un amigo a otra celebración, en una casa de Los Robles. Atravesando Managua observé que el calor asfixiante había dado paso a una fresca brisa que agitaba las hojas de los árboles. Posteriormente, los vigilantes del Zoológico Nacional informaron de que aquella misma tarde los animales se estaban volviendo locos en sus jaulas. Pero para nosotros, simples mortales, la víspera del gran terremoto todo parecía en calma. Resultaba imposible creer que una fuerza siniestra estaba a punto de cambiar nuestras vidas para siempre.

Cuando se aproximaba la medianoche, nosotros estábamos todavía en la fiesta. En nuestra mesa nos reíamos del último chiste sobre Somoza. Era uno según el cual el dictador llega al cielo y San Pedro lo lleva a recorrerlo. Le muestra una sala llena de lo que parecen ser relojes. Somoza le pregunta a San Pedro «¿Qué es eso?»

«Aquí es donde seguimos la pista a todos los errores que cometen los líderes de las distintas naciones del mundo. Cada reloj representa a un país. Cada vez que se mueven las manecillas de un reloj, el presidente de ese país ha cometido otro error.»

Somoza miró a su alrededor pero no pudo ver a Nicaragua en ninguna parte. Por tanto, le preguntó a San Pedro: «¿Dónde está Nicaragua?» «La tenemos en el comedor», contestó. «La utilizamos como ventilador.»

Yo me reía tanto que tenía lágrimas en los ojos. Justo en ese momento, Pedro intervino para decir algo: «Mañana en La Prensa van a leer un informe sobre los efectos que la sequía que venimos padeciendo va a tener sobre la corteza terrestre.»

Las palabras de Pedro se perdieron en la animación del momento. A nuestro alrededor la música sonaba a gran volumen. La gente estaba bailando y riendo. Las mujeres mostraban un aspecto rutilante en sus vestidos de fiesta. Aquella noche nadie parecía dispuesto a oír hablar de un terremoto.

De regreso a la casa todo nos pareció normal en las calles de Managua. Los vendedores de comida seguían en las aceras. Las luces navideñas iluminaban las tiendas de la avenida Roosevelt. Por todas partes se celebraban fiestas. Nosotros regresamos a una casa sumida en la mayor tranquilidad. El cuidador de noche se había quedado dormido en su puesto. Claudia había ido a bailar con José, y Cristiana seguía en una fiestecita en un barrio que se llama Los Robles. Viendo que todo estaba en orden, Pedro y yo decidimos acostarnos.

Como siempre, después de ponerse el pijama, a Pedro le gustaba contemplarme mientras yo seguía mi ritual de todas las noches. Primero me quitaba el reloj de pulsera y los anillos, luego me lavaba la cara y me limpiaba los dientes; después me peinaba el pelo, que en aquella época lo llevaba largo, hasta los hombros. Finalmente me ponía en pijama. Eran las 12.15 cuando apagué la luz. Estaba a punto de meterme entre las sábanas cuando recordé que no había ido al baño. Me estaba lavando las manos cuando escuché aullar a nuestros dos perros pastores alemanes. Me volví a Pedro y le dije: «Son las fiestas que se están celebrando aquí al lado que los deben de tener excitados.» Pero Pedro se había dormido ya. Me apresuré por tanto a meterme en la cama. No sé durante cuánto tiempo había permanecido silenciosa la habitación, pero creo que segundos después de cerrar los ojos me vi sobresaltada por el primer *shock*. Las botellas de perfume que había en el tocador se estaban cayendo. Mi primer instinto fue el de meterme más y más debajo de las sábanas hasta que hubiera pasado todo. Pero entonces se produjo un segundo temblor y

121

escuché el ruido ensordecedor de edificios que se derrumbaban en un gigantesco estruendo de hormigón y acero. Pedro, que se había despertado también, dijo: «Violeta, corre; tenemos que salir de aquí.» Estábamos dirigiéndonos hacia la salida de la casa, pisando los muebles caídos, cuando nos encontramos con las empleadas.

En la calle había un silencio aterrador. El terremoto había cortado la electricidad, el agua y el teléfono. Uno a uno empezaron a aparecer nuestros vecinos: Xavier, el hermano de Pedro, que vivía en una cuadra de distancia; Julio Vivas, un comentarista de televisión; Alfredo y Lucía Marín, que vivían al otro lado de la calle. Todos nos encontramos delante de nuestra casa y nos abrazamos mutuamente. Estábamos sentados en el borde de la acera cuando, con el rostro bañado en lágrimas, llegó una mujer a la casa. Tardé varios segundos en reconocerla, pues me habían deslumbrado los faros de su carro. Era Rosario Murillo, que había sido trece años secretaria de Pedro. Vivía en el centro, en el barrio San Antonio, con su madre y su hijo pequeño. Nos dijo que necesitaba ayuda para sacar de los escombros el cadáver de su hijo. Pedro y su cuñado Carlos Holmann (el marido de Anita) se marcharon de inmediato con ella. Al día siguiente, Pedro me contó cómo habían sacado el cadáver del niño, habían rescatado a otro atrapado debajo de una viga caída y habían ayudado a salvar a una mujer atrapada en un incendio. Fue un rescate de emergencia tras otro, con gente desesperada pidiendo ayuda allí donde fuéramos.

Desde nuestra casa, yo podía ver las grandes columnas de humo en el cielo. También se podía escuchar el sonido de las explosiones. Parecía que el terremoto estaba provocando incendios por toda la ciudad. Pensé en Claudia y Cristiana y recé para que volvieran. Cristiana llegó primero. Venía en el carro de un amigo. Me contó cómo en Los Robles el jardín de la casa en que estaban se había inundado por el agua de la piscina. Al principio habían creído que se trataba de un simple temblor de tierra. Pero luego vino un vecino pidiendo ayuda. Dijo que su casa estaba ardiendo y su hijo atrapado en un dormitorio de la segunda planta. Según me contó Cristiana, había incendios por toda la ciudad. Me lo estaba contando todo cuando, procedentes del centro de la ciudad, llegaron Claudia y José. Sus impresiones eran todavía peores. Claudia dijo: «Todo está destruido, mamá. No hay ya ciudad. La gente está atrapada bajo edificios derrumbados y ha estallado un gran incendio en el mercado. Las llamas están devorando Managua.» Mientras hablaba, tenía la cara cubierta de lágrimas. Yo dije: «¡Qué desgracia!» Nos encontramos con una catástrofe después de otra, pensando en el desastre político en el que vivíamos. ¡Y ahora esto!

La noche se nos hizo corta mientras permanecíamos junto a nuestras hijas. No pudimos dormir, el cielo estaba impresionantemente estrellado. No podíamos explicarnos por qué nos había traicionado la Madre Tierra.

Pedro volvió al amanecer, tras una larga noche prestando auxilios. Con un par de palitos encendimos un fuego y le hice un café. Luego, en moto, nos aventuramos para enfrentarnos a nuestra nueva realidad. Managua se había visto reducida a cenizas. Por todas partes había cadáveres. Los que seguían con vida tenían expresión de sonámbulos mientras vagaban de un lado para otro con los cadáveres de sus parientes envueltos en trapos como si fueran niños pequeños.

Los lugares en los que la gente había en otros tiempo comprado, habían desaparecido ya. Miré hacia los restos calcinados del Teatro González, y luego en dirección al Gran Hotel. Todo lo que quedaba de sus elegantes porches coloniales era un esqueleto arrasado. Desde el centro de Managua podía ver el búnker de los Somoza en lo alto de la loma de Tiscapa, no había sufrido el menor daño. Más hacia el norte, hacia el Lago de Managua, la enorme Plaza de la República era un escenario de muerte y destrucción. Pedro me señaló las tranquilas aguas del lago y me dijo: «Fíjate, Violeta, cómo brilla el agua hoy. Es como un engañoso espejo de ilusiones.»

En un extremo de la plaza estaba la catedral de Managua, edificada para inspirar admiración y sentimientos de trascendencia. Su estructura vigorosa a base de columnas se había prácticamente derrumbado. De las paredes fragmentadas colgaban trozos de hormigón. Sólo habían resistido los gigantes pilares y la torre del reloj, que daba la hora exacta del terremoto, las 12.20 de la madrugada. La luz del sol atravesaba el techo roto, iluminando el altar. Al otro lado de la calle, el impresionante edificio del Palacio Nacional, la sede del servil Congreso de los Somoza, permanecía en pie. ¿Por qué, me pregunté, había conservado Dios ese edificio y el búnker de los Somoza, pero no la catedral y las casas de tantas y tantas víctimas inocentes? No podía imaginar que algunos años después, el terremoto conduciría al final de Somoza.

En *La Prensa*, el terremoto había destruido parcialmente todos los edificios. Pedro me contó el aspecto fantasmal que mostraba el lugar. El único indicio de que alguna vez hubiera habido allí personas eran las marcas en el hormigón del aparcamiento reservando espacios para Pedro Joaquín Chamorro Cardenal, Pablo Antonio Cuadra, Xavier Chamorro Cardenal, Rosario Murillo, Danilo Aguirre, Octavio Escobar, Luis Rocha... En fila, como lápidas, estaban los nombres de las personas que colaboraban en la aparición diaria de *La Prensa*. Durante meses resultó imposible funcionar en ese local, sin embargo, al cabo de unos pocos días, Pedro organizó que *La Prensa* se editara en León, en la imprenta de *El Centroamericano*.

El tercer día después del terremoto fue Navidad, pero nadie la celebró. Sugerí que fuéramos a la casa de mi mamá en Rivas, pero Pedro no quiso ni oír hablar de ello. En su lugar, me ayudó a barrer todos los vidrios rotos que cubrían el suelo del corredor de piedras. Encendió un fuego y preparamos la comida del día, un producto deshidratado que se hinchó cuando lo echamos a la sartén.

El presidente Nixon envió ayuda y, con ella, a los *marines*. Se nos dijo que habían venido para ayudar a Tacho a «mantener la paz». Se declaró el estado de emergencia, se impuso un toque de queda, nuestros derechos civiles quedaron suspendidos y en caso de que la gente se mostrara inquieta empezaría a actuar un tribunal militar. Tacho dijo que todo eso era para controlar el pillaje que estaba produciéndose a causa de la oscuridad. Pero buena parte del mismo corrió a cargo de los propios soldados de Somoza.

Cada día representó un reto a la supervivencia. La ciudad era completamente inhabitable. Las ruinas de edificios de la ciudad destruida me recordaban a Pompeya después del fuego y la lava.

Después del cataclismo, los habitantes de Managua o bien se marcharon o bien se sintieron más unidos a la tierra. Nosotros nos quedamos. Pero todos los días se podía ver en las calles, en una fantasmagórica doble fila, colas interminables de personas que esperaban ser evacuadas, sujetando en sus brazos pequeños hatillos, todo lo que les quedaba de sus posesiones. Algunos tenían una barra de pan o unos pocos plátanos, que no vacilaban en ofrecernos. Se habían derrumbado las líneas eléctricas. Las conducciones de agua estaban asimismo rotas. No había mercado ni alimentos. Mi mamá cada vez que podía nos enviaba comida y bidones de agua, que compartíamos con nuestros vecinos. En los estratos más profundos de la tierra continuaron los reajustes tectónicos. Durante semanas dormimos debajo de un mango en el patio trasero de la casa y nos despertábamos con cada temblor de tierra para escuchar cómo se agitaban las hojas del árbol. Así comenzó nuestra nueva vida entre las ruinas.

Pedro trabajó duro y, el 1 de marzo de 1973, renació *La Prensa*. Se construyeron almacenes prefabricados en un solar a cuatro kilómetros al norte de Managua, que es actualmente la sede del periódico. Desde las ruinas de los antiguos edificios, Pedro mandó trasladar las imprentas a esa nueva localización.

Claudia y José se casaron ese año. Ninguno de nuestros otros hijos estaban en Nicaragua. A nadie se le ocurrió la idea de celebrar una fiesta, ya que estábamos de luto por la desaparición de la ciudad. Nunca más volveríamos a ver aceras, avenidas flanqueadas de árboles con tiendas, ni parques o plazas.

Debido a la escasez de vivienda, los recién casados se instalaron con nosotros. Les construimos un apartamento situado encima del garaje para que pudieran disfrutar de la intimidad y la independencia que tanto habíamos echado nosotros de menos durante nuestro primer año de matrimonio. Con el tiempo llegamos a llamarle en broma el «palomar», porque estaba en lo alto y reservado estrictamente a parejas de enamorados.

En junio de 1973, Carlos Fernando volvió a Nicaragua para matricularse en la Universidad Centroamericana, con la intención de estudiar Derecho. Pero, al cabo de un semestre se sintió desilusionado por la mala calidad de la enseñanza y nos informó de su intención de marchar al extranjero para estudiar Economía.

Poco después, Claudia dio a luz a Violeta Margarita, nuestra primera nieta. La niña, con su pelo oscuro y espesas cejas, se parecía mucho a Claudia y Cristiana. Aunque Claudia y su marido seguían viviendo con nosotros, no puedo decir que tuviera mucho tiempo que dedicarles, ya que tuve que ocuparme también de supervisar la reconstrucción de la casa.

Como director autodesignado del Comité de Reconstrucción de Emergencia, Somoza dejó a un lado el triunvirato y se convirtió en el único responsable de los cientos de millones de dólares que en concepto de ayuda internacional empezaron a llegar al país. Cuando Agüero protestó, Tacho hizo que fuera sustituido por otro político conservador más dócil a sus deseos, el doctor Edmundo Paguaga.

Pedro y yo llamamos a 1973 el año de los comités. Había comités para todo: comité para solicitar millones de dólares en concepto de ayuda, comités para el bienestar social, comités para la esperanza... Y todos esos comités rendían cuenta a una sola persona, Somoza, que dirigía el Comité de Reconstrucción de Emergencia.

Los expertos traídos por Somoza para rediseñar nuestra ciudad elaboraron muchos planos espectaculares con propuestas para construir nuevos centros comerciales, nuevos hospitales, nuevas escuelas. Algunos recomendaron organizar la ciudad de manera lineal, como habían hecho nuestros antepasados indígenas, a lo largo de un único camino. Otros se mostraban más partidarios de una ciudad dotada de múltiples centros, como una constelación de estrellas, cada una independiente de las demás. Pero mientras los expertos transformaban nuestros sueños en fantasías urbanísticas, Somoza se apropiaba de los materiales de construcción para utilizarlos en empresas personales. Mandó construir urbanizaciones de casas (disfrazadas como grandes proyectos de reconstrucción) sobre terrenos que había comprado y que ahora vendía al Gobierno a precios inflados; construyó nuevas carreteras con materiales de pavimentación fabricados por su propia empresa cementera. Para él, y en sus propias palabras, el terremoto había producido una auténtica «revolución de oportunidades».

La única acción visible que Somoza llegó a tomar en favor

de las víctimas consistió en evacuar a 250.000 ciudadanos sin techo a otras regiones del país. Después mandó construir una valla en torno a los restos de nuestra destruida ciudad. De todos esos acontecimientos se hicieron eco las páginas de *La Prensa*. Aunque de vez en cuando el periódico sufría los estragos de la censura, lográbamos que se filtraran algunas cosas. Muchas veces, cuando eso ocurría sobrevenía un período de cierre total. Cuando el pueblo de Nicaragua adquirió conciencia del abuso descarado que hacía Somoza de los fondos públicos, comenzaron a oponerse al régimen de manera abierta y activa. Somoza echaba a Pedro la culpa de su impopularidad. Le acusaba de colaborar abiertamente con los jesuitas, los estudiantes y el FSLN para provocar una insurrección. Cuando se refería a Pedro, le decía comunista.

La forma en la que Somoza dirigió el programa de reconstrucción después del terremoto para su propio enriquecimiento y el abuso de los fondos de ayuda internacional fueron una de las causas de su derrocamiento. Incluso los empresarios que tradicionalmente habían apoyado al dictador por miedo sintieron amenazados sus intereses económicos por la rapacidad de Somoza.

Uno a uno, los miembros del sector privado que le habían apoyado empezaron a abandonarlo. Bajo el liderazgo de los directores de las diversas cámaras de comercio, comenzó a cobrar fuerza una organización «paraguas» llamada «Consejo Superior para la Iniciativa Privada» (COSIP). A través de dos programas de desarrollo para ayudar a los pequeños agricultores y a las cooperativas de comercio, el Consejo tenía conexiones con la base. En marzo de 1974, el COSIP organizó una reunión de la que surgió una declaración que acusaba a Somoza de corrupción en la utilización de los fondos para combatir los efectos del terremoto. Eso representó el inicio de un frente cívico contra Somoza.

También actuando contra Somoza, pero en una vía distinta aunque paralela, estaba lo que llegó a conocerse como la «Iglesia popular de Nicaragua». Integrada por sacerdotes radicalizados como los padres Uriel Molina, Fernando y Ernesto Cardenal. La iglesia popular sirvió de agencia de reclutamiento para el FSLN entre los hijos e hijas de la elite católica. Mantenían que el movimiento guerrillero sandinista era la única salvación posible para Nicaragua.

A mediados de 1973, Pedro Joaquín y Cristiana volvieron de Canadá. Pedro Joaquín trabajó unos pocos meses con su papá antes de entrar a un postgrado en el reputado Instituto Centroamericano de Administración de Empresas (INCAE). También empezó a salir con Martha Lucía Urcuyo, la hija de quince años de mi prima Martita Torres y Henry Urcuyo, de Rivas.

Cristiana, que había terminado sus estudios de secundaria, se matriculó en la Universidad Centroamericana (UCA), para estudiar Historia y Filosofía. No podíamos pagar la Universidad de tres hijos en el exterior. Consideramos que los hombres deberían tener preferencia sobre las mujeres. Así fue como Cristiana se quedó estudiando en Nicaragua y Carlos Fernando regresó a Montreal. Por ese tiempo, Cristiana empezó a salir con Antonio Lacayo, con el que terminaría casándose. Era un «sobrino» en segundo grado de Pedro, por el lado de los Cardenal, que en un tiempo había estudiado para jesuita.

Aunque estaba muy lejos, Carlos Fernando pensaba siempre en Nicaragua. Solía escribir a su padre cartas muy reflexivas considerando el dilema social de Nicaragua. En cierta ocasión, le envió un escrito sobre los males de las empresas multinacionales. Estaba tan bien, que Pedro decidió publicarlo con el título de «Meditaciones de un estudiante en el extranjero». Cuando Carlos Fernando lo descubrió, se mostró muy molesto porque Pedro no le había pedido permiso para hacerlo.

Un día, Pedro Joaquín interceptó una amenaza anónima de su padre. Por accidente, nuestro hijo cogió el teléfono al mismo tiempo que Pedro. Escuchó a un hombre decir: «Despídete de la vida, Pedro, porque éste es el último día de tu existencia.»

Sin dudarlo, Pedro contestó: «Ya sabes dónde encontrarme, maldito cobarde.» Y colgó el teléfono. Pedro Joaquín habló con su padre acerca de la llamada.

Le dijo: «Papá, ese hombre parece decidido. ¿Qué vas a hacer al respecto?»

Pedro miró a Pedro Joaquín durante un minuto, y le contestó: «Hijo mío, no hay nada que podamos hacer», y volvió al texto que estaba escribiendo.

Pedro Joaquín no durmió aquella noche.

A la mañana siguiente se levantó temprano para acompañar a su padre al periódico. En *La Prensa*, Pedro Joaquín puso en alerta a todo el mundo. Durante los meses siguientes armado con una pistola, nuestro hijo no se separaba de su padre. Finalmente, Pedro Joaquín logró convencerlo que no tenía ningún sentido vivir todo el tiempo asustado. «Si alguien quiere matarte», le dijo, «terminará encontrándote. No puedes permitir que el miedo te impida alcanzar tus objetivos».

Pedro continuó sus ataques a Somoza. En ese período concreto se dedicó a denunciar la inconstitucionalidad de la campaña de reelección de Somoza. Pedro y veintisiete empresarios destacados que representaban a un total de nueve partidos políticos y a un grupo de sindicatos decidieron boicotear las elecciones. Manifestaron que: «No hay nadie por quien votar.»

Tacho mandó detener a todos inmediatamente. Su asistencia fue la suspensión de sus derechos civiles. Pero en un país bajo ley marcial no hay derechos civiles que dejar en suspenso.

En agosto, el presidente Richard M. Nixon, que había tratado con gran amabilidad a Somoza, tuvo que dimitir a consecuencia del escándalo Watergate. Durante los dos años siguientes su sucesor, Gerald Ford, se distanció de Nicaragua.

En septiembre, Somoza ganó las elecciones. En noviembre fue investido como presidente de Nicaragua. Según las nuevas leyes de la Constitución, debió ocupar el cargo durante siete años.

En diciembre, Pedro y los veintisiete dirigentes detenidos habían conseguido crear una coalición política denominada la Unión Democrática para la Liberación (UDEL). El movimiento se fundó para provocar una transformación ordenada de las estructuras económicas, políticas y sociales del país. En su calidad de movimiento centrista, fue rechazado tanto por la extrema derecha como por la extrema izquierda.

Sé que el sueño secreto de Pedro era que Pedro Joaquín se integrara en la UDEL. Pero quería que nuestro hijo eligiera su propio camino. Sin embargo, Pedro Joaquín no parecía muy dispuesto a entregar su vida a la política. Acompañó a su padre a la ceremonia inaugural de UDEL celebrada en Masaya. Los mítines estaban prohibidos por la ley marcial, por lo que se trató de una celebración en una casa privada con la gente agitando banderas del partido. Pedro llamó a la población a unirse en un movimiento nacional por la paz, «el máximo logro en la búsqueda de la verdad, la justicia, la libertad y la unidad». Cuando no estaba en *La Prensa*, Pedro estaba en UDEL. Depositó todas sus esperanzas en ese movimiento.

Una semana después, el 7 de diciembre de 1974, el FSLN realizó su primera operación militar en una zona urbana. Un contingente de trece revolucionarios atacó el domicilio de uno de los ministros de Somoza y tomó como rehenes a un grupo de destacados ciudadanos nicaragüenses, incluyendo seguidores de alto rango de Somoza, como Guillermo Sevilla Sacasa, el cuñado de Somoza. El embajador norteamericano, Turner Shelton, fue un invitado que escapó por poco del ataque.

Aquello representó un avance significativo, ya que mostró por primera vez la debilidad de Somoza. Somoza respondió reforzando la censura sobre *La Prensa*. La decisión estaba destinada a proporcionar al dictador la máxima flexibilidad, permitiéndole aplicar todas las medidas indiscriminadamente y a su conveniencia, sin una voz que informara de las atrocidades cometidas.

Durante algún tiempo, la táctica de Somoza le ayudó a mantener la ficción de que lo controlaba todo. Pero cuando un reportaje no conseguía la aprobación de la censura, Pedro lo sustituía por alguna historia totalmente ridícula sobre objetos voladores no identificados o por una foto irrelevante de una estrella de cine como Ava Gardner. La gente empezó a comprender lo que estaba ocurriendo. Además, Pedro no era un hombre que se dejara silenciar. Si no podía publicar sus artículos en *La Prensa*, concedía entrevistas a corresponsales extranjeros, instándolos a publicar noticias sobre Nicaragua, o decía lo que pensaba en las reuniones dominicales con UDEL, exigiendo el final del sistema feudal. También hablaba en los foros internacionales, declarando que en nuestro país se estaba librando una auténtica guerra entre el Frente Sandinista de Liberación Nacional y la Guardia Nacional que provocaba la muerte de miles de inocentes. Finalmente, atacaba directamente a Somoza y sus compinches enviándoles cartas públicas en las que los calificaba de grupo mafioso consagrado a su propio enriquecimiento personal. A Pedro nunca le faltaban formas para atacar al régimen.

Sus amigos empezaron a advertirle que lo estaba tomando todo demasiado a pecho y que su combate contra Somoza ponía en peligro su vida.

A comienzos de 1975, Pedro inició un diario; su primer escrito decía lo siguiente:

> 13 de enero de 1975
> ... Hoy me han hablado de un plan que tiene Tacho para mí. Al parecer, debo ser secuestrado y llevado a bordo de un avión de la Fuerza Aérea, con las manos y los pies atados, y luego lanzado sobre el mar para que me ahogue. Se dejará mi cuerpo para que sea alimento de los tiburones de forma que no quede el menor indicio del crimen violento.
> Entonces yo le contesté amablemente a quien me lo había dicho: ¿No podría interceder por mí y sugerir algo menos salvaje?»

Pedro reconocía en su diario que había respondido sarcásticamente a la revelación del informador para reprimir cualquier reacción espontánea de miedo.

En Nicaragua, muchas personas de buena voluntad querían a Pedro, pero desgraciadamente había también individuos malvados y traicioneros que lo odiaban y deseaban verlo destruido debido a sus opiniones políticas. Residir en Nicaragua equivalía a vivir con la amenaza constante de la muerte sobre nuestras cabezas. Sabíamos que su muerte no se iba a producir al final de una larga y dolorosa enfermedad dentro de una sala de hospital, sino a causa de un asesinato. Eso era algo de lo que hablábamos habitualmente, incluso en presencia de nuestros hijos. Pedro era un hombre que se había entregado a una causa y que no retrocedería, cualesquiera que fueran las consecuencias. Y de ese modo, nosotros, su familia, nos vimos obligados a vivir con miedo, temiendo que se hicieran realidad nuestros peores temores.

Supongo que ésa es la razón por la cual, cuando me despedía

de él con un beso todas las mañanas o nos separábamos porque se iba en alguna misión peligrosa, no le decía adiós como lo hacen otras esposas que esperan volver a verse a la hora de la cena y no piensan jamás que por alguna razón trágica pudiera no volver. Yo en cambio lo besaba con la sensación omnipresente que todo adiós era posiblemente una despedida final, tal vez la última vez que lo vería con vida. Me preparaba para la posibilidad de que nuestro próximo encuentro pudiera constituir el último capítulo de nuestra vida juntos. Y así, mientras Pedro vivió, su ausencia en la casa por muy breve que fuera siempre creaba una tensión fantasmagórica. El simple hecho que sonara el teléfono a una hora poco habitual hacía que me quedara paralizada de miedo y casi me impedía levantarlo para averiguar la razón de la llamada.

No obstante, el peso insoportable de tener que vivir con esos sentimientos de premonición no me convirtió en una persona angustiada reducida a un estado de pasividad. Nuestro conocimiento de los peligros que corría Pedro sirvieron para que dentro de nuestra familia viviéramos la vida con un mayor grado de conciencia que nos permitió asimilar plenamente todas nuestras experiencias, tanto las dolorosas como las que nos dieron alegría.

Los artículos de Pedro denunciaban las matanzas de familias enteras que vivían en las zonas rurales de Nicaragua. Era una parte del país que Tacho había designado «territorio guerrillero» y había dado carta blanca a su ejército para que erradicase lo que él denominaba «cáncer que estaba devorando a Nicaragua». La exposición de Pedro ante la SIP fue muy aplaudida y transmitida a todo el mundo a través de los medios de comunicación de masas. Como consecuencia de esas denuncias, Pedro recibió una invitación para hablar en diciembre ante la Comisión de Derechos Humanos en Washington, pocos días después que se celebrara la boda de nuestro hijo Pedro Joaquín.

Algunos meses antes, Pedro Joaquín y Marta Lucía se habían comprometido. Como Pedro Joaquín era mi primogénito, le regalé el anillo de compromiso que me había entregado doña Margarita. Se trataba de un hermoso diamante de dos quilates en una montura antigua que había pasado de generación en generación. La pareja iba a casarse el 20 de diciembre en Rivas.

Cuando llegó el día de la boda, me sorprendió comprobar hasta qué punto se había convertido en un asunto formal e importante. Había numerosas personas tanto dentro como fuera del templo. No todos ellos habían sido invitados. Había mucha gente sencilla que había llegado a la iglesia de San Francisco para ver la boda entre la hija de don Henry Urcuyo y el hijo de Pedro Joaquín Chamorro Cardenal. La novia, que tenía diecisiete años de edad, llevaba un hermoso vestido de satín y encaje blanco. Pedro se lo pasó muy bien. Le encantaban las fiestas, y la recepción del matrimonio se convirtió en una gran celebración. La recordó durante largo tiempo. Marta Lucía y Pedro salieron al día siguiente rumbo a la histórica ciudad de Antigua, en Guatemala. Pero realmente pasaron la mayor parte de su luna de miel con nosotros y el resto de nuestros hijos, celebrando las bodas de plata mías y de Pedro.

Se supone que mientras estaban en Guatemala nosotros debíamos haber volado a Washington, donde Pedro debía presentar su escrito sobre la situación de los derechos humanos en Nicaragua. Pero Somoza se dio cuenta de la invitación y logró detenerlo en el aeropuerto con el tiempo suficiente como para impedir su presencia en Washington. No obstante, el incidente llamó la atención de la Comisión de Derechos Humanos.

Pedro encargó a un primo suyo, al Padre Fernando Cardenal, que fuera a Washington y leyera su disertación.

Pedro y yo partimos unos días después con Cristiana, Carlos Fernando, Claudia y su marido José para unirnos con Pedro Joaquín y Marta Lucía e iniciar un crucero en el que celebraríamos nuestro 25 aniversario. Viajamos a las Bahamas, a Montego Bay en Jamaica y Haití, donde brindamos por la unidad de la familia. En ese viaje Pedro se mostró extremadamente emotivo. Detrás de su carácter firme, ocultaba una gran ternura hacia aquellos a los que amaba. Desgraciadamente, no tenía nunca demasiado tiempo para expresar sus emociones. Estaba siempre ocupado con la política. Aquélla fue la última vez que viajamos juntos.

A NUESTRO regreso los recién casados se instalaron en el dormitorio de Pedro Joaquín. Todavía le quedaba por cumplir otro semestre en el INCAE, por lo que le prestamos de buena gana apoyo económico. Algunos meses después, cuando Claudia terminó su propia casa, el «palomar» quedó disponible para Pedro y Marta Lucía.

A pesar de su temprana edad, Marta Lucía fue desde el primer momento una esposa excepcional. La mayor de tres hijos, era una muchacha bien madura para su edad. Pedro y yo descubrimos que nuestra nueva nuera era inteligente y, al igual que tantos rivenses, llena de un encanto personal que facilitó mucho su aceptación en el seno de nuestra familia. Pedro desarrolló con Marta Lucía una relación especial. Como señal de respeto la llamaba doña Marta Lucía. Ella respondía a su cariño tratándolo muy bien y preparándole platillos que estaba aprendiendo a hacer en sus clases de cocina. El favorito de Pedro era el bizcocho de pasas. Aún hoy en día, cuando Marta Lucía prepara este postre todos nos acordamos con tristeza de Pedro.

Ese mismo año, Cristiana se graduó en Historia y Filosofía en la UCA y anunció que iba a marcharse al extranjero con una beca que había conseguido. Pedro y yo nos quedamos totalmente sorprendidos y desconcertados. Llevaba bastante tiempo saliendo regularmente con Antonio Lacayo, con el que habíamos desarrollado una gran relación de amigos, discutiendo muchas veces por la noche las ideas y preocupaciones de los jóvenes de su generación. En aquella época, Pedro y yo, que creíamos en la antigua forma de hacer las cosas, pensábamos que una hija debía casarse a edad temprana con un hombre digno de confianza que se ocupara de ella, construyera una casa, etc., y no la comprendimos. Pensábamos que si Cristiana quería a Antonio, debía casarse con él sin esperar más. Tenía veintiún años de edad y, desde nuestro punto de vista, estaba lista para el matrimonio. Después de todo, Claudia, que tenía veintidós años, estaba embarazada de su segundo hijo, Fadrique Damián. Ahora me doy cuenta de que Cristiana forma parte de una generación de mujeres que comenzaron a romper con la conducta tradicional y han contribuido a la transformación de nuestra sociedad. Hoy en día las mujeres exigen relaciones en sus propios términos y condiciones. Poseen su propia identidad y sus propios planes. Pero en aquellos tiempos y en un país como Nicaragua, con más de diez años de atraso con respecto a países vecinos, esas preocupaciones eran infrecuentes.

Después que Pedro y yo habíamos experimentado un amor que no podía esperar, interpretábamos las acciones de Cristiana como una muestra de falta de interés. Llegamos a la conclusión que Cristiana y Antonio no se querían. Desde nuestro punto de vista, un gran amor era una oportunidad que había que aprovechar de inmediato. Recuerdo a Pedro aconsejando a Antonio: «Cristiana no entiende por las buenas. Mejor agárrala del pelo y te la llevas a Tipitapa donde un juez que los case y ya está.» Puede que fuera por timidez o por alguna otra razón, pero Antonio dejó que Cristiana se fuera a estudiar, visitándonos de vez en cuando por la casa para hablar con Pedro.

Pedro Joaquín se graduó en el INCAE en junio de 1976. Por aquel entonces, Marta Lucía llevaba ya cinco meses embarazada de nuestra nieta Valentina. Muy pronto tendrían que abandonar el «palomar». En La Prensa, Pedro colocó a Pedro Joaquín a cargo de las ventas de publicidad, departamento en el que tuvo tanto éxito que Pedro llegó a preocuparse de que a nuestro hijo no le interesara la parte editorial e informativa. Supongo que, aunque no quisiera reconocerlo, en el fondo de su corazón quería que Quinto Pedro Joaquín siguiera los pasos de sus antepasados periodistas. Le decía: «No quiero que te conformes con ser vendedor. Algún día vas a tener que escribir.»

Según fue transcurriendo 1976, el país pareció irse alejando de movimientos cívicos como UDEL y aproximándose a soluciones más radicales. Ese año el ejército de Somoza mató a Carlos Fonseca Amador. Como consecuencia del asesinato, algunos sandinistas decidieron ampliar su lucha de guerrillas hasta Managua. Se les llegó a conocer como los proletarios. Otros, bajo el liderazgo de Borge, se quedaron en las montañas. Según los proletarios, sus esfuerzos por radicalizar a las masas en favor de la lucha armada eran exitosos. Poco a poco se fue creando un gran vacío entre los partidos de la oposición cívica que ofrecían una alternativa democrática a Somoza.

Esto quedó perfectamente claro para UDEL en un mitin político celebrado en un barrio marginado de Managua, llamado Open tres, en el que vivía parte de la población más pobre de toda la ciudad. Al mitin asistieron muy pocas personas. Pedro se sintió desanimado y deprimido. Recuerdo que aquel día Pedro Joaquín le dijo: «Papá, te has entregado demasiado a esta lucha. El pueblo de Nicaragua no merece los sacrificios que haces.» Pedro se echó a llorar. Nuestro hijo le abrazó arrepentido y le pidió perdón por lo que le dijo. Pedro Joaquín seguía convencido en silencio de que su padre moriría por una causa inútil.

No obstante, el año siguiente, asociada con organizaciones eclesiásticas, estudiantiles y sindicales, UDEL exigió que Somoza restaurara las libertades cívicas.

El arzobispo Miguel Obando y Bravo instó a todos los fieles católicos a que asumieran un papel activo en la resolución del conflicto social. La Conferencia Episcopal sacó una carta diciendo que «la desigualdad perjudica e impide la paz».

Poco a poco, el país estaba cambiando, escapándose del control de Somoza.

Casi simultáneamente a las palabras de los obispos, el presidente norteamericano Jimmy Carter pronunció un discurso en la Universidad de Notre Dame explicando la necesidad de un programa de derechos humanos. Describió un cambio planetario en el que el mundo socialista estaba nuevamente activándose. Afirmó que el colonialismo de los años 40 se estaba derrumbando. Debido a ese discurso, en un editorial de *La Prensa*, Pedro lo llamó «el presidente misionero» y predijo que su Presidencia tendría un efecto profundo sobre Nicaragua.

Cuando Cristiana volvió en junio, un año después de haberse ido a estudiar, siguió sin aceptar la propuesta de matrimonio de Antonio. Decidió que primero tenía que trabajar y se fue a dar clases de Historia a la UCA. Trabajando no tenía tiempo para pensar en casarse.

Ese verano Tacho sufrió un infarto y fue trasladado a Miami. En su ausencia ocurrieron dos cosas importantes: UDEL publicó un documento en el que definía un programa de cinco puntos para democratizar Nicaragua, el cual incluía la amnistía para todos los presos políticos, el fin de la ley marcial, la libertad política y la eliminación de la censura de prensa. Poco después, Los Doce realizaron su debut en la escena política de Nicaragua.

Aunque en aquella época yo no lo sabía, Los Doce habían

sido creados seis meses antes por Sergio Ramírez, a instancias de Daniel y Humberto Ortega. Se constituyeron como la posible cabeza de un gobierno provisional en caso de que la insurrección sandinista tuviera éxito. El grupo actuaba como embajadores del Frente Sandinista, presentándose como pluralistas y partidarios de la democracia. Algunos de los miembros de Los Doce eran personas honradas que se dejaron confundir por Daniel y Humberto Ortega. Otros sabían perfectamente bien que el Frente tenía ideas comunistas y de hecho eran ellos mismos comunistas. Los Doce habían partido a un exilio autoimpuesto a Costa Rica a comienzos de ese mismo año. A partir de ese momento, el grupo se dedicó a viajar por todo el continente, visitando a dirigentes de América Latina y convenciéndolos que el Frente Sandinista no era una organización marxista. Visitaron a José López Portillo, de México, y le aseguraron que, en caso de que los sandinistas ganaran, instalarían un gobierno pluralista y democrático.

A Pedro le interesó mucho Los Doce por tratarse de la oposición más audaz surgida del sector privado. Envió a Edmundo Jarquín, que era un partidario de UDEL, a reunirse con ellos en México. Pero del encuentro no surgió nada positivo.

Algún tiempo después, el grupo decidió salir a la luz como patrocinadores de un Gobierno dirigido por los sandinistas.

En agosto, Carlos Fernando regresó de Canadá con su diploma en Economía. Empezó a trabajar para un Instituto de Investigaciones dirigido por Edmundo Jarquín que realizaba estudios socio-económicos. Aunque no éramos conscientes de ello, fue entonces cuando empezó a implicarse con el sandinismo. Un mes después, La Prensa publicó un reportaje sobre el primogénito del dictador y aparentemente su heredero, Anastasio Somoza Portocarrero (Tachito), que acababa de regresar desde el extranjero para ingresar en la Guardia Nacional. En su calidad de hombre dotado de considerable influencia, Tachito (o el «chigüin», como también se le llamaba a veces) llamó la atención de un fabricante español de equipos agrícolas que lo había elegido para representar a su empresa. Con las bendiciones de su padre, estaba negociando a través del Gobierno un contrato por valor de once millones de dólares por el que Nicaragua se comprometía a adquirir a crédito *jeeps*, tractores y vehículos del fabricante español. Se dice que después el joven Somoza se jactaba de haberse metido en el bolsillo diez millones de dólares de una sola vez. Pedro denunció el hecho señalando que el futuro parecía realmente prometedor para el más joven de los Somoza. Y se preparó por tanto a combatir a Anastasio III. Pedro se había convertido en un obstáculo en el camino de los Somoza. No pasaría mucho tiempo antes de que recibiera más amenazas.

El 21 de octubre de 1977, Los Doce elaboraron un documento que se publicó en *La Prensa* con el título de «Manifiesto». Lo que pedían era fundamentalmente la salida del poder de Somoza y numerosas reformas. Terminaban su documento llamando a la nación a unirse detrás del FSLN en una lucha armada. El Manifiesto estaba firmado por Sergio Ramírez, un hombre de 34 años de edad que había vivido en Europa durante la mayor parte de su vida; Carlos Tunnerman, antiguo rector de la Universidad Nacional (UNAN); Ricardo Coronel Kautz, un hacendado, hijo de un conocido escritor; Emilio Baltodano, empresario y padre de dos destacados sandinistas; tres sacerdotes, Miguel d'Escoto y los hermanos Fernando y Ernesto Cardenal, que defendían en sus respectivas comunidades una combinación de marxismo y cristianismo; dos abogados, Ernesto Castillo y Joaquín Cuadra Chamorro (el padre de Joaquín Cuadra Lacayo, por aquel entonces jefe del frente interno del ejército rebelde sandinista); el doctor Carlos Gutiérrez; y otros veteranos oponentes al régimen, como Casimiro Sotelo y Arturo Cruz.

ÉSA era la situación con la que se encontró Somoza cuando volvió a Nicaragua en el otoño de 1977 tras recuperarse de su infarto. De inmediato, Somoza mandó juzgar a Los Doce en rebeldía y dictó una orden de persecución y captura en contra de ellos.

Dos meses después, Pedro fue acusado de difamación por el líder de la mayoría en la Cámara de Diputados, Cornelio Hueck. Pedro le había escrito formulándole toda una serie de observaciones críticas en relación con su conducta como funcionario público. Ahora un tribunal había sentenciado que *La Prensa* y Pedro debían pagar multas de 25.000 y 70.000 córdobas respectivamente. Pero no era nada más que un plan para impedir que Pedro pudiera salir del país a seguir denunciando la dictadura.

Fue en ese período cuando, debido a sus logros como defensor de la libertad de expresión, y a consecuencia de los artículos sobre violación de los derechos humanos que había escrito, Pedro recibió el premio María Moors Cabot de la Facultad de Periodismo de la Universidad de Columbia. Se trata de uno de los premios más importantes concedidos en Estados Unidos al periodismo latinoamericano.

El decano de la Facultad de Periodismo afirmó: «Si hay en todo nuestro hemisferio alguien más coherente en su oposición, alguien que merezca más este galardón que Pedro Joaquín Chamorro, no hemos conseguido encontrarlo. En su lucha contra la corrupción en su país, Chamorro ha sabido cómo sustituir el poder de la espada por el poder de la palabra escrita.»

Pedro y yo viajamos a Nueva York en octubre o noviembre de 1977 para recibir el premio. Con unas tijeras pequeñas que compramos en la Quinta Avenida, le corté las patillas, Pedro lucía impecable cuando recibió el premio. Lo miré vestido con su traje de color azul oscuro y me sentí orgullosa de lo que había llegado a ser. A través de su habilidad como escritor y periodista, se había convertido en una poderosa arma contra la tiranía de Somoza.

Antonio insistió con Cristiana y, el 21 de diciembre de 1977, se comprometieron formalmente. Pedro y yo llegamos a la conclusión de que él conocía a Cristiana mejor que nosotros. Aquel día nos sentimos enormemente felices. Al parecer, lo que nuestra independiente hija quería era tiempo y espacio para evolucionar de tal forma que el hombre que se casara con ella la aceptara como una mujer a su lado con anhelos personales tan importantes como pueda serlo el matrimonio. La alegría de Pedro ante el anuncio de la boda de Cristiana llegó hasta el extremo de cortar todas las uvas de su parra preferida. Las colocó en pequeñas cestas para toda la casa. Las veía como aperitivos para la celebración. Para Pedro las uvas, que permanecían unidas en densos racimos, constituían un símbolo de unidad, y las semillas un símbolo de renovación. Las cuidaba con sumo esmero. Eran el mejor regalo que podía ofrecer a cualquiera.

Según nos preparábamos para la boda de Cristiana y Antonio, nuestras vidas avanzaban tranquilamente en una dirección que parecía prometer grandes esperanzas y alegrías. Claudia estaba embarazada, y Marta Lucía acababa de dar a luz al sexto Pedro Joaquín Chamorro. Aquélla iba a ser nuestra primera gran boda. Pero apenas pudimos pronunciarnos sobre la forma de celebrarla, ya que Cristiana quería hacerlo a su manera. Decidió casarse en la casa de San Juan del Sur, donde de niña había pasado tantas vacaciones. Ella y Antonio se encargaron de hacer una tarjeta de invitación informal en la que decían que era para compartir un día de diversión en el campo.

A Pedro no le importaba la sencillez de la celebración. La familiaridad de Cristiana tenía mucho que ver con la forma de ser de Pedro. Lo único que le pidió fue que, en lugar de llevar damas de honor, encabezara el cortejo nupcial con una niña vestida de ángel llevando una Estrella de David hecha de cartón, como había ocurrido en nuestra boda y como era la costumbre de los pueblos y comarcas de Nicaragua. Se programó todo para el 5 de febrero de 1978, cumpleaños de Cristiana.

En esa época Pedro y yo volvimos a hablar de su muerte. Tenía entonces 51 años de edad. Recuerdo que un día me dijo en tono fatalista: «Vas a estar presente en mi entierro. ¿Qué vas a hacer cuando me maten? Prométeme que no llorarás. Será muy pronto..., y va a ser un gran entierro. La gente recorrerá las calles llevando mi cadáver en hombros. Otros saldrán a los balcones para tirar flores en el camino. Los curiosos se subirán a los árboles para ver mejor. Los fuegos encendidos por las multitudes airadas teñirán los cielos de rojo y amarillo y desencadenarán en los corazones de la gente una conciencia política como la que no has visto jamás. Todo será diferente a partir de ese día.»

Intenté sacarlo de su nostalgia bromeando: «Pero, Pedro, las casas de Managua no tienen balcones», le dije. Observé que mi marido estaba más serio que en otras ocasiones. Se negaba a dejarse levantar el ánimo. En lugar de ello prosiguió: «Violeta, creo que ha llegado el momento de que analicemos las enormes responsabilidades que vas a heredar.»

En aquel momento, sentada en el sillón de la salita desde donde manejo la casa, me di cuenta que lo mejor era refugiarnos en la intimidad de nuestro dormitorio, lejos de nuestros hijos y del resto de la casa. Con suavidad, me llevé a Pedro a su cama.

Mientras yo, con la cabeza apoyada en una de las columnas de bronce de la cama que había pertenecido a mis padres, escuché con atención los detalles de las amenazas escritas y las llamadas telefónicas anónimas que había estado recibiendo.

En aquellos momentos, *La Prensa*, siempre un baluarte contra la corrupción, había lanzado una campaña contra Plasmaféresis, una empresa que compraba la sangre a los pobres y oprimidos de nuestro país y la exportaba a los Estados Unidos. En la mayoría de los países esas prácticas estaban prohibidas, pero en Nicaragua los inversionistas internacionales que participaban en esa empresa operaban sin el menor impedimento, totalmente a la vista del público. A través de una serie de artículos que Pedro había titulado las «Crónicas del Vampiro», *La Prensa* revelaba que Plasmaféresis había llegado a nuestro país para hundir sus dientes en la carne de nuestros compatriotas con la protección y bendición de la familia Somoza, los llamados defensores de la libre empresa en Nicaragua.

Los amigos de Pedro le advirtieron una vez más que por todo Managua circulaban rumores de planes para asesinarlo. Le advirtieron que los artículos sobre Plasmaféresis representaban un desafío mayor y más directo al dictador que cualquier cosa que se hubiera atrevido a hacer antes, pues todo el mundo sabía que Anastasio Somoza era socio secreto de la empresa.

Como era de esperar, no se interrumpió la publicación de esos reportajes en el periódico. A los periodistas que trabajaban para el «diario de la dinastía» *Novedades*, Pedro los llamó «instrumentos necios del somocismo y traidores a los derechos humanos, a Nicaragua y al bien común». Descubrió la existencia de, como él lo llamaba, una «piñata» entre los amigos de Somoza, que se habían asignado a sí mismos grandes extensiones de terreno agrícola. En un reportaje a seis columnas en primera página informaba de los resultados de una investigación del Congreso de los Estados Unidos que demostraba que una empresa norteamericana de neumáticos había sobornado a los funcionarios del régimen de Somoza, Juan José Martínez y Daniel Tapia Mercado, para que el país comprara un gran envío de neumáticos a precios elevados. Los dos negaron haber recibido dinero alguno. Por tanto, *La Prensa* se preguntó: «¿Quién fue entonces el beneficiario?» Era evidente que la familia Somoza estaba implicada.

En uno de sus últimos editoriales, Pedro escribió que la familia Somoza tenía el monopolio de los recursos de nuestro país. Poseían numerosas haciendas ganaderas, una destilería, dos refinerías de azúcar, una línea aérea, una empresa cementera, un matadero, una empresa exportadora de carne, etc., todas las cuales funcionaban con préstamos financiados a través del Banco Nacional, banco controlado por ellos, cuya deuda había quedado congelada en la cifra de treinta millones de dólares. Al final del artículo, Pedro se preguntaba: «¿No es entonces nuestro Jefe Supremo el beneficiario de todo en nuestro país?»

Continuaron las amenazas, pero Pedro las ignoraba, las menospreciaba totalmente. Pero yo, que soy muy práctica, compré terreno en el cementerio. Sabía que nada de lo que pudiera decir o hacer le haría cambiar de forma de actuar. Le pedí a José, el marido de Claudia, que me ayudara a encontrar un sitio en el que enterrar el cuerpo cuando lo asesinaran.

Entonces, el 4 de enero, Pedro publicó un artículo sobre un teniente de la Guardia de Somoza que había abandonado su puesto y huido a Costa Rica el 31 de diciembre. El hombre, José Antonio Robles Siles, hizo declaraciones describiendo la tropa antiguerrillera en la que había formado parte. Afirmó que después de seis meses de participar en un escuadrón de la muerte en las montañas del norte de Nicaragua prefería irse al exilio a seguir asesinando campesinos indiscriminadamente.

Al día siguiente se publicó una declaración de los responsables de la Agencia de los Estados Unidos para Desarrollo Internacional definiendo su posición sobre los derechos humanos, que era contraria a la tortura y denunciaba la desaparición de los oponentes políticos.

Poco después de eso, Cristiana y yo partimos para Miami para comprar algunos utensilios domésticos y algunas toallas y sábanas que necesitaría para montar su casa con Antonio. La mañana en la que Pedro y yo nos dijimos adiós, había un cierto elemento de fatalidad en nuestro abrazo, aunque no sabíamos que sería nuestra última despedida. Le formulé una advertencia poco habitual en mi persona. Bien bajito le dije: «Cuídate, Pedro.» Mientras viajaba con Cristiana, no le dije nada de mis miedos. En aquellos momentos, mi premonición no estaba todavía desarrollada.

Aquella noche, Pedro recibió a algunos de sus amigos en la biblioteca de nuestra casa y, como era su costumbre, se extendió en su análisis de los últimos cambios en el dramático clima político de Nicaragua. Durante la semana anterior se habían recibido distintas noticias desde las montañas. La Guardia exigía que los campesinos les negaran agua y alimentos a los guerrilleros. Presionados tanto por los de izquierdas como por los de derechas, los campesinos estaban abandonando todo lo que tenían, sus ranchitos, sus vacas y sus campos de maíz. Había también noticias de campesinos desaparecidos. El arzobispo Miguel Obando y Bravo coordinaba un comité de opositores que se preparaban para dialogar con Somoza. El comité había dado a conocer toda una serie de condiciones previas para el diálogo, tales como una investigación inmediata de las desapariciones y de la corrupción que se decía había en el gobierno, la suspensión de la censura que regulaba todas las emisiones de radio; la amnistía para Los Doce; y la liberación de los prisioneros a los que no se había acusado de delito alguno. La política de derechos humanos de Carter estaba presionando fuertemente al dictador como para que éste se viese obligado a tomar en consideración esas demandas. Eso era algo que nunca podría haber ocurrido antes, y Pedro estaba muy optimista pensando que podría contribuir a lograr el cambio que tanto deseábamos. Al mismo tiempo, los estudiantes de la UNAN se habían declarado en huelga. Protestaban contra la reelección de Mariano Fiallos como rector. Se habían apoderado de la Universidad y exigían que Moisés Hassan fuese nombrado vice-rector de la misma. Esa misma mañana se había publicado también en *La Prensa* un comunicado del FSLN denunciando el diálogo nacional como una «mentira perpetrada en contra del pueblo». «Está planteado en el mismo momento en que la dictadura está herida y a punto de exhalar su último suspiro», decía el comunicado.

Pedro estaba preocupado por el tono de los comunicados del

FSLN. En su último editorial había condenado el uso indiscriminado por parte del FSLN del término «burguesía» como algo peyorativo. Argumentaba que los artesanos, los agricultores, los comerciantes, casi todas las personas que trabajan duro en Nicaragua, eran de hecho burgueses. Señalaba que: «Estos ataques contra la burguesía se están convirtiendo en una parte decadente de nuestro léxico nacional que no reconoce las aportaciones que esas personas realizan tanto al país como a la democracia.»

«Es pura demagogia», afirmaba Pedro, «por parte de personas que no son ni obreros ni campesinos, sino burgueses a los que les gusta disfrazarse de proletarios». A sus amigos les dijo: «Es una contradicción interesante, ¿no?» Luego interrumpió la reunión para asistir a la fiesta de cumpleaños de su madre. Buena parte de lo que dijo aquella tarde tenía algo de profético. Cuando se despidió de sus amigos, les dijo: «Mi mamá celebra hoy su 78 aniversario. Para cuando todos nosotros tengamos esa edad, será ya el siglo que viene y estaremos hablando de Somoza como ahora hablamos de Zelaya, un período remoto y oscuro de nuestra historia.»

Al día siguiente, aquella fatídica mañana del 10 de enero, Pedro se despertó más tarde de lo habitual porque se había desvelado en el cumpleaños de su madre. Se bañó, se vistió y desayunó rápido, pues estaba apurado por llegar a *La Prensa*. Hizo el mismo recorrido de todos los días. Se despidió de la esposa de Pedro Joaquín. «Adiós, doña Marta Lucía», le dijo. Le preguntó por su hija, Valentina, y viéndola en su corralito de juegos, le dijo a la niña: «Dame un beso.» La niña le dio un beso en la mejilla. Luego miró hacia la parra. Le dijo a Marta Lucía: «Creo que acaba de darnos sus últimas uvas.» Pedro la contempló durante un segundo más; luego abrió la puerta que conducía al garaje y finalmente, en el Saab de dos puertas que acabábamos de comprar, se fue de camino hacia *La Prensa*.

Pedro no detectó en ningún momento la presencia de los dos vehículos que lo seguían. Uno de ellos, un Toyota de color verde, chocó contra su carro por detrás y después, con una súbita maniobra, otro vehículo interceptó el de Pedro, empujándolo hacia la acera y haciéndolo chocar contra un poste de luz. Pedro paró su carro y, según me cuentan, no tenía nada para protegerse. Los asesinos salieron de su vehículo. Uno de ellos destapó su escopeta y disparó a quemarropa contra Pedro. No sé cuántas balas hicieron blanco; no tuve interés en contarlas. Pero, en la oficina de Pedro, que servía también como sala de tertulias políticas, he creado en su honor un museo en el que he situado en una vitrina de vidrio las ropas que llevaba puestas aquel día y que fueron perforadas por las balas. Se conservan intactos los restos de sangre, sudor y polvo de aquel atroz asesinato.

Supongo que fue allí, entre el tejido de la ropa, donde se perdió su último aliento porque, cuando lo llevaron al hospital, Pedro ya estaba muerto. Dejó de respirar el 10 de enero de 1978, a las 8.30 de la mañana, cuando murió en el timón de su carro. Ese último aliento de oxígeno fue suficiente para encender la revolución que habría de provocar la caída de la dictadura.

Diez minutos después alguién interrumpió una reunión en la redacción de La Prensa para informar a Pedro Joaquín que su papá había resultado herido en un accidente de carro. Cuando Pedro Joaquín llegó al escenario del crimen, se había reunido ya una gran multitud. La ambulancia acababa de marcharse. No llegó a ver el cadáver de Pedro. Pero cuando Pedro Joaquín vio las ventanas rotas y la sangre en el Saab, que se había estrellado contra el poste de luz, experimentó una emoción terrible, intuyendo que había ocurrido lo peor. Sus temores se vieron confirmados cuando miró los rostros sombríos de la gente. Sabía que alguien había finalmente asesinado a Pedro. Les preguntó si sabían a dónde había llevado la ambulancia a su padre. «Al Hospital Oriental», le contestó alguien. Pedro Joaquín se montó en su carro y empezó a conducir. Durante algún momento se sintió confuso. Sin saber muy bien si estaba dirigiéndose hacia el este o hacia el oeste, paró el carro junto a la Laguna de Tiscapa. Al cabo de un instante se recuperó y empezó a conducir hacia el este, en dirección del hospital. Fue el primer miembro de la familia que llegó. Una vez más, observó la mirada consternada en los rostros de quienes se acercaron a él. Su tristeza aumentó. Entonces se presentó ante él un empleado del hospital y le preguntó si podía identificar el cadáver de Pedro. Lo llevaron a una habitación. Tendido ante él estaba el cuerpo sin vida de Pedro. Su cadáver, lleno de orificios, olía todavía a pólvora y humo. Nuestros peores temores y premoniciones habían cristalizado de repente en un instante de muerte y desolación.

Aquella misma mañana, mientras Cristiana y yo estábamos en Jordan Marsh de Miami comprando una falda y una blusa sencilla de color blanco que Cristiana deseaba lucir en su boda, y sin saber la tragedia que estaba sucediendo, me sentía cada vez más impaciente. «Vamos, Cristiana, aligerate para que nos vayamos pronto a Nicaragua», le dije. No le conté que desde nuestra salida esa misma mañana me había visto perturbada por una sensación creciente de malos presagios. Recuerdo que estaba descansando en la base de un maniquí esperando que Cristiana saliera del vestidor cuando vi a Jaime, el hermano de Pedro, aproximándose hacia mí.

Sabía que él y su mujer estaban en Miami para visitar la consulta de un especialista en alergia para que chequeara a su hijo, por lo que en un primer momento no experimenté alarma alguna. Pero la voz supuestamente tranquilizadora con la que me dijo: «Violeta, Pedro tuvo un accidente», me sobresaltó de inmediato. Sabía que la calma de su voz ocultaba la auténtica importancia de sus palabras. De repente se evaporó la felicidad que sentía por el inminente casamiento. Sin decir nada, me fui a buscar a Cristiana y le dije: «Mataron a tu papá.» Jaime, que me había seguido, me corrigió de inmediato. Sin embargo, esta vez su voz temblaba cuando dijo: «No, Violeta, no está muerto. Ha sido sólo un accidente.» Pero yo sabía la verdad. Apenas era capaz de controlar mi desesperación. Pagamos la falda y volvimos al hotel. Saludé a un amigo, Henry López Oña, que nos estaba esperando para llevarnos al aeropuerto y le pregunté: «¿Verdad que mataron a Pedro?» Henry asintió tristemente con la cabeza.

Justo entonces sonó el teléfono. Era una llamada desde Managua. Querían discutir conmigo la conveniencia de embalsamar el cadáver de Pedro. En la sala de hospital donde yacía su cadáver, su madre y sus hermanas discutían sobre qué ropas ponerle. Pero para mí tenía que ser el traje oscuro que había llevado puesto cuando recibió el premio María Moors Cabot en la Universidad de Columbia. No puedo recordar a Pedro con un aspecto más digno ni más guapo que entonces. Quería que en su funeral ofreciera un aspecto igual de distinguido.

En cuestión de minutos hicimos el equipaje y seguimos a Henry hasta su carro. En el aeropuerto estaba Horacio Aguirre, el propietario del *Diario de las Américas* de Miami, acompañado de su mujer, Helen, y un miembro de la expedición a Olama y Mollejones, Eduardo Chamorro, uno de los once capturados junto a Pedro en San Pedro del Lóvago. Nuestros amigos nos ayudaron a conseguir cupo en un vuelo de la Pan Am a Managua lleno hasta los topes. En ese momento, Cristiana se puso a llorar y lamentó no haber estado en Nicaragua para ver a su padre por última vez.

En el aeropuerto, mientras Cristiana y yo luchábamos por volver a Managua, tengo que reconocer que durante un momento puse en duda los anhelos patrióticos de Pedro, pues le quería más que a cualquiera de sus causas. Su asesinato había destruido nuestras vidas.

Mientras tanto, en Nicaragua, tal y como Pedro había predicho, su funeral se estaba convirtiendo en un acontecimiento político de grandes dimensiones. A medida que la noticia de la muerte de Pedro se transmitía por la radio y la televisión, llegaban telegramas de condolencias de todas partes de Nicaragua. La reacción de la mayoría de la gente era de total incredulidad, dolor y llanto. Todo el mundo quería información sobre el entierro de Pedro. Se formaron largas colas en las paradas de buses de todos los pueblos, pues todo el mundo quería venir a la capital para participar en sus funerales y expresar su repudio al asesinato.

En Managua, el cadáver de Pedro atravesó en hombros del pueblo toda la ciudad. Aunque no había balcones, la gente se subía a los postes de teléfono y a los árboles para poder ver pasar su féretro.

Cuando Cristiana y yo llegamos a Managua, mi hermana Clarisa y sus hijos estaban allí para recibirnos. Del aeropuerto fuimos a encontrarnos con el desfile. Pedro Joaquín, Claudia y Carlos Fernando estaban allí en medio de la multitud, y el cadáver en hombros de nuestros amigos. Llegó a la casa y lo velamos durante toda la noche. Vino gente de todas partes. Filas interminables de personas entraban y salían de la casa para darme el pésame. El parque situado al otro lado de la calle estaba lleno de gente gritando de dolor, algunos de ira. Levantaban banderas de todos los partidos. «Tiren esas banderas», fue lo primero que le dije a la multitud. «Levantemos sólo la bandera de Nicaragua.» Entonces uno de mis amigos me dijo: «Violeta, hay tanta gente en el parque que deberíamos velar su cadáver ahí.» Yo no podía consentir que Pedro yaciera al aire libre en un ataúd abierto en medio del parque Las Palmas. Me preocupaba la idea de que los somocistas pudieran intentar hacerle algo al cadáver. Pero algunas personas protestaron: «Pedro no es sólo tuyo. Pertenece al pueblo.»

Por toda la casa se oían los llantos y gritos aumentando de volumen, al punto que creo que resonaban más allá de los muros. Era como si nuestro lamento privado estuviera de algún modo abriéndose paso hasta las calles de la ciudad y confundiéndose con los gemidos de mujeres y hombres que, con los puños levantados, exigían justicia. Y, sin que ninguno de nosotros nos lo hubiéramos propuesto, podía oír cómo nuestras voces se combinaban en un eco gigantesco contra el régimen de Somoza. En la mente de todo el mundo no cabía la menor duda de que Somoza había asesinado a Pedro.

En realidad, no sé cómo logré suficiente lucidez y serenidad para poder asistir a todas las ceremonias. No sabía qué hacer. En nuestras incontables conversaciones acerca del escenario último de su muerte, Pedro y yo no habíamos previsto en ningún momento el conflicto que ahora surgía entre mi deseo personal de proporcionarle un entierro sencillo y privado y el deseo de las masas de expresar la catástrofe de su pérdida, compartiendo con nosotros su dolor.

Comprendí entonces que los asesinos no se habían limitado a matar a Pedro. Habían silenciado la voz de toda una nación. Repetidas veces me dije a mí misma: «Pedro ha muerto por el pueblo. No puedo negarles el deseo de darle su despedida final.»

Desde mi casa en Las Palmas, trasladamos el cuerpo de Pedro hasta *La Prensa*. Allí siguió el desfile de todo el pueblo: los pobres, los ricos, los estudiantes, los sindicalistas, las monjas y los sacerdotes. Algunos de ellos echaban sobre su cuerpo agua bendita y pronunciaban una última oración al tiempo que se persignaban; otros arrancaban trozos del paño de muselina negra que cubría su féretro.

En la madrugada reuní al clan Chamorro y les dije: «Vamos a llevarnos a Pedro en un camión de distribución del periódico y lo llevaremos hasta la iglesia de Las Palmas. Allí, a puerta cerrada, lo velaremos en privado.» En la iglesia, sentí como si Pedro y yo estuviéramos compartiendo una solemne despedida rodeados por un muro de silencio en el que no podía penetrar nadie. Su muerte fue una experiencia íntima a la que me abrí sin reservas, sin ofrecer la menor resistencia al dolor. Los otros fallecimientos que había habido en mi vida me habían enseñado que el tormento no duraría siempre. Hacía tiempo que había llegado a aceptar que la muerte y el nacimiento tienen cada uno su tiempo. Son fuerzas que no podemos controlar.

Pocas horas después del asesinato de Pedro, las investigaciones realizadas a toda prisa por los sicarios de Somoza condujeron a la detención apresurada de quienes lo habían cometido. Pero los que habían apretado el gatillo no eran los autores intelectuales del crimen. Las pistas condujeron hasta un empresario cubano llamado Pedro Ramos, que había huido del país. Era el propietario de Plasmaféresis, la empresa de Managua exportadora de plasma sanguíneo, que había sido denunciada por Pedro en *La Prensa*.

La gente decía que los editoriales de Pedro habían rebasado el vaso de agua al tocar los intereses comerciales de la familia Somoza. Por tanto, lo habían mandado asesinar.

A las puertas de la iglesia, diez mil personas esperaban para acompañarnos hasta el cementerio. De pie en la escalinata, les hablé. Les dije: «Tengamos paz. Cantemos el himno de Nicaragua en homenaje a Pedro.» Cantándolo, iniciamos nuestra marcha a través de calles abarrotadas de gente. Fue una procesión dolorosa que nos condujo hasta las puertas del cementerio. En medio de bombas lacrimógenas que nos tiró la Guardia para callar la protesta de la gente, Cristiana, Claudia y yo íbamos delante, enarbolando la bandera nicaragüense. Detrás, escoltando el féretro de Pedro, iban Pedro Joaquín, Carlos Fernando y el resto de la familia. Depositamos sus restos bajo la sombra de los robles en una tumba que, de acuerdo con nuestra última conversación acerca de su muerte, había comprado unas semanas antes.

De pie junto a ella, rodeada de mis hijos, no podía imaginarme por qué le había pedido al sepulturero que excavara un agujero tan profundo que, para todos los fines prácticos, era realmente un pozo. Supongo que pensaba que si enterrábamos a Pedro bajo tres metros de arcilla y piedra pómez, la tierra lo protegería, lo acunaría, igual que yo llevaba la idea de él tan profunda dentro de mi cuerpo que su muerte me parecía casi un sueño.

Después que el sepulturero bajó el féretro hasta el fondo de la tumba, me ofreció la bandera nicaragüense que había encabezado la procesión. «No», le dije, «póngala sobre él para que pueda llevársela consigo». Todos los amigos y admiradores de Pedro se congregaron entonces en torno a su tumba, le tiraron flores, lágrimas y gritos que decía: «Muerte a Somoza». «¡Basta ya de asesinos!»

Me imagino que desde la Loma de Tiscapa, que había sido durante décadas la sede del gobierno de nuestro país, el tirano podía escuchar los gritos y que, acompañado por las brisas de enero, debió sentir miedo. Durante todo el transcurso de la procesión, la Guardia Nacional tenía órdenes estrictas de mantenerse a distancia segura de la multitud. Debían abstenerse de reaccionar ante cualquier provocación. Pero los oficiales que la mandaban no tuvieron la suficiente visión para situar a los soldados que nos vigilaban lo suficientemente lejos para no oír los «slogans» antigubernamentales que estaban gritando los amigos y admiradores de Pedro. Aquella noche, cincuenta mil personas airadas se echaron a la calle, quemaron autobuses y camiones y atacaron los bancos y fábricas propiedad de los Somoza. Provocaron escenas tumultuosas que anunciaban el sangriento derrocamiento de la implacable dinastía del dictador, tal como la había llamado Pedro.

La nación entera se dejó arrastrar por la ira. Y yo, que antes no había hablado nunca en público, me encontré ante un micrófono denunciando a los Somoza: «Vivíamos en una dictadura tan grande, que lo envuelve todo, que incluso el más pequeño de los insectos debe tener el permiso del tirano para volar.»

Cuando la noticia del asesinato de Pedro llegó al Departamento de Estado en Washington, por primera vez en la historia de Nicaragua la Casa Blanca envió un mensaje de alerta roja. La muerte de Pedro había llamado finalmente la atención de todo el mundo.

Sentada en un rincón de mi casa comencé a pedir justicia por Pedro. No tenía ni la menor idea de lo que iba a ocurrir. Tres fuerzas estaban convergiendo rápidamente: la muerte de Pedro, la unificación de las clases empresariales, grandes, medianos y pequeños contra Somoza y las acciones militantes de los sandinistas.

A medida que nos aproximábamos a esa encrucijada de nuestra historia, ya estaba sumida en un gran dolor. Quería morirme. La vida sin Pedro había dejado de tener sentido para mí. Todavía no me había dado cuenta del papel que me tocaría jugar. «¿Qué voy a hacer sin él?», decía, apoyándome en el hombro de Pablo Antonio Cuadra, el primo de Pedro.

«Sé él», dijo.

Creí que estaba haciendo referencia a *La Prensa*. El periódico era Pedro. Evidentemente, quedaría un vacío en *La Prensa* que nadie podría llenar. ¿Cómo podría hacerlo yo, una simple ama de casa?

Pero las palabras de Pablo, «Sé él» cobraron mayor sentido cuando me detuve a reflexionar sobre los otros muchos papeles de Pedro. Había sido mucho más que el editor de un periódico. Había sido un individuo multifacético que había combatido contra los Somoza en numerosos frentes. Era casi imposible que alguien pudiera reproducir la figura de Pedro. Pero pensé: «Quizás, unidos, podamos hacer realidad las expectativas creadas por la cruzada de Pedro. Pedro puede vivir a través de nuestras acciones si, todos juntos, iniciamos un camino hacia la libertad y la justicia.» Varios días después, Pablo Antonio escribió un editorial titulado «Sé él».

Capítulo Sexto

Mi dolor era inconsolable durante los primeros días de mi viudez. Me quise refugiar en la soledad negándome a salir y rechazando la compañía y el consuelo de mis propios hijos. Me sentía extrañamente alejada de todos los que también sentían la dolorosa realidad de la muerte de Pedro. De hecho, sobreviví de la auténtica congoja de la tragedia controlando bien mis sentimientos.

Consciente de los límites de mi resistencia, me negué a plantearme las dificultades económicas que tendría para proseguir mi vida junto con mis hijos. Sabía que todas esas realidades habría que enfrentarlas antes o después. De momento las mantuve a distancia.

Lo que no podía elejar de mi pensamiento era el recuerdo de Pedro y su dolor por no haber alcanzado su gran objetivo. En el transcurso del año anterior había reiterado su compromiso de liberar Nicaragua. Sin embargo, se preguntaba si Dios le daría tiempo para cumplir la promesa que había hecho tanto tiempo atrás. Con su asesinato, el proyecto de Pedro había sido frenado y sus esfuerzos interrumpidos por las manos traicioneras de aquellos asesinos a sueldo. Mientras recordaba la vida de Pedro como un sacrificio en aras de una causa inacabada y quizás inútil, pensaba lo impotente que es a veces la razón frente a la fuerza bruta. ¡En el momento de su muerte habían quedado tantas y tantas cosas por acabar!

Me lamenté de no haber podido morir en su lugar, devolverle los años que le habían robado. Me di cuenta de que la angustia que sentía no desaparecería jamás y de que tenía que encontrar y darle algún sentido a su muerte. Si la sangre que se había derramado podía inspirar de algún modo, a los miles y miles de personas que habían acompañado su féretro, a levantarse contra Somoza, la muerte de Pedro no habría sido en vano. Comprendí que los sacrificios de mi vida con Pedro me habían preparado para ese difícil momento. El dolor que los dos habíamos experimentado nos había empujado a la acción.

Al igual que su padre antes de él, mi hijo Pedro Joaquín se había implicado en los aspectos editoriales del periódico. Cada día que pasaba sin que se hiciera justicia por el asesinato de Pedro, lo recordaba en un inserto en la primera página del diario. Habían transcurrido cuatrocientos ochenta y cinco días cuando, en vísperas de la insurrección, Somoza le mandó cerrar. Cuarenta y nueve días después de guerra abierta entre la guerrilla sandinista y la Guardia Nacional terminó la dictadura de Somoza. De hecho, los sentimientos antisomocistas habían alcanzado su punto crítico como consecuencia del asesinato: 534 días después de la muerte de Pedro, Somoza cayó.

El día después del fallecimiento de Pedro, UDEL canceló su participación en el diálogo nacional. Dijeron: «No tiene sentido discutir nada con un régimen que utiliza la represión como forma de sostenerse en el poder. El anuncio fue firmado por Rafael Córdoba Rivas, amigo de Pedro, que había asumido el liderazgo del movimiento.

Las agencias internacionales de noticias se hicieron eco de esta condena, calificando el asesinato de Pedro de «matanza cobarde y brutal». Los periodistas de todo el mundo se mostraron horrorizados. La Federación de Periodistas Latinoamericanos (FEPAL) acusó a Somoza de ser directamente responsable de la muerte de su oponente más tenaz y pidió que fuera públicamente repudiado.

El día del asesinato, Silvio Vega, el conspirador que había conducido el vehículo y contratado a los asesinos, confesó. Dijo que un hombre llamado Silvio Peña le había pagado 3.000 dólares para matar a un enemigo del «jefe». «Después te ascenderán a teniente», le había dicho Peña. «Si te cogen, niégalo todo. Cornelio Hueck y Fausto Zelaya te mandarán veinte o treinta abogados, que saldrán en tu defensa.» Vega afirmó que cuando descubrió que el blanco era Pedro Joaquín Chamorro quiso echarse para atrás, pero que Peña no lo dejó. Peña amenazó con matar a la familia de Vega si éste no seguía adelante con el plan.

DURANTE toda una semana mantuvieron a Pedro bajo vigilancia. Su intención era la de matarlo en la primera oportunidad, pero todas las veces Vega cometió alguna torpeza que echaba el plan abajo. Así pues, y en lugar de cometer el crimen personalmente, contrató a los asesinos profesionales, Domingo Acevedo y Harold Cedeño. Fueron ellos los que apretaron el gatillo a cambio de diez mil córdobas. Durante su confesión, Vega pidió protección y se echó a llorar. «He matado al que era nuestro único protector, al defensor de los pobres.»

Esa misma tarde, Silvio Peña fue arrestado en Chinandega, la ciudad de los productores de algodón, que queda aproximadamente a dos horas de camino hacia el occidente de Managua. Reconoció que había organizado el asesinato de Pedro. Pero insistió en que los autores intelectuales del crimen habían sido un grupo de fieles a Somoza. Delató a Cornelio Hueck, el hombre que había tratado de hundir a Pedro acusándolo de injurias; a Pedro Ramos, el cubano de Plasmaféresis; a Fausto Zelaya, que gestionaba los proyectos de construcción de viviendas que eran uno de los negocios más rentables de Somoza después del terremoto, y al propio hijo de Somoza, Tachito, Anastasio III. En un momento y otro todos ellos habían sido objeto de los antiguos ataques de Pedro. Pero negaron cualquier relación con el crimen.

Cuando se le preguntó cuánto había recibido a modo de pago, Peña respondió: «Cinco mil», «¿Córdobas?», le preguntaron. «No, de los grandes de verdad...»

Si la cantidad era correcta, no cabe la menor duda que eso significaba que estaban implicadas algunas personas poderosas. Pero no creo ni por un momento que bajo Somoza se pudiera descubrir la verdad.

En *La Prensa*, nuestros hijos escribieron sus homenajes. Primero, Carlos Fernando:

> *Hemos perdido a un padre y a un amigo, a una persona*
> *íntegra, que destacaba como padre de familia y figura pública...*

... Hay muchas cosas que podría decir acerca de su vida, como por ejemplo el camino de rectitud que siguió hasta su muerte, el impacto que ejerció en nuestro país. Pero el pueblo se ha manifestado con mucha más elocuencia que yo saliendo a las calles en masa, expresando su indignación ante su asesinato y la solidaridad para con su causa.
... ¿Quién hará justicia por este crimen, me pregunto? Somoza no. Carece totalmente de credibilidad. No, Somoza no, que mata o hace que otros maten en su nombre. La justicia sólo puede proceder del pueblo.

Luego Claudia:

Padre, no hay palabras para describirte como progenitor, como hombre, como mi mejor amigo... El dolor que siento por tu muerte es muy grande, pero mayor es mi orgullo por vos...
Padre... un día me dijiste que morirías por nosotros. Durante años esas palabras han permanecido silenciosas en mi corazón. Ahora han encontrado mi voz y las pronuncio para que todos puedan oírlas:
«... Nuestros hijos son la Patria, y por ellos debemos sufrir y algunas veces incluso morir.»
... Padre, hoy por ti temblarán la tierra y el cielo...
... Nadie puede detenernos.
Padre, fuiste elegido por el Señor... Ahora que estás en su gloria, cuida de nosotros.

HABÍA transcurrido una semana desde la muerte de Pedro cuando Rafael Córdoba Rivas leyó su última voluntad y testamento. Se trataba de una larga despedida en la que volvía a enunciar las metas y objetivos de su vida. Lo poco que poseía me lo dejaba a mí. No tenemos nada en términos de riqueza material. Me designó como «única ejecutora y albacea» de su testamento, «de manera que pueda desempeñar su representación libre de cualquier traba».

Para los estudios de los muchachos, Quinto Pedro Joaquín de la Merced, Claudia Lucía Cayetana, Cristiana María y Carlos Fernando Frutos Eugenio, todos ellos con el apellido Chamorro Barrios, decía en su testamento, «dejo mil córdobas». En aquella época eso representaba alrededor de 300 dólares. Les podría haber dejado más. Pero creo que estaba intentando que supieran que el dinero apenas le interesaba. El auténtico legado de Pedro consistió en su ejemplo, los numerosos libros y diarios en los que compartió sus pensamientos y experiencias. Después de la lectura del testamento, celebré una conferencia de prensa. Conté a los periodistas que la noche antes, viendo la televisión, había contemplado por primera vez el cadáver de Pedro. En las imágenes aparecía boca arriba en la morgue, con los brazos y el torso cubiertos de sangre. Parecía como si lo acabaran de desclavar de la cruz. Con todo respeto me recordaba la figura de Cristo después de la crucifixión. Su sangre se veía derramada densa y oscura. Les dije a todos que Somoza sabía que nunca podría lavarse las manos de ese crimen.

Animándome a proseguir la misión emprendida por Pedro estaban mi familia, los amigos de Pedro y sus aliados políticos. Entre ellos Carlos Andrés Pérez, el presidente de Venezuela.

Al igual que una gran mayoría de gente, la reacción inmediata de Carlos Andrés al asesinato de Pedro fue de incredulidad, sobre todo porque se había reunido recientemente con Tacho, quien le había asegurado que no tenía ningún interés en hacerle daño a Pedro. En lugar de ello, Tacho había argumentado con todo cinismo que el mantenimiento de Pedro y de *La Prensa* le ayudaban. Dijo: «Pedro es la prueba viviente de que en nuestro país hay libertad.»

Carlos Andrés había planificado reunirse con Pedro después que acudiéramos a las reuniones de la SIP, pero, debido a lo apretado de su agenda, la cita no tuvo lugar. Ahora Pedro estaba muerto, y Carlos Andrés lamentaba no haber visto a su viejo amigo por última vez. A Carlos Andrés no le cabía la menor duda de que Somoza era el culpable. Disgustado ante la falta de moral en Tacho, envió una carta al presidente Carter, pidiéndole que participara en una acción conjunta contra Somoza.

El noveno día después de la muerte de Pedro asistimos a una misa conmemorativa en el barrio Riguero, celebrada por el padre Uriel Molina, quien dijo: «Lo que ante nuestros ojos parece una derrota puede convertirse en nuestra salvación y nuestro triunfo.» Extrayendo sutiles paralelismos del libro de Samuel, habló de la invasión filistea de Israel y de la necesidad de que, bajo el liderazgo de Saúl, el pueblo se uniera y constituyera un frente único contra el enemigo común. En los meses próximos, ese llamamiento a la unidad se convertiría en nuestro auténtico «mandato» nacional. Una vez finalizada la misa, todos marchamos en procesión silenciosa para poner una corona de flores en el cementerio sobre la tumba de Pedro.

Aquella tarde, el Consejo Superior para la Iniciativa Privada (COSIP) hizo un llamamiento a poner fin a la farsa de justicia de Somoza. «Este crimen brutal», declararon, «ha sacado a la luz la decadencia moral y la ausencia de garantías personales en las que los nicaragüenses nos vemos obligados a vivir.»

Después que la Unión Demócrata para la Liberación (UDEL) renunciara al diálogo nacional, lo hicieron también el sector privado y la Iglesia. En una declaración pública dictada por el arzobispo Miguel Obando y Bravo, dijeron que era demasiado tarde para seguir manteniendo conversaciones con Somoza en torno a posibles reformas. Exigieron el final del régimen de Somoza.

En la Universidad Nacional Autónoma, la huelga que había estallado el día antes del asesinato de Pedro se mantuvo. Ahora se había convertido en una serie de disturbios sangrientos, en los que murieron diez personas y doscientas fueron heridas.

Ese mismo día, el COSIP dio a conocer una serie de comunicados convocando a toda la nación a una huelga general. Primero cerraron las tiendas del centro comercial, luego los concesionarios de automóviles, las ferreterías y los supermercados, seguidos por el mayor complejo industrial del país, la Nicaragua Sugar States. Desde la primera semana de huelga las calles de la capital se quedaron desiertas. Hubo muy poca o ninguna actividad comercial.

Por primera vez en la historia del país, se podía ver que había unidad en nuestra oposición. La gente había decidido ya lo que quería. Querían echar a Somoza. Fue el inicio de la revolución cívica que Pedro había creído siempre posible.

Esa semana, Claudia, Cristiana y yo nos presentamos ante un juez de distrito, acusando directamente a Somoza de la muerte de Pedro. Después empezó a escucharse en todas partes el clamor exigiendo la renuncia de Somoza. Se convirtió en una condición para poner fin a la huelga.

Veinte días después del asesinato, Venezuela cortó su ayuda a Nicaragua: no más petróleo. En aquellos momentos Nicaragua dependía totalmente del petróleo venezolano.

Luego, casi simultáneamente, Estados Unidos declaró que mientras no viera ningún avance en la situación de los derechos humanos en Nicaragua, dejaba en suspenso la ayuda militar. Finalmente Somoza se dio cuenta que estaba entre la espada y la pared y empezó a llamar a sus amigos de Washington para que intercedieran en su favor. Hubo numerosos congresistas que salieron en su ayuda: George Hansen, republicano de Idaho; Charles Wilson, de Texas; John Murphy, demócrata por Nueva York y ex compañero de clase de Somoza. Los dos habían asistido juntos a West Point. Murphy era el presidente del Comité de Marina Mercante y Pesquerías, que tenía bajo su jurisdicción toda una serie de leyes importantes (relativas al Canal de Panamá) que el presidente Carter estaba consiguiendo fueran aprobadas por el Congreso. Resolver las diferencias de Estados Unidos con los panameños en torno al canal había sido uno de los objetivos fundamentales de la administración Carter. Ahora Murphy amenazaba con hundir esa iniciativa a menos que Carter dejara en paz a Somoza.

Mientras la ayuda norteamericana a Somoza dependía de un hilo, miles de manifestantes recorrían las calles de León y Granada cantando «Abajo Somoza» y «El pueblo unido jamás será vencido». En Matagalpa diez personas murieron en un enfrentamiento con la Guardia. En Managua, las madres campesinas de los desaparecidos, hombres y mujeres arrestados sin justificación alguna, torturados y quizás ejecutados, se adueñaron de las oficinas de las Naciones Unidas. Exigieron que Carter enviara una misión de derechos humanos a Nicaragua para investigar las desapariciones, mientras que la huelga continuaba en toda la nación.

El 1 de febrero se cumplió la segunda semana de la huelga. *La Prensa* informó de que todo el sistema económico permanecía inactivo y que se había interrumpido el 75 por 100 de la actividad comercial de Nicaragua, lo que representaba millones de dólares de pérdidas al día. Mientras tanto, Somoza continuaba afirmando que tenía el apoyo de Estados Unidos y que no iba a renunciar. Fue en ese momento cuando la Federación de Periodistas Latinoamericanos, a la que pertenecían sesenta mil miembros, puso en marcha un fondo de ayuda para la huelga. Empezó a llegar el dinero de todas partes.

Un día, en las oficinas de *La Prensa*, Jaime me dijo que en el banco había un cheque a mi nombre por valor de cien mil dólares, que me había enviado Carlos Andrés Pérez. Quería instrucciones sobre qué debía hacer. Yo no sabía si el dinero era para mí personalmente o para algún otro fin. Carlos Andrés no había dicho nada. Di por tanto instrucciones a Jaime que retuviera el cheque mientras yo averiguaba cuál era el objetivo de esos fondos.

Pasaron unos cuantos días, en los que mantuve mi silencio. Entonces una noche, vino Claudia a mi habitación. Me preguntó: «¿Es verdad que Carlos Andrés te mandó cien mil dólares?» «Sí, es verdad», le dije, sorprendida de que lo supiera. «¿Qué pasa?», pregunté.

«Nos gustaría que prestaras parte de ellos para la causa.»

«¿Quiénes?», pregunté.

«Los Doce. Te los devolverán.»

«Claudia, no sé por qué me han dado ese dinero. Déjame pensarlo.» Días después, hablando por teléfono con Carlos Andrés, me enteré de que el dinero era para mí. «Haz con él lo que quieras», me dijo. «Sé que Pedro no era rico. Eres viuda con cuatro hijos. Sé que necesitas ese dinero. Es un regalo mío para ti. Por favor, acéptalo.»

Recordé el momento en Costa Rica en que yo le había regalado nuestro viejo refrigerador y pensé agradecida: Esto es un pago con intereses.

«Te visitaré pronto», le dije, «para darte personalmente las gracias.»

A Los Doce decidí prestarles cincuenta mil dólares. Calculé que podía permitírmelo. De *La Prensa* recibía ingresos suficientes para mantenerme. Además, era sólo un préstamo. Entre nosotros no hubo más que nuestra palabra. Después de todo, Los Doce eran personas en las que podía confiar: Joaquín Cuadra Chamorro y los hermanos Cardenal, Fernando y Ernesto, eran parientes de Pedro; Reynaldo Tefel había sido miembro de la expedición de

Olama y Mollejones, mientras que los demás, Emilio Baltodano, Carlos Tunnermann, Ricardo Coronel Kautz, Ernesto Castillo, Arturo Cruz y el doctor Carlos Gutiérrez eran todos hombres con los que Pedro y yo nos habíamos relacionado socialmente. Sabía que Miguel d'Escoto procedía de una familia somocista, pero era un sacerdote activista, lo que parecía equilibrar las cosas. Así pues, aquella mañana, llamé a Jaime y le dije que estaba autorizando a la esposa de Ernesto Castillo para retirar la cantidad acordada. Desearía que Jaime hubiera hecho una copia del cheque que entregó a Rosa la esposa de Ernesto Castillo, ya que hasta la fecha no ha recuperado ni un solo centavo. El dinero no me importa. Lo que me molesta es la sensación de haber sido engañada. Poca gente lo sabe, pero yo contribuí a financiar la revolución contra Somoza.

HABÍAN PASADO unos treinta días después de la muerte de Pedro cuando nos reunimos para celebrar el cumpleaños número veinticinco de Cristiana, el día en que debía haber contraído matrimonio. Sintiéndose momentáneamente animados, ella y Antonio decidieron seguir adelante con sus planes y casarse. Aquella noche alguien encontró a un juez de paz, que celebró una ceremonia civil en casa de Claudia. Se programó una ceremonia católica para el siguiente fin de semana en nuestra casa de Las Palmas.

Xavier Chamorro, hermano de Pedro, nos pidió de inmediato sustituir a Pedro y entregar a Cristiana en su boda. Tanto en el seno del clan de los Chamorro como en la UDEL había bastante expectativa sobre quién sería el heredero político de Pedro. Nadie de nuestra familia inmediata se imaginó que esta acción por parte de Xavier sería interpretada como cualquier cosa menos simbólica.

Al día siguiente, feliz de cumplir mi deber como madre, enterré mi dolor y me entregué a preparar los detalles para la boda de Cristiana. No había tiempo para organizar gran cosa ni preparar su alistamiento como se acostumbraba.

Había que limpiar la casa de Las Palmas, preparar la comida, disponer las flores. Claudia se dedicó a coser ella misma una blusa para que Cristiana la luciera con la falda que habíamos comprado en Miami. Cristiana y yo discutimos sobre si debía llevar fustán debajo de la falda del traje nupcial, que era de gasa muy fina, petición a la que finalmente no accedió. Tampoco aceptó dejar su apellido de soltera y tomar el apellido de su marido. Eso era poco común en Nicaragua, donde las mujeres utilizaban tradicionalmente el «de» después de su primer apellido, indicando que pasan a ser parte del marido y su familia.

«No pertenezco a nadie», dijo. «Yo soy Cristiana Chamorro Barrios. No puedo renunciar a mí misma.» Antonio dijo: «Que haga lo que quiera.»

Mientras celebrábamos nuestra fiesta familiar en Monimbó, barrio indígena de Masaya al sur de Managua, estaba gestándose un levantamiento. Comenzó con la protesta de los manifestantes todas las noches después del toque de queda. A lo largo de los días fue subiendo el tono de la protesta, con quemas de neumáticos y lanzamientos de cócteles Molotov. El comandante local y sus tropas, siguiendo órdenes estrictas de no molestar a los manifestantes, se mantenían a una cierta distancia.

Cuando llegó el día de la boda de Cristiana, la ceremonia no puede ser más breve y sencilla. Cristiana llevaba flores frescas en el pelo y en las sandalias. Siguiendo los deseos de Pedro, su prima Erika Holmann, la hija de Anita, portó la estrella de David que compramos en el mercado de Rivas. La presencia de Xavier junto a Cristiana se interpretó como un honor, y algunas personas dedujeron que Xavier, el subdirector de *La Prensa*, había sucedido a Pedro de un modo u otro. Aunque me sorprendió esta reacción, no le di la menor importancia. Entre los llantos y las risas no me quedaba tiempo para pensamientos de herencias políticas. Feliz de estar con mi familia, les pedí a todos que se alegraran con lo que nos aguardaba mientras que en privado lloraba por lo que yo ya había perdido.

Esa misma tarde los recién casados partieron para América del Sur en viaje de luna de miel. Después se trasladaron a vivir a mi casa en Las Palmas. Pedro Joaquín, Marta Lucía, Valentina y Sexto Pedro Joaquín estaban todavía viviendo en el «palomar», por lo que Cristiana y Antonio se instalaron en la antigua habitación de ella, situada justo junto a la mía.

Hacia finales de febrero, la inquietud en Masaya había empezado a extenderse a otras ciudades: Managua, León, Estelí, Matagalpa, etc. En todo el país empezaba a dejarse sentir entre el conjunto de la población el creciente apoyo a los jóvenes rebeldes (los muchachos). Carlos Andrés, que había permanecido en constante comunicación con Jimmy Carter, me contó que, en su opinión, los Estados Unidos tendrían que intervenir para echar a Somoza del poder. No sé si fue debido a las amenazas de Murphy de hacer descarrilar el tratado sobre el Canal de Panamá, pero Carter se mostró cada vez más en contra de una acción militar. «Los Estados Unidos», afirmó, «no pueden intervenir para deponer al Gobierno de ningún país, por valiosa que sea esa causa». Carlos Andrés se mostró furioso. Por otro lado, mi opinión era la de que Nicaragua no debía poner nunca en peligro su soberanía, que es lo que por lo general consiguen las intervenciones extranjeras. Somoza caería como consecuencia de las presiones internas, siempre que Estados Unidos se mantuviera al margen. Pero lo que sí quería era que la suspensión temporal de la ayuda militar norteamericana se convirtiera en permanente.

La oportunidad para promover esta idea la tuve varios días después cuando me invitaron a Cancún, México, a la convención anual de la Sociedad Interamericana de Prensa (SIP), organización periodística que siempre escuchó las denuncias de Pedro sobre violaciones a la libertad de expresión y derechos humanos en Nicaragua. Pocos días antes de mi partida, se produjeron nuevos derramamientos de sangre. En la iglesia de San Sebastián de Monimbó, un grupo aproximadamente de dos mil mujeres y niños estaban asistiendo a una misa conmemorativa en honor de Pedro cuando se vieron atacados por la Guardia Nacional con gases lacrimógenos. Aquella misma tarde, que por casualidad era también el aniversario del fallecimiento de Augusto C. Sandino, los campesinos fabricaron bombas rudimentarias que hicieron estallar por toda la ciudad. La rebelión fue aplastada por el general Reinaldo Pérez Vega y por un batallón del ejército de Somoza. Aunque breve, el asedio llegó a convertirse en un símbolo de resistencia heroica y en el modelo para las futuras campañas guerrilleras de los sandinistas en todo el país.

Todavía más decidida a poner fin a esas matanzas, el 28 de febrero partí para Cancún. Allí donde iba me veía seguida por periodistas que querían que hablara de Pedro, «el mártir de las libertades públicas». Esta simpatía natural hacia Pedro, unida a las audaces acciones de las masas populares, habían convertido a Nicaragua en noticia de primera página. Recuerdo que Pedro Joaquín y Marta Lucía, mis acompañantes en este viaje, insistían en que, para protegerme de los periodistas, entrara en todos los lugares por la puerta trasera. Pero mi ferviente deseo de acabar con Somoza me daba energías y fuerzas inagotables. Insistí en conceder el mayor número de entrevistas posible. Quería que todo el mundo supiera que los Somoza no habían mostrado el menor interés por descubrir la verdad acerca del crimen.

EN CANCÚN pronuncié el discurso que había redactado con la ayuda de Pedro Joaquín. Aunque al principio había tenido algunas dificultades de carácter oratorio, ahora las palabras fluían con toda facilidad: «Amigos míos, mientras nosotros estamos aquí bajo la luz del sol de esta hermosa ciudad... la libertad de prensa permanece cautiva en las brutales manos de la dictadura de Somoza... *La Prensa*, el periódico de mayor circulación del país, se ve sometido a una censura diaria... y todas las emisoras de radio y cadenas de televisión independientes están sujetas al código negro de Somoza... a un conjunto arbitrario de normas que van contra los medios.» El dictador podía cerrarnos literalmente a su voluntad. Cuando terminé mi discurso, me senté mientras recibía calurosos aplausos.

Cargada con la emoción generada por mi primer discurso, algunos días después di una conferencia en la Freedom House de Nueva York denunciando a la dictadura de Somoza y a la Guardia Nacional como factores de inestabilidad en nuestro país. Dije: «La mayoría de los nicaragüenses desean que Somoza deje de gobernar. Si se produce una revuelta armada, se deberá a la negativa de Somoza a dejar el poder.»

Mis declaraciones a la prensa deben haber tenido algún efecto en el presidente Carter; ya que, en aquellos momentos, y a instancias de Carter, el embajador norteamericano, Maurice Solaun, intervino para poner fin a las hostilidades entre los huelguistas y Somoza. Hizo una visita a Somoza y consiguió de él la promesa de abandonar la política al final de su mandato y empezar a adoptar una serie de medidas liberadoras que restaurarían las libertades civiles, levantarían el estado de emergencia y pondrían fin a la censura contra La Prensa. Gracias a esas promesas, terminó la huelga. Pero la oposición no desapareció. Jóvenes profesionales y empresarios, el centro de la oposición, que no estaba a favor del sandinismo pero tenía una cierta conciencia social, se unieron a Alfonso Robelo para crear un nuevo partido político, el Movimiento Democrático Nicaragüense (MDN) en febrero de 1978. Al mismo tiempo, Alfonso anunció su dimisión de la dirección del COSIP, vendió las acciones en su empresa, mientras declaraba que a partir de ese momento se dedicaría única y exclusivamente a la política. Muchos de los fundadores originales del MDN, Ernesto Leal, Fernando Guzmán, Pablo Vigil y Carlos Hurtado, se convertirían posteriormente en miembros del Gobierno bajo mi administración.

Somoza respetó la promesa que había hecho a Solaun, consistente en levantar el estado de emergencia y la censura sobre La Prensa. De inmediato, nuestro periódico informó que tropas paramilitares mantenían Monimbó prácticamente en estado de sitio; que en Estelí se había producido una masacre cuando toda la ciudad se había echado a la calle para protestar después que tropas armadas dispararon contra un niño de doce años; que tanto en León como en Matagalpa varias personas habían resultado muertas cuando intentaban incendiar barricadas para protestar contra el régimen. El titular de nuestro reportaje de primera página decía: «En todo el país la población ha perdido su miedo a Somoza y está exigiendo el final de su régimen.»

Al mismo tiempo, y en Washington, yo asistí a una ceremonia en honor de Pedro, organizada por un grupo prodemocracia llamado Organización Mundial para la Libertad Democrática.

En el transcurso de esa visita conocí al senador Edward Kennedy y otros miembros influyentes del Congreso de Estados Unidos. También me reuní con el Subsecretario de Estado para asuntos interamericanos, Terence Todman. A todos ellos les informé de las últimas noticias, y los alerté de un posible baño de sangre que tendría lugar en Nicaragua si Somoza permanecía en el poder. Les dije: «La gente no está ya asustada de Somoza. No se detendrán ante nada para expulsarlo.»

Quería contrarrestar la influyente posición de los partidarios de Somoza que insistían en defender al dictador argumentando que él era un freno al comunismo y que la suspensión de la ayuda militar a Somoza por parte de Carter indicaba una tendencia izquierdista en el presidente norteamericano. «Muy al contrario», decía yo, «la inquietud en mi país es una reacción ante el obstinado deseo del propio Somoza por seguir en el poder a costa de violar los derechos humanos. La nuestra era una lucha al margen de la que realizaba la izquierda marxista, emprendida por una mayoría abrumadora de la población en la que había empresarios, obreros, campesinos, jóvenes, partidos políticos, etc. «Mientras Somoza no se vaya, en Nicaragua seguirá corriendo la sangre, lágrimas y dolor.» Yo no era una buena oradora, pero hablé apasionadamente. Creía firmemente que la prolongación del régimen de Somoza nos empujaba a todos al borde de la desesperación. Pocos días después, comprendería hasta qué punto era verdad.

A mi regreso, a comienzos de 1979, me enteré que Reynaldo Pérez Vega, el general que había reprimido la rebelión de Monimbó, había sido asesinado. El cuerpo del general cubierto de sangre fue descubierto en la casa de una conocida abogada, Nora Astorga Jenkins. Estaba envuelto en la bandera roja y negra del frente sandinista.

Nora Astorga había trabajado durante cinco años como consejera legal de nuestro antiguo amigo Enrique Pereira. Enrique Pereira, un hombre impulsivo a quien apodamos «tiburón», estimaba mucho a Nora y nos aseguró que no había la menor posibilidad que tuviera la mínima conexión con aquel terrible crimen. Todo el mundo se sentía perplejo y confundido.

Pasó una semana. Luego, una mañana, en nuestras oficinas de La Prensa, recibimos una carta de Nora Astorga Jenkins declarándose orgullosamente militante sandinista y asumiendo la plena responsabilidad de lo que ella decía, había sido la «ejecución» de un «sicario de Somoza». Siguiendo órdenes de sus superiores en el Frente Sandinista, había seducido a Pérez Vega, conduciéndolo hasta su casa a una emboscada, en la que había sido apuñalado varias veces en el cuello con un punzón para hielo.

La responsabilidad de reproducir la polémica carta en *La Prensa* cayó sobre el Consejo Editorial del periódico, en aquel momento integrado por personas que eran secretamente miembros del movimiento sandinista, como mi hijo Carlos Fernando, Danilo Aguirre, Eduardo Holmann, Xavier Chamorro y Edmundo Jarquín. Tenían una estrategia secreta consistente en inclinar las noticias del día en favor de los objetivos sandinistas. Los otros miembros del Consejo Editorial, Pedro Joaquín, Pablo Antonio Cuadra y Horacio Ruiz, que no eran sandinistas, simpatizaban frecuentemente con sus puntos de vista, aunque no siempre de manera unánime. Sin embargo, y en este caso, la decisión de publicar la carta de Nora no encontró la oposición de nadie. Y por tanto, apareció en el número de aquel día junto con una foto de la abogada, vestida de uniforme militar y con una metralleta en la mano. La noticia provocó inmediatamente una gran sensación en Managua. Era la historia de una persona normal y corriente impulsada a un comportamiento extraordinario por su deseo de echar a Somoza del poder. La gente comparaba a Nora con Judith, la heroína bíblica que tuvo que matar al rey Holofernes para liberar al pueblo de Israel. Aquel acontecimiento suscitó una rara aceptación social de los actos terroristas y contribuyó a la radicalización de la oposición moderada.

Algunas semanas después, el 28 de marzo, Carlos Andrés Pérez se reunió con el presidente Carter en Caracas. Consciente de los últimos acontecimientos, le dijo a Carter: «Nicaragua está a punto de emprender el camino de una insurrección violenta. Si no se hace nada para intervenir, podría convertirse en la repetición de Cuba bajo el régimen de Batista.» A modo de respuesta, Carter expuso toda una serie de canales diplomáticos multilaterales que Estados Unidos podía explorar. Carlos Andrés, un hombre enérgico y dinámico al que le gustaba llevar personalmente las cosas, no tenía fe ni paciencia para esperar que se produjeran esas conversaciones multilaterales. Entonces decidió apoyar directamente a los sandinistas.

Una vez me dijo que lo importante en ese momento no eran las ideas de los sandinistas: «Son los enemigos de mi enemigo, y como tales merecen mi ayuda», me dijo. «Para triunfar sobre el tirano tenemos que lograr un frente unido y olvidarnos de nuestros desacuerdos.» Yo veía a los sandinistas como guerrilleros, que vivían al margen de la ley, sin la menor idea de cómo comportarse en una sociedad civil. Sentía en aquel momento que una alianza con los sandinistas era peligrosa. Pero las presiones nacionales e internacionales eran tan grandes que no teníamos tiempo para razonar. Además en nuestras mentes y en el contexto de nuestra lucha, la punta de lanza de nuestra rebelión era Pedro y no Marx.

Esto quedó claro en un acontecimiento organizado por la Unión Democrática para la Liberación (UDEL), en la ciudad de Granada. Se develizó una estatua de Pedro, y todos los destacados líderes de los distintos partidos se turnaron para hablar. Casi todos expresaron lo mismo diciendo que llevaban a Pedro en sus corazones como un emblema mientras luchábamos contra la dictadura dinástica de los Somoza. Allí en Granada, en Monimbó, en Estelí y en todo el país el grito de guerra y protesta era: «¡Pedro Joaquín Chamorro vive!»

De pie ante el micrófono, contemplé durante un momento la blancura del monumento en honor de Pedro: estaba tan bien realizado como si su carne se hubiera trasmutado en piedra. Luego, tras recuperar la voz, dije: «El don que hemos recibido de la tragedia que representa la muerte de Pedro es la unidad nacional. Aunque enormemente doloroso para mí y para mis hijos, su martirio es el medio a través del cual se están haciendo realidad los ideales de Pedro.»

Para Carlos Fernando, el asesinato de Pedro representó un auténtico momento decisivo. Durante años había colaborado con varios movimientos revolucionarios cristianos realizando labores de carácter sociopolítico. Con la muerte de Pedro, Carlos Fernando empezó a llevar una doble vida. De día era un periodista en *La Prensa;* de noche estaba realizando tareas políticas, recabando el apoyo de las masas para la lucha armada del FSLN. Pero no quería que yo supiera nada de esto. Algunas veces desaparecía durante días y días en los barrios pobres de la ciudad. Como madre, yo intuía cada vez más su mayor compromiso con la causa revolucionaria y me preocupaba por su seguridad. Si caía en manos de los guardias de Somoza, él, el hijo de Pedro Joaquín Chamorro, ¿qué ocurriría? Sinceramente, no lo sabía. Todo lo que podía hacer era esforzarme a través de la prensa y de mis campañas en el extranjero por encontrar lo antes posible una solución al conflicto.

Tras la muerte de Pedro, en *La Prensa* todo el mundo se preguntaba: «¿Qué piensa Violeta?» En mi calidad de presidenta de la Junta Directiva, yo sabía de la influencia creciente de Xavier, que se había abierto camino hasta convertirse en director del periódico, a pesar de las protestas de Carlos Holmann y de Jaime. Pero, como viuda de Pedro, que había consagrado su vida a *La Prensa*, gozaba de una posición preeminente que me permitía actuar como la representante y vocera del periódico.

A mediados de junio el presidente Carter viajó a Panamá para firmar los documentos oficiales de traspaso que ponían fin al tratado por el que Panamá y Estados Unidos habían acordado declarar el canal zona neutral permanente. La vía crucial del agua había sido durante los últimos diez años un tema conflictivo en las relaciones panameño-norteamericanas. Ahora los dos países iban a convertirse en aliados y administrar el canal en beneficio de ambos. En América Latina eso se consideró como un avance significativo en las relaciones entre Estados Unidos y el resto del continente. Carter aprovechó la ocasión para discutir con dirigentes de Venezuela, Costa Rica, Colombia, México y Jamaica la situación de los derechos humanos en América Latina. Todo el mundo estaba pensando en Nicaragua y en cómo favorecer la libertad y la democracia en nuestro país.

Hasta entonces, el máximo dirigente de Panamá, el general Omar Torrijos, había sido amigo de Somoza. Ahora, quizás como consecuencia de la firma del tratado y el deseo de ser bien visto por su nuevo amigo democrático Jimmy Carter, Torrijos decidió intentar influir en Somoza. A través de Luis Pallais, el primo del dictador, Torrijos mandó un aviso a Somoza de que debía democratizar el país o perecería. Le puso como ejemplo las próximas elecciones en Panamá y sugirió que Somoza hiciera lo mismo. Se filtraron las noticias de aquella reunión secreta que se convirtieron en tema de discusión en los círculos políticos y sociales de la capital. Humillado, Somoza se mostró muy irritado con Torrijos.

Fue en medio de esta situación cuando yo partí para visitar a Carlos Andrés en Venezuela y darle personalmente las gracias por el dinero que me había enviado. Al igual que siempre, Carlos Andrés nos ofreció su amistad y apoyo incondicional. El 19 de junio, varios días después de que Somoza había recibido el mensaje de Torrijos, el dictador anunció una nueva serie de medidas liberalizadoras; incluía la amnistía para todos los presos políticos y el regreso de Los Doce del exilio. En aquellos momentos, yo estaba regresando de Venezuela a Nicaragua. En el camino, me detuve en Costa Rica para reunirme con Rodrigo Carazo Odio, el recién electo presidente de la República vecina. Me recibió en el aeropuerto. Me dijo que, sin llegar a intervenir directamente ni quebrantar su posición de neutralidad, Costa Rica ayudaría a nuestra causa. En aquellos momentos, Costa Rica servía ya de refugio a Los Doce y a dirigentes del movimiento sandinista como Humberto Ortega. Con el tiempo, Costa Rica se convertiría en un puente terrestre para la llegada de armas a los guerrilleros sandinistas que operaban al norte de dicho país.

Aproximadamente en este período, las medidas liberalizadoras de Somoza empezaron a calmar a la oposición. Se empezó a hablar de negociaciones con el sector privado. Eso inquietó a los sandinistas. La estrategia sandinista era la de lograr un levantamiento armado que les proporcionara la victoria total y el pleno control del país. Poco tiempo después, y a través de Los Doce, los sandinistas Daniel y Humberto Ortega propusieron una alianza táctica con la burguesía. Esta facción de los sandinistas, que llegó a conocerse como los terceristas, renegaron del marxismo y dio toda una serie de pasos destinados a conseguir un apoyo pluralista hasta crear un frente amplio de oposición favorable a la lucha armada. En privado, las otras dos tendencias sandinistas estaban en desacuerdo con esta posición, lo que en un tiempo había provocado una quiebra en el seno del movimiento rebelde.

El 6 de julio, Los Doce volvieron a Nicaragua para poner en marcha el nuevo plan de los terceristas que para entonces habían logrado la unidad con las otras facciones sandinistas. La mañana de su llegada miles de espectadores se situaron junto a la carretera del aeropuerto para recibirlos. Desde las oficinas de *La Prensa*, Cristiana y yo los vimos pasar por delante de nosotras montados en la parte trasera de un camión.

Su primera parada fue en Monimbó, para poner una corona de flores en el lugar en el que había comenzado la masacre de Monimbó, provocada por las protestas con motivo del asesinato de Pedro. Entre la multitud, y como observador, estaba Carlos Fernando. Se había mostrado en todo momento escéptico sobre el efecto que un grupo de hombres «burgueses» como Los Doce podrían tener para despertar el ánimo de las «masas» y levantar una revolución, pero Carlos volvió impresionado por el enorme apoyo popular que parecían haber suscitado aquellos hombres.

Provocando una gran euforia entre las multitudes, Los Doce alabaron la forma heroica en la que Pedro había vivido. Después, esa misma tarde, Cristiana y yo les dimos la bienvenida en mi casa y juntos marchamos hasta el cementerio para depositar flores sobre su tumba. Honrar a Pedro fue una táctica hábil por parte de Los Doce. Haciéndolo se asociaban con la lucha de Pedro y su martirio. Como creía que eso serviría para favorecer nuestra causa, cooperé y les ofrecí mi apoyo y el de *La Prensa.*

En los días siguientes, *La Prensa* publicó todos y cada uno de los pasos que dieron Los Doce. Para disgusto de Somoza, no perdieron el tiempo y se dedicaron a viajar por el país promoviendo el apoyo para una rebelión armada. En sólo cuestión de semanas lograron la unidad con el Frente Amplio de Oposición (FAO), la UDEL, el MDN y dos federaciones sindicales.

El presidente Carter interpretó las noticias de esas actividades como una señal segura de que el dictador entraría en razón y se dispondría a negociar su salida. El 30 de junio de 1978, Carter escribió una carta estimuladora a Somoza felicitándolo por haber permitido el regreso de Los Doce, animándolo a seguir adelante con sus planes, ofrecer la amnistía a todos los presos políticos, reformar el sistema electoral y ratificar la Convención Americana sobre Derechos Humanos.

A muchos de nosotros nos parecía como si Carter estuviera intentando llegar a arreglos con Somoza. En aquellos momentos llegué a cuestionar la política de derechos humanos del Presidente Carter. (Hoy en día pienso que pudo ser un gesto inocente de su parte.) Me apresuré por tanto a enviarle una carta en la que yo acusaba directamente a Somoza del asesinato de Pedro y le decía además que era una expresión de la violación de los derechos humanos en Nicaragua. Pedía también que hiciera honor a su promesa de castigar los abusos de los derechos humanos. Me despedía diciendo: «Señor presidente, el pueblo nicaragüense está todavía esperando y confiando en que demostrará un enfoque más coherente en la aplicación de su política de derechos humanos.»

Hacia finales de julio, Somoza se desplazó a la isla de Orchilla, cerca de la costa de Venezuela, para reunirse en privado con Carlos Andrés. En el transcurso de ese encuentro, Somoza reveló a Carlos Andrés el contenido de la carta de felicitación de Carter. Dio a entender que había llegado a un acuerdo con el presidente norteamericano. Posteriormente Carlos Andrés me contaría que le había dicho a Somoza que la represión no podía llevarla demasiado lejos. Antes o después su dictadura terminaría, con o sin el apoyo norteamericano.

El compromiso de Carlos Andrés era casi tan grande como el mío. En mi deseo de situar nuestra causa en el centro de cualquier discusión, no desperdiciaba ninguna oportunidad, por personal o dolorosa que fuese, de insistir en la nefasta presencia de los Somoza en Nicaragua. A todos los periodistas que venían a mi casa les hablaba de los veintisiete años que había pasado con Pedro. «Mientras luchábamos contra los Somoza hubo años llenos de sufrimiento y angustia, siempre huyendo, siempre en peligro. No deseo volver a pasar por esos sufrimientos. Les decía también que no me cambiaría por otra mujer. Después de todo, el ardor de los ideales de Pedro, nuestra vida juntos estuvo llena de pasión y felicidad. Luego les llevaba al despacho de Pedro, convertido actualmente en museo, y en el que se refleja toda nuestra lucha librada durante más de treinta años. Las fotografías, cartas y recuerdos de nuestra vida cuelgan de las paredes a modo de reliquias. Conservo allí el traje a rayas que llevaba durante su encarcelamiento, los cuadros que pintó mientras permaneció en confinamiento solitario, el corsé que tuvo que llevar puesto debido al mal estado de sus vértebras, provocado por las torturas, las prendas de vestir cubiertas de sangre del día del asesinato, las conchas vacías de las bombas lacrimógenas lanzadas por los guardias contra las multitudes que llevaban su féretro al cementerio. A todos y cada uno de los periodistas les repetía lo mismo: «Pedro murió no sólo en nombre de los pobres, sino en el de la libertad de toda Nicaragua.»

El 21 de agosto el Frente Amplio de Oposición (FAO) lanzó un plan de dieciséis puntos exigiendo la renuncia de Somoza. Fue íntegramente publicada en *La Prensa*. La más importante de todas las exigencias era la de crear un gobierno de unidad nacional que sucedería a Somoza y completaría el traspaso del mando de la Guardia Nacional a oficiales no relacionados con él. El Frente Amplio de Oposición (FAO) anunciaba también una segunda huelga general para el mes de septiembre. Yo me sentía llena de optimismo ante la perspectiva de un traspaso pacífico del poder. Pero entonces, y desde el bando sandinista, vino un audaz golpe militar.

El 22 de agosto de 1978, dos camiones de revolucionarios disfrazados de miembros de la Guardia Nacional entraron en el Palacio Nacional. Capturaron a mil doscientos rehenes, incluyendo el Congreso de Somoza. Entre los rehenes había un periodista de *La Prensa*, Manuel Eugarrios, que logró sacar del edificio varios rollos de fotografías, así como un manifiesto del FSLN, gracias a la intervención del arzobispo Miguel Obando y Bravo. Las fotos reflejaban la juventud y valentía de los insurgentes. Arriesgándonos a otro cierre, publicamos las fotos y el manifiesto en la primera página del número de *La Prensa* de aquel día.

Las fotos, sin precedentes en los medios en Nicaragua, situaron a los participantes en esa acción en un nivel de héroes. Sobre todo a Edén Pastora, que se convirtió en el célebre «Comandante Cero». Había también una mujer, Dora María Téllez, que sería famosa como líder militar del ejército rebelde en León.

La toma del Palacio duró cuarenta y ocho horas, desde el 22 al 24 de agosto. Sirvió para conseguir medio millón de dólares en fondos del gobierno de Somoza y la liberación de cincuenta presos políticos, entre ellos Tomás Borge. Los asaltantes del Palacio y los presos liberados huyeron a Panamá, donde fueron recibidos como héroes por el general Omar Torrijos. Después, parte del grupo viajó a Cuba para recibir formación militar. Otros se dirigieron a Costa Rica. Pastora fue a entrevistarse con Carlos Andrés en Venezuela, donde se trazó un plan. Durante los primeros días del mes de septiembre, Edén Pastora, o Comandante Cero, como llegó a ser más conocido, volvió a Costa Rica para poner en marcha un frente de combate en el sur con suministros de armas desde Venezuela.

Un día después que finalizó la toma del Palacio, el FAO convocó a una segunda huelga general. En el plazo de una semana, la huelga consiguió paralizar el país entero.

Según los rumores, esta vez la huelga no era un acto de mera resistencia cívica, sino parte de una acción militar más amplia, planificada en coordinación con los sandinistas. Se rumoreaba que Alfonso Robelo, líder del MDN y miembro del FAO, se había reunido en varias ocasiones con Humberto Ortega en Costa Rica y había establecido una alianza secreta entre el movimiento Cívico MDN y el FSLN.

El hecho es que, dos semanas después de iniciada la huelga, en colaboración con miembros de la burguesía, el FSLN lanzó ataques simultáneos contra varias ciudades: Managua, Masaya, León, Chinandega, Estelí, Diriamba, Jinotepe y Rivas, así como un ataque frontal desde Costa Rica que se conoció como la ofensiva de septiembre. Los sandinistas fueron derrotados y en su retirada fueron protegidos por varios muchachos profesionales de las familias más pudientes de la burguesía. Al ser menos experimentados, muchos de ellos resultaban heridos o capturados.

Un grupo con cuya historia estoy familiarizada fue el constituido por Alfredo César, Bernardo Chamorro, Carlos Schutze, Pierre Peñalba, Alejandro Carrión, Gustavo Adolfo Argüello y otros. Algunos pertenecientes al COSIP, otros al MDN. Todos ellos eran profesionales con puestos de trabajo en el sector privado, hijos de la clase alta. No obstante, después del asesinato de Pedro, comenzaron a colaborar en secreto con la facción del FSLN a la que pertenecían Humberto y Daniel. Las instrucciones que tenían eran las de proporcionar cobertura a un comando del FSLN que, el 9 de septiembre, iba a atacar a un destacamento militar al sur de Managua. Cuando llegaron para tomar sus posiciones, el grupo se vio atrapado por el fuego cruzado entre los guardias y los guerrilleros. Se defendieron con las carabinas que llevaban. Pero no estaban bien preparados para enfrentarse a una situación así. Casi de inmediato, Bernardo Chamorro y Carlos Schutze resultaron levemente heridos en sus extremidades. Así, mientras continuaban el combate, el grupo se refugió en el Colegio Calasanz, situado en las proximidades. Allí pasaron la noche. Por la mañana intentaron escapar. Pero sólo lo lograron Schutze y Chamorro, que lo hicieron con las heridas vendadas y disfrazados de sacerdotes. Los otros tres esperaron hasta la caída de la noche antes de salir a pie en tres direcciones distintas.

César, Carrión y Argüello tuvieron la desgracia de resultar capturados, y durante doce días fueron torturados por los guardias de Somoza. Los golpes que recibieron fueron tan grandes que, cuando a sus familias se les permitió finalmente visitarlos, tenían todo el cuerpo cubierto de moretones. César sobre todo había sufrido la experiencia traumática de ver morir a Gustavo Adolfo Argüello, después de las torturas, mientras permanecía esposado.

Claudia y José habían venido también colaborando con los guerrilleros, permitiendo que su casa fuera utilizada como refugio por comandantes de campo sandinistas. Para evitar que corrieran una suerte parecida en manos de Somoza, los insté a partir en avión para Costa Rica junto a su hija de cinco años de edad, Violeta Margarita, y su hijo de sólo dos meses, Fadrique. Pensé cómo la vida a veces se repite. La marcha de Claudia y José al país vecino me recordó la vida de Pedro y la mía en el exilio.

El 13 de septiembre de 1978, ciento ochenta guerrilleros al mando del Comandante Cero invadieron Nicaragua por su frontera meridional. Tras cuarenta y ocho horas de combates, los invasores huyeron a territorio de Costa Rica perseguidos por las fuerzas aéreas nicaragüenses, que les atacaban con bombas y fuego de ametralladora. En el incidente fronterizo murió un maestro de escuela costarricense. A modo de represalia, el presidente Rodrigo Carazo Odio rompió las relaciones diplomáticas con Nicaragua y pidió a la OEA sanciones contra Nicaragua.

Consciente de que Somoza no caería como consecuencia de una derrota militar, el FAO se reunió con el embajador norteamericano Solaun y le propusieron que una delegación de países amigos visitara Nicaragua para convencer a Somoza de que interrumpiera las hostilidades y buscara una solución pacífica a la situación.

La ofensiva de septiembre fue un fracaso militar, pero provocó mayores movimientos diplomáticos, en el sentido de que impulsó al gobierno norteamericano a actuar. La administración Carter se dio cuenta de que, si Estados Unidos no hacía nada, Nicaragua se polarizaría en dos bandos enfrentados, los Somoza y los sandinistas. Por tanto, en lugar de elegir entre un dictador al que no podían apoyar y un movimiento comunista que no querían respaldar, los funcionarios del Departamento de Estado adoptaron una postura conciliadora, organizando conversaciones multilaterales de mediación en nombre de la OEA.

El 21 de septiembre, los ministros de Asuntos Exteriores de la OEA aprobaron una resolución exigiendo una mediación. Dos semanas después visitó Nicaragua la Comisión Interamericana de Derechos Humanos. Cuando llegaron, Somoza estaba todavía muy ocupado realizando pequeñas «Operaciones de limpieza», que consistían en librarse de las fuerzas insurgentes que quedaban. Los observadores tomaron nota de la práctica indiscriminada que usaba para capturar o dar muerte a cualquiera de quien el régimen sospechara que era rebelde. En sólo dos semanas, la Comisión declaró que Nicaragua violaba gravemente los derechos humanos. Citaba los asesinatos de niños, los bombardeos de territorio civil, la tortura de los prisioneros políticos y las ejecuciones en masa.

William P. Bowdler, el representante norteamericano en el equipo mediador, llegó a la conclusión de que la única forma de evitar la guerra era conseguir que Somoza se marchara. Al llegar a este punto, Carter aumentó las presiones. Convenció al Fondo Monetario Internacional para que suspendiera la línea de crédito a Nicaragua por valor de 20 millones de dólares. Esperaba que eso empujaría a otros acreedores internacionales a hacer lo mismo, dejando prácticamente a Nicaragua en un estado de total iliquidez.

Somoza quiso proponer un plebiscito. Pero, en lugar de ello, Estados Unidos propuso un referéndum sobre Somoza, que lo obligaría a renunciar al poder en caso de perderlo. Somoza rechazó el plan y las conversaciones para la mediación se vieron interrumpidas.

Los asesores de Carter deseaban evitar una caída rápida de Somoza, ya que estaban seguros de que tras su partida se produciría un vacío de poder que facilitaría el ascenso de los líderes sandinistas. En Washington no era ningún secreto que los sandinistas eran admiradores manifiestos de Fidel Castro y que se sentían profundamente agradecidos por la ayuda que les había prestado.

Sin saber muy bien qué hacer, los norteamericanos se negaron a realizar ninguna manifestación pública en contra de Somoza.

POR su lado, el dictador estaba haciendo todo lo que podía para que los norteamericanos restablecieran su confianza en la dictadura. A comienzos de diciembre declaró una amnistía general y liberó a los presos políticos de sus cárceles. Los prisioneros liberados huyeron a Costa Rica, donde inmediatamente empezaron a prepararse para una invasión.

Entre los liberadores estaba Alfredo César, ejecutivo de la familia Pellas, quien había resultado capturado durante el levantamiento de septiembre. La implicación de Alfredo con los sandinistas nos había sorprendido a muchos de nosotros, dado que era un protegido de la familia más rica de Nicaragua después de los Somoza. Todo el mundo creía que lo que le interesaba era labrarse una carrera como uno de sus altos ejecutivos. Además, su aspecto pulcro no era el que uno normalmente asociaría con la imagen de un guerrillero. El desarrollo de los acontecimientos demostraría que su futuro no era el de un soldado en las trincheras, sino el de una especie de aspirante a los más altos escalones del poder. Era precisamente ese aspecto de su personalidad el que más interesaba a los sandinistas. Tras su puesta en libertad, lo reclutaron para que trabajara a tiempo completo como estratega para el futuro gobierno sandinista.

Las conversaciones patrocinadas por Estados Unidos, que se habían reanudado para resolver la crisis, volvieron a verse interrumpidas el 13 de enero cuando ambos bandos declararon un *impasse*. Desaparecieron todas las esperanzas de una solución cívica, y la única vía de actuación que le quedó al pueblo fue la lucha armada.

Un mes después, presionado por los senadores Edward Kennedy, Alan Cranston y por el alcalde de la ciudad de Nueva York Ed Koch, Carter suspendió permanentemente la asistencia militar, canceló la ayuda económica y crediticia, y mandó a que una parte importante del personal de la embajada norteamericana y de miembros de los Cuerpos de Paz, incluyendo al embajador de Estados Unidos, Maurice Solaun, quien se vio sustituido por Lawrence Pezullo, se regresaran a Washington. Eso se interpretó como un endurecimiento de las relaciones entre Somoza y Washington.

Catorce meses después del homicidio de Pedro, resultaba cada vez más claro que, aunque Washington no se decidía a darle el último empujón a Somoza, sí lo estaban presionando fuertemente. Sin embargo, los pensamientos de Carter no estaban puestos en Nicaragua, sino en Irán.

El fin de semana que comenzó el 7 de abril de 1979, entre doscientos y trescientos guerrilleros bajaron de su enclave en las montañas y se apoderaron de la ciudad de Estelí. Al mismo tiempo los revolucionarios lanzaron ataques rápidos contra diversas poblaciones menores del norte de Nicaragua, Ocotal, El Sauce, Condega. Se vieron seguidos de ataques rebeldes a las ciudades occidentales más pobladas de León y Chinandega.

Después de varios días de combates, los guardias recuperaron esas ciudades recurriendo a sus tanques Sherman y a su fuerza aérea para aplastar la rebelión. El salvajismo con el que la Guardia Nacional rechazó los ataques de los insurgentes, matando de paso a muchos inocentes, puso a la población civil totalmente en contra de Somoza y dañó todavía más su imagen fuera de Nicaragua.

Recibí esas noticias en Houston, donde me encontraba en aquellos momentos para someterme a un reconocimiento médico general en compañía de Claudia.

A finales de abril se filtraron noticias de que Alfonso Robelo, del MDN, y Rafael Córdoba Rivas, de la UDEL, estaban manteniendo conversaciones con Moisés Hassan, el líder del Frente Patriótico Nacional (FPN) del FSLN, para hacer una llamada a una tercera huelga nacional. Robelo y Córdoba Rivas fueron de inmediato encarcelados.

En el mes de mayo, el ejército sandinista arreció sus ataques desde todos los flancos, el Norte, el Sur, el Este y el Oeste, obligando a las tropas de Somoza a dispersarse. Entonces, una rápida maniobra hizo que el ejército de Somoza quedara aislado de Managua, su principal fuente de abastecimiento.

El ejército de Somoza cayó en sólo sesenta días. Hasta su cierre a comienzos de junio, *La Prensa* registró fielmente los acontecimientos de cada jornada, anunciando en cada titular la inminente caída del dictador.

7 de mayo: Los estudiantes se levantan contra el régimen.

8 de mayo: El Comandante Cero anuncia la victoria.

12 de mayo: 42 congresistas envían una carta a Carter en contra de Somoza.

14 de mayo: 11 cadáveres en la morgue. Una familia entera masacrada en Xiloa por su supuesta conexión con el FSLN. Robelo y Córdoba Rivas, en libertad.

15 de mayo: Combate en Masaya. El FSLN avanza.

16 de mayo: Continúa el exterminio. Somoza bombardea a civiles.

19 de mayo: Honduras moviliza tropas en la frontera septentrional. Intervendrán en favor del dictador.

20 de mayo: El FSLN obliga a levantar el cerco a Jinotega.

21 de mayo: México rompe relaciones con Somoza. López Portillo denuncia un terrible genocidio. Jinotega, zona liberada.

23 de mayo: Colombia propone una ruptura colectiva de las relaciones diplomáticas con Nicaragua.

El 27 de mayo tomé un vuelo a Costa Rica de la Línea aérea Taca, para visitar a mis hijos en el exilio. Claudia y José, y a mis dos nietos Violeta Margarita y el pequeño Fadrique. Pedro Joaquín, Cristiana y Carlos Fernando seguían en Nicaragua.

UNA vez en Costa Rica, empecé a escribir un diario en el que expresaba mis angustias y mis preocupaciones.

27 DE MAYO DE 1979   *San José, Costa Rica*

Vine a Costa Rica, Claudia está embarazada y sola con mis dos nietos. José se fue a la guerrilla a participar en los combates contra el tirano Anastasio Somoza Debayle... No es el único. Se dice que en estos mismos momentos hay miles de hombres y mujeres jóvenes armados combatiendo contra el dictador en nuestra frontera meridional.

He decidido quedarme con Claudia hasta el último momento. Recuerdo perfectamente la soledad de mi propia vida en el exilio y, como todas las madres, creo que me necesita. Juntas esperaremos a que termine la guerra. Cabe esperar que no dure mucho más.

Durante los días siguientes, *La Prensa* instó a los ciudadanos a unirse a la movilización nacional en pleno auge contra Somoza. Luego, después de que *La Prensa* publicara noticias de una importante acción militar en su contra, el 1 de junio Somoza restableció la censura y mandó cerrar el periódico.

De mi diario:

MIÉRCOLES, 6 DE JUNIO DE 1979. *San José, Costa Rica*

Esta noche me desperté pensando en la caída de Somoza... ¿Cuánto más durará esta matanza?

En el tiempo transcurrido desde el cierre de *La Prensa* los combates han seguido aumentando... Me dicen que Managua ha caído en un profundo silencio. No hay ni carros ni buses circulando por las calles; toda actividad comercial está paralizada.

En la iglesia rezo por mis hijos, por los jóvenes de Nicaragua que están muriendo. Cuando vuelvo algunas horas después, me recibe una Claudia sonriente, José su marido se ha puesto en contacto con ella. Gracias a Dios está vivo. Durante un instante se alivia mi tristeza. Pero mis preocupaciones se extienden más allá de mi propia familia. Me angustio por todo el país.

Somoza está bombardeando barrios de civiles. Ha cortado el suministro de agua y electricidad a los habitantes de Managua. Quiere expulsar a los muchachos de sus escondites como si fueran conejos en sus madrigueras.

9 DE JUNIO DE 1979   *San José, Costa Rica*

Managua está cercada. Guerrilleros entrenados y un ejército heterogéneo de ciudadanos ocupan los edificios que rodean a los puestos de mando. Se pasan por los ta-

179

biques de separación de los edificios, trasladándose de un lugar a otro como por un pasillo, sin exponerse a los disparos. Las barricadas impiden el acceso a las calles. Las grandes arterias de la ciudad están bloqueadas. Los guardias intentan aislar a los guerrilleros. Los llamados «Becats», *jeeps* de patrulla a prueba de disparos, equipados con una ametralladora, recorren todo el perímetro de la zona de combates, tomando como blanco las barricadas. Pero son incapaces de penetrar en el centro de la acción. Un convoy de tanques Sherman atraviesa las barricadas. De inmediato los tanques se ven rodeados por grandes grupos de civiles que se suben a ellos y, como si fueran hormigas, los devoran, desmontándoles pieza a pieza y prendiéndoles fuego.

Incapaz de exterminar a los insurgentes en tierra, Somoza recurre a los ataques aéreos, bombardeando indiscriminadamente también a la población civil. Agitando banderas blancas, los enfermos, los viejos y los niños abandonan sus hogares.

DOMINGO, 10 DE JUNIO DE 1979. *San José, Costa Rica*

Somoza ha enviado hoy a su fuerza aérea a bombardear *La Prensa*. Por tierra, sus guardias han atacado con tanques. Después, con la ayuda de queroseno, han prendido fuego al lugar. Afortunadamente, y gracias al cierre, no había nadie en las instalaciones.

La bestia puede ya descansar feliz. Ha hecho una realidad uno de sus sueños más queridos: gobierna Nicaragua sin verse molestado por las opiniones de la oposición.

La prensa permanece acampada junto a mi puerta. Han oído la noticia. Todos quieren entrevistarnos. Nos cuentan que Somoza ha mandado a bombardear *La Prensa*, que todo está en llamas.

Claudia y yo nos mantenemos en contacto constante con Managua. No paran de llegar llamadas, también internacionales. Todo el mundo dice que es un acto de salvajismo. Me he pasado la noche entera despierta pensando en Pedro. En cómo solía preocuparse por mi futuro como viuda desprovista de ingresos.

EN nuestras conversaciones, Pedro había anunciado que las campañas de *La Prensa* contra Somoza culminarían algún día en su destrucción. Pero nunca se imaginó hasta qué punto Somoza mostraría su sadismo en las últimas horas. En su búsqueda indiscriminada de disidentes, Somoza se había vuelto un hombre irracional, quizás incluso demente. Amordazar a *La Prensa* no había sido para él suficiente. Estaba poseído por una necesidad desesperada de venganza y así, sin ningún remordimiento aparente, había girado los cañones de su odio contra el periódico.

Capítulo séptimo

El acto de venganza de Somoza contra *La Prensa* no quedó sin consecuencias. El 18 de junio, la OEA aprobó una resolución en contra de Somoza promovida por los ministros de Asuntos Exteriores de diversos países de América Latina, Venezuela, Colombia, Panamá y México. Por primera vez en la historia, este grupo recomendó la destitución de un gobernante que afirmaba haber sido legítimamente elegido. De hecho, y a partir de ese momento, en el Departamento de Estado de Estados Unidos se dio por segura la partida de Somoza del poder.

Somoza, con audacia y astucia, no se molestó en responder. En lugar de atender la llamada, comenzó a buscar la ayuda de líderes militares que en el continente americano estuvieran dispuestos a apoyarlo. Pero, donde llamaba, Somoza se encontraba con las puertas cerradas; Nicaragua se había convertido en una nación al margen de la ley. Como último recurso, Somoza intentó ganar para su causa el apoyo del presidente Romeo Lucas García de Guatemala. Pero Guatemala no estaba dispuesta a mover ni un dedo sin la aprobación norteamericana. Por primera vez, Somoza se dio cuenta que estaba solo y que no le quedaban más cartas que jugar.

Mientras todo eso ocurría, en el diminuto apartamento de Claudia en San José no paraba de llegar gente para ofrecernos sus condolencias.

Intenté registrar el momento para la historia:

DOMINGO, 19 DE JUNIO, CONTINUACIÓN

Los primeros visitantes empezaban a llegar. Lo hacen para lamentar la pérdida del periódico. Yo permanezco junto a la puerta para recibirlos, atenta y conmovida. Sus voces me rodean. Sus brazos me abrazan. Me siento como si estuviera bajo el agua, sumergida en una oscura nostalgia. Han pasado diecisiete meses, y es como si Pedro hubiese vuelto a morir. El hombre que distribuye *La Prensa* en San José está a mi lado. Desde su llegada no ha parado de enviarme los números diarios de *La Prensa*. Me dice que dispone de algo de dinero y me lo ofrece. «Es de *La Prensa*», dice: «puedo dárselo, y más si lo necesita».

Pero toda la situación es tan irreal, me digo a mí misma, que no puede terminar así. *La Prensa* debe resurgir.

En nombre de la Junta Directiva de *La Prensa*, Jaime me pidió los restantes cincuenta mil dólares que Carlos Andrés me había enviado. Le digo que, por supuesto, se los doy. Es lo que Pedro habría hecho.

Alrededor de las nueve llegan dos hombres acompañando a Reynaldo Tefel. Los reconozco como miembros de Los Doce. Claudia me informa de que son Miguel d'Escoto, el sacerdote de Maryknoll, y Sergio Ramírez. «Necesitan hablar con vos urgentemente y en privado», me dice. Me desplazo por toda la casa, ayudando a servir refrescos. Los hombres están con Claudia. Parecen tener prisa. Pero no tengo ni un solo momento de tranquilidad. Se marchan sin que lleguemos a hablar.

Cuando los últimos invitados se marchan, pasada ya la media noche, Claudia y yo nos sentamos en la mesa del comedor. «Los oponentes de Somoza», me dice, «tanto los del exilio aquí como los que están luchando en las trincheras... desean todos que formes parte de la nueva Junta».

Mi primera reacción es la de decir: «No, es un compromiso muy grande. Pero eso no es lo que más me preocupa. En realidad, yo no soy política», le digo. «Ya sabes que me gusta decir lo que pienso y que soy testaruda. Una cosa es contribuir a derrocar a Somoza, y otra gobernar después de haberlo hecho.»

«Por favor, no tenés que tomar una decisión hoy. Esos hombres volverán mañana. No tienes nada que perder escuchándolos.

183

Se encuentran sometidos a un presión muy fuerte por parte de los norteamericanos. Necesitan realmente tu ayuda.»
    Desde la muerte de Pedro había seguido la costumbre de reunir a mis hijos y pedirles su opinión y asesoramiento sobre todas las cuestiones relacionadas con *La Prensa* o con Nicaragua, pero en esas circunstancias me resulta imposible hacerlo.
    Le digo a Claudia que no puedo tomar ninguna decisión sin la aprobación de sus hermanos.
    Después, me quedé toda la noche despierta mirando al techo. Le pido a Pedro, mi marido, compañero y maestro de treinta años, que me oriente sobre cuál es la forma más correcta de actuar, que me envíe una señal en caso de que piense que puedo resultar útil para mi país.

LUNES, 11 DE JUNIO DE 1979   *San José, Costa Rica*
    Me levanto temprano.
    Los hombres llegan para oír mi respuesta a las 8.30 de la mañana. Para mi sorpresa, los acompaña Alfonso Robelo: «¿Qué estás haciendo aquí?», le pregunto. «Bueno, voy a formar parte de la Junta», me responde. Desde mi punto de vista, su presencia es una buena señal. Significa que esa gente no son comunistas como dicen algunos.
    Sergio Ramírez lleva la iniciativa en la conversación. «Doña Violeta», me dice con respeto, «¿le explicó Claudia para qué hemos venido?». En lugar de responder, pregunto: «¿En qué tipo de gobierno están pensando?»
    Me habla de la Junta de Gobierno Provisional integrada por cinco miembros que asumirán la dirección de Nicaragua cuando Somoza se vaya. Afirma: «Nuestro sueño es construir una democracia que responda a las necesidades del pueblo, que proporcione al pueblo trabajo, tierras a los campesinos y servicios de salud para todos. Sergio es uno de los cinco. Alfonso Robelo es otro. Hay también dos guerrilleros, Daniel Ortega y Moisés Hassan, de los que he oído decir que son marxistas convencidos.»
    «¿Por qué yo?», pregunto. «No represento a ningún partido y no soy una persona elocuente. Hay otros más calificados que yo.»
    Me dice que soy una persona respetada y que el prestigio de Pedro y el de nuestro desaparecido periódico pue-

de ayudar a la revolución. Deseo ayudarles. Creo, como lo hizo Pedro, que todo intento de unidad es positivo. Pero opino que como parte de un gobierno sólo seré un obstáculo más.

Además, creo que por alguna razón los acontecimientos no avanzan con la rapidez y fluidez que cabría esperar. Me veré indefinidamente retenida en San José, esperando la caída de Somoza. ¿Quién protegera a mis hijos en ese caso?

Como si adivinara mis pensamientos, Sergio me dice: «La caída de Somoza es inminente. Bowdler, el enviado especial de Carter, está esperando conocer los resultados de nuestra discusión para poder volver a Washington y hacer planes para la salida de Somoza.

Nadie desea más que Somoza se vaya que Violeta Chamorro, la viuda del mártir de las libertades públicas. Pero está también la cuestión del compromiso. *La Prensa* se ha visto reducida a cenizas. Necesito tiempo para reconstruir el periódico. ¿Cómo puedo hacerlo si formo parte de un movimiento insurreccional? Intuyendo una vez más mis vacilaciones, Sergio dice: «Será sólo durante un par de años o lo que haga falta para preparar unas elecciones libres y justas.»

Todavía reacia a comprometerme, les prometo que reflexionaré sobre la cuestión. Me preocupan las repercusiones sobre el resto de mi familia. Mi madre, tres de mis hijos y sus familias, las hermanas y hermanos de Pedro, se encuentran todos en manos del dictador. Seguramente mi decisión los pondrá también en riesgo a ellos.

Mientras se levantan para marcharse, Sergio me dice: «Tiene hasta mañana para decidirse.»

Mientras me despido de él, pregunto: «¿No crees que esta Junta está un poco demasiado a la izquierda?»

«No puedo negar que Daniel y Moisés son comunistas», me respondió sinceramente. «Pero usted y Robelo son demócratas, y yo socialdemócrata. Actuaré como puente entre unos y otros.»

ME dejé por tanto convencer de que teníamos la posibilidad de construir un gobierno libre y democrático, consagrado a la realización de reformas sociales, pero manteniendo la empresa privada. También creía que el nuevo gobierno defendería a los nicaragüenses de todas las opiniones y creencias. Acepté formar parte del mismo.

Me puse en manos de Dios y de Pedro y dije a los representantes de la Junta: «Acepto, por supuesto pendiente de la aprobación de mis hijos. Los llamaré hoy mismo.»

«Tenga cuidado con lo que dice porque Somoza controla todas las llamadas», me informó Sergio.

«No te preocupes. Después de todos estos años, sé cómo manejar estas situaciones.»

Cuando se fueron, llamé por teléfono a Managua. Expliqué en clave, lo que yo llamo parábolas, la situación a mis hijos. Les pedí que lo consultaran con la almohada y les dije que los llamaría al día siguiente.

Aquella noche no volví a dormir, pensando en la oferta que había recibido. Pensaba que si podía contribuir a arrancar el somocismo de raíz y sustituirlo por la democracia, no por el comunismo, como le gustaba decir a Somoza, estaría haciendo algo positivo.

Por la noche, mis hijos se reunieron para descifrar mi mensaje. Cuando me hablaron a la mañana siguiente, Pedro Joaquín, Cristiana y Antonio me dijeron por unanimidad: «Apoyamos tu decisión.»

«¿Y qué opina Carlos Fernando?», pregunté.

«Él está ayudando al país a su propia manera», me contestaron.

Sabía que eso significaba que Carlos Fernando, cuya implicación con el sandinismo había superado una simple afinidad natural con sus ideales, estaría participando en acciones militares. De hecho, en el mismo momento en que yo estaba sopesando mi decisión sobre si formar o no parte de la Junta, él estaba bajo el fuego de los somocistas en un barrio a las afueras de Managua llamado Open Tres. Posteriormente, me contaría que se enteró de mi decisión a través de una declaración en la clandestina Radio Sandino, mientras permanecía escondido de la Guardia.

Según mis hijos, las batallas de León, Chinandega, Matagalpa, Estelí y Managua habían entrado en una nueva fase más sangrienta. Todas las mañanas, a orillas del lago, los guardias de Somoza ejecutaban a docenas de muchachos arrestados como sospechosos de actividades revolucionarias. Impulsada por el miedo, la población de Managua abandonaba la ciudad. Al parecer, decenas de miles de refugiados se encontraban en centros de la Cruz Roja y en iglesias de todo el país.

En la Embajada norteamericana estaba en marcha una evacuación de las familias de los diplomáticos. Pensé en Carlos Fernando y en qué podría ocurrir en caso de que fuese capturado. ¿El hecho de ser hijo de Pedro Joaquín Chamorro le ayudaría o le perjudicaría?

A Pedro Joaquín y Cristiana les dije: «Espero que todo lo que mis amigos me dicen acerca de la honradez y dignidad de este movimiento sea cierto, para que podamos trabajar hacia un nuevo comienzo y permitir que nuestro pueblo viva en libertad. Eso es todo lo que quiero.»

14 DE JUNIO DE 1979   *San José, Costa Rica*

Hoy nos hemos enterado de que en Matagalpa, León, Estelí, Masaya, Rivas y Managua, los combates han arreciado. Que un barco israelí que transportaba las armas y municiones que Somoza tanto necesita recibió la orden de volver a puerto cuando estaba ya avistando Bluefields. Somoza estaba comenzando a tener un problema insuperable para reabastecer a sus tropas.

Mientras tanto, un auténtico diluvio de hombres y equipos para las tropas sandinistas llegaban directamente a Nicaragua. Puse mi fe en Dios. Somoza no puede ganar esta guerra.

15 DE JUNIO DE 1979   *San José, Costa Rica*

Nuestra sede está en un hermoso edificio perteneciente a una familia costarricense; nos lo han dejado para que podamos utilizarlo. Lo llamamos el garaje; como en un taller mecánico, estamos siempre trabajando en él, planificando día y noche el futuro de Nicaragua. Hay un montón de decisiones que tomar, un montón de obstáculos que superar. Todo esto me recuerda cuando Pedro estaba planificando Olama y Mollejones.

Vienen y van montones de gente del FSLN, así como civiles. Sé que algunos de nuestros amigos tienen dudas acerca de la composición de la Junta. Les preocupa la presencia de Daniel y Moisés, de los que se supone que son marxistas.

Un día apareció por aquí un enviado especial de Estados Unidos a proponer un acuerdo de ampliar la Junta. Dije a Sergio, Alfonso, Reynaldo y Miguel que, en la época de Pedro, solíamos denominar estos acuerdos pactos o intervenciones; me mostré categórica en mi rechazo a ese plan, ya que Pedro estaba siempre en mi mente y pensaba que, en caso de haber ocupado mi lugar, habría dicho lo mismo. Todo tenía que ser el resultado de un esfuerzo puramente nicaragüense.

Mi desaprobación fue calificada de «obstinación femenina», lo que me provoca un gran dolor e incluso algunas lágrimas. Pero mis motivaciones son única y exclusivamente de carácter nacionalista.

La presión es tan grande que la tentación de dejarlo todo llega a ser enorme. Pero creo que esos sacrificios son todos por mi país y estoy dispuesta a seguir adelante junto a los compañeros, incluso al combate, si no hay más remedio.

Durante esos últimos días han empezado a concentrarse en San José periodistas de todo el mundo. Los ojos del mundo entero están puestos en nosotros. Cuando digo «nosotros» me refiero a Sergio, Alfonso, Daniel y yo. Moisés está en Managua combatiendo.

Los informadores no pueden comprender cómo un país tan pequeño como el nuestro, con una población de sólo dos millones y medio de habitantes, se ha atrevido a enfrentarse a una dictadura como la de Somoza.

16 DE JUNIO DE 1979   *San José, Costa Rica*

Mi participación en la Junta es ahora segura. En el transcurso de una conferencia de prensa hemos anunciado hoy la formación de una Junta para la reconstrucción nacional.

Los países del Pacto Andino, Venezuela, Bolivia, Ecuador, Colombia y Perú, que durante los últimos días habían confiado en negociar un alto el fuego y convencer a Somoza de que dimitiera, han anunciado en lugar de ello que deciden reconocer a los sandinistas como un ejército legítimo, reconocido de acuerdo con el derecho internacional. Se han puesto los cimientos para que nuestra Junta sea reconocida como un órgano legal de gobierno.

ASÍ es como comenzó la Junta, como amigos. En ocasiones, las reuniones se celebraban en mi casa. Los desayunos, los almuerzos, todo corría por mi cuenta. En aquel entonces Alfredo César había escalado alto en las filas del sandinismo, por lo que fue elegido secretario de nuestra Junta. Se proclamó a sí mismo moderado y partidario de Alfonso. Yo no estaba muy segura de sus motivaciones.

Pocos días después, en un sombrío y oscuro restaurante en las afueras de San José, me reuní por primera vez con Daniel y Humberto Ortega. Estaba también presente Tomás Borge, al que recordaba por su época en *La Prensa.*

Estaban sentados juntos, vestidos con chaquetas negras de cuero, abotonadas hasta el cuello y anteojos oscuros. El objetivo del encuentro era que llegáramos a conocernos, pero parecían tan intimidantes con esos atuendos poco habituales entre los disidentes políticos, que me dieron escalofríos.

Miré a mi alrededor y vi a Rosario Murillo, la antigua secretaria de Pedro. La Chayo, el apodo con el que todos la conocíamos, estaba relegada a una mesa situada en una esquina junto a un grupo de mujeres a las que no conocía. Cuando me dirigí a su mesa para saludarla, se mostró extrañamente diferente. Me llamó Violeta. Luego la invité a unirse con nosotros y se mostró esquiva. Me quedé como la única mujer en una mesa de hombres de aspectos rudos. Algo no parecía funcionar demasiado bien en nuestro pequeño grupo. Por tanto, dije a los hombres: «Espero que siempre seamos capaces de colaborar amigablemente.»

Después de aquel encuentro escribí en mi diario:

LUNES, 18 DE JULIO DE 1979   *San José, Costa Rica*

Le ruego al Señor y a Pedro que me ayuden a seguir adelante con este plan. He asumido una enorme responsabilidad con un grupo de personas a las que realmente no conozco. Está claro que los hermanos Ortega, Los Doce y ahora nuestra Junta estamos en el mismo barco. Cuanto más conozco a mis compañeros, más me pregunto quiénes son. Hasta ahora, he recibido seguridad de ellos de que el poder civil permanecerá en manos de la Junta y prevalecerá sobre los militares, que bajo nuestro mando se convertirán en una fuerza despolitizada, así como que de hecho se celebrarán elecciones poco después de nuestro triunfo, de forma que la gente pueda elegir a los nuevos gobernantes.

Pero durante los últimos días he empezado a cuestionarme si están realmente interesados en desarrollar este tipo de sociedad. ¿Por qué desean que yo ocupe este cargo? La posibilidad de que me estén utilizando para legitimar sus acciones y no para hacer realidad el sueño de Pedro (la democracia) me provoca una gran inquietud. No obstante, debo dejar a un lado mis temores personales, ya que «cada día que pasa sin unidad es un día perdido».

EN VISTA de nuestra historia juntos, me gustaría poder recordar más de aquel primer encuentro con los Ortega. Entonces me parecieron caricaturas. Pero recuerdo que, a primera vista, comencé a sentirme incómoda con ellos y con la idea de representarlos. Para entonces ya había comprendido que mi participación en la Junta estaba proporcionando credibilidad a las ideas de honradez y pureza de lo que era un movimiento claramente sandinista.

Un día después, en nuestras oficinas empezaron a presentarse como voluntarios gente de todo nivel. Para la mayoría de ellos Pedro había sido su inspiración. Ahora querían expresar su reconocimiento trabajando en favor de su causa. Algunas eran personas de grandes cualidades y fueron elegidas para formar un gabinete en la sombra. En caso de que hubiéramos permanecido unidos, Nicaragua habría tenido una buena oportunidad. Pero resultaban ya evidentes los sentimientos de división. Sergio, Daniel y Miguel d'Escoto (al que se nombró ministro de Asuntos Exteriores) se comunicaban entre sí con miradas secretas o susurrándose unos a otros. En nuestras discusiones utilizaban un tono militar que me ofendía. Bajo una apariencia de calma, empecé a sospechar que esos hombres eran como los revolucionarios franceses, radicales que cuando estuvieran en el poder nos conducirían a la guillotina gritando: «¡Que les corten la cabeza!» Se lo comenté a Arturo Cruz, un miembro del gabinete en la sombra. «Arturo, ¿qué pensás de estos muchachos? ¿Qué significan todos esos comentarios sobre la burguesía?» Dándome golpecitos en la mano, me respondió como si estuviera intentando calmar a una niña histérica. «Son sólo muchachos. Dales tiempo. Todo saldrá bien, ya lo verás.»

A mediados de junio resultaba evidente que estaba en marcha una nueva estrategia norteamericana. El embajador de Estados Unidos en Nicaragua, Lawrence Pezzullo, se apresuró a pedir la dimisión de Somoza. Le dijo que no había soluciones sin su partida. En lugar de Somoza, los norteamericanos querían un gobierno capaz de unificar el país, y una Guardia Nacional reformada bajo un nuevo mando. Somoza se mostró de acuerdo en marcharse, después de tener garantías de una transición organizada por Estados Unidos y de una nueva vida en aquel país. Al no ser capaz de proporcionar suministros a sus tropas, no tenía más opción que aceptar esta oferta. Era sólo cuestión de tiempo que los sandinistas, que recibían envíos regulares de armas, vencieran.

23 DE JUNIO DE 1979 *San José, Costa Rica*

Miguel d'Escoto, al que se le había concedido un puesto como parte de la Delegación Panameña en las reuniones de la OEA, nos ha informado de que la propuesta norteamericana de una fuerza pacificadora resultó derrotada en una votación de los miembros de la OEA. Han exigido la sustitución inmediata de Somoza y la puesta en marcha de un gobierno democrático en Nicaragua, así como la celebración de elecciones libres lo antes posible.

27 DE JUNIO DE 1979 *San José, Costa Rica*

Con. esta gente todo se hace a las horas más imprevistas. Hoy me despertaron a media noche para una reunión urgente.... Los norteamericanos han propuesto la creación de una estructura alternativa de gobierno, un Comité Ejecutivo, como lo llaman, que contará con el apoyo de la

Guardia Nacional y que, tras la marcha de Somoza, negociará con nosotros un alto el fuego. También proponen que ampliemos la Junta. Nosotros (los miembros de la Junta) nos reuniremos en Panamá con el nuevo presidente, Arístides Royo, y con Carlos Andrés Pérez y el general Omar Torrijos. En el avión veo a la Chayo Murillo. Como intérprete de Daniel está siempre discretamente a su lado. Somos las únicas mujeres del avión. Pero, una vez más, descubro que se mantiene a una extraña distancia de mí.

Aterrizamos en una isla de la costa de Panamá llamada Contadora. Carlos Andrés está ya allí cuando llegamos. Lo saludo con el calor que nuestra familia ha sentido siempre por él. Pero no por eso dejo de decirle que estoy algo molesta con él. Él es siempre el que me dice que tengo un papel que desempeñar. Y ahora me encuentro en esta especie de encerrona. Pasamos el día frente al mar. Almorzamos juntos. Analizamos la propuesta norteamericana. Ninguno de nosotros se siente feliz con este esfuerzo tardío de intervención. Todos nos inclinamos a rechazar el plan.

Luego volamos a ciudad de Panamá para reunirnos con el enviado especial norteamericano, el señor William B. Bowder.

Bowder nos informa de que habló con Somoza y que le presentó un plan. Nosotros le decimos que somos el auténtico Gobierno de Unidad Nacional.

30 DE JUNIO DE 1979 *San José, Costa Rica*

Los que participan en la oposición moderada en Nicaragua tienen la sensación de que han sido puestos a un lado. Es como si hubieran perdido la ocasión de subir a bordo. A puerta cerrada, Adolfo Calero y compañía han venido teniendo encuentros con Pezzullo. Ahora nos aseguran que los líderes de la oposición dentro de Nicaragua desean el mantenimiento de la Guardia Nacional y la ampliación de la Junta. A nosotros nos ven como a un grupo que recibe el apoyo de las fuerzas del FSLN, de Panamá y Costa Rica. Desean que la Guardia Nacional sirva de «amortiguador» entre nosotros y así compartir el poder con ellos.

Hace una semana, las fuerzas del FSLN que mantenían cercada a Managua se han retirado a Masaya, a veintiocho kilómetros de distancia. Tras diecisiete días de ataques por parte de la guardia de Somoza, sus tropas estaban exhaustas. Constantes ataques aéreos diezmaron sus filas y desmoralizaron a la población civil que actuaba como fuerza de apoyo en la operación.

El comandante en jefe del frente interno sobre el terreno, Joaquín Cuadra Lacayo, dirigía el contingente. Se encontraban ya en la última parte de su recorrido cuando los aviones de reconocimiento de Somoza detectaron ese éxodo masivo. Un escuadrón de la fuerza aérea abrió fuego mientras que los guerrilleros, esquivando el fuego enemigo, respondieron con sus armas.

Treinta y seis horas después, los supervivientes del ataque llegaron a Masaya. Se apresuraron a tomar el control de la ciudad. Por la noche Masaya era ya suya.

A la mañana siguiente recibimos la noticia de que, en el fuego cruzado, resultó herido Moisés Hassan, nuestro compañero. Un cohete militar lo hirió en el costado izquierdo. Afortunadamente, su condición ya es estable.

1 DE JULIO DE 1979   *San José, Costa Rica*

Durante los últimos tres días, veinte ciudades y poblaciones se rindieron a los sandinistas. En el sudeste controlan Diriamba y Jinotepe; en el norte, Jinotega, Estelí, Matagalpa, Boaco, etc. En el oeste, Chinandega, Chichigalpa y León.

La espina dorsal de Somoza ya se rompió. Su poderío militar ya pasó a la historia. Hoy, en el *Washington Post*, leo que Somoza le dijo a Pezzullo: «Está bien, estoy listo, sólo dígame cuándo.» Parece que durante días y días Somoza ha ido de un sitio a otro con su renuncia en el bolsillo, esperando a que Pezzullo le dé la orden. Muy pronto volveremos a Nicaragua. Me siento feliz, pero al mismo tiempo preocupada por el papel que tendré que desempeñar. Las cosas no se están desarrollando como Sergio Ramírez me las había pintado. Se había pretendido que la Junta pareciera integrada por elementos moderados como yo misma y Alfonso, pero estábamos resultando irrelevantes con la toma de las decisiones. Los que la controlan son

Daniel, Humberto y Tomás, de los que yo desconfío, por considerarlos demasiado radicales. Don Pepe Figueres expresó públicamente sus temores de que Somoza fuera sustituido por un gobierno marxista. Destacó a Edén Pastora como un elemento moderado y democrático en el seno del FSLN.

Mientras tanto una fotografía en la que aparezco abrazando amistosamente a mis compañeros de la Junta comenzó a circular por todo el mundo. Las presiones de ampliar la Junta aumentaron. Me siento utilizada. Pienso que debo renunciar.

Llamo a Sergio Ramírez y le digo: «Quiero irme. No puedo seguir adelante. No me siento cómoda con imposiciones ni secretos.»

Cuando Sergio se fue, llegaron otros. Vinieron a reunirse conmigo y a intentar convencerme: «Sé razonable, Violeta», me decían. «Tenés que pensarlo bien. Te necesitamos, etc.» Pero yo me niego. Me dejan durante algún tiempo, y luego vuelven con más súplicas. Suena el teléfono. Es Carlos Andrés, que llama desde Venezuela. Qué coincidencia, pienso.

«Escucha, Violeta. Me han dicho que querés renunciar. Te insto a...»

Lo interrumpo. A pesar de nuestra amistad, le digo: «Lo siento, ni vos, ni nadie puede decirme qué es lo que debo hacer. Soy testaruda, y cuanto más me presiona la gente, menos que pueda.» Casi le colgué el teléfono y me volví hacia los presentes diciéndoles que por favor se fueran y me dejaran sola.

2 DE JULIO DE 1979   *San José, Costa Rica*

Fui muy ingenua pensando que me dejarían renunciar. Durante los dos últimos días ha pasado por mi puerta una auténtica procesión de presidentes y enviados diplomáticos. Me dicen: «Estados Unidos piensa que la Junta está dominada por guerrilleros izquierdistas. Si usted se va, será una señal que de hecho en la Junta no hay sitio para los moderados. Nuestro temor es el de que intenten mantenerse en el poder o intervenir militarmente. La revolución la necesita. Nicaragua la necesita», etc. Poco a poco empezaron a erosionar mi resistencia. Me hacen dudar de mis intuiciones. Muchas veces, cuando Pedro vivía, las cosas se desarrollaron también así. Al borde de un gran triunfo, la victoria se desintegraba.

Finalmente, a pesar de mi decepción y de mis temores, decidí permanecer en la Junta. Sentí que debía hacerlo como buena ciudadana, como mujer que ama a su país.

7 DE JULIO DE 1979   *San José, Costa Rica*

Mis compañeros me informaron de que, cuando empezó el ataque a León, las fuerzas del FSLN rodearon los cuarteles de la policía. Doscientos guardias de Somoza quedaron atrapados en el interior sin posibilidad de recibir refuerzos. Todas las tropas disponibles habían sido enviadas al sur para impedir que el Comandante Cero y su ejército de cinco mil hombres tomaran Rivas.

Si el ejército sandinista seguía avanzando, los norteamericanos no podrán insistir en que ampliemos la Junta.

9 DE JULIO DE 1979   *San José, Costa Rica*

Seguimos elaborando planes para el futuro gobierno de Nicaragua. Se acordó que a cualquier guardia honrado se le debería permitir formar parte de la nueva Nicaragua.

Estados Unidos insiste en ofrecernos su ayuda. Les decimos que nuestra historia anterior de relaciones con ellos resulta demasiado amarga como para poder olvidarla. Nos alegra contar con su amistad, pero queremos que nos dejen tranquilos. Éste es un esfuerzo auténticamente nicaragüense.

Bowdler seguía esforzándose por transformar nuestra Junta en un órgano de gobierno más amplio, más pro norteamericano. Como nos opusimos a sus esfuerzos, aplazaron la renuncia del dictador. Somoza se había convertido en un peón en las negociaciones entre la Junta y Estados Unidos.

Una vez más, Sergio y los otros llamaron a Carlos Andrés para que intentara convencerme de ampliar la Junta de Gobierno. Yo me oponía porque me sentía manejada por Estados Unidos. En tono de reproche, Carlos Andrés me dijo: «Tenés que ser más flexible, Violeta. El éxito o fracaso de estas negociaciones descansa en ti.» Me sentí molesta ante esas presiones. Sabía que era todo obra de Sergio y de Bowdler. «Basta ya», le dije a Carlos Andrés. «No se puede confiar en esta gente. Actúan bajo un manto de secretismo, adoptando decisiones importantes de las que me excluyen.»

Al llegar a aquel punto, no quería dañar la revolución, pero seguía creyendo y sintiendo que no debería ya formar parte de ella.

10 DE JULIO DE 1979   *San José, Costa Rica*

Son las 8.30 de la tarde. Acabo de recibir una visita de cortesía de William Bowdler. Lo acompañaba Sergio Ramírez. No me han dicho gran cosa. Por tanto, me pregunto todavía cuál será la razón auténtica de esta visita.

Alrededor de las 9, vuelve Sergio solo. «Los americanos», me dice, «insisten en ampliar la composición de la Junta». Afirman que, si no aceptamos, buscarán vías alternativas. Me imaginé que se estaban refiriendo a una intervención militar. Sergio me informa de que han propuesto a siete hombres más: Adolfo Calero, Ernesto Fernández, Emilio Álvarez, Ismael Reyes, Mariano Fiallos y otros dos cuyos nombres no puedo recordar. Teóricamente son todos buenas personas. Pero, ¿quién puede gobernar con doce? La idea me parecía ridícula. Pero Sergio insistió. Me dijo: «Vamos a tener que hacer lo que nos dicen los americanos. Debemos obedecer al yanqui o no llegaremos a ninguna parte.» Me sorprende esta postura, ya que sabía que él y los otros eran antiyanquis. Tal vez, como no soy política, no entendía bien cómo funcionaba el poder. Me resultaba imposible aceptar la premisa de tener que obedecer a los norteamericanos.

Sabía y creía que una representación política más amplia encajaba mejor con la forma pluralista de pensar de Pedro, pero por los mismos principios de Pedro me sentía obligada a rechazar los condicionamientos de Estados Unidos. Mi temor era el de que esas exigencias finalmente detuvieran a Tacho y menguaran nuestra lucha.

«Si tenés que aceptar, sos libre de hacerlo», le dije a

Sergio. «Pero dejame al margen.» Y así una vez más les ofrezco mi renuncia. No les quiero hacer ningún daño con mi desacuerdo, pero tampoco quiero ser ningún obstáculo para la paz. Le digo que, en mi opinión, no veo la conveniencia de negociar nada en estos momentos. Somoza había perdido prácticamente la guerra porque ya no tenía municiones en sus arsenales. Llevábamos semanas escuchando que estaba vaciando el país, sacando hasta el último dólar de sus diversas propiedades. Todo eso eran indicios de una rendición inminente.

12 DE JULIO DE 1979 *San José, Costa Rica*

Somoza agonizaba. Había sido abandonado por todos. Los 17 países latinoamericanos miembros de la OEA votaron en su contra. Todo lo que teníamos que hacer ahora era esperar. No iba a pasar mucho tiempo antes de que su régimen se derrumbara.

Sergio vino al garaje y nos dijo: «Tenemos una reunión con Bowdler. Va a ocurrir algo muy importante.» Me vuelvo a preocupar. Le digo que sigo siendo contraria a esas interferencias, a las que ellos llamaban «mediación». Continúa diciendo: «Estamos en la recta final hacia la victoria. No es el momento de plegarse.»

Sin embargo, nosotros cuatro, más Tomás Borge, Humberto, Miguel y el Comandante Cero, partimos para Punta Arenas, un centro turístico costarricense situado en la costa, como invitados de Rodrigo Carazo Odio. Cuando llegamos a la hermosa mansión, que se encuentra directamente frente al mar, nos estaban esperando Carlos Andrés Pérez y doña Estrella (la esposa de Carazo Odio), así como un delegado del general Omar Torrijos.

Bowdler estaba dentro de la casa con Carazo Odio y el embajador norteamericano en Costa Rica. Nos informa que el coronel Federico Mejía, con el que nos vamos a reunir pronto, ha sido elegido para ocupar los cargos de director de la Guardia Nacional y jefe de Personal. Con este nuevo nombramiento, nos asegura Bowdler, estará garantizada la partida de Somoza. Según él, el plan consistía en que Somoza iba a renunciar ante el Congreso nicaragüense. Luego se nombraría presidente provisional a Fran-

197

cisco (Chico) Urcuyo Maliano (un conocido médico de Rivas, cuya fidelidad a los Somoza era incondicional). Una vez nombrado Urcuyo, transferirá todos los poderes al arzobispo Miguel Obando, quien se los pasará a la Junta. Exigiremos un inmediato cese de las hostilidades. Mejía cederá entonces uno de sus cargos al Comandante Cero. Los norteamericanos argumentaban que se debía mantener la Guardia Nacional en aras a la estabilidad. Pero los inconvenientes de esta medida para los sandinistas eran evidentes: si se disolvía la Guardia Nacional, tendrían una victoria militar completa. El nuevo gobierno podría erradicar el somocismo en un cien por ciento de posibilidades. De no ser así, la Junta se encontraría atada de pies y manos y sólo podrá introducir reformas modestas.

Bowdler insistió mucho en que se nombrara ministro de Defensa a Bernardino Larios, un oficial de la Guardia de Somoza que había desertado hacía algunos meses a modo de protesta. No mencionó para nada a Humberto Ortega, como habían sugerido algunos.

Tras discutirlo durante algún tiempo, aceptamos el plan y el nombramiento de Larios. Se acordó asimismo que los miembros de la Guardia Nacional que depusieran las armas se incorporarían al nuevo ejército nicaragüense. Pero muchos de mis compañeros pensaron que había muy pocas posibilidades de que eso ocurriera. Algunos de los generales de Somoza a última hora realizaron un torpe intento de apoderarse del poder, liberándonos de tener que cumplir el acuerdo.

Esperamos la llegada del nuevo general, Mejía. Pero no se presentó. Cuando los americanos se marcharon, nos sentamos a almorzar con los Carazo, Carlos Andrés, el delegado de Torrijos y don Pepe Figueres.

Dado que las fuerzas sandinistas estaban avanzando hacia Managua, Rodrigo Carazo Odio nos aconsejó volver a nuestro país. Sugirió que nos aseguráramos un trozo de territorio liberado y proclamáramos un nuevo gobierno, solicitando entonces el reconocimiento internacional.

Las relaciones con nuestro anfitrión costarricense estaban un poco deterioradas. Nos había disminuido el apoyo. Los frecuentes cruces de frontera en la zona de combate de nuestro frente meridional habían provocado algunas bajas a civiles en Costa Rica. Carazo Odio estaba muy presionado por sus compatriotas, que le pedían que nos expulsara. El principal tema de discusión era el plan de gobierno. La gran pregunta era: «¿Mantendríamos una economía mixta y respetaremos la propiedad privada?» La respuesta a esos interrogantes era afirmativa, pero con transformaciones en sectores clave de la economía que no especificaban mucho. La otra gran pregunta era: «¿Cuánto tiempo pasará antes de que la Junta convoque al país a elecciones?» Hasta entonces, había dado por sentado que eso ocurría tan pronto como se asentara la situación, en un plazo de seis meses, de un año, puede que de dos. Pero ahora, ante mi sorpresa, Tomás Borge y Daniel empezaban a esquivar el tema.

Aunque decididos a ganarse el apoyo de las democracias latinoamericanas, en público los dos accedían a la celebración de elecciones y a una política respetuosa para con los derechos humanos. No obstante, Carlos Andrés, que no quería promesas verbales, empujó para que la Junta se comprometiera a todo lo dicho en una carta dirigida a la OEA.

Cuando salimos, descubrimos que fuera había cámaras de televisión esperando entrevistarnos. Alguien los había avisado de nuestro encuentro. Todos nosotros sonreíamos felices y nos manifestamos optimistas. Después, al carro en que yo iba se le bajó una llanta. Como soy supersticiosa, me pregunté si eso no será un mal augurio.

15 DE JULIO DE 1979 *San José, Costa Rica*

Hoy se dieron a conocer miembros de nuestro gabinete a la prensa. Se nombró a Tomás Borge ministro del Interior con mando pleno sobre la policía y las fuerzas de seguridad nacional. Muchos de los restantes nombramientos recayeron sobre miembros de Los Doce: Emilio Baltodano recibió el cargo de contralor de la República; Arturo Cruz, presidente del Banco Central; Joaquín Cuadra Chamorro (el padre del comandante Joaquín Cuadra Lacayo), ministro de Hacienda; Carlos Tunnermann, ministro de Educación; Miguel d'Escoto, ministro de Asuntos Exteriores; Alejandro Cardenal (el cuñado de Alfonso), mi-

nistro de Turismo; Noel Riva, ministro de Industria; y mi
primo Maché Torres, ministro de Agricultura.

16 DE JULIO DE 1979   *San José, Costa Rica*

Sergio llegó a media noche para informarme de que
íbamos a volar hasta León para declararlo «zona liberada».
«Si es posible», me dice, «partiremos hoy mismo. Los planes
son de que salgamos por la mañana, de ser posible junto
con el gabinete».

17 DE JULIO DE 1979   *San José, Costa Rica*

Nuevos informes recibidos esta mañana indicaban que,
a primeras horas del día, Somoza había abandonado su
búnker, presentó su dimisión y realizó un breve recorrido
en helicóptero hasta el aeropuerto de Las Mercedes. A las
5.10 de la madrugada subió a un Learjet, acompañado por
su hermano de padre José Somoza y su hijo Anastasio III.
Horas después aterrizó en la base de las Fuerzas Aéreas de
Homstead, en Florida.

En una conferencia por radio y televisión, Urcuyo informó a la población que había terminado la era Somoza
y había llegado el momento de que todas las fuerzas democráticas participaran en un diálogo nacional. Curiosamente, Urcuyo no dijo nada sobre el traspaso de poderes
al arzobispo Miguel Obando y Bravo.

Alrededor de las 10 de la mañana estábamos en el aeropuerto esperando nuestra partida para Nicaragua. Entonces apareció Carazo Odio para informarnos de que había
llegado un mensaje urgente desde Nicaragua de Bowdler.
Al parecer Francisco (Chico Beto), en su loco deseo de
guardar lealtad a Somoza, decidió instalarse en el búnker
de Somoza y mantener el control de Ejército. La cantidad
de sangre que se seguía derramando era realmente estre-
mecedora.

Las intenciones de Somoza empezaban a resultar evidentes. Nunca se propuso que Urcuyo traspasara los poderes a la Junta. Somoza se imaginó que una vez que él se
hubiera ido, Urcuyo podría convencer al Pentágono de
que reanudara la ayuda militar a la Guardia. Urcuyo podría
entonces mantenerse en el poder hasta que él pudiera regresar y volver a gobernar en Nicaragua.

Volvimos al garaje para esperar la última palabra de Pezzullo sobre la postura de Chico Beto Urcuyo. Se había adoptado ya la decisión de que voláramos a Rivas, Masaya, León y cualquier otro lugar de Nicaragua. Daniel, Tomás y otros comandantes ya se habían ido a León.

Pezzullo estaba en aquellos momentos siendo informado de primera mano de que Urcuyo estaba dispuesto a entregar la Presidencia a una «Junta pluralista y democrática», pero en ningún caso a una Junta «comunista».

17 DE JULIO, CONTINUACIÓN

Esperábamos una comunicación por parte de Bowdler. Confiábamos en que podría convencer a Urcuyo de que cumpliera su compromiso. Estaba claro que, cualquiera que fuera el acuerdo al que hubieran llegado Bowdler, Pezzullo, Somoza y Urcuyo, los dos últimos tenían su propio plan.

Somoza sabía que no podía permitir que sus partidarios pensaran que los había abandonado. Sus fieles seguidores se sentirían traicionados y podrían reaccionar poniendo incluso su vida en peligro. Comprendía que necesitaba tomar precauciones no sólo de la amenaza de los sandinistas, sino también de la cólera de sus propios partidarios. Ellos eran las auténticas víctimas de sus engaños, junto con los norteamericanos, que se habían dejado embaucar totalmente y habían llegado a creer que su intención real era la de dejar a Urcuyo en el poder sólo provisionalmente.

AL FINAL no fue uno de los generales más allegados a Somoza el que realizó el último intento por mantener a la Guardia en el poder, sino el error de Urcuyo Malianos el que proporcionó a los sandinistas una victoria militar. Creía que los americanos no se opondrían a una alternativa como él y continuarían la guerra contra los sandinistas. Pero estaba totalmente equivocado. Una vez que Urcuyo no cumplió el acuerdo, los norteamericanos perdieron toda su capacidad de influir en los acontecimientos que se produjeron a continuación.

Con Carazo Odio presionándonos para que nos marcháramos de inmediato, adoptamos la decisión de volar aquella misma tarde en secreto hasta León y declarar esa ciudad como territorio libre. Una vez allí, estableceríamos un gobierno provisional mientras las fuerzas insurgentes avanzaran hacia Managua para mantener un último enfrentamiento con el resto del ejército de Somoza.

Así pues, aquella misma tarde, los miembros de la Junta nos embarcamos en dos pequeños aeroplanos Piper rumbo a Nicaragua. Mis compañeros de viaje, Alfonso Robelo, Alfredo César y mi yerno José Bárcenas, nos montamos en un avión, mientras que Sergio, Ernesto Cardenal, René Núñez y Juan Ignacio Gutiérrez lo hicieron en el otro. Yo no estaba asustada. Había depositado mi fe en Dios y estaba por tanto lista para enfrentarme a lo que pudiera ocurrir. Pero estaba algo preocupada ante la posibilidad de que los aviones asesinos de Somoza nos detectaran y nos derribaran.

Fue la segunda gran aventura de mi vida. La primera había sido cuando, junto a Pedro, huí a Costa Rica por el río San Juan. No obstante, esta vez volaba hacia mi Patria, hacia una Nicaragua liberada de los Somoza.

Nuestro viaje duró dos horas, volando bajo sobre el Pacífico aproximadamente a diez kilómetros de la costa para evitar ser detectados por el radar. Había luna llena, y yo me preguntaba si aquella había sido una buena idea. Los demás se durmieron, pero a mí me resultaba imposible. A través de la ventanilla abierta podía ver el mar y sentir el viento. A ratos tenía mucho frío. Al cabo de algún tiempo comencé a ver lucecitas de casas. Los otros se despertaron cuando sobrevolábamos la plantación de azúcar de Somoza, Montelimar. Todos se mostraron muy animados y empezaron a señalar cada trozo de terreno que sobrevolábamos, hasta que llegamos a Poneloya, una población turística en las afueras de León.

Poco después, alrededor de las dos de la madrugada del 18 de julio, el piloto nos guió hasta el centro de lo que parecía una gran extensión de pastos. Me informaron de que era el aeropuerto Godoy, situado a medio camino entre León y Chinandega. El aterrizaje fue increíble, ya que la pista, que era muy corta, estaba sólo iluminada por unas lucecitas color púrpura azulado. Cuando tocamos tierra, uno de los pilotos le gritaba al otro: «¡Frena! ¡Frena!»

Nuestra partida había sido tan apresurada que todos nosotros llevábamos únicamente lo más esencial: una muda de pijama, un cepillo de dientes y un rollo de papel higiénico.

Nos condujeron hasta una bonita casa situada en las afueras de León. Nos dijeron que el propietario, un rico habitante de la ciudad, nos la había prestado generosamente. En aquel momento yo no tenía forma de saber que no era verdad. Después de todo, el sector privado estaba participando plenamente en la insurrección, por lo que aquella acción no me pareció extraña. Para entonces eran las 3 de la madrugada. Por tanto, cada uno de nosotros nos dirigimos a un dormitorio distinto. José Bércenas y yo compartimos uno de los dormitorios de los niños.

Cuando nos despertamos unas horas después nos sentamos para tomar café y comer gallopinto. Todos los empleados se mostraban tan atentos con nosotros que me maravillé ante el sentido de hospitalidad del propietario de la casa.

Algún tiempo después empezaron a llegar columnas de guerrilleros. Calculo que debía de haber unos ochocientos o más hombres, mujeres y niños que avanzaban por las colinas y los valles en fila india desde el norte. Algunos de ellos, luciendo uniformes de color verde olivo, iban fuertemente armados con ametralladoras y rifles M-16; otros estaban heridos o enfermos. Uno de los nuestros, el doctor Gutiérrez, les prestó asistencia. Luego nos vacunó a todos. Las vacunas me provocaron una fuerte reacción alérgica, lo que exigió que me inyectaran antihistamínicos.

Me fijé que un grupo de guerrilleros caminaba alrededor de la casa midiendo el lugar. Me dijeron que la hermosa mansión en la que nos alojábamos pertenecía a un somocista. Basándose en ello, las tropas rebeldes procedieron a abrir los roperos y a repartirse los pantalones, las guayaberas y los zapatos del propietario. No había contemplado nunca tal falta de respeto por la propiedad privada. Las empleadas, asustadas y confundidas, empezaron a llorar. Intenté consolarlas, diciéndoles: «Todo se arreglará. Nadie les va a hacer daño.» Pero yo misma estaba asustada.

En algún momento de la tarde apareció Daniel Ortega, y nos

trasladaron a León. En una ceremonia celebrada en los terrenos del venerable *campus* de la Universidad Nacional Autónoma, rodeados de corresponsales extranjeros y de rostros jubilosos de los humildes campesinos y de los niños que nos saludaban y aplaudían como si fuéramos sus libertadores, bautizamos a León como «la primera de las ciudades liberadas».

Después fuimos al entierro de un grupo de jóvenes guerrilleros que habían perdido la vida combatiendo a primeras horas de la mañana. En las ceremonias de Chichigalpa asistimos a una misa en su honor. Fuera de la iglesia, en la plaza llena, la gente se desmayaba a causa del calor, a pesar de la intensa emoción y alegría que reflejaban sus caras.

Inmediatamente después de la ceremonia, nos dispusimos a trasladarnos en un remolque a Chinandega, que acababa de ser liberada. Pero no conseguimos pasar del volcán Cosigüina, ya que nos vimos atrapados por un fuego cruzado entre los guerrilleros y los últimos restos del ejército de Somoza. Regresamos a la casa algo asustados por la experiencia.

La mañana del 19 de julio me despertó la voz de un comentarista de radio que anunciaba que la ciudad de Granada había caído tras unas cuantas horas de combate; en Masaya las tropas del ejército se habían rendido. Desde todo el país avanzaban fuerzas sandinistas hacia Managua para el enfrentamiento definitivo, a pesar de que el ejército de Somoza estaba ya en retirada. «En el aeropuerto el caos es total», dijo el comentarista. «Aviones de la Fuerza Aérea están despegando cargados de desertores de la Guardia Nacional y sus familias.» Sin prestar atención a las instrucciones de los controladores de tráfico aéreo, un C-47 y un DC-6 casi habían chocado. Autobuses y taxis llenos de guardias llegaban continuamente al aeropuerto, ansiosos por salir del país. A media mañana no quedaban ya aviones. Los desesperados soldados intentaron entonces secuestrar un avión británico cargado de combustible. Llegaron a subirse a las alas del avión. Tras conseguir que se soltaran con una serie de sacudidas y movimientos, el aeroplano despegó. Entonces los hombres se dirigieron hacia un avión de la Cruz Roja. Lanzaron para fuera la carga y un batallón entero se subió a bordo y despegó. Había historias así para todos los gustos. Aquello resultaba demasiado exagerado y casi fantástico para poder ser creído.

Al mismo tiempo Urcuyo estaba muy ocupado nombrando un nuevo gabinete como si se propusiera seguir en el cargo. Sugirió que los sandinistas se rindieran y entregaran las armas. Pezzullo, al que le ordenaron volver a Estados Unidos, seguía insistiendo: «Esto no es lo que habíamos planeado.»

Para convencer a Chico Beto que no prosiguiera en su intento, se amenazó directamente a Somoza, quien por entonces estaba bronceándose tranquilamente en las playas de Florida. Se advirtió a Somoza que se le podía extraditar y enviar a Nicaragua para ser juzgado por el nuevo gobierno revolucionario. De ese modo, al final de ese día, el 18 de julio de 1979, Urcuyo se convirtió en un breve capítulo de la historia de Nicaragua.

Aquella misma noche, Urcuyo y su grupo de partidarios huyeron del país. Según me contaron, la población de Nicaragua lo despidió con una lluvia de balas y no le permitió ni llevarse su equipaje personal.

Cuando las fuerzas sandinistas llegaron a Managua para la última batalla, se encontraron con que las tropas enemigas habían abandonado las trincheras y con que Urcuyo había huido. En vista de ello, se decidió que nos fuéramos a Managua para hacernos cargo del gobierno. Aquella tarde se envió un avión para que Moisés se uniera a nosotros, de manera que la Junta pudiera realizar su entrada triunfal a Managua como un gobierno completo.

Me di cuenta de que, en medio del drama que estaba teniendo lugar en aquellos momentos, se iniciaba un nuevo capítulo de mi vida. Entonces no sabía qué dirección iba a tomar o cuánto tiempo duraría, pero decidí seguir adelante e intentar hacer realidad los ideales por los que Pedro había luchado hasta su muerte.

Capítulo octavo

Hasta el momento, lo que me había impulsado era la necesidad de ver hecho realidad el sueño de Pedro. Era el 20 de julio de 1979. Viajábamos en dirección a la plaza de la República de Managua, actualmente plaza de la Revolución. Confiaba en que mi aporte reduciría de algún modo el dolor de su trágico final y de conclusión a nuestra vida juntos. Pero, cuando me subí al enorme camión de bomberos en el que íbamos para Managua, me sentí al mismo tiempo confusa y deprimida junto a Daniel, Moisés, Alfonso y Sergio.

No comprendí de inmediato por qué en aquella jornada triunfal no sentía en mi corazón un gran sentimiento de júbilo. Aunque, razonaba, «hemos llegado por fin a una realidad que supera mis mayores fantasías». Estamos en el umbral de una Nueva Nación, liberada de la opresión mediante toda una serie de actos generosos de heroísmo. Los frutos de nuestro sacrificio humano y político eran evidentes en los rostros resplandecientes de las personas que acudieron a recibirnos como héroes victoriosos.

Respondí a aquellas multitudes que nos aclamaban con una sonrisa que ocultaba la tristeza que experimentaba mientras escuchaba a Alfonso proclamar: «Viva la revolución.» A mis oídos sus gritos me sonaban extraños.

Había tal multitud de gentes que nuestro camión tuvo que pararse delante de la grandiosa fachada casi destruida de la catedral de Managua. Sus ruinas me recordaron el terremoto que Somoza había utilizado en beneficio personal. Lentamente avanzamos hacia la escalinata del Palacio Nacional, donde los coman-

206

dantes, los hermanos Ortega (Daniel y Humberto), Tomás Borge, Víctor Tirado, Jaime Wheelock, Luis Carrión Cruz, Edén Pastora y otros estaban juramentándose.

Una vez en el interior del Palacio, se me salieron las lágrimas de alegría cuando me abracé con mi hija Claudia, cuyo exilio en Costa Rica había por fin terminado. Según la abrazaba, la felicidad que sentía al ver hecho realidad el sueño de Pedro se me empañaba con cierta angustia. Me hubiera gustado que él, Pedro, hubiera estado con nosotros saboreando aquel momento. Pero comprendí que, sin el sacrificio de su vida, nada de todo eso habría sido posible.

Después comenzaron los discursos de victoria. El mensaje de Humberto Ortega fue el de que todos los días, a todas horas, todos y cada uno de los nicaragüenses debíamos estar alerta contra el «enemigo interior», de modo que pudiéramos consolidar la revolución, fortalecerla y hacerla bajo el liderazgo del FSLN. Daniel se lanzó luego en un largo e inflamado discurso en contra del «imperialismo», que por fin habíamos derrotado. Luego dio a entender que no había necesidad de celebrar elecciones. «El pueblo ha votado», dijo, «con su presencia aquí hoy». Tomás Borge afirmó que había que esperar clemencia del FSLN. Dijo: «La revolución fue implacable en el combate, pero será generosa en la victoria.» Añadió, sin embargo, que había que reeducar a la sociedad, ya que los vicios de la antigua sociedad persistían en el seno de la población. Debía por tanto comenzar una nueva guerra, una guerra contra el atraso, contra la pobreza, contra la ignorancia, contra la inmoralidad. «Esta guerra durará más», afirmó, «y será más ardua que la anterior».

Eso me dio motivos para pensar. ¿Por qué, en lugar de limitarse a pedir al pueblo una actitud más positiva, de forma que podamos reconstruir el país por el bien de todos, hablaban así en términos bélicos? ¿Y por qué no hay ninguna mención de los sectores no sandinistas de nuestra sociedad? Sólo hablaban del FSLN. También pensé que era extraño que no permitieran que el Comandante Cero tomara la palabra, a pesar de que había librado una dura batalla en el frente meridional contra las fuerzas de elite de Somoza mandadas por el comandante Bravo. No obstante, me fijé en que, siempre que aparecía el Comandante Cero, las multitudes parecían enloquecer. Era evidente que los comandantes estaban poniéndose celosos y zancadillas unos a otros para intentar asegurarse el poder, al tiempo que se esforzaban por convertir al FSLN en el dueño del gobierno. Estuve entonces totalmente segura de que no habría unidad en nuestro gobierno de coalición.

Aquella misma tarde nos dirigimos al hotel Camino Real para iniciar nuestra primera jornada como Junta de Reconstrucción Nacional. Cuando llegamos, el lugar se convirtió en un escenario tumultuoso, lleno de diplomáticos y periodistas que intentaban llegar hasta nosotros para entrevistarnos y darnos la mano. Era fácil ver que la gente se sentía feliz, ahora que Somoza se había ido. La libertad estaba en el aire. Así, a pesar de que presentía que no duraríamos mucho tiempo, nuestra heterogénea Junta se comportó al principio con entusiasmo y camaradería. Sergio Ramírez dirigió la sesión en la que dictamos nuestros primeros decretos. Desde allí confirmé que era más sandinista que socialdemócrata. El primero de todos fue el de la abolición de la Constitución de Somoza, del Congreso Nacional y de otros órganos que se consideraban expresiones corruptas del poder de Somoza. Fueron sustituidos por un conjunto temporal de decretos destinados a proteger y garantizar los derechos humanos para todos, la libertad y la igualdad, así como el respeto a la propiedad privada. El segundo decreto prohibía la idolatría: no se permitirían en el país imágenes de la familia Somoza y todo lo que llevara el nombre de Somoza se rebautizaría con el de algún héroe sandinista caído en combate. El tercer decreto expropiaba el imperio económico de la familia Somoza, por valor de 500 millones de dólares y las propiedades de oficiales del ejército y funcionarios del gobierno que durante los últimos cuarenta años habían participado en el expolio de la riqueza nacional.

Cuando se anunciaron estos decretos, fueron recibidos con el apoyo unánime de la población. Entonces nadie se imaginaba que los sandinistas aprovecharían la situación para declarar un estado de emergencia que limitaría gravemente la libertad, o que no se contentarían con expropiar las riquezas de Somoza, sino que irían mucho más lejos y terminarían controlando la mayor parte de la economía de la nación. Nadie podía prever tampoco una idolatría tan grande por los héroes del FSLN y por teóricos marxistas, ni que el retrato de Lenin y el de Carlos Fonseca Amador serían colgados permanentemente de la derruida catedral de Nicaragua, primero, y del Palacio Nacional después, como si fueran dioses.

La mañana después de nuestra primera jornada de gobierno, Alfredo César salió en busca de una sede adecuada para la Junta. Entre la media docena de edificios que sugirió, descartamos el búnker militar de Somoza en la Loma de Tiscapa. Fue rebautizado como *El Chipote*, en honor a la colina del norte de Nicaragua en la que había operado Sandino y se convirtió quizás simbólicamente en la sede oficial militar de los sandinistas. En nuestra opinión, aquel era un lugar inadecuado para nuestra Junta civil.

También descartamos el edificio estilo *art déco*, de color marrón y beige, del Banco Nacional, ya que había sido construido en 1914, durante la presidencia de Adolfo Díaz (cuando Emiliano Chamorro había sido enviado como diplomático a Washington) con parte de los beneficios derivados de la firma del tratado Chamorro-Bryan, en el que Nicaragua había cedido a Estados Unidos el derecho de construir un canal interoceánico a través del río San Juan. Aunque básicamente ratificaba un acuerdo negociado mucho tiempo antes de Emiliano, el tratado se consideraba un hecho equivocado y algunos de la Junta lo ponían como un ejemplo degradante de sometimiento al imperialismo norteamericano.

La única posibilidad que quedaba estaba al otro lado de la calle, enfrente de esos dos edificios, y se trataba de la estructura moderna y reforzada del Banco Central de Nicaragua.

El resto de la ciudad consistía en solares desolados en los que crecían hierbas, ruinas que había dejado el terremoto de 1972. Decidimos por tanto que estableceríamos nuestra sede en ese «símbolo menor de la tiranía del antiguo orden sociopolítico».

Esa misma tarde tomamos posesión del Banco Central y lo llamamos la Casa de Gobierno. Recuerdo que entramos en la sede del gobierno a través de un patio trasero, reservado a los visitantes VIP. Pude comprobar que el pavimento estaba quebrado dando lugar a la hierba y que algunas de las ventanas estaban rotas. Pero me quedé asombrada cuando abrimos las grandes puertas blindadas y nos encontramos en el santuario interno de la organización que había definido la política económica de nuestro país. Bajo el tutelaje de Roberto Incer, había llegado a convertirse en una institución formidable que servía para dirigir la economía. Pasamos por un largo pasillo hasta llegar a una especie de auditorio, triste y parcialmente iluminado por los rayos del sol que se filtraban a través de las ranuras de una persiana rota. Luego entramos al vestíbulo que conducía a los despachos privados, nos encontramos con los retratos de los tres presidentes Somoza, Anastasio, Luis y Tacho. Sentí un gran alivio al saber que la dinastía no tendría ya sucesor. Directamente delante de nosotros estaban las oficinas y las salas de reuniones de los hombres que manejaban las finanzas del gobierno de Somoza. La alfombra estaba sucia. En medio de un desorden patético nos instalamos e iniciamos una sesión desordenada en la que todo el mundo parecía querer hablar a la vez.

La gente quería que lo decidiéramos todo. Pasábamos libremente de un tema a otro, legislando sobre lo que yo consideraba cuestiones domésticas, así como sobre temas de política económica. Hablaron de la necesidad de garantizar la seguridad de los ahorros. «Si controlamos el sistema», dijeron, «nos aseguraremos que funcione de forma más eficiente y responsable, sin la especulación y la corrupción propias de la empresa privada». La explicación era que, eliminando el «factor de lucro» del sector privado, contribuirían a rehabilitar la economía del país a un ritmo mucho más rápido, ya que sólo se concederían créditos a proyectos identificados como de la «máxima prioridad nacional».

Además de confiscar las cuentas de los somocistas, señalaron que hacía falta ampliar esta medida en áreas que ellos habían determinado subjetivamente como de «interés nacional».

Anteriormente se me había garantizado que respetaríamos la libre empresa, con la única excepción de unos pocos cambios estructurales, que hasta ese momento nadie me había explicado claramente. De lo que estaban hablando ahora era de crear un monopolio estatal, que en mi opinión olía a comunismo y prometía crear una mayor burocracia y más corrupción. Pero, ante mi sorpresa, nadie formuló la menor objeción. «Estaba todo en el plan de gobierno», afirmaron.

Se ignoró completamente la cuestión de los seis mil ex miembros de la Guardia Nacional encarcelados o que habían pedido asilo político en embajadas extranjeras. De forma similar, no eran preocupación de nadie los incontables refugiados nicaragüenses que se habían instalado en la frontera de Costa Rica y estaban deseosos de volver al país. Quedaron también sin respuestas las peticiones de los indigentes y hambrientos que estaban esperando la distribución de ayuda humanitaria de emergencia.

Aquel día volví a mi casa con la sensación de que las cosas no iban bien entre nosotros. El camino de los sandinistas y mi propio camino eran claramente diferentes. Yo pensaba que estábamos allí para servir, no para servirnos de la revolución. Ellos me parecía que sólo se preocupaban por asumir el control. Mis ideales eran más altruistas.

Carlos Fernando, que sabía con toda certeza lo que nosotros no podíamos ni imaginar, es decir, que la auténtica dirección de la revolución era la del comunismo, comprendió que se habían sembrado las semillas del conflicto. Creo que sabía que pronto los sandinistas y yo terminaríamos chocando. Me dijo: «Si no te sentís bien, debes renunciar. Esto es demasiado complicado para vos.» Y desde aquel mismo día empezó activamente a hacer campaña entre los comandantes para permitirme una salida digna. Presenté mi renuncia un total de seis veces después de la victoria revolucionaria. Pero hicieron falta nueve meses para que finalmente me dejaran ir. Soporté este breve capítulo de mi vida como si fuera un parto doloroso. Mi tristeza era que al final del período de nueve meses, estaba dando a luz una democracia muerta.

Después de abolir la Constitución, se procedió a hacer lo mismo con el sistema judicial y el Congreso mediante un decreto nacional; la Justicia Revolucionaria adoptó la forma de un tribunal popular organizado por Nora Astorga, la heroica sandinista que se había hecho famosa por el caso Pérez Vega. Aunque se manifestó que en Nicaragua habría total libertad y respeto por los derechos humanos, también se afirmaba que «revelar secretos de Estado o emitir expresiones verbales o escritas destinadas a dañar los intereses del pueblo» eran delitos susceptibles de ser perseguidos legalmente, que podrían dar como resultado sentencias de tres a cinco años de cárcel. Ayudar y encubrir a un somocista acarreaba una pena máxima de diez años.

El arzobispo Miguel Obando se opuso a esos decretos por considerar que en su ambigüedad apenas prometían justicia. Pero a los que más se opuso fue a los que limitaban la libertad de expresión. Así, él y seis obispos redactaron una carta pastoral en la que instaban al gobierno a revocar esas leyes. La carta se mostraba también abiertamente crítica hacia los nuevos Comités de Defensa Sandinista (CDS), una organización de vigilancia de barrio. Como ampliación de los comités que habían preparado a la población de los barrios para rebelarse contra Somoza, afirmaron que los CDS eran un movimiento de base que nacía de abajo hacia arriba, y que, como tal, eran la expresión democrática del «poder popular». Predijeron acertadamente que esos comités servirían a la revolución bajo el liderazgo del FSLN.

En una semana, los dirigentes de los CDS habían organizado a la población para llevar a cabo vigilancia las veinticuatro horas del día. Tenían orden de anotar en un cuaderno todos los vehículos o personas extrañas que entraran en sus barrios. Al principio, esta tarea fue asumida con gran entusiasmo por la mayoría de la población, a la que se le había dicho que la revolución los convertiría en personas prósperas. Los sandinistas supieron reconocer desde el primer momento que lo que motiva a la mayoría de la gente es el propio interés. Se prometió, por tanto, que quienes cooperaran con la revolución recibirían numerosas recompensas. Para enardecer todavía más el celo revolucionario del pueblo, se concedió a los líderes de los CDS un cierto poder, otorgándoles el derecho de arrestar y expropiar a «elementos de aspecto sospechoso».

Aunque después de la victoria revolucionaria los sandinistas habían prometido que en Nicaragua no volvería a haber nunca inmoralidad, corrupción, tráfico de influencias y chantaje, finalmente los CDS se convirtieron en el terreno de cultivo para prácticas de corrupción, tráfico de influencias, chantaje, etc. Todos los vicios contra los que supuestamente habían luchado. Muy pronto los vecinos empezaron a enfrentarse entre ellos mismos, denunciándose mutuamente. Y así, en su carta pastoral, los obispos señalaron con alarma que el poder que se había entregado a los CDS había convertido a esos grupos en los «temidos delatores de la revolución».

EN el seno de mi propia familia un microcosmos de la fractura nacional. Pedro Joaquín siguió en *La Prensa*, contribuyendo a su reconstrucción. Desde allí se convirtió en un antisandinista total. Claudia se entregó en cuerpo y alma a la revolución. En su opinión, todos nosotros deberíamos apoyar al Frente Sandinista. Durante los meses que yo estuve en la Junta, ella fue mi ayudante personal no oficial y asesora personal. Viajó conmigo y me acompañó en todas mis funciones oficiales. Cristiana, que había abandonado su cargo en la UCA, empezó a trabajar para *La Prensa*. Su sensibilidad reflejaba el estado general de los que sin ser comunistas o sandinistas consideraban que, como patriotas, tenían que ayudar a reconstruir Nicaragua de una forma más igualitaria que la habíamos vivido con el somocismo. Así, durante algún tiempo, concedió a los dirigentes sandinistas el beneficio de la duda. No así en el caso de Antonio, su marido. Como hombre de negocios, veía con recelo a los que proponían transformaciones radicales de la sociedad o, lo que era todavía peor, de la economía.

Carlos Fernando, el más radical de mis hijos, no volvió nunca a *La Prensa* después del 19 de julio. Emprendió una amplia variedad de actividades pro-revolucionarias. Fue nombrado viceministro de Ernesto Cardenal en el Ministerio de Cultura, y, como militante del FSLN, participó en toda una serie de cuestiones del partido que incluyeron la creación de un periódico del FSLN destinado a sustituir el *Novedades* de Somoza. Si mi memoria no me traiciona, en el seno de la Junta hubo algunas discusiones sobre el nombre que debía llevar el diario. *Patria Libre* fue la primera de muchas sugerencias. Pero el nombre que finalmente prevaleció fue *Barricada*, en memoria de las barricadas que el pueblo había levantado en los barrios para protegerse de la Guardia Nacional. Los sandinistas creían que, con ese nombre, el periódico sería un símbolo elocuente de la lucha armada que había llevado a nuestro gobierno al poder. Con el tiempo, como portavoz oficial del gobierno, llegó a representar un obstáculo para la libertad de expresión y una barricada contra el pensamiento independiente.

Durante el primer mes de la revolución, llegó desde Cuba un avión con una delegación de médicos y suministros médicos. Durante los días siguientes me enteré de que, junto con los médicos, llegaron aproximadamente cien asesores militares y de seguridad cubanos, para aconsejarnos sobre todos los aspectos de la política tanto exterior como interna. No perdieron el tiempo y se encargaron también de instruir a los nueve miembros del Directorio Nacional Sandinista, sobre cómo apoderarse del poder y mantenerlo. Los médicos se anunciaron con gran publicidad, los asesores militares se mantuvieron escondidos y los sandinistas no dijeron nada de ellos al público.

Poco tiempo después, Cubana de Aviación transportó a Alfonso Robelo y Moisés Hassan hasta Cuba. Anteriormente, Humberto Ortega, Bayardo Arce, Edén Pastora y otros veinte comandantes habían partido también para asistir a la celebración del vigesimosexto aniversario de la revolución cubana. En La Habana, unas veinte mil personas participaron en su recepción de bienvenida celebrada en la plaza de la Revolución.

En ese evento, Alfonso Robelo alabó al FSLN y su preeminencia en la política nicaragüense. Su intervención agradó tanto a los sandinistas que fue reproducida íntegramente en *Barricada*. Afirmó que el FSLN estaba a la vanguardia de la revolución nicaragüense y, al igual que Borge, dijo que la tarea de reconstruir Nicaragua sería una guerra más dura que la que acababa de terminar. Aseguró a su público que, en ese proceso, el pueblo cubano desempeñaba un papel preferencial. Dijo: «Cuba y Nicaragua serán como siempre parte de la misma hermandad. Cuba y Nicaragua unidas vencerán.»

Castro pronunció un largo discurso en el que manifestó que la revolución nicaragüense había sido una «doble victoria», porque había triunfado sobre Somoza y sobre ciento cincuenta años de dominio e intervenciones extranjeras en nuestro país. Felicitó a sus «camaradas revolucionarios nicaragüenses» por su «inteligencia estratégica» que les había permitido esquivar la posibilidad de una intervención norteamericana durante los últimos días de la insurrección. Señaló que los sandinistas demostraban un «considerable talento» manteniendo a raya a los norteamericanos mediante unas pocas concesiones, que en último extremo no tenían ni tan siquiera que cumplir gracias a que «un tal Chico Urcuyo, que será muy pronto olvidado, intentó apoderarse del gobierno... Así, en menos de setenta y dos horas, se consiguió desarmar a la Guardia Nacional». Luego insinuó que los norteamericanos habían mostrado un sospechoso interés por salvar al ejército de Somoza. «Resulta curioso», dijo, «que cuando los hombres de Somoza masacraban a los muchachos sandinistas, los norteamericanos no parecían en absoluto conmovidos. Es evidente que, defendiendo un ejército mixto formado por combatientes sandinistas y miembros de la Guardia Nacional, los norteamericanos estaban poniendo las bases para la oposición al movimiento sandinista».

De ese modo, Castro se aseguró de que los sandinistas rechazaran para siempre la influencia norteamericana, aunque no creo que necesitara esforzarse mucho para conseguirlo. Era evidente que de camarada a camarada hablaban el mismo idioma.

Una vez finalizado el discurso, la delegación regaló a Castro un rifle Galil utilizado por la guardia de Somoza durante la insurrección, que según afirmaron había sido suministrado por Israel, el «bastión del imperialismo (norteamericano) en el Medio Oriente».

Cuando leí esas noticias, pensé: «Nos estamos metiendo en un gran enredo.» Poco tiempo después se iniciaron los vuelos diarios de Cuba a Nicaragua. En ellos venían médicos, profesores y todavía más asesores. Al mismo tiempo, a su vuelta se llevaban consigo a grupos de estudiantes nicaragüenses para que recibieran «formación revolucionaria».

De hecho, un nuevo Comité Central integrado por los comandantes Tomás Borge, Luis Carrión Cruz y Humberto Ortega controlaba ya todas las cuestiones militares. Al comandante Joaquín Cuadra Lacayo, que había conducido la insurrección interna, se le nombró comandante en jefe, bajo las órdenes de Humberto Ortega.

Curiosamente, el más conocido de todos los sandinistas, el

Comandante Cero (que, a diferencia de otros dirigentes sandinistas, no era comunista), no recibió ningún puesto de mando. Se le relegó a ser el ayudante de Tomás Borge en el ministerio del Interior.

Mientras tanto, desde la sede del Comité Central, Luis Carrión Cruz anunció que en Miami estaba en marcha la creación de una fuerza contrarrevolucionaria con Tachito (Anastasio III) a la cabeza. Según los rumores, atacaría desde el norte con el famoso comandante Bravo al frente de un contingente formado por unos siete mil hombres. Ante un grupo de periodistas extranjeros, Carrión prometió que si esos autores del genocidio de Somoza intentaban alguna vez poner pie en Nicaragua, los combatirían hasta matar al último de sus hombres.

De hecho, en aquellos momentos, la mayor amenaza procedía de las propias filas de los sandinistas, de los sandinistas milpas, un contingente de campesinos que habían combatido a las órdenes del líder caído Germán Pomares. Sus hombres afirmaban que el Directorio Nacional del FSLN era un puñado de «hombres de la ciudad que apenas había combatido». Se negaron a entregar sus armas y en lugar de ello se retiraron a las montañas de Quilalí.

El 28 de julio, la administración Carter puso a un lado cualquier duda que pudieran haber tenido sobre el nuevo liderazgo. Motivados por un espíritu de generosa cooperación, enviaron al embajador Pezzullo de regreso a Managua con alimentos y suministros para la Cruz Roja por valor de varios millones de dólares.

Tomás Borge fue al aeropuerto a recibir a Pezzullo. Durante su breve entrevista, Pezzullo informó a Borge de que la administración norteamericana estaba también intentando conseguir que el Congreso aprobara un paquete de ayuda de emergencia para Nicaragua por valor de unos ocho o diez millones de dólares. Borge, uno de los sandinistas más radicales, manifestó que había disposición del nuevo gobierno de colaborar con personas de diferentes ideologías para la reconstrucción del país.

Para Pezzullo, las palabras de Borge fueron una auténtica revelación. Llegó a la conclusión de que las difíciles condiciones económicas de Nicaragua habían obligado a los sandinistas a adoptar una forma pragmática de gobernar. De hecho así era, pero no en el sentido de respetar el pluralismo, como había prometido originalmente, sino en el de maniobrar, intrigar, conspirar y traicionarnos a todos nosotros.

Fingiendo no ser marxistas, los sandinistas podían disfrutar de la generosidad norteamericana mientras ganaban tiempo hasta ser lo suficientemente fuertes desde el punto de vista económico y militar como para constituirse en poder independiente y totalmente radical.

Ese mismo, día Alfonso Robelo viajó de Cuba rumbo a Venezuela para explorar ayuda destinada a resolver la crisis económica de Nicaragua. Reveló que la situación del país era crítica. Había escasez de alimentos y petróleo. Durante los días siguientes afirmó: «Nicaragua necesitará 150 millones de dólares para resolver sus problemas de balanza de pagos. Con el tiempo, y para reconstruir la nación, necesitaremos 2.500 millones de dólares en ayuda extranjera.» Se apresuró a añadir que «a Nicaragua no le interesaba recibir ninguna ayuda que pretendiera de algún modo frenar el pleno ejercicio de su soberanía... Eso constituiría una traición a los ideales del pueblo de Nicaragua».

En mi opinión, Alfonso empezaba a mostrarse más papista que el Papa. Para mi sorpresa, años después leería en uno de los muchos libros que se han escrito sobre Nicaragua que, en el transcurso de ese viaje, Alfonso habló en privado con el presidente Luis Herrera Campins y le transmitió su desánimo.

Más clamorosas eran las quejas de la organización COSIP, ahora rebautizada como Consejo Superior de la Empresa Privada (COSEP), bajo el liderazgo de Enrique Dreyfus. Ya para entonces se lamentaban públicamente de que no se estaban haciendo las cosas de acuerdo con el plan de gobierno, que exigía una economía mixta y la formación de un gobierno democrático. Dreyfus expresó su preocupación en el sentido de que se estaban poniendo las bases para el dominio de un partido único, lo que era injusto, teniendo en cuenta el sacrificio y el aporte del sector privado. Afirmó: «Nos hemos ganado el derecho de expresar nuestras opiniones. La caída de Somoza fue consecuencia de nuestros esfuerzos unidos.»

En un mitin, Daniel Ortega definió como un error pensar que

el Frente Sandinista era sólo una organización militar. «Era, es y seguirá siendo», afirmó, «una organización política... Y tenemos el derecho de decir que no nos gusta esto o aquello. Y por tanto, vamos a introducir algunos cambios.» Añadió que «la victoria sobre Somoza fue labor exclusiva del FSLN». Proclamó: «Fuimos las puntas de lanza de la revolución y seguiremos siéndolo hasta completar nuestro programa de gobierno.»

Ahora que los sandinistas eran los vencedores, deseaban hacer desaparecer a todos los que les habían ayudado a la consecución del poder y negarnos el derecho a participar de manera significativa en las decisiones que afectaban a nuestro país. Aunque no cabe la menor duda de que nuestro movimiento cívico por sí solo no podría haber derrocado nunca a Somoza, consideré que los sandinistas se equivocaban al intentar apropiarse en exclusiva de la victoria que habíamos alcanzado juntos.

SIN EMBARGO, a comienzos de agosto, cuando Alfonso volvió a Nicaragua, no vaciló en anunciar que mediante «decreto del Estado» se iba a nacionalizar el sistema financiero y que ahora todas las exportaciones deberían comercializarse bajo una nueva entidad, el ministerio de Comercio Exterior. Afirmó que el sector privado tenía que olvidarse de repartir beneficios y comprender que «es nuestro deber patriótico poner nuestras capacidades técnicas y profesionales al servicio de la revolución».

Al día siguiente Alfonso Robelo y Arturo Cruz visitaron a uno de los hombres de negocios que se habían visto afectados por el decreto, Tono Baltodano, el director general de la empresa exportadora de café de su familia. Le dijeron: «Hemos nacionalizado tu empresa y, si querés contribuir a impedir que los sandinistas radicalicen el gobierno, deberías trabajar con nosotros.» Querían que Tono creara ENCAFÉ, la entidad de comercio exterior que exportaría toda la cosecha de café de la nación.

La propuesta no podía resultar más sorprendente. Lo estaban expulsando de la actividad económica que él había venido desarrollando y contradictoriamente lo invitaban a explotar sus contactos en beneficio de la revolución. Tono prometió que lo iba a pensar.

La familia de Tono había apoyado la insurrección. Eran antisomocistas de corazón. Su hermana menor, Milena, era la ayudante de la que más confiaba Tomás Borge. Su tío Emilio era miembro de Los Doce y en aquellos momentos contralor de la República. Sus primos pertenecían todos al alto mando sandinista. Sabía, por tanto, que los sandinistas eran muy radicales. Habían confiscado las cuentas personales de su hermana mayor y le habían arrebatado su casa simplemente por estar casada con un sobrino de Guillermo Sevilla Sacasa, el cuñado de Somoza, a pesar de que esas personas no habían cometido jamás delito alguno. Resultaba evidente que había grandes dosis de odio de clases. Racionalmente, Tono dudaba que se pudiera hacer nada para disuadir a los sandinistas de la vía que habían emprendido. Pero a nivel emocional consideraba que tenía la obligación de intentarlo. A la mañana siguiente llamó a Alfonso Robelo y aceptó.

La reacción de Tono fue típicamente patriótica. En el sector privado hubo muchos que, olvidándose del beneficio personal, dedicaron sus vidas a trabajar para la reconstrucción del país: hombres como mi primo Maché Torres, ministro de Agricultura; Noel Rivas Gasteazoro, ministro de Industria; el doctor César Amador, ministro de Salud, y otros más. La lista es muy larga. Desgraciadamente, sus esfuerzos y sacrificios fueron en vano, ya que los sandinistas tenían una única idea en su cabeza, la de terminar con el sistema de libre empresa porque resultaba un obstáculo para el modelo económico, social y político prosoviético que querían implantar.

La ayuda de Estados Unidos y Venezuela se vio seguida por la de México, Panamá y Costa Rica. Países que contribuyeron todos con dinero y otras modalidades de asistencia. Los sandinistas mienten cuando dicen que sólo Cuba merecía la gratitud y atención de su periódico *Barricada* y de la Dirección Conjunta del partido sandinista.

La muestra de simpatía ofrecida por Pezzullo en el mes de julio sería seguida trece días después, el 5 de agosto, por un segundo gesto de amistad de los norteamericanos. Eduard Zorinsky, un miembro importante del Comité de Relaciones Exteriores del Senado, viajó hasta Managua para asegurar a Borge en una visita de cuarenta y ocho horas las buenas intenciones de

Estados Unidos hacia el nuevo gobierno. La administración Carter, al no haber conseguido impedir que los sandinistas llegaran al poder, había dado instrucciones al Departamento de Estado de esforzarse al máximo en la expresión de sus simpatías hacia la revolución. El secretario de Estado, Cyrus Vance, en una entrevista que concedía a la prensa, afirmó que el éxito de las relaciones nicaragüense-norteamericanas dependía ahora de la habilidad de Estados Unidos para comunicar a los nuevos líderes de Nicaragua que no intentarían desestabilizarlos. Sólo entonces podían esperar ejercer una cierta influencia.

En la víspera de la llegada de Zorinsky, Tomás Borge manifestó que los norteamericanos se ganarían la simpatía de toda Nicaragua si devolvían a Somoza para ser juzgado y condenado a treinta años de cárcel. Zorinsky fue recibido en el aeropuerto por Borge, que inmediatamente inició su ofensiva. En un juego de palabras, dijo que los sandinistas eran perfectamente conscientes de que la revolución tenía muchos amigos y enemigos y que en aquellos momentos «querían ser más amistosos con sus amigos y menos fríos con sus enemigos».

El senador experimentó un momento de vacilación, a pesar de lo cual se manifestó inequívocamente en favor de la revolución. Zorinsky, con Miguel d'Escoto actuando como traductor, expresó verbalmente el nuevo enfoque de la administración Carter y le pidió a Borge que no tuviera ningún prejuicio en contra de su país. Luego se distanció de los errores de las anteriores administraciones norteamericanas y manifestó que formaba parte de una «nueva generación de americanos» que finalmente se habían situado del lado correcto y que deseaba contribuir a conseguir que Nicaragua fuera cada día un poco mejor. A su regreso a Estados Unidos recomendó la aprobación de las medidas de ayuda económica a Nicaragua.

Sin prestar aparentemente atención a sus palabras, Borge respondió: «Permítame expresarme de forma clara y transparente. Estados Unidos y Nicaragua pueden ser excelentes amigos o excelentes enemigos.»

Ése era el estilo de Borge, consistente en formular siempre amenazas directas o veladas. Después de la revolución, el líder al que la población más temía era precisamente Borge.

La visita de Zorinsky se vio seguida por la de Rodrigo Carazo Odio, que llegó con un traje de safari. Toda la Junta lo recibimos en el aeropuerto, acompañados por Miguel d'Escoto. Nuestra delegación pasó revista a las tropas que habían acudido para rendir honores a Carazo, dirigida por Tomás Borge, Humberto Ortega y Luis Carrión.

En su discurso de bienvenida, Sergio Ramírez dijo que el que había ganado la guerra era el pueblo nicaragüense, sin ningún agradecimiento para los demás. Pero también añadió que la lucha habría durado mucho más y habría resultado mucho más dura de no haber sido por el apoyo leal de la vecina república de Costa Rica.

De hecho, la lucha habría fracasado de no haber sido por Costa Rica, que proporcionó un santuario para las fuerzas sandinistas. En caso de que esas fuerzas se hubiesen visto obligadas a combatir con el ejército de Somoza sin contar con la posibilidad de huir a territorio costarricense, habrían sido aniquilados en muy breve plazo.

En conjunto, no fue aquella la recepción que yo había esperado para Carazo. Quizás sus observaciones sobre la libertad, la justicia y la paz no fueron muy bien recibidas por nuestros beligerantes revolucionarios, que estaban empezando a mostrarse ya impacientes por ejercer su poder militar en la América Central. Pero creo que había también una cierta dosis de resentimiento hacia Carazo, ya que, al final de nuestro exilio, resultó claro que empezaba a cansarse de nuestras actividades revolucionarias. Yo lo comprendí perfectamente. Carazo había experimentado un notable desgaste político por permitir que su país se viera dominado por revolucionarios.

El 18 de agosto, cuando el general Omar Torrijos vino a Nicaragua para hacernos una visita de cortesía, las celebraciones fueron mucho mayores. Tomás Borge lo recibió en el aeropuerto con una gran exhibición militar. Borge, novelista y poeta ocasional, se mostró melodramático en su discurso de bienvenida. Saludó a Torrijos como el «Capitán de los corazones del pueblo panameño y el hombre que se ha situado a la vanguardia de nuestra lucha». Resaltó como lo más importante el que Torrijos fuera un hombre que «lloró cuando se enteró de la muerte de

Germán Pomares». Torrijos volvió a derramar lágrimas, esta vez ante los miles y miles de personas que se habían reunido para honrarlos. Dijo que prestar ayuda a la revolución había sido un deber y un honor y que nunca en su vida había experimentado tanta emoción como la que se había adueñado de él cuando aterrizó en el aeropuerto Sandino. Después hubo un desfile en su honor en la plaza de la Revolución, en el transcurso del cual se anunció que se había designado a Humberto Ortega comandante en jefe del ejército. Al igual que los sandinistas, yo sabía que a Torrijos no le caía bien Humberto; entonces me pregunté por qué habían elegido aquel día para realizar el anuncio. Sólo pude llegar a la conclusión de que se trataba de un gesto deliberado, designado para reflejar su poder e independencia.

Después me di cuenta de que, en el momento de pronunciar su efusivo discurso, Torrijos estaba ya molesto con los sandinistas por no haber situado a Edén Pastora en una posición importante en la tarima. El hecho es que nunca llegó a aprobarse un acuerdo sobre cooperación militar que se suponía iba a ser firmado en el transcurso de esa visita.

El nombre de Pomares había salido a la luz en varios discursos durante las semanas anteriores a la visita de Torrijos, Pomares, recolector de algodón en Chinandega, transformado en revolucionario, se había convertido en una figura de culto entre los campesinos. Por tanto, durante una visita a dicha región, Ortega se dedicó a exaltar a Pomares para intentar reconciliarse con los campesinos, irritados por las medidas de política agrícola del FSLN.

El plan de gobierno establecía que después del triunfo concederíamos a los campesinos los títulos de propiedad de las tierras de Somoza. Sin embargo, los sandinistas decidieron consolidar la mayor de las propiedades bajo el Instituto de Reforma Agraria, dirigido por el comandante Jaime Wheelock, y ofrecer algunos títulos de propiedad a los campesinos, que trabajarían la tierra como parte de un sistema de cooperativas dependientes del Estado. Ortega había intentado en un principio racionalizar la situación afirmando que era necesaria, ya que no se disponía de suficiente capital circulante como para que los campesinos operaran independientemente. Dijo que Somoza se había llevado todo el dinero en metálico y ahora no quedaba nada para préstamos. Explicaba que por eso se había procedido a nacionalizar el sistema bancario, de forma que el sector privado no pudiera arrebatarles las tierras en caso de que los campesinos no pudieran pagar los préstamos. A pesar de explicaciones y explicaciones, la idea no fue bien recibida por los campesinos nicaragüenses, que defendían sobre todo su independencia para plantar su parcela de maíz y venderlo sin interferencia de nadie.

Yo tenía la sensación de que habíamos intercambiado una forma de injusticia por otra. Ahora la población seguía explotada por el Estado y por el partido; antes, por Somoza y sus allegados.

Poco después de la visita de Torrijos, el 21 de agosto, vino Carlos Andrés en visita oficial. Yo formaba parte de la Junta que acudió a recibirlo. El Comandante Cero, el guerrillero favorito de Carlos Andrés, y Dora María Téllez le hicieron la ofrenda de la bandera nicaragüense que el Comandante Cero y Dora María Téllez habían rescatado del Congreso de Somoza el día en que asaltaron el palacio.

La primera visita de Carlos Andrés a la «Nicaragua libre» se celebró como si fuese un día de victoria. Él había sido un tenaz oponente a Somoza y, en mi opinión, merecía todos los honores que se le rendían. CAP, como le conocen muchos, había sido un amigo no sólo de nuestra familia, sino de nuestros países.

En aquella ocasión no tuve oportunidad de discutir con él mi creciente incomodidad con el FSLN. Pero ahora sé que durante largo tiempo había confiado en que se podría distanciar a los comandantes del marxismo.

Luego, el 22 de agosto, se me informó de que el directorio del FSLN había decidido que nuestra fuerza militar nacional se llamaría Ejército Popular Sandinista (EPS) y que estaría bajo el control del FSLN, a las órdenes del comandante en jefe Humberto Ortega y no, como se había acordado en Costa Rica, a las órdenes del ministro de Defensa, Bernardino Larios, que se suponía debía supervisar y estar al lado de nuestras fuerzas terrestres, marítimas y aéreas. A Larios se le ignoró, por no ser sandinista. Como miembro de la Junta, se me pidió que firmara el decreto oficial. Pensaba que ahora, con todas las armas, los sandinistas se estaban asegurando un gran poder que iba a hacer que ellos fueran los únicos a los que se pudiera escuchar en Nicaragua.

En su discurso de aceptación del cargo, pronunciado durante un mitin masivo, Ortega afirmó que el EPS defendería la soberanía de Nicaragua y actuaría como brazo militar del partido defendiendo los avances de la revolución. También habló de la necesidad de establecer una solidaridad con la hermandad internacional de revolucionarios; ya que, tanto en las luchas de Sandino como en nuestra propia revolución, habíamos recibido el apoyo de rebeldes mexicanos, centroamericanos y sudamericanos.

Ese nombramiento no cayó en gracia a Tomás Borge, debido a las antiguas rivalidades entre los hermanos Ortega y Borge, que se renovaron poco después de la victoria revolucionaria. Así, tras un breve período, Borge comenzó a actuar al margen del EPS y a encargarse de consolidar el ministerio del Interior, que se convirtió en el centro de poder independiente del EPS, albergando en su seno una política secreta y, en momentos posteriores, a su propia fuerza de combate.

El anuncio de la creación del EPS irritó también a muchos nicaragüenses moderados, que se pusieron en mi contra por haber firmado los decretos. «¿Cómo les permitís tener un ejército?», me preguntaron.

Pero, ¿cómo podía explicar que sólo después de consumados los hechos un oficial de la oficina del Directorio Sandinista me había pedido que firmara el decreto? No era cuestión de que yo les permitiera o no hacer algo. Mis amigos nicaragüenses no veían lo que yo estaba viendo y era el hecho que los sandinistas ejercían sus poderes militares de acuerdo a su voluntad. Todavía consideraban a los sandinistas como los hijos e hijas de nuestros amigos, casi como niños en los que podíamos influir o a los que les podíamos dar órdenes. Nos habían ayudado a derrocar a Somoza y ahora esperaban que los sandinistas se limitaran a dar un paso al lado y permitir la creación de un régimen únicamente sin Somoza. Los sandinistas no tenían la menor intención de ceder o compartir el control y eso a mí me estaba matando.

Yo estaba dolorosamente consciente de ello y no sabía cómo salirme de eso sin crear una crisis en contra del pueblo. Por desgracia, sentía que no podía denunciar ninguna de sus maniobras sin presentar alguna alternativa. En aquellos momentos pensaba que los sandinistas estaban equivocados, pero no les atribuía maldad alguna. Consideraba además que mi presencia como figura política moderada, junto a la de otros como yo, podría seguir sirviendo para detener el comportamiento de los elementos radicales del gobierno.

En ese mismo tiempo, apareció una información en *Barricada* anunciando la reorganización del Directorio Nacional Sandinista. Se trataba de una complicada red de comités de actuación basada en una combinación aparentemente inagotable de los mismos nueve personajes: Humberto y Daniel Ortega, Víctor Tirado, Tomás Borge, Henry Ruiz, Luis Carrión, Bayardo Arce, Carlos Núñez y Jaime Wheelock. Mi impresión era la de que, tejiendo esa complicada red de poderes, estaban intentando de hecho impedir la formación de alianzas tácticas. No obstante, y a pesar de ello, al final nadie pudo evitar reconocer que Humberto y Daniel, unidos por lazos de sangre, se habían convertido en los auténticos pivotes del poder, ya que Humberto controlaba el ejército, y Daniel, el ejecutivo; prácticamente igual a los dos hermanos Somoza, Luis en la presidencia y Tacho en el ejército.

En agosto se procedió a la confiscación de 168 industrias y 159 residencias privadas. Los sandinistas afirmaron que pertenecían a somocistas. Pero, ¿quién podía estar seguro? Resulta evidente que el comunismo era una ideología con fuertes raíces entre los sandinistas. Se mostraban firmemente opuestos al capitalismo y albergaban por tanto una gran hostilidad hacia la empresa privada. Su propósito era acabar totalmente con ella.

Mientras tanto, en los barrios se informaba a los panaderos, a los zapateros y otros comerciantes de que, si querían tener acceso a las materias primas, tendrían que cooperar con sus CDS. Si demostraban que habían cumplido sus deberes revolucionarios, y sólo después de haberlo hecho, tendrían acceso a una cooperativa sindical que les proporcionaría las necesarias materias primas. Luego sus productos serían adquiridos por esa misma cooperativa a un precio fijo. Podían conservar lo que necesitaran para su propio consumo privado.

En el campo se estaba obligando a los pequeños agricultores a integrarse en colectivos. Se les convocaba constantemente a reuniones y actos políticos. Si no asistían, tenían dificultades para conseguir préstamos destinados a la compra de semillas y fertilizantes. Se les acosó mediante la imposición de controles de precios. Los que se resistieron a cumplir los nuevos edictos perdieron sus tierras o fueron a la cárcel.

A los indios Misquitos que vivían en la costa del Caribe les fue todavía peor. Hasta entonces se gobernaban de forma independiente mediante un Consejo de Ancianos y seguían sus propias tradiciones. En el momento de la insurrección, un batallón de Misquitos se había unido a los sandinistas para combatir, creyendo que a cambio recibirían la autonomía total. Ahora los sandinistas estaban intentando organizarlos a través de dirigentes del CDS. Las tropas sandinistas rodearon a un grupo de «subversivos» y pretendieron llevárselos a la cárcel, de no haber intervenido la población local para ponerlos en libertad.

Dos meses después de la tan celebrada victoria sandinista, en toda Nicaragua el pueblo, en cuyo nombre se había llevado a cabo la revolución, estaba empezando a distanciarse de las medidas políticas sandinistas. Los campesinos, los pequeños comerciantes y los indios Misquitos comenzaron a traspasar en silencio la frontera para dirigirse a la vecina Honduras. Una vez en el exilio, se procedería a la formación de tres grupos distintos.

MIENTRAS estaba ocurriendo todo esto, un acontecimiento sin relación aparente servía para poner de relieve el carácter contradictorio de la administración Carter con respecto al liderazgo sandinista. En la primera semana de septiembre, y todavía pendiente de aprobación por parte del Senado el tratado de control armamentístico SALT II, se difundieron por todo el país las noticias de la existencia de una brigada de tropas soviéticas en Cuba, lo que obligó a que, el 7 de septiembre, Carter apareciera en televisión para declarar «inaceptables» los niveles de tropas soviéticas que en aquellos momentos había en Cuba. Prometió también ampliar la presencia militar norteamericana en el Caribe y elevar la ayuda económica a algunos países clave de la región. Se elevaría la ayuda militar a El Salvador para combatir el auge de las actividades de las guerrillas marxistas que estaba experimentando el país desde la aparición de la revolución sandinista.

Contradictoriamente para Nicaragua, Carter afirmó que estaba solicitando un paquete de ayuda económica por valor de 75 millones de dólares, el 60 por 100 de los cuales se encauzarían al sector privado. Los sandinistas se mostraron encolerizados afirmando que Estados Unidos estaba reforzando el sector privado a costa de la revolución.

Quizás no por pura coincidencia, el 15 de septiembre, día de la Independencia de Nicaragua, y en honor de Pham Van Dong, el jefe de Estado del pueblo vietnamita, vino a Nicaragua y se le recibió con una manifestación masiva en la plaza de la Revolución. Marcharon largas filas de niños pequeños vestidos con los uniformes de color verde olivo del ejército del FSLN y pañuelos rojos, portando rifles al hombro. Cuando los sandinistas entonaron su nuevo himno, cantaron su «lucha contra el yanqui enemigo de la humanidad». También le expresaron a Pham Van Dong el profundo respeto y admiración de la revolución sandinista por la revolución que había tenido lugar en Vietnam, «un deslumbrante ejemplo de antiimperialismo».

Esta muestra de afecto hacia Vietnam, un país con el que Estados Unidos compartía un triste y sangriento pasado, no impidió que, una semana después, Daniel Ortega volara a Estados Unidos en compañía de Alfonso Robelo para una primera visita oficial a la Casa Blanca y Naciones Unidas con el fin de discutir el paquete de ayuda económica de 75 millones de dólares. Ortega le dijo al presidente Carter: «Queremos su ayuda, pero incondicional.»

La sugerencia era poco razonable. Tradicionalmente la ayuda de Estados Unidos se reserva a los gobiernos considerados aliados, lo que los sandinistas evidentemente no eran. Sin embargo, y como un testimonio de la predisposición de la administración Carter de influir en los sandinistas, Carter prometió a Ortega seguir adelante con sus planes y solicitar la aprobación de ese paquete de ayudas. A cambio, Carter se limitó a pedirle a Ortega que no utilizara los antiguos errores diplomáticos de Estados Unidos en contra de su administración, y le rogó que se abstuviera de atacar públicamente a su país. Además, previno a Ortega de que no debía sucumbir a la tentación de ayudar al Movimiento de Liberación Farabundo Martí (FMLN) de El Salvador.

SUEÑOS DEL CORAZÓN

Ortega le dio seguridad de que eso no ocurriría. Posteriormente nos enteraríamos de que el FSLN estaba desde el primer momento ayudando al FMLN.

Después, en la Asamblea General de las Naciones Unidas en Nueva York, ante la sorpresa de todos, Ortega denunció a Estados Unidos como la gran potencia imperialista que a través de la CIA estaba formando una fuerza contrarrevolucionaria en Miami para una invasión inminente de nuestro país.

En aquellos momentos Ortega debía saber que eso no era verdad. Los antisandinistas de Miami no eran nada más que un grupo nostálgico y desorganizado de exilados. Todas las semanas se reunían para discutir las últimas noticias procedentes de Managua. Pero no estaban unidos ni en cuanto a su procedencia ni en cuanto a sus creencias.

EN la Asamblea General, Ortega intentó subvertir los intereses de Estados Unidos en todo el mundo. Repitiendo fragmentos de un discurso que había pronunciado en Cuba una semana antes, defendió fervientemente los movimientos de liberación de todo el planeta. Manifestó su apoyo a la OLP y a la lucha del pueblo puertorriqueño por la autodeterminación. Denunció al imperialismo yanqui y luego, hábilmente, les pidió ayuda para consolidar la revolución.

Era una táctica contra Estados Unidos que a lo largo de los años Nicaragua llegaría a dominar con maestría. Las acusaciones se volvían cada vez más graves, las denuncias progresivamente subían de tono... El objetivo era humillar a Estados Unidos y dar la impresión de que la opinión mundial estaba unida en la condena del imperialismo norteamericano.

Esta estrategia agresiva y retórica fue utilizada también por los sandinistas contra cualquier idea política o exigencia que no resultara de su agrado, y que descartaban sin más como planteamientos burgueses o propios del imperialismo yanqui. Con el tiempo, la adversidad dirigida contra la burguesía y Estados Unidos llegó a tales extremos que parecía como si sus antiguos aliados en la insurrección resultaran a los sandinistas tan odiosos como cualquier somocista.

Ocho semanas después de la victoria revolucionaria, mi hijo

Pedro Joaquín contribuyó a fundar el Partido Socialdemócrata. Me dijo que no le gustaba que yo participara en la Junta. En su opinión la revolución era un desastre total. Dijo que esa gente «carecía de todo sentido de lealtad. Les gusta el enfrentamiento. Se están poniendo en contra de las personas que les ayudaron». Decidió, por tanto, oponerse activamente a los sandinistas. Como cabía esperar, los sandinistas denunciaron al nuevo partido como una amenaza a la revolución.

A finales de septiembre se filtró un memorándum confidencial redactado por el Directorio Nacional Sandinista. Allí quedaron desenmascaradas las auténticas intenciones de los sandinistas. El «Documento de las Setenta y dos Horas» como se llegó a conocer este memorándum, era una especie de carta revolucionaria, en la que los dirigentes del FSLN exponían su plan para asumir el control total de Nicaragua. Hablaban de sabotear el gobierno de la Junta, de aplastar el sector privado, erradicar del gobierno a todos los elementos moderados, neutralizar a la Iglesia, militarizar totalmente el país y ayudar a los florecientes movimientos guerrilleros de América Central. El lenguaje utilizado era un lenguaje de resentimiento y beligerancia. Decían: «A la burguesía desleal, obsesionada por seguir manteniendo a nuestro país sometido a la dependencia económica del imperialismo, se la debe aislar mediante una táctica política adecuada. Debemos golpearlos, no atacándolos como clase, sino individualmente, a través de sus figuras más notables e influyentes.» Se proponían asestarles golpes tanto políticos como económicos hasta reducir su capacidad de atacar a la Revolución.

Uno de sus primeros golpes fue contra el comandante Bravo. Como comandante de elite de las tropas de Somoza en la frontera costarricense, Bravo había mantenido a raya al Comandante Cero, impidiéndole penetrar en Rivas y adueñarse de un territorio para el establecimiento de un gobierno provisional. Durante los últimos meses habían llegado rumores a los sandinistas de que Bravo estaba recorriendo América Central como embajador no oficial de Somoza, intentando convencer a los gobiernos para que aceptaran entre sus tropas a anteriores miembros de la Guardia Nacional. La explicación era que si se mantenían las unidades intactas, más adelante podrían movilizarse en contra de los sandinistas.

Así, el 10 de octubre, en Honduras, cuando Bravo había acudido a una cita amorosa con una ex amante (que, sin saberlo Bravo, era también amiga de su archienemigo el Comandante Cero) en un hotel de Tegucigalpa, el confiado Bravo fue víctima de una emboscada y asesinado. Torturaron a Bravo, demorando lo más posible su muerte, con quemaduras, con los genitales cortados y la piel de la cara arrancada.

Cuando la fotografía del cuerpo de Bravo con el cráneo desnudo circuló no oficialmente por Managua, Borge, exaltado, dijo: «El verdugo de Somoza está ya varios metros bajo tierra.» Todo lo que yo creía que había quedado atrás, los actos de corrupción, la tortura y el asesinato por parte de nuestros dirigentes, estaba empezando a resurgir con el Directorio Sandinista. Experimenté una angustia y desesperación por irme. Pero, una vez más, no se aceptó mi renuncia.

Mientras todo esto ocurría, Marta Lucía y Pedro Joaquín tuvieron su tercer hijo, Sergio Antonio, llamado así en honor de su padrino Tono (José Antonio Baltodano). La madrina fue Cristiana. En el bautizo, Cristiana, que todavía no tenía niños, casi no podía chinearlo. Fue un milagro que no se le cayera de los brazos. De mis nietos, Sergio posee un gran don de gente de la familia Barrios. Algún día podrá llegar a ser político.

Los sandinistas, que rechazaron mi dimisión, ofrecieron todo tipo de soluciones a mis problemas. No obstante, mi incomodidad no podía superarse fácilmente. Durante los meses siguientes intenté separarme amigablemente de ellos varias veces más.

La siguiente vez fue dos meses después de la victoria, el 3 de octubre, después que la Comisión Permanente de Derechos Humanos, siguiendo indicios de detenciones injustificadas, desapariciones y ejecuciones en centros no oficiales de detención, descubriera la existencia de fosas comunes en las proximidades de la ciudad de Granada. Cuando se descubrieron las fosas, el Ministerio del Interior se apresuró a echar tierra sobre la investigación. Se descubrieron también fosas comunes en León, Masaya y otras ciudades. Los sandinistas habían prometido que tratarían con clemencia a todos los que se rindieran: «La revolución será generosa en la victoria.» Ahora, el largo brazo de la venganza revolucionaria al parecer se había ocupado de que todos ellos fueran asesinados en secreto.

Poco a poco empecé a darme cuenta de que los sandinistas eran revolucionarios que habían llegado al poder tras años de vivir al margen de la ley y que se habían acostumbrado a ejecutar a sus oponentes.

Solían llamar a esos asesinatos ajusticiamientos, implicando que en ese acto había un cierto grado de justicia.

A finales de octubre los sandinistas comenzaron a sabotear activamente al sector privado. Primero, las empresas tomadas como objetivos eran debilitadas por la recién creada organización sindical sandinista, la Central Sandinista de Trabajadores (CST). La CST promovía huelgas y disputas laborales que automáticamente hacían que la empresa pudiera ser objeto de intervención por parte del gobierno. El sector agrícola recibió el mismo tratamiento por parte de un grupo similar, la Asociación de Trabajadores del Campo (ATC). En un período breve, los sandinistas confiscaron más de un millón de manzanas de tierra, organizándolas en cooperativas bajo los auspicios del Instituto de Reforma Agraria, dirigido por Jaime Wheelock. Además, a los pequeños agricultores y ganaderos se les obligó a unirse en colectivos y se les sometió a controles de precios y otras regulaciones que redujeron su independencia.

Los agricultores y ganaderos, distanciados de ese modo de la revolución, cruzaron la frontera con Honduras y se unieron a los Milpas.

Luego, el 9 de noviembre, Alfonso Robelo anunció la creación de una Comisión de Planificación económica que debería tener una composición mixta, contando con miembros del gobierno y del sector privado. Afirmó que era necesario para que nuestro avance hacia el socialismo fuera gradual y sin medidas apresuradas que pudieran afectar a la producción.

Pero el sector privado no aceptó cooperar. El 14 de noviembre, el COSEP se dirigió a la Junta y al FSLN en un documento que repetía en términos más duros algunas de las quejas formuladas ya en julio. Alfonso Robelo dejó perfectamente claro que el avance hacia la empresa colectiva era irrefrenable. «Se acabó la fiesta», afirmó. «Ha llegado el momento de reconocer que la revolución es socialista.»

En un audaz movimiento, los sandinistas habían abandonado su falsa pretensión democrática y estaban reuniendo todos los instrumentos del poder en un único puño cerrado. A partir de ese momento resultó perfectamente claro que, bajo su dirección, todos y cada uno de los sectores del gobierno y de la economía se pondrían al servicio del Partido Sandinista.

A pesar de las pruebas en sentido contrario, el directorio del FSLN continuó promulgando la línea oficial que la revolución se había creado para todos nosotros. Había liberado a Nicaragua de la opresión y la había convertido en un país pluralista y no alineado.

La veracidad de las afirmaciones de los sandinistas era duramente rebatida en las páginas de *La Prensa* por mi hijo Pedro Joaquín. Los artículos de Pedro Joaquín crearon fuertes reacciones en los dirigentes del FSLN, quienes evidenciaron que no iban a permitir ningún tipo de crítica.

Antes de un año ocurrieron las primeras purgas entre los elementos moderados del gobierno. Primero se despidió a Bernardino Larios como ministro de Defensa y se nombró en su lugar a Humberto Ortega. Luego los ministerios de Industria, Comercio y Agricultura se vieron sometidos al yugo de una única entidad, el ministerio de Planificación Central, que quedó bajo las firmes riendas del comandante Henry Ruiz, educado en Moscú y el marxista más ortodoxo de la revolución. Moderados como mi primo Maché Torres, que encabezaba el Ministerio de Agricultura, se vieron desplazados de posiciones clave.

A Alfonso y a mí se nos mantenía como adornos, mientras que Humberto Ortega convertía al Ejército Popular Sandinista en la fuerza más poderosa y disciplinada de América Central, y Daniel consolidaba su poder burocrático, alejando de su lado a todos los moderados. Alfonso y yo éramos como floreros para los sandinistas, servíamos para expresar la idea que la revolución no había sido simplemente la toma de Nicaragua por los comunistas. Afirmaban que «si Pedro, el mártir de las libertades públicas, estuviera vivo hoy en día se pondría sin duda alguna del lado de la revolución».

Para beneficiarse todavía más del prestigio de mi marido, ofrecieron poner su nombre a calles, parques, escuelas y museos. Cuando me pedían mi aprobación a esos planes para honrarlo, lo consultaba siempre con mis hijos. No me gustaban los halagos y experimenté un claro sentimiento de incomodidad cuando empecé a darme cuenta de cómo se estaba explotando el nombre de Pedro. Sin embargo, dejaba que fueran mis hijos los que decidieran. Invariablemente optaban por aceptar esos honores, y yo no me interponía.

Una de esas exageradas muestras de afecto fue la desarrollada en Monimbó un domingo de enero de 1980, con motivo del tercer aniversario del asesinato de Pedro. Me presenté junto a Sonia Chamorro, la esposa de Xavier, a las diez de la mañana. Toda la ciudad salió a nuestro encuentro y la gente cantaba: «¡Pedro Joaquín Chamorro vive!» Estoy segura de que los miembros de la Junta que me acompañaron aquel día vieron las sonrisas jubilosas que la simple mención del nombre de Pedro llevaba a los rostros de todas aquellas personas.

La división ideológica provocada por la revolución resultaba visible en todas partes. Afectaba la vida de todos. El país estaba en un estado de agitación total. Las puritanas normas sociales que habíamos heredado de nuestros antepasados españoles, que exigían un nivel mínimo de buenas maneras y comportamiento entre los sexos, experimentaron un giro radical. Al igual que Fidel, los jóvenes revolucionarios se dejaban crecer el pelo y la barba. Vestían uniformes militares en todo momento y se dirigían unos a otros llamándose compañeros o «camaradas», como si estuvieran en la Unión Soviética. Las muchachas se rebelaron también contra la imagen femenina que les habían impuesto sus madres. Lucían asimismo atuendos militares y botas de combate. Supongo que lo consideraban como un símbolo de igualdad con los hombres. Desgraciadamente, se tiraron también por la borda muchos excelentes valores familiares.

Se produjo, por ejemplo, un desdén evidente hacia todo lo que se pudiera considerar femenino y moral. El matrimonio se consideró como un símbolo gastado de la esclavitud de la mujer, que le impedía participar en el «nuevo mundo revolucionario». El compromiso entre un hombre y una mujer se consagraba limi-

233

tándose a que la joven pareja desfilara por debajo de un arco formado por bayonetas cruzadas. Ese tipo de boda llegó a conocerse como casamiento por las armas. Muchos de estos compromisos no duraron, al punto de que en la Nicaragua actual hay numerosos hijos de la supuesta «burguesía» sin padre, o familias formadas por los «tuyos, los míos y los nuestros».

Mientras tanto, las confiscaciones, los subsidios y los controles de precios estaban destruyendo la economía. Empezó a haber también escasez de alimentos y tarjetas de racionamiento.

Anita, mi amiga y empleada que se ocupa de las tareas domésticas de la casa, tales como las compras y la limpieza, solía levantarse al amanecer para adquirir unos cuantos pollos muy flacos y un puñado de tortillas para la comida diaria. Tenía que pagar lo que yo consideraba un precio exorbitante. Cada cierto tiempo escuchábamos a través de la radio hablar de productos de los que se rumoreaba que iban a escasear, y salía disparada para comprar todo lo que pudiera, sin pensar realmente si lo necesitábamos, sólo para tenerlo de reserva. Era una histeria colectiva que el mercado negro explotó a la perfección.

Simultáneamente, el valor de nuestra moneda comenzó a descender a tal velocidad que, en lugar de emitir nuevos billetes, el gobierno se limitaba a imprimir cada día un nuevo valor en los billetes ya circulantes. El chiste más conocido era el de que para ir de compras se necesitaba una carretilla de súper para llevar el dinero, pero sólo una bolsa de mano para volver con todo lo comprado. Estaba claro que la gente no podía predecir de un momento a otro cuál sería el valor de los artículos. Todo empezó a etiquetarse en dólares. ¡Qué paradoja para los que denunciaban al imperialismo norteamericano! Pero la gota que hizo desbordar el vaso fue el racionamiento de la gasolina. Las colas de automóviles se extendían hacia el norte y hacia el sur durante días y días mientras las personas esperaban desesperadamente transformar sus cupones en el combustible que tanto necesitaban. Ésa era la situación cuando los taxistas de Managua declararon una huelga general contra el gobierno, sólo para verse obligados a volver rápidamente al trabajo por la fuerza de las armas de fuego sandinistas.

A finales de enero de 1980, el Congreso de Estados Unidos aprobó el paquete de ayuda por valor de 75 millones de dólares.

Numerosos legisladores expresaron sus dudas; pero, en último término, votaron a favor porque consideraron que eso contribuiría a reforzar el sector privado, la Iglesia y la prensa contra los sandinistas. Una vez más, los sandinistas manifestaron que el apoyo norteamericano estaba destinado a la «burguesía traidora».

LUEGO, en febrero, en un mitin político del Movimiento Democrático Nicaragüense (MDN), Alfonso Robelo proclamó por primera vez abiertamente ante miles de sus seguidores: «Vivimos en una Nicaragua libre y nadie tiene derecho a decirnos qué es lo que debemos hacer o pensar. Si tienen alguna queja, díganla. Si desean unirse a un partido político tienen derecho a hacerlo.» Entonces se envió a las multitudes sandinistas para que interrumpieran el acto, gritando: «El poder del pueblo es el poder sandinista.» Y prendieron fuego a la bandera del MDN.

La Prensa señaló que los sandinistas mostraban una marcada intolerancia hacia los puntos de vista de los demás, hacia la ley y las libertades civiles. En un primer momento, los sandinistas no se opusieron abiertamente en contra nuestra. Preocupados por la idea de que si atacaban al periódico de Pedro Joaquín Chamorro su imagen se deterioraría en el extranjero, los sandinistas intentaron comprarnos. A través de la mediación de Xavier Chamorro propusieron un acuerdo de adquisición de las acciones de la familia en La Prensa. La familia se negó a vender, pero empezaron a surgir problemas entre Xavier y la Junta Directiva. Xavier había desarrollado un celo revolucionario que entraba en contradicción con las creencias de la mayoría de los directivos. Bajo su administración La Prensa se estaba convirtiendo en un periódico partidista que alababa la revolución.

Mientras tanto, y en nuestra propia familia, las oposiciones políticas de mis hijos estaban llegando a penetrar en el mismo núcleo de nuestras relaciones familiares. Claudia, embarazada de su tercer hijo, trabajaba en la Dirección de Comunicaciones de la Casa de Gobierno. En ausencia de Pedro, los sandinistas se habían convertido en su referencia política. Cristiana seguía en La Prensa, incómoda con las tensiones que había en el periódico e intentanto mantener una posición neutral en una situación cada vez más polarizada, que no permitía posiciones intermedias. Carlos Fernando se había convertido en el director de *Barricada*, lo que exigía que, además de dirigir el periódico, se asegurara de que todos los periodistas siguieran la línea política del partido, posición que enfrentaría su hermano mayor, Pedro Joaquín, en *La Prensa*. Carlos, durante ese período de su vida, estuvo cegado por el sandinismo. Era como si le hubieran puesto una camisa de fuerza ideológica que en algunas ocasiones lo llevó a discusiones fortísimas con su hermano mayor, que deseaba el pluralismo democrático para Nicaragua. En aras de la armonía, declaré prohibida en mi casa toda discusión política. Eso nos permitió permanecer razonablemente unidos en esos tiempos difíciles, a pesar de nuestras diferencias. Años más tarde, cuando fui elegida presidenta de Nicaragua, después de que el país permaneció polarizado por años y años de extremismo político, recordé las lecciones que había aprendido durante ese período de luchas familiares. La tolerancia, la reconciliación y el diálogo son las tres premisas que contribuyen a consolidar la paz.

En marzo se puso en marcha la campaña nacional de alfabetización bajo orientación de los cubanos. Ellos diseñaron los textos y enviaron más de mil alfabetizadores (brigadistas) para ayudar a los sesenta mil alumnos de estudios superiores; esos brigadistas se desplegaron por todo el país para enseñar y convivir con familias campesinas. A los jóvenes profesores se les dieron instrucciones de que no sólo enseñaran a leer y a escribir, sino que contribuyeran también a elevar la conciencia política entre la gente.

El tipo de cosas que los nicaragüenses analfabetos aprendieron durante dicha campaña fue que los sandinistas estaban al frente de la revolución. «El FSLN», se les decía, «ha conducido al pueblo de Nicaragua a su liberación». También se les enseñaba en los términos más simplistas las ventajas de la reforma agraria, la nacionalización y el «poder popular». El esfuerzo estaba evidentemente destinado a empujar a los campesinos hacia el marxismo y a consagrar el liderazgo sandinista en el poder.

En sus homilías dominicales, el arzobispo Miguel Obando comenzó a denunciar la campaña de alfabetización. Afirmaba que el objetivo paralelo de dicha campaña era el adoctrinamiento político y social. Los sandinistas respondían a sus críticas argumentando que «no hay ningún método de enseñanza que no sea político» y que su método enseñaba a los campesinos su historia y su realidad política y social.

Cuando mis compañeros en la Junta hablaban de unirse a la campaña de alfabetización o de marchar a las montañas para ayudar a la recolección del café, pensaba que eran unos hipócritas. El instinto de hacer el bien es algo que se da de forma natural en una persona. Estaba segura de que esas campañas masivas representarían el final para todos nosotros.

No obstante, mi decisión de oponerme abiertamente a los sandinistas no es algo que se produjera con facilidad. Fue un proceso lento y doloroso de reconocimiento de la traición que aumentaba cada vez que se publicaba un nuevo edicto que, a pesar de ser miembro de la Junta gobernante, no se había puesto previamente en mi conocimiento. Mis responsabilidades se veían estrictamente limitadas a cuestiones de relaciones públicas y a mí no me parecía.

Como era previsible, se me pedía siempre que formara parte de delegaciones diplomáticas. Estuve presente en la toma de posesión del presidente de Ecuador, Jaime Roldos, y la ceremonia en la que se devolvió al pueblo panameño los derechos sobre el Canal. Y, evidentemente, nadie resultaba más adecuada como emisaria ante el papa Juan Pablo II que una fiel devota de la Iglesia Católica Romana como yo. Cuando los hombres de la Junta vinieron para pedirme que los acompañara a ver al Papa, les dije: «Está bien», y pedí que Claudia me acompañara.

Llegué a Roma para la visita papal antes que los demás, sin saber cómo se había organizado su alojamiento. Daniel Ortega llegó con Rosario Murillo, la Chayo. Sabía que ella hablaba varios idiomas, y pensé que había venido como intérprete. Pero entonces me dijeron que venía como esposa de Daniel. Nunca había oído decir que se hubieran casado.

Para entonces estaba tan descontenta con mis compañeros de la Junta que me distancié del grupo. «Dejemos que hagan sus visitas y sus compras», le dije a Claudia, que había venido conmigo. «Hasta mañana no tengo por qué estar en su compañía.» La mañana de nuestra audiencia con el Papa, me vestí tal como exige la etiqueta del Vaticano, con un vestido negro de manga larga, y esperé en el vestíbulo del hotel a que bajaran mis compañeros. Soy muy puntual, así que cuando me di cuenta de que se estaba aproximando el momento de nuestra audiencia y que nuestra delegación no había aparecido, empecé a ponerme nerviosa. Le dije a Claudia: «Vete a averiguar qué es lo que les atrasa.» Claudia volvió con la noticia de que en el palacio del Vaticano no se permite la entrada a nadie con uniforme militar; en aquel mismo momento la delegación estaba intentando encontrar un traje adecuado para Daniel. Poco tiempo después llegaron. Daniel llevaba un saco de color azul. No sé de dónde lo sacaron. Puede que lo pidieran prestado a un empleado del hotel, pero en cualquier caso el cuello de la camisa estaba abierto y no se podía cerrar. Llevaba la corbata mal puesta alrededor del cuello. Su incomodidad con las normas sociales resultaba tan evidente que no le dije nada acerca de su aspecto descuidado. Dejamos el hotel en automóviles separados y nos dirigimos al Vaticano.

En el Vaticano fuimos conducidos a las lujosas dependencias papales. En el vestíbulo oficial, rodeados por los cuadros de Rafael, esperamos a que el Papa hiciera su aparición. Cuando vi al Papa casi me desmayé. La presencia del Papa irradia tal suavidad y gracia que inmediatamente me sentí transportada a un reino más espiritual, que me hacía sentir más próxima a Dios. Estaba delante de un hombre que, en mi opinión, no podía hacer nunca mal uso de su autoridad.

No sé cuáles eran los sentimientos que Su Santidad podía albergar en su corazón hacia los sandinistas que habían abjurado del catolicismo. No sé si, debido a sus propias malas experiencias con el comunismo en Polonia, consideraba a los sandinistas buenos o malos, pero en cualquier caso nos trató a todos igual de bien. Según recorría la sala, el Papa nos iba bendiciendo a cada uno de nosotros por separado y tuvo para todos una frase amable. Ante el asombro complacido de nuestra delegación, se dirigió a nosotros en perfecto castellano.

El hecho de que hombres y mujeres de todas las nacionalidades y religiones se esfuercen por ser recibidos por el Papa demuestra, en mi opinión, que no es un hombre más. La gente experimenta la necesidad de alejarse del materialismo y la codicia y aproximarse a una mayor espiritualidad. Así, para muchos de nosotros, es un dirigente cuyas enseñanzas se elevan por encima de las divisiones entre las naciones, las razas, las clases sociales y las ideologías. Para mí, la experiencia representó una auténtica transformación. Según miraba a Su Santidad, que es un ser tan hermoso, pensaba en todo lo que yo había sufrido y había ofrecido a Dios como expiación por todas mis imperfecciones. Pero no creo que la experiencia contribuyera a cambiar a Daniel en lo más mínimo. Volvimos a Managua algunos días después. Desgraciadamente, los dirigentes sandinistas comenzaron a enfrascarse en destruir a Robelo como oponente. Era una campaña de odio y difamación.

Llevaba tanto tiempo combatiendo que tenía la sensación de carecer de las fuerzas necesarias para embarcarme en otra cruzada. Intenté calmar mi creciente angustia realizando breves excursiones por el campo. Me comunico con la gente con gran facilidad, por lo que pude hablar con agricultores, comerciantes y madres. Al igual que Pedro en sus excursiones matutinas por toda la ciudad, yo quería reconocer la realidad de mi pueblo. Les preguntaba qué es lo que querían de nuestro gobierno. Su respuesta era invariablemente sencilla: «Queremos paz, libertad y trabajo.» Nadie dijo que quisiera la nacionalización de los medios de producción, las granjas colectivas, el poder militar. Me maravillaba de cómo sus humildes y sencillas demandas contrastaban con la complicada ideología difundida por los sandinistas. Llegué a la conclusión de que el FSLN había perdido el contacto con nuestros compatriotas. Parecían desear no una Nicaragua mejor, sino una Nicaragua comunista.

Me pasé muchas noches sin dormir, reflexionando de forma agónica sobre la forma correcta de actuar. Llevaba años padeciendo problemas de vértebras. Ahora la tensión, la desilusión, el vacío que experimentaba estaban provocando un cansancio antinatural que me causó un pinzamiento del nervio que redujo mi movilidad. Un domingo de marzo me caí en la casa y me rompí el pie derecho. Obligada a desplazarme de un lado a otro enyesada y con muletas, encontré el desempeño de mi cargo insoportable. Todos los días, con grandes dificultades, subía los escalones de piedra de la Casa de Gobierno y pensaba en todas las cosas que me afligían, no sólo física, sino también espiritualmente. Llegó el momento en que sólo podía pensar en dejarlo sin consideraciones.

EL CONFLICTO entre los sandinistas y los no marxistas o moderados estalló finalmente en abril. Los sandinistas anunciaron que iban a negar la participación en el Consejo de Estado a los partidos políticos que habían dejado de considerar políticamente viables, incluyendo el Partido Comunista de Nicaragua. En esencia, estaban procediendo a eliminar los partidos que se mostraban críticos con el Directorio Sandinista.

«Esos escaños», anunció Sergio Ramírez, «serán ocupados por las nuevas organizaciones sindicales sandinistas». También revelaron su intención de incorporar tres escaños más al Consejo de Estado. Ahora que los sandinistas estaban en el poder deseaban asegurarse una mayoría legislativa.

Los no marxistas argumentaron que, tal como se anunciaba en el plan de gobierno, sólo tenían derecho a escaño los que hubiesen tomado parte en la insurrección, por lo que esas nuevas organizaciones no se habían ganado el derecho a participar. También se opusieron a la ampliación debido a que la igualdad parlamentaria había formado parte del plan original de gobierno.

El 12 de abril, mi primo Maché Torres vio cómo su hacienda en Rivas era tomada por los campesinos. Cuando intenté intervenir en su favor, indicándoles a los líderes sandinistas que mi primo era un hombre al que no se podía acusar nunca de haber sido somocista, me dijeron que el pueblo tenía su propia voluntad.

Durante los dos días siguientes, en una auténtica exhibición de poder, los sandinistas organizaron manifestaciones masivas en Managua y León, gritando: «¡Patria libre o morir! ¡El pueblo unido jamás será vencido! ¡Poder popular!», etc. Fue un espectáculo intimidante.

Cuando llegó el momento de votar la propuesta de ampliar el Consejo de Estado, Alfonso y yo votamos en contra. Sergio y Moisés votaron en favor, lo que dio lugar a un empate de dos contra dos. Sólo votamos cuatro de nosotros, porque Daniel estaba en aquellos momentos realizando una gira por África. De pronto, de la nada surgieron tres dirigentes sandinistas, como suplentes de los miembros ausentes de la Junta, para inclinar el voto cinco contra dos. Su acción fue no sólo irregular, sino también despreciable.

Finalmente, con esas pruebas, que como miembro de la Junta carecían de poder para influir en el curso de los acontecimientos, volví a poner mi renuncia. Esta vez no estaba dispuesta a que me respondieran negativamente. Estaba decidida a irme a cualquier costo personal. Había querido convertir a nuestra revolución en la materialización democrática de nuestros objetivos, pero era imposible desde adentro. Las esperanzas del pueblo nicaragüense habían sido traicionadas y no había nada que pudiera hacer en el seno de la Junta para cambiar las cosas.

Puse como excusa diplomática mi salud quebrantada para pedir que me relevaran del cumplimiento de mis obligaciones, sin mencionar en ningún momento la palabra «dimisión». Me preocupaban las consecuencias de mi marcha para nuestras negociaciones destinadas a conseguir la ayuda norteamericana. También quería evitar una discusión con Claudia y Carlos Fernando. Pedro Joaquín, que se estaba convirtiendo en un líder político, quería que adoptara una postura más de oposición. Cristiana era de la opinión de que hiciera lo que yo quisiera. Tal como estaban las cosas, mi desilusión cada vez más expresa con la dirección sandinista había aumentado la tensión entre nosotros. Sabía también que mis decisiones podían afectar el futuro de *La Prensa*. Por tanto, preferí no hablar en contra suya, pero me sentí incapaz de seguir junto a ellos.

Varios días después recibí una llamada de Alfonso Robelo dándome a conocer que los otros miembros de la Junta habían decidido aceptar mi decisión de retirarme. Fue el 19 de abril de 1980, y me embargó la felicidad. Me había visto finalmente aliviada de la carga que había padecido durante los últimos nueve meses.

Alfonso vino a mi casa alrededor de las once de la mañana, acompañado de Moisés. Durante un breve momento que pudimos estar solos, le pregunté si iba todo bien. Sabía que las cosas no iban demasiado bien para él. Los otros miembros de la Junta decían que estaba suicidándose políticamente al ponerse en contra de los sandinistas. Pero no hizo comentario alguno. A Moisés no le dije nada porque en mi opinión era un supersandinista. «El resto de la Junta y del Directorio Nacional Sandinista», me dijo, «vendrán a visitarte mañana».

Recuerdo que era domingo cuando la noticia de mi partida de la Junta se publicó en *Barricada*. El Directorio Nacional Sandinista vino primero, luego la Junta, luego los altos mandos militares, seguidos por los miembros del gabinete y los representantes de las organizaciones de masas: la Asociación de Niños Sandinistas, etc. Muy pronto todo tipo de gente empezó a llenar los corredores y patios de la casa; nos vimos, por tanto, obligados a abrir la puerta principal y permitirles adueñarse del parque situado al otro lado de la calle. Había pancartas y banderas que me saludaban como «Violeta Patria». Entre todas esas personas que me despedían con bombos y platillos, brillaba por su ausencia Alfonso. No dejé de preguntar por él. Pero todo lo que recibí fueron respuestas evasivas. Entonces vino alguien y me dijo que deberíamos empezar sin Alfonso. Me negué. Había sido mi único amigo en la Junta.

Poco después del mediodía apareció Alfonso. Los comandantes empezaron de inmediato a arengar a las masas. Me dieron las gracias por mi participación en la Junta y me invitaron a continuar «colaborando en el esfuerzo revolucionario». En representación de la Asociación de Trabajadores del Campo (ATC), un hombre dijo que el ejemplo más noble y más heroico de resistencia había sido el de Pedro Joaquín Chamorro: «Fue su sangre la que desencadenó la furia del movimiento rebelde... Y cuando nos levantamos en armas en las plantaciones cafeteras lo que nos sostuvo fue la integridad moral de la camarada Violeta.» Luego recibí un ramo de flores de una señora muy vieja, miembro de la Asociación de Madres de Héroes caídos en combate.

Flanqueada por Tomás Borge y Arce, fingí sonreír ante sus halagos sandinistas, aunque sabía que no lo sentían en el fondo de sus corazones. Les di las gracias por su amabilidad y prometí al pueblo de Nicaragua: «Seguiré al servicio del pueblo, lista y dispuesta a trabajar para la construcción de la Nicaragua idealista con la que Pedro soñaba.»

Todo el acontecimiento me trajo intensos recuerdos de la vela de Pedro. Pensé: Primero fue Pedro el que salió de aquí para ser enterrado. La siguiente seré yo.

Capítulo noveno

El día después que los sandinistas me hicieron una despedida tan emotiva empezaron a meterse con *La Prensa*. Los líderes sindicales del periódico, empujados por los jefes del partido sandinista, se declararon en huelga, aparentemente como protesta porque la junta directiva de *La Prensa* estaba presionando a Xavier Chamorro para que el periódico no estuviera al servicio de los sandinistas. En otras palabras, se le estaba pidiendo independencia o su renuncia.

Desde hacía ya algún tiempo, había existido un serio conflicto entre Xavier y la junta directiva en relación con la forma de dirigir el periódico. Aparentemente, Xavier creía que *La Prensa* como publicación de la oposición bajo un régimen totalitario no tenía ningún futuro. Así pues, se había esforzado por reconciliarse con los nuevos poderes, convirtiendo *La Prensa* en un periódico partidista, inequívocamente del lado de la revolución. Mi hijo Pedro Joaquín y la junta directiva se oponían a esa política. Cristiana tenía una posición intermedia. En su opinión, el periódico podría ser una publicación no alineada al sandinismo e independiente del gobierno sin mostrarse tan apasionadamente confrontativo como lo era claramente Pedro Joaquín. Yo creía que, si no frenaba a los sandinistas, se convertirían en un peligro para la libertad y la justicia, y que *La Prensa* representaba nuestra última esperanza de oponernos a ellos. Le recordé a Cristiana que no debíamos permitir que esas cuestiones nos dividieran. Le dije: «La familia es lo primero, la política y las otras cosas vienen después.» Con el tiempo terminó por ver las cosas igual que nosotros.

Mientras todo esto ocurría, Alfonso Robelo renunció también el 22 de mayo. En una carta dirigida a sus compañeros de la Junta les formuló la acusación de que la revolución se estaba «desviando» de su principal objetivo, la consecución de la democracia. Terminaba la carta diciendo que confiaba en que Dios pusiera a los sandinistas en un camino que condujera a la paz, la justicia y la libertad. Posteriormente reconocería que, después de nueve meses de colaborar en la Junta para construir una Nicaragua mejor, lo que lo había obligado a dimitir había sido la arrogancia de los sandinistas asignándose a sí mismos una mayoría parlamentaria en el Consejo de Estado, violando el plan original.

Cuando estaban todavía en el exilio de San José, los sandinistas habían dado su palabra de que el Consejo de Estado tendría una representación igualitaria. Ahora que ellos disponían de un ejército, eso no significaba nada.

Al día siguiente, como muestra de solidaridad con Alfonso, diecisiete miembros del MDN abandonaron sus puestos en el gobierno, denunciando a los sandinistas. Uno de ellos, Tono Baltodano, lo hizo de manera explícita. Reveló que, mientras dirigía la empresa estatal ENCAFÉ, había sido víctima del espionaje dirigido por Tomás Borge. Tono había negociado un ventajoso contrato para la venta de café con Alemania del Este; entonces vino Tomás Borge y renegoció el contrato convirtiéndolo en un intercambio de café por armas, renunciando a los 24 millones de dólares de divisas extranjeras que tanto necesitábamos. Tono le dijo a Alfonso: «Ahora que ya tienen el ejército bajo su control, esos tipos desean apoderarse de la economía.» En su carta de dimisión manifestaba: «Vamos en la dirección del totalitarismo económico y político... Por parte de los líderes sandinistas existe la clara intención de convertir nuestro país en un satélite comunista.» Cuando Tono intentó leer esta carta en la cadena nacional de televisión, los sandinistas interrumpieron sin más la emisión.

El crecimiento de una opinión disidente se estaba convirtiendo en un grave problema para la revolución.

Al mismo tiempo, Arturo Cruz dimitió de la presidencia del Banco Central. Afirmó que su decisión era totalmente personal y no política. Según él, quería volver a Washington, con su familia, y su antiguo trabajo como funcionario del Banco Interamericano para el Desarrollo. El 26 de abril terminó la huelga en *La Prensa*. Los sandinistas fracasaron en su intento de controlar el periódico; entonces Xavier, con el respaldo del Directorio sandinista, decidió crear su propia publicación partidista. A los huelguistas les dijo: «Juntos podemos crear un periódico que sea auténticamente revolucionario, objetivo y exacto. Será la auténtica Prensa.»

Danilo Aguirre, nuestro redactor jefe de noticias, se unió a Xavier. Dijo que en *La Prensa* estábamos «obsesionados por el pluralismo» y con las opiniones de una «minoría insignificante».

El hermano de Pedro había dejado *La Prensa*, el periódico que su hermano se había esforzado tanto por convertir en el diario más importante de la nación y cuya independencia y objetividad Pedro había defendido con su propia vida.

La partida de Xavier representó un gran golpe para *La Prensa*. El día que se fue, Xavier se llevó consigo el 75 por 100 de los empleados de *La Prensa*. En algunos departamentos clave perdimos a todo el personal. Los que se quedaron: Jaime, Pedro Joaquín, Horacio Ruiz y Mario Alfaro, tuvieron que contratar y formar a un nuevo personal. Tardamos un mes en poder volver a estar con nuestros lectores.

Alfonso Robelo había confiado en que el abandono del gobierno por parte de los elementos moderados serviría para volver al centro a los sandinistas. Pero éstos manifestaron públicamente que nadie les iba a dejar a un lado. Realizaron grandes esfuerzos para desacreditar a Alfonso como líder.

Aislaron a Alfonso del sector privado invitando a la dirección del COSEP a sentarse en una mesa negociadora con ellos. Los dirigentes del COSEP sabían que los sandinistas estaban deseosos de parecer conciliadores con el sector privado, pues Pezzullo les había advertido ya del riesgo que corría el paquete de ayuda norteamericana por valor de 75 millones de dólares, todavía pendiente de aprobación por parte del Senado de Estados Unidos. Era el momento más adecuado para que los líderes del COSEP intentaran arrancar algunas concesiones sandinistas. Presionaron a favor de un retorno a la libertad económica, la igualdad parlamentaria en el Consejo de Estado, la descentralización del poder y el fin de la censura de prensa. Insistieron mucho en que los sandinistas fijaran una fecha para las elecciones. Finalmente, exigieron que se eligiera a dos moderados para formar parte de la Junta.

Los sandinistas respondieron que le habían pedido a Arturo Cruz que se integrara en la Junta y afirmaron que Arturo había aceptado siempre que el segundo miembro moderado fuese alguien que gozara de tan buena reputación como él. En cuanto a las otras cuestiones, los sandinistas no las tomaron ni siquiera en consideración.

Al día siguiente, la dirección del COSEP anunció que iban a seguir adelante con sus planes de boicotear el Consejo de Estado. Sabían que los sandinistas habían dicho siempre que el Consejo de Estado era la auténtica expresión del «poder popular, un auténtico ejemplo de democracia en Nicaragua». Si el COSEP no participaba, era posible que todos los partidos políticos no marxistas siguieran su ejemplo. Con los sandinistas como únicos integrantes del Consejo de Estado, a los ojos del mundo el pluralismo estaría muerto en Nicaragua y podría empezar a fallar el apoyo a la naciente revolución.

Tras complicadas negociaciones, los dirigentes del COSEP aceptaron participar en el Consejo de Estado a cambio de otra promesa sandinista, ésta fue que anunciarían la fecha de las elecciones el 19 de julio, aniversario de la revolución.

El 4 de mayo, cuando se inauguró el Consejo de Estado, se eligió presidente al comandante Bayardo Arce. A su vez, Arce nombró como vicepresidente del Consejo a Dora María Téllez y al dirigente del COSEP José Francisco Cardenal.

Cardenal objetó que nadie le había pedido su consentimiento para esa designación. Acusó a la dirección del COSEP de dejarse cooptar por los sandinistas. Seis días después, José Francisco Cardenal y su esposa abandonaron Nicaragua. Aparentemente, iban a ser uno de los tres delegados del COSEP en una conferencia empresarial centroamericana a celebrarse en Costa Rica. Una vez en dicho país, declaró que había dimitido de su puesto como uno de los máximos dirigentes del Consejo de Estado y que iba a permanecer en el exilio.

Poco después, José Francisco Cardenal voló a Miami. Allí fue recibido por un tropel de antisandinistas exiliados. Tenían la sensación de que en él habían encontrado a un líder. A su llegada, un grupo de ellos se fusionó en la Unión Democrática Nicaragüense (UDN).

Mientras tanto, ex miembros de la Guardia Nacional que ahora se llamaban la Legión Quince de Septiembre se habían unido bajo el mando de Enrique Bermúdez. Con el apoyo de unos cuantos exiliados cubanos, había empezado a entrenar a pequeños grupos de hombres en los Everglades de Florida y en Guatemala.

El 18 de mayo y deseosos de demostrar a los norteamericanos que la revolución no se inclinaba hacia la extrema izquierda, los sandinistas anunciaron la designación oficial de Arturo Cruz y Rafael Córdoba Rivas como miembros de la Junta. Yo sabía que, en un principio, Arturo era reacio a aceptar el cargo, pero, presionado por el arzobispo y por su propio hermano, comprendió que, debido a su participación en Los Doce, era miembro fundador de la revolución, y tenía por tanto el deber moral de quedarse y luchar mientras hubiera esperanzas de consolidar la democracia.

Arturo se describía a sí mismo como un patriota y un pragmático e invocaba imágenes de Pedro declarándose seguidor suyo. Al igual que Pedro, dijo, «estoy comprometido con la construcción de una Nicaragua mejor, más justa y más igualitaria».

Córdoba Rivas, que en su calidad de presidente de la UDEL aportó al cargo unas credenciales impecables como defensor de la democracia, citó también a mi difunto esposo como guía.

Pero yo sabía que, al igual que le había pasado a Alfonso, aquellos hombres serían utilizados para dotar de una falsa cara a una dictadura revolucionaria tan despótica como la de Somoza. En lugar de un tirano, ahora teníamos nueve, los nueve miembros del Directorio sandinista.

La Prensa volvió a salir a la calle el 26 de mayo de 1980, conmigo misma como presidenta de la junta directiva y directora del periódico, y Pedro Joaquín como redactor jefe. Cristiana se quedó algún tiempo con nosotros en calidad de reportera. Me expresó que no se sentía bien con la nueva situación de enfrentamiento abierto con los que se habían ido de *La Prensa*, sus antiguos compañeros de labores. Dos meses después dejó *La Prensa* y aceptó un cargo en el Consejo de Estado, donde todavía estaba representada la iniciativa privada y otros partidos no sandinistas.

Una vez que Xavier y Danilo Aguirre se fueron de *La Prensa*, anunciamos el nacimiento de una nueva era, la del «sandisomocismo». En uno de sus primeros editoriales, titulado «El Estado narcisista y la democracia», mi hijo Pedro Joaquín atacaba con dureza a los sandinistas por su control monolítico del gobierno. Razonaba que un Estado que es el único empresario, el único partido político, la única fuente de poder termina volviéndose narcisista, ya que favorece el servilismo por parte de aquellos que están ligados a él por cuestiones de necesidad.

Encolerizados, los sandinistas comenzaron a atacar el periódico en serio. Daniel Ortega acusó a *La Prensa* de albergar sentimientos contrarrevolucionarios y de fomentar el odio entre la población. Desde su nuevo cargo en el *Nuevo Diario*, nuestro ex redactor jefe Danilo Aguirre predijo que dejaríamos de salir a la calle en cuestión de meses.

Con el tiempo, los sandinistas cortaron nuestro acceso a las divisas extranjeras y nos privaron de ese modo de las materias primas importadas que tanto necesitábamos. El presidente Carter vino a nuestro rescate; se preocupó de que *La Prensa* recibiera envíos regulares de papel prensa.

Cuando los sandinistas se dieron cuenta de que sus presiones económicas habían fracasado, dirigieron contra nosotros el arma de la censura de prensa. Hubo momentos en que hasta dos tercios de nuestra edición tuvieron que publicarse con tiras negras de los censores tapando el texto de nuestros artículos.

Además, los sandinistas sometieron a *La Prensa* a otro tipo de presión, acosando y persiguiendo a nuestros reporteros. Durante un mitin celebrado el 28 de mayo en la Plaza de la Revolución, una de nuestras colaboradoras ocasionales estaba sentada en un pequeño parque tomando notas. Un grupo de hombres de aspecto siniestro empezó a leer por encima de su hombro. Ella les explicó que era reportera para *La Prensa*. «Son sólo notas para mi artículo», les dijo.

Uno de los hombres dijo en tono acusador: «Estás tomando

fotografías.» «No sabía que eso fuera un delito», contestó ella poniéndose de pie y apresurándose a marcharse.

Una hora después estaba sentada en la cabina de prensa esperando el comienzo del acto; entonces dos hombres le pidieron que se levantara de su asiento y los acompañara. En un lugar discreto situado detrás de la Catedral, procedieron a interrogarla.

«¿Cómo te llamás?», «¿Dónde vivís?», «¿Cuántos hermanos y hermanas tenés?». Todas ellas preguntas impertinentes.

Un hombre la acusó: «Estaba dibujando el lugar. La vi trazando un mapa.»

Los hombres la agarraron por los brazos. Aunque no había hecho nada, aquellos hombres estaban dispuestos a hacerla desaparecer, como les había ocurrido a otros, sin explicación alguna.

Ella les dijo que tenía parientes en el poder, y dio el nombre de un nuevo miembro de la Junta.

«Vos más que nadie», le advirtieron, «deberías saber que vigilamos a nuestros dirigentes revolucionarios».

Volvió al acto temblando.

Aquella fue una de las tantas ocasiones en las que se vieron amenazados los derechos de uno de nuestros periodistas a observar e informar libremente. En caso de que nuestra colaboradora no hubiera podido citar su «pedigree» revolucionario, estoy segura de que hubiera ocurrido algo peor.

El 6 de junio, el Congreso de Estados Unidos aprobó un paquete de ayuda para Nicaragua. Incluía una cláusula que exigía que Carter informara cada tres meses al Congreso de la situación nicaragüense. Si en algún momento se descubría que se estaban violando los derechos humanos o que Nicaragua se estaba entrometiendo en los asuntos de otras naciones, la administración debía suspender la ayuda. Así pues, Carter envió a Nicaragua una misión para mantener conversaciones de alto nivel con los diversos sectores del país e intentar conseguir que los sandinistas se comprometieran a celebrar elecciones. Presidía la delegación el congresista Jim Wright, un demócrata de Texas.

Ocurrieron dos cosas que impresionaron desagradablemente a los congresistas. En primer lugar, y mientras inauguraba la sede del MDN en Chinandega, Alfonso Robelo fue objeto de un ataque. Tras un discurso en el que Robelo denunció «las dictaduras proletarias, ya que son la explotación del hombre por el hombre», se envió a un grupo de simpatizantes sandinistas, identificados como miembros del sindicato sandinista (CST) para atacarlo.

Luego el Movimiento de Liberación Farabundo Martí anunció que se estaba preparando una ofensiva final en el vecino país de El Salvador. Como en Nicaragua, la insurrección debía empezar con una huelga nacional que se suponía paralizaría el país entero.

Corrían rumores de que, en ese esfuerzo, los sandinistas estaban prestando a las guerrillas salvadoreñas toda su ayuda. Con el tiempo, y gracias al diario de un guerrillero del FMLN, nos enteramos de que los sandinistas habían empezado a ayudar a sus compañeros salvadoreños prácticamente desde el primer día en que llegaron al poder. Nadie quería creerlo, pero se deducía claramente de sus discursos. Los sandinistas consideraban un deber moral ayudar a otros movimientos «insurreccionales», aun a riesgo de que eso significara perder la ayuda que tanto necesitaba el pueblo cuyos intereses afirmaban representar.

Mientras tanto, en el Consejo de Estado, Cristiana se iba desilusionando poco a poco con las conductas antidemocráticas de la revolución. Vivía los dos mundos. En mi casa, con Antonio, conocía de primera mano los ataques del sandinismo a la libertad de expresión y la empresa privada, y en el Consejo de Estado comenzaba a abrir sus ojos experimentando directamente el verticalismo y la farsa democrática del Consejo de Estado. Carlos estaba al frente del «Órgano Oficial del Partido», Claudia trabajaba en el Ministerio de Cultura, y Pedro en *La Prensa*, en abierta oposición al sandinismo.

La mañana del 18 de julio, la víspera del primer aniversario de la revolución, Managua se despertó con el clamor de las televisiones y radios sandinistas repitiendo las emisiones clandestinas de radio de los últimos días de la revolución. Se podía escuchar la voz del Comandante Cero durante el asedio al palacio, o cintas de Radio Reloj de Costa Rica, preguntando a los comandantes sobre los avances de la insurrección. Incluso me escuché a mí misma interviniendo el día en que había aceptado un papel en la Junta y, después, la voz de los comentaristas el mismo día en que Somoza se fue al exilio y desapareció de Nicaragua.

Las radios me hicieron pensar: Este país es nuestro legado común. A pesar de nuestras diferencias políticas, nos une el sufrimiento de todos los que han muerto por Nicaragua como Sandino, Rigoberto López Pérez, Adolfo Báez Bone o mi marido, Pedro, y la gente del FSLN. Todo el mundo tiene un mártir en su familia; y en nombre de esos cincuenta mil héroes fallecidos, estamos en cierto modo obligados a defender nuestra libertad. Así que, sola en casa aquel día, formulé mi propio saludo «por una Nicaragua libre».

El resto del día lo pasé observando cómo las brigadas del Comité de Propaganda Sandinista recorrían la ciudad con las banderas rojas y negras del Partido Sandinista, poniendo por todas partes pósters de sus héroes caídos y celebrando su día de victoria.

AQUELLA NOCHE, los comandantes sandinistas ofrecieron una recepción de gala con motivo del aniversario de la revolución en el Nejapa Country Club, donde la aristocracia jugaba al golf en un campo de dieciocho hoyos considerado como uno de los mejores de toda América Central.

Con gran pompa circularon entre la multitud celebridades formadas por revolucionarios internacionales y socialistas. Entre ellos se encontraba Maurice Bishop, que se había hecho recientemente con el poder en la isla de Granada; el premio Nobel Gabriel García Márquez; Fidel Castro, dictador cubano; Hortensia Allende, la viuda del asesinado presidente marxista de Chile, Salvador Allende; el guerrillero salvadoreño Juan Chacón, comandante del movimiento FMLN; y Yasser Arafat, de la OLP.

También asistió a la recepción mi viejo amigo Carlos Andrés Pérez. Habíamos planeado que se quedara en mi casa, pero cuando llegó a ella, CAP me dijo: «He venido a cenar, pero no puedo quedarme.»

Observando mi expresión de sorpresa, se apresuró a explicar: «Quieren que, por razones de seguridad, me quede en una mansión protocolaria junto con los demás. Ya sabes.»

Para entonces, los sandinistas consideraron un insulto a la revolución que un dignatario extranjero recibido con honores como CAP fuera huésped en casa de alguien que había tenido la perfidia de abandonar la revolución. Pero, no queriendo poner a mi amigo en una situación difícil, no dije nada.

Me dijo que los países andinos veían el primer año de la revolución como un éxito. Había habido unos cuantos actos de venganza, pero la caída de Somoza no se había visto seguida de ningún baño de sangre. Luego estaba la masiva campaña nacional para combatir el analfabetismo. El intento, que había cumplido ya casi seis meses, representaba un logro impresionante. «Sigue existiendo todavía la posibilidad», me dijo, «de que después de este período de reconstrucción, Nicaragua se convierta en otra democracia liberal como Costa Rica o Venezuela».

No me atrevía a decirle a mi amigo que en mi opinión su punto de vista resultaba algo ingenuo. Los sandinistas eran marxistas leninistas. Se aproximaba el día en el que establecerían en Nicaragua un totalitarismo sistemático que sólo me recordarían los actos más atroces del dictador Somoza.

Era casi mediodía del día siguiente cuando el séquito llegó a la recién construida plaza 19 de julio. No era una auténtica plaza en el sentido tradicional de la palabra, sino una gran extensión de terreno cruzada por una de las carreteras que rodean Managua. A un lado los sandinistas habían construido un gran escenario y lo habían equipado con un potente sistema de sonido.

Cientos de miles de nicaragüenses estaban ya reunidos cuando, en un convoy de limosinas Mercedes Benz, llegaron a la plaza los comandantes. Por razones de seguridad, cada comandante debía tener tres limosinas. Habían oído decir que así es como se hacían las cosas en Cuba. La explicación era que cualquier asesino en potencia no sabría a cuál de los tres automóviles atacar. Se dice que esta idea ridícula fue llevada todavía más lejos por Tomás Borge, quien se apropió para sí mismo de tres de las mejores casas de Ciudad Jardín, y luego las conectó entre sí por medio de túneles de manera que nadie pudiera saber en qué casa estaba durmiendo en una noche concreta.

Para mí, esa preocupación por la seguridad indicaba que incluso en sus primeros días de ejercicio del poder, los comandantes no se hacían ninguna ilusión. A pesar de las manifestaciones públicas de apoyo, debían saber que eran enormemente impopulares.

En la celebración del aniversario, tuvo lugar una impresionante exhibición del poderío militar. En sólo un año los sandinistas habían doblado el tamaño del ejército. Humberto Ortega resplandecía mientras pasaba revista a las tropas. Batallón tras batallón, desfilaron ante él saludándolo, marcando en perfecta sincronía el paso del ganso que llevaban meses ensayando en campos abiertos en las afueras de Managua.

Después, varios jefes de Estado pronunciaron breves discursos. Carlos Andrés se describió como partidario acérrimo de la democracia. Dijo algo que nunca olvidaré, que «sólo hombres libres pueden hacer una nación libre». Esas palabras fueron cortésmente aplaudidas, pero no creo que sus observaciones hayan sido muy bien recibidas.

La mayor emoción se reservó para Castro. Durante treinta y cinco minutos mantuvo cautivo a su público. Su corpulenta figura abrazaba el atril mientras movía la cabeza de un lado a otro y jugueteaba con sus manos y su barba canosa. Comenzó recordando uno de los episodios más embarazosos de toda la historia de Estados Unidos, el desastre de Bahía Cochinos. Dijo que nunca olvidaría que la invasión se había lanzado desde el suelo nicaragüense y que Luis Somoza había pedido a los invasores que le trajeran «al menos un pelo de la barba de Castro». «Hoy», dijo sonriendo ampliamente, «ofrezco toda mi barba al pueblo de Nicaragua».

Castro es un orador asombroso. Habló con la facilidad de quien está sentado charlando en su sala de estar con un amigo de toda la vida, haciendo de vez en cuando pausas para permitir una interacción con el público. Alabó la lucha heroica del pueblo de Nicaragua en la guerra de liberación. Dijo que el nuestro era un país de revolucionarios profundamente comprometidos, muy parecido al suyo, Cuba. De hecho, se sentía como si estuviera en su propia isla. Visiblemente conmovido, reprendió a los norteamericanos por su falta de generosidad. «Lamentablemente, Estados Unidos», dijo, «el país más rico del mundo, ha contribuido a la reconstrucción de este país con unos míseros sesenta millones de dólares».

Estaban pendientes de llegar otros sesenta millones de dólares más; pero eso fue algo que astutamente no mencionó. De hecho, en los últimos tiempos, Moisés Hassan había minimizado la importancia de la ayuda norteamericana. Manifestó que, en términos relativos, Cuba se había mostrado más generosa.

Me pregunté qué sentiría la delegación americana oyendo esto. También pensé que nuestros dirigentes estaban degradando nuestro país convirtiéndonos en una nación de mendigos y pedigüeños.

Castro continuó. Aseguró a su público que no había venido a América Central para incendiar el continente. «El pueblo de una nación», afirmó, «es como un volcán; explota por sí solo».

Después de Castro habló Daniel Ortega. Como de pasada, Ortega se refirió al tema de las elecciones. Dijo: «Nos hemos comprometido a celebrar elecciones, pero no el tipo de elecciones conocidas en la Nicaragua del pasado. Serán elecciones coherentes con los objetivos de la revolución», y que confirmen el poder sandinista.

Lo más probable es que los sandinistas utilizaran un sistema como el que habían empleado ya en las elecciones municipales. Se celebraba una reunión de toda la ciudad, y los que asistían tenían la oportunidad de votar sí o no a una lista de candidatos presentados por los dirigentes. Reflexionando sobre el tema de las elecciones, Tomás Borge había dejado bien claro que, en caso de celebrarse, su principal objetivo sería el de aportar legitimidad jurídica al gobierno sandinista.

No podía haber la menor duda de que, a pesar de sus primitivas promesas de democracia, los sandinistas iban a permanecer en el poder toda la vida, siempre que fuera posible. Disponían de los medios para lograrlo. Controlaban las fuerzas de seguridad del Estado, el ejército, la milicia popular, la policía.

CUANDO la ceremonia terminó con el canto del himno sandinista, observé que la delegación norteamericana se marchaba en silencio y se dirigía directamente al aeropuerto. Antes de su partida, Donald McHenry, uno de los miembros de la delegación, concedió una entrevista a un periodista de *La Prensa*. Cuando se le preguntó qué pensaba de la sugerencia de Castro en el sentido de que Estados Unidos no había sido suficientemente generoso en su ayuda a Nicaragua, McHenry dijo que la cuestión afectaba sólo a Nicaragua y a Estados Unidos, que deseaba lo mejor para Nicaragua.

Varios días después de la celebración del aniversario, en el transcurso de una conferencia de prensa celebrada en el Hotel Intercontinental, y hablando en nombre del COSEP, Jorge Salazar reveló el contenido de un acuerdo secreto en el que el FSLN prometía anunciar con motivo del primer aniversario de la revolución la fecha de celebración de elecciones. «Eso no ha ocurrido... Es una cuestión que nos preocupa a todos nosotros. Consideramos que se nos impide participar en un proceso que todos nos hemos esforzado mucho por hacer realidad.»

Jorge estaba emparentado con Alfonso Robelo a través de su esposa. Los dos estaban casados con hermanas Cardenal, hermanas de Julio Cardenal, un miembro del alto mando del ejército, y de Toño Cardenal, dirigente del movimiento FMLN. Rodeado por el entusiasmo de sus parientes, Jorge había tolerado a los sandinistas. Aunque se oponía a su marxismo, creía en ellos cuando afirmaban que si el sector privado contribuía a reactivar la economía, podría gozar del pluralismo político que deseaba.

Por tanto, Jorge les había dicho a sus compañeros que en su opinión creía que los dirigentes del FSLN iban a fijar una fecha para las elecciones durante la próxima celebración del aniversario de la revolución, el 19 de julio. Como consecuencia de ello, el COSEP seguía en el Consejo de Estado y, como había prometido Jorge, contribuyó a la reactivación económica de Nicaragua plantando dos mil acres de algodón, cultivando café, criando ganado y reabriendo las fábricas. Sin embargo, los sandinistas parecía que no se sentían ya obligados a respetar sus promesas al COSEP. Jorge fue claro diciendo que el sector privado no podía funcionar en un clima de inseguridad.

Ante el horror de muchos de nosotros, Yasser Arafat había llegado a Nicaragua, vía Cuba. El jefe de una organización terrorista como la OLP fue recibido con grandes honores. Pasó tres días en nuestro país, dedicándolos a encuentros privados con la dirección sandinista. De sus palabras en una recepción de despedida ofrecida en su honor por la comunidad árabe de Nicaragua se deducía claramente que se había llegado a un acuerdo. Arafat aseguró a los sandinistas que sus enemigos eran también los suyos, ya que, como él mismo dijo, «la causa de la libertad no conoce fronteras».

Uniendo a los palestinos y Nicaragua en contra de los intereses de Estados Unidos, afirmó: «Estamos juntos en las trincheras de la batalla contra el imperialismo, contra el sionismo. Sabemos que habéis tendido vuestros brazos para recibirnos, a pesar de que eso impone una gran presión sobre nosotros. Ésa es la gloria de ser revolucionario: asumir posiciones activistas sin preocuparse por las consecuencias o las pérdidas que eso le pueda provocar a uno.»

Aquel mismo año, los representantes de Nicaragua ante las Naciones Unidas se convirtieron en parte del contingente radical de diplomáticos, la mayoría de ellos de China y de los países del bloque soviético y oriental que, junto con el bloque árabe, defendían la causa de la OLP.

El 25 de julio, Jorge viajó a Miami para reunirse con los exiliados deseosos de combatir a los sandinistas. Descubrió que estaban floreciendo conspiraciones antisandinistas en todo el espectro político desde la derecha a la izquierda, y no sólo en Miami, sino en toda América Central. Estaba la UDN, encabezada por Cardenal; la Legión Quince de Septiembre, al mando de Bermúdez; estaban también los Milpas, antiguos sandinistas que combatían en la frontera septentrional con Honduras; y los antiguos compañeros del Comandante Cero, que estaban intentando abrir de nuevo frente de batalla en el sur; estaba también el gobierno salvadoreño, que sufría un fuerte movimiento insurgente de carácter comunista patrocinado por los sandinistas.

Fue con este último grupo con el que Jorge Salazar decidió unir sus fuerzas. Les dijo que iba a volver a Managua para crear un frente interno en contra de los sandinistas.

A su regreso, Salazar se puso en contacto con un oficial del ejército conocido suyo que en semanas anteriores le había hablado de un grupo de oficiales desafectos del ejército que deseaban poner en marcha un golpe. Salazar se reunió varias veces con los supuestos conspiradores. Uno de ellos, un miembro del alto mando, era un amigo de confianza, un guerrillero al que Jorge le había salvado en cierta ocasión la vida. Depositando toda su confianza en ese amigo, Jorge siguió adelante con sus planes. Varios miembros del COSEP sospechaban que Jorge estaba implicado en una operación encubierta y le expresaron su deseo de participar en la misma, pero Jorge se negó. No quería poner en peligro sus vidas.

En agosto los sandinistas celebraron el final de la campaña de alfabetización. En el transcurso de la ceremonia, Humberto afirmó: «Las peticiones de celebración de elecciones forman parte de una amenaza contrarrevolucionaria... Los miembros del directorio del FSLN son los guardianes de los intereses del pueblo.» En calidad de tales, habían decidido que no habrían elecciones hasta 1985 ni campañas políticas hasta 1984.

El 17 de septiembre de 1980, veinticuatro años después del asesinato de Anastasio Somoza García, su hijo Anastasio Somoza Debayle, que vivía entonces en Paraguay, saltó por los aires como consecuencia de la explosión de un potente misil. El cuerpo de Somoza quedó tan destrozado que su amante, Dinorah Sampson, tuvo que identificarlo por un anillo que llevaba puesto en el dedo. Los sandinistas negaron cualquier implicación. Filtraron rumores de que Somoza estaba manteniendo relaciones amorosas con la amante de Alfredo Stroessner, implicando que había sido Stroessner quien, llevado por los celos, lo había mandado matar. Se identificó a siete miembros del movimiento guerrillero argentino como los asesinos. Existía una conexión entre los rebeldes argentinos y los sandinistas. De todo ello se derivaba que habían sido los sandinistas los que habían promovido el asesinato. Arturo Cruz y Rafael Córdoba Rivas negaron que hubiera existido la menor implicación del gobierno nicaragüense. Pero no hubo ninguna negativa de parte del directorio sandinista. De hecho, durante las horas que siguieron a la difusión de la noticia por todo el mundo, lo sandinistas la celebraron con tanto regocijo y alegría que declararon ese día «El Día de la Alegría». El 4 de noviembre de 1980 fue elegido presidente de Estados Unidos Ronald Reagan. Para los sandinistas, la elección de Reagan no fue una buena noticia.

Capítulo décimo

Cuatro días después de la elección de Ronald Reagan como presidente, los sandinistas atacaron violentamente una reunión masiva del MDN en Nandaime, organizada por Alfonso Robelo. Posteriormente los sandinistas afirmarían que Alfonso carecía de permiso del Ministerio del Interior para la celebración del acto y que no se les podía considerar responsables de la reacción de las organizaciones juveniles sandinistas, que se habían sentido justamente provocadas por las retóricas antisandinistas de Robelo.

Alfonso ha mantenido siempre que el acto político fue planificado cumpliendo plenamente la legislación sandinista y con el conocimiento de Tomás Borge. En opinión de Alfonso, los sandinistas lo convirtieron deliberada y maliciosamente en objeto del ataque.

Las informaciones del hecho y de otros actos de violencia contra el MDN no se pudieron publicar en *La Prensa*. Los sandinistas aplicaron los artículos 511 y 512 de la Ley de Medios de Comunicación, en la que se decretaba que «estaba prohibido publicar cualquier información sobre huelgas, mítines políticos, rebeliones o levantamientos armados», etc. Por tanto, los censores no permitieron que se conocieran los actos del MDN.

Sin embargo, tres días después, el 11 de noviembre, logramos publicar un documento redactado por los dirigentes del COSEP, que no encajaba en ninguna de las categorías anteriormente mencionadas. Los líderes del COSEP instaban a la Junta a volver al «abandonado» Plan de Gobierno, que exigía la unidad y el pluralismo político.

Afirmaba que la Junta se había convertido en el «gobierno

de un solo partido». En realidad, el FSLN controlaba todos los poderes del gobierno, el ejército, el ejecutivo, el legislativo y el judicial. Y de ese modo habían ordenado que se pospusieran las elecciones hasta 1985, asegurándose así su permanencia indefinida en el poder.

El documento del COSEP afirmaba además que, con las confiscaciones ilegales de tierras y empresas, controles de precios y manipulación política de la fuerza de trabajo, el FSLN había creado un clima desfavorable para el desarrollo económico y un clima en el que el desarrollo social no podría tener efectivamente lugar. Los dirigentes del COSEP concluían diciendo: Creemos que el FSLN está conduciendo el país al caos económico y político. El documento iba firmado por las cinco organizaciones miembros. Aquella tarde, a las 3.00 pm, el COSEP, junto con todas las organizaciones no sandinistas, abandonó el Consejo de Estado a modo de protesta porque se había negado a un representante del MDN la oportunidad de responder a las afirmaciones de Tomás Borge de que había sido el MDN el que había provocado los sucesos de Nandaime.

Tal como habían prometido los comandantes en sus discursos pronunciados en la plaza, sus «enemigos anticomunistas» se verían sojuzgados. Los «muchachos revolucionarios» en otros tiempos admirados, ahora se habían convertido en hombres despóticos, que parecían directamente extraídos de nuestro tiránico pasado.

El 20 de enero de 1981, Ronald Reagan asumió la presidencia. Uno de los primeros actos de su administración fue el de dar a conocer pruebas que demostraban que Cuba estaba profundamente implicada en el gobierno nicaragüense y que, junto a la Unión Soviética y Vietnam, los nicaragüenses habían venido suministrando armas al movimiento guerrillero FMLN. Reagan llegaba a la conclusión de que los nicaragüenses se proponían socavar los intereses norteamericanos en la región armando a fuerzas insurrectas que estaban intentando derrocar a gobiernos pro americanos.

El 19 de febrero de 1981, los comandantes sandinistas ordenaron la detención de docenas y docenas de dirigentes Misquitos por protestas en contra de las medidas sandinistas en la costa atlántica de Nicaragua. Durante las últimas semanas los Misquitos habían organizado manifestaciones en contra de los profesores cubanos que enseñaban ateísmo y marxismo a sus hijos. Las protestas continuaron cuando el gobierno intentó poner en marcha grandes operaciones de tala de árboles en su territorio, a lo largo del río Coco, al norte de Nicaragua. Durante dos semanas varios líderes Misquitos permanecieron encarcelados y los obligaron a prometer que se abstendrían de organizar nuevas manifestaciones.

El 4 de marzo los sandinistas anunciaron la reorganización de la Junta. Se nombró a Arturo Cruz embajador en Washington, mientras que Moisés Hassan entró a formar parte del Consejo de Estado. A Daniel se le nombró coordinador del nuevo Triunvirato de gobierno integrado por él mismo, por Sergio Ramírez y Rafael Córdoba Rivas.

Ahora era ya oficial. Daniel controlaba la Junta. Era el presidente de hecho de Nicaragua.

Continuaron las presiones sandinistas sobre *La Prensa*. Un día de marzo, Borge advirtió en público que era posible que las multitudes intentaran atacar el periódico. En días anteriores, uno de nuestros empleados de distribución había sido atropellado por un carro, lo que nos pareció ser un accidente deliberado. Los sandinistas iban en serio. No tenía sentido arriesgar la vida de nadie. Por tanto, cancelamos la edición de aquel día. Dos semanas después, Ronald Reagan suspendió la ayuda a Nicaragua.

Como cabía esperar, los sandinistas respondieron denunciando el imperialismo norteamericano. Durante algún tiempo la opinión mundial se mostró a su favor. Pero el mundo entero no tardó mucho en darse cuenta de que los sandinistas estaban jugando al débil y el fuerte. Por un lado se mostraban a sí mismos como las víctimas débiles e inocentes de la agresión económica yanqui, mientras que por el otro formaban a una milicia de doscientos mil hombres dispuestos a combatir hombro con hombro con los cuarenta mil soldados alistados en el Ejército Popular Sandinista. Se trataba de la mayor fuerza militar de toda la región y una amenaza constante para la misma.

Los países vecinos se mostraron comprensiblemente preocupados: Costa Rica porque carecía de ejército; Honduras porque era un país anticomunista, que apoyaba la causa contrarrevolucionaria; El Salvador porque se veía amenazado por un movimiento revolucionario que mantenía fuertes lazos con los sandinistas, y Guatemala porque sabía que, si El Salvador sucumbía al comunismo, sería el próximo objetivo. El temor de todo el mundo era que la Revolución nicaragüense estuviera provocando metástasis en todo el istmo. Se tenía la idea de que en la región podía producirse el famoso «efecto dominó».

El 9 de marzo, Reagan firmó un documento secreto autorizando la ayuda encubierta a los movimientos nicaragüenses de resistencia. Frenar a los sandinistas se convirtió en el elemento clave de la política exterior de Ronald Reagan para toda la región. Sin embargo, y como consecuencia del reforzamiento militar de la oposición nicaragüense en el exilio, los sandinistas reforzaron su control sobre *La Prensa*, el COSEP, la Iglesia, Alfonso Robelo y sobre todos aquellos que queríamos oponernos a ellos desde dentro del país.

Durante todo 1981, las tensiones en nuestro país escaparon a cualquier posibilidad de control. A medida que los sandinistas se aferraban de manera cada vez más despótica al poder, nosotros nos fuimos viendo sumergidos en la violencia. Las *turbas divinas*, como las llamaba Daniel Ortega, funcionaban ya como falange no oficial de los comités de organizaciones de masas sandinistas bajo la guía de la policía secreta. Los ataques por parte de estas turbas se convirtieron en un fenómeno muy extendido capaz de llegar hasta quemar la casa o el lugar de trabajo de un ciudadano y, en ocasiones, incluso hasta la muerte. Para justificar esas terribles medidas de opresión, los sandinistas repetían que era todo en defensa de la revolución.

En *La Prensa* yo no tenía más opción que la de embarcarme en otra tortuosa experiencia como la voz de la oposición. Armados con la autoridad moral que nos había concedido el martirio de Pedro, emprendimos una campaña abierta contra los sandinistas. Dijimos la verdad sobre ellos. A través de nuestros artículos sacamos a la luz el hecho de que un grupito comunista se había apoderado de nuestro país y de que los sandinistas se preocupaban ya más por mantener su propio poder que por reconstruir la nación.

Confiábamos en que la presión que estábamos ejerciendo obligaría a los sandinistas a resituarse políticamente en el centro, pero en lugar de ello se volvieron más radicalizados y represivos.

Mi oposición avivó su odio y les inclinó a actos intimidatorios cada vez más graves. En público me llamaban chupasangre y espía, y afirmaban que «en este momento de nuestra historia tenemos que ponernos o bien al lado de la revolución y del pueblo o bien en su contra». Yo me convertí en personaje destacado de todos sus programas de televisión y reportajes de prensa. Me vilipendiaron ante toda la nación. Como último recurso desencadenaron a las turbas divinas en contra mía. Las turbas eran como una jauría de perros rabiosos, que escribían insultos en las paredes de nuestras casas, atacaban físicamente y aterrorizaban con anónimas amenazas de muerte. Tenían predilección por nuestros periodistas.

De estos ataques no se libró ni siquiera mi suegra, doña Margarita, una mujer de avanzada edad. A doña Margarita, cuyos sacrificios personales en nombre de su país estaban perfectamente demostrados, se la llamó traidora de la patria, *vende-patria*.

¿A qué mayores bajezas podían descender los sandinistas? Habían llegado a los niveles de Somoza y me atrevo a decir que a veces peor. De hecho, las cosas empeorarían todavía más. Los ataques y amenazas continuaron. Finalmente no tuve más remedio que rodear mi casa de un muro.

La fuerza bruta de su represión no se dirigía únicamente contra nosotros. En la primera semana de julio se promulgó toda una serie de decretos que concedían al Ministerio de Medios y Comunicaciones carta blanca para decidir qué era adecuado para su publicación y qué no era. Con el nuevo edicto todos los medios se vieron sometidos a una férrea censura. Los sandinistas dijeron que no se permitiría inventar historias que resultaran «perjudiciales para la revolución». La menor disensión se consideraba traición y provocaba una avalancha de respuestas violentas. Se interrumpía con frecuencia la emisión de programas radiofónicos y se cerraba regularmente los periódicos.

Lo que más me martirizaba era que los sandinistas seguían diciendo que su plataforma de gobierno era la encarnación de los ideales políticos de Pedro. Se trataba de una falsedad que no podía permitir que siguiera adelante. No permitiría a esa gente manchar la imagen de alguien que en toda su vida se había guiado por los principios más nobles. Rechacé la idea de que su totalitarismo tuviera el menor parecido con la rectitud cívica de Pedro.

Comentando esos decretos, dije que creía que el concepto de libertad de expresión conllevaba la idea de que no debía existir la menor restricción. Y, si por alguna razón surgía la necesidad de imponer controles, en mi opinión el juego limpio exigía que se aplicaran equitativamente a todas las organizaciones e individuos relacionados con los medios y no sólo a unos pocos. Señalé que los medios de comunicación tenían que desempeñar un papel educativo, contribuyendo con frecuencia a informar al gobierno de dónde se encontraban sus puntos débiles y sus fallos para permitirle prestar un mejor servicio al pueblo.

Los sandinistas respondieron el 10 de julio clausurando *La Prensa*. Durante los tres meses siguientes, *La Prensa* fue clausurada cinco veces más por «publicar mentiras», entre ellas reportajes relativos al deterioro de relaciones entre la Iglesia y los dirigentes sandinistas.

En sus homilías dominicales, y refiriéndose a los sandinistas como «el gran peligro», el arzobispo Miguel Obando y Bravo daba sutilmente a entender que el FSLN era «fundamentalmente perverso».

Cierto día, un grupo pequeño pero muy violento, perteneciente a las *turbas divinas*, atacó al arzobispo. Le lanzaron piedras y le gritaron consignas revolucionarias. Entraron en la iglesia en la que el arzobispo acababa de decir misa y se abalanzaron sobre el líder católico. Alrededor del arzobispo se formó una muralla humana destinada a protegerlo. Entonces las turbas procedieron a destruir el automóvil del arzobispo pinchando las ruedas y rompiendo todas las ventanillas.

En las homilías del día siguiente, el arzobispo se preguntaba: «¿Son ésas las acciones de quienes están intentando crear un Hombre Nuevo?»

Lanzaron ataques similares contra otros representantes de la Iglesia Católica. Lo que los sandinistas no lograban ver era que entregándose a esos mezquinos actos represivos nos estaban convirtiendo a todos nosotros en mártires y ensuciando la Revolución.

En el segundo aniversario de la Revolución, Daniel Ortega anunció una nueva serie de decretos. Uno de ellos ampliaba la autoridad gubernamental para confiscar las propiedades de quienes habían permanecido más de seis meses fuera del país. Los decretos no se sometieron al Consejo de Estado, ni fueron discutidos con los partidos políticos. Daniel se limitó a preguntarle a una multitud reunida en la plaza: «¿Están de acuerdo con estos decretos?» Evidentemente, todos los que estaban dijeron «síí».

A ese gran «sí» se reducía el respeto de los sandinistas por la democracia y el pluralismo político, la libertad de expresión y la religión. En Nicaragua sólo podía existir una forma de respeto: el respeto a los sandinistas.

Fue en esa situación tan triste en la que nacieron mis dos siguientes nietos. Claudia y Marta Lucía dieron a luz con nueve días de separación. Claudia tuvo un niño, Marcos Tolentino, que cuando creció, demostró tener un asombroso parecido con Pedro, mi marido. Marta Lucía tuvo una niña, María Andrea, que es una criatura frágil y de cabello claro dotada de una potente voz. Con el tiempo y si recibe la formación adecuada podría llegar a ser una gran cantante.

Durante la primera semana de agosto, Thomas Enders, el subsecretario de Estado para Asuntos Latinoamericanos de Estados Unidos, se desplazó hasta Nicaragua para hablar seriamente con Daniel Ortega en relación con la conveniencia de interrumpir la ayuda a las guerrillas salvadoreñas. A cambio Enders le ofreció reanudar la ayuda norteamericana a Nicaragua. Ortega le contestó: «No, Nicaragua elige a sus propios amigos.»

Enders advirtió a Ortega que las relaciones entre Estados Unidos y Nicaragua se aproximaban a un punto muerto. Eso no podía traer buenas consecuencias para Nicaragua. Enders propuso a Ortega que reflexionara a fondo sobre esto. Prometió esperar hasta septiembre para recibir su respuesta formal.

Sin embargo, durante los meses siguientes, los sandinistas continuaron exportando su Revolución. Muy pronto los norteamericanos recibieron informes de que un contingente de tropas cubanas había atravesado Nicaragua camino de El Salvador, donde se proponían prestar ayuda a las guerrillas.

El 9 de octubre, ante un grupo de oficiales del ejército sandinista, Humberto Ortega manifestó que la doctrina del FSLN era inequívocamente marxista leninista.

Fue la primera vez que se dijo eso. Muy pronto todas las agencias de noticias del país lanzaron al mundo aquellas revelaciones sensacionales. Se interpretó que las revelaciones de Humberto Ortega se proponían trazar una clara línea divisoria en el seno de la sociedad nicaragüense. A partir de aquel momento, uno estaba con los sandinistas o en contra suya.

Los dirigentes del COSEP volvieron a pronunciarse. Esta vez mandaron una carta a Daniel Ortega pidiéndole una explicación y acusando a los sandinistas del mal manejo de la economía.

Al día siguiente los norteamericanos intentaron bloquear la aprobación de un préstamo del Banco Interamericano para el Desarrollo por valor de 33,3 millones de dólares con destino a Nicaragua, esencialmente destinado al sector privado. En *La Prensa* protestamos contra la intromisión de Estados Unidos en las cuestiones económicas de Nicaragua. Como patriotas, estábamos en contra de la retirada de la ayuda económica al sector privado como forma de presión, ya que quien más resiente esas medidas es finalmente la gente más pobre. Instamos a nuestro líderes a reflexionar sobre sus acciones y seguir una política madura de no alineamiento.

El 21 de octubre de 1981, los sandinistas mandaron encarcelar a los dirigentes del COSEP que le habían escrito la protesta. Al amanecer, sin que se les informara de las acusaciones que había en contra suya, Enrique Dreyfus, Benjamín Lanzas, Gilberto Cuadra y Enrique Bolaños fueron sacados por la fuerza de sus casas. Algunos de ellos permanecerían varios meses en la cárcel.

El gobierno también había declarado el estado de emergencia económica y social, lo que ilegalizaba todas las huelgas y advertía de que serían perseguibles legalmente todas las acciones que dieran como resultado poner en peligro la ayuda exterior. Tomás Borge acusó a los dirigentes del COSEP de haber violado esas normas.

Las detenciones fueron un ejemplo para todos los nicaragüenses de que los sandinistas estaban dispuestos a jugar duro.

Un portavoz del Departamento de Estado norteamericano deploró la medida. Acusó al gobierno de Nicaragua de intimidar a la oposición democrática y de quebrantar de ese modo el pluralismo político.

El gobierno de Costa Rica manifestó que consideraba a los sandinistas responsables de la suerte que pudieran correr los dirigentes del COSEP y prometió intentar su liberación.

Ante el tribunal de la opinión mundial, los sandinistas estaban empezando a perder todo apoyo. Sin embargo, creyendo que podían contar con la Unión Soviética y sus aliados para mantenerse a flote, los sandinistas se mostraron inflexibles.

El 31 de octubre, Nicaragua contestó formalmente a la propuesta formulada por Enders en agosto. Calificaron su oferta de «estéril y poco realista», ya que afectaba al carácter de la Revolución. La solidaridad con otros movimientos revolucionarios formaba parte del proceso de consolidación de la Revolución. Se ofrecían, sin embargo, a seguir abiertos al diálogo.

No obstante, la CIA había elaborado ya otro plan, que implicaba aumentar la ayuda al creciente movimiento Contra. Dos meses antes, bajo la dirección de Enrique Bermúdez y José Francisco Cardenal, la Legión Quince de Septiembre y la Unión Democrática Nicaragüense (UDN) habían firmado un acuerdo formalizando su alianza. El nuevo nombre para la organización fue el de Fuerza Democrática Nicaragüense (FDN).

El 1 de noviembre, el director de la CIA William Casey se reunió con los argentinos (que habían venido prestando una modesta ayuda a los exiliados) y se comprometió a coordinar y entrenar a los contras. Estados Unidos proporcionaría el dinero y las armas necesarias. No se puede decir que, antes del involucramiento directo de EE. UU., existiera realmente una fuerza Contra.

Cuando llegaron las noticias de la decisión norteamericana, Arturo Cruz fue llamado urgentemente a Nicaragua para sostener una reunión de emergencia con Miguel d'Escoto, quien redactó una carta dirigida a Thomas Enders negando categóricamente las afirmaciones de Estados Unidos de que en suelo nicaragüense había tropas militares cubanas.

Al mismo tiempo, líderes destacados del FSLN empezaron a entablar un diálogo con una representación de dirigentes de la oposición nicaragüense. El arzobispo Miguel Obando y Bravo les previno contra la posibilidad de resultar «manipulados».

Las iniciativas de diálogo de los sandinistas eran gestos de propaganda. Los sandinistas comenzaban a entender que los norteamericanos se proponían utilizar la fuerza en ausencia de la diplomacia; entonces se apresuraron a intentar restablecer las negociaciones con los americanos.

Las intenciones norteamericanas quedaron perfectamente claras gracias a los comentarios formulados por Alexander Haig, el secretario de Estado de Estados Unidos. Afirmó que Estados Unidos estaba estudiando opciones militares contra Cuba y Nicaragua. Según él, se asfixiaría a esos dos países que estaban apoyando la insurrección en El Salvador.

Las noticias indicaban que en El Salvador el grado de tensión había aumentado. Los revolucionarios estaban destruyendo sistemáticamente los medios de producción en sus esfuerzos por debilitar al gobierno e impedir la celebración de las próximas elecciones.

El 8 de noviembre, en el aniversario del fallecimiento de Carlos Fonseca Amador, Humberto Ortega declaró que, si se producía una invasión o un levantamiento interno, cualquiera que «ayudara o participara voluntariamente» en las protestas sería colgado de los árboles y postes de luces de las calles y carreteras de nuestro país.

Se distribuyeron copias de su discurso entre los dirigentes del COSEP. Sus palabras alarmaron tanto a los líderes católicos que convocaron a los fieles a una semana de oraciones en favor de la paz.

Cuando hace poco tiempo le pregunté al nuevo jefe del ejército, el general Joaquín Cuadra Lacayo, qué pensaba de esas amenazas, me dijo: «Aquellos eran momentos muy distintos; la situación era muy tensa. Había una mentalidad de asedio. En nuestra opinión, teníamos que prepararnos para defendernos de una agresión norteamericana.» De hecho, y a pesar de representar un alto costo, los sandinistas mantenían un importante contingente de hombres en la costa del Pacífico, donde no había contras.

El 15 de noviembre recibimos la visita de una delegación oficial de la Sociedad Interamericana de Prensa (SIP), que vinieron a Nicaragua en calidad de observadores. Pedro Joaquín, Cristiana y yo los recibimos en *La Prensa*. Les entregamos copias de todas las leyes y decretos que los sandinistas habían puesto en vigor y que limitaban la libertad de prensa. También visitaron al arzobispo Miguel Obando y Bravo, que les contó las agresiones que miembros del clero habían sufrido a manos del FSLN.

Los miembros de la SIP hablaron también con la Comisión Permanente de Derechos Humanos, que les informó de las fosas comunes que se habían descubierto y de los ataques a los partidos de la oposición.

Después visitaron a mi hijo Carlos Fernando en *Barricada*, y éste les aseguró que las leyes por las que se regían los medios de comunicación no tenían el propósito de limitar la libertad de expresión, sino más bien de garantizar que dicha libertad se ejerciera con un mínimo de responsabilidad. Explicó que estábamos pasando por una transición muy difícil y que una actitud negativa por parte de la prensa podría tener graves consecuencias.

En respuesta, Jaime Chamorro dijo que, a su modo de ver, los sandinistas estaban adoptando una conducta parecida a la de los nazis. Aquello fue casi un insulto para Carlos Fernando, que estaba intentando explicar el régimen autoritario de los sandinistas. Carlos Fernando se mostró extremadamente agitado y dio por terminada la conversación. Delante de la delegación de la SIP reclamó a su tío y dijo que era imposible mantener un diálogo de esa manera.

Arturo Cruz, un hombre dotado de una gran humildad, renunció a su cargo como embajador sandinista en Washington. Antes de hacerlo, Arturo se había lamentado de la falta de sentido de Estado de los sandinistas. Dijo que tenían que aprender a hacer la transición entre la condición de soldados guerrilleros y la de líderes políticos capaces de tolerar la oposición. De no ser así, predijo, los sandinistas se verían expulsados del poder.

A pesar de estas declaraciones, y después de dimitir, Arturo siguió defendiendo a los sandinistas como partidarios de la pluralidad y hombres de honor.

Nunca he comprendido por qué Arturo, un hombre tan bueno y decente, se mostró tan reacio a romper públicamente con los sandinistas. Quizás albergaba temores por su hijo, que en aquellos momentos era funcionario del Ministerio del Exterior.

Antes de que hubieran pasado dos semanas después de que Estados Unidos anunciara la posibilidad de un bloqueo, o quizás incluso de una invasión, a Cuba y Nicaragua, Humberto Ortega se desplazó hasta Moscú para reunirse con su equivalente soviético, el mariscal Ustinov. En círculos diplomáticos se comentó que estaba negociando un generoso contrato armamentístico con los soviéticos.

La información acerca de la alianza nicaragüense-soviética llegó a Carlos Andrés Pérez. En una entrevista televisada, CAP rechazó la idea de otro régimen comunista en América Latina. En su opinión, eso sería «algo catastrófico». Luego expresó su preocupación por los niveles cada vez mayores de militarismo en la zona, que en aquellos momentos amenazaban la estabilidad de la democracia en Costa Rica y Honduras. Denominó a este último país el epicentro de los conflictos en El Salvador, Guatemala y Honduras. Instó a sus «amigos sandinistas» a enterrar su «antiyanquismo» y a mantener conversaciones multilaterales con Estados Unidos y con las cuatro naciones centroamericanas, lo que podría traer la paz a toda la región.

El 1 de diciembre de 1981, cuando llevaba casi un año en la presidencia, Ronald Reagan autorizó finalmente la concesión de 19 millones de dólares para armas de aproximadamente mil contras estacionados en campos de entrenamiento de Honduras.

El verdadero propósito de Reagan no era derrotar militarmente a los sandinistas ni invadir Cuba. La principal preocupación de Estados Unidos era la de defender El Salvador. Muchos analistas piensan que si los sandinistas hubieran aceptado mantenerse al margen de las cuestiones salvadoreñas, no se habría producido nunca la guerra con la Contra.

A comienzos de 1982 los sandinistas continuaron sus ataques contra los indios Misquitos que vivían en la costa nicaragüense del Caribe. Cuando la Iglesia salió en defensa de los Misquitos, los sandinistas se pusieron encolerizados en contra de la Iglesia.

La mayoría de nosotros creíamos que la confrontación entre política y religión que estaban creando los sandinistas era un grave error. Después de todo, la Iglesia seguía haciendo lo que llevaba siglos haciendo: proteger a los auténticos indigentes y menesterosos como los indios Misquitos.

Los sandinistas tampoco hicieron el menor esfuerzo por atraer a su causa a la inmensa mayoría de campesinos que vivían en las zonas rurales de Nicaragua. Los habitantes del campo estaban convencidos de que los sandinistas les robaban a través de sus cooperativas y su política de fijación de precios. Ahora los sandinistas estaban colmando de insultos a líderes tan respetados de la Iglesia como el arzobispo Miguel Obando y Bravo.

En la primavera de 1982, los grupos de la Contra que operaban desde Honduras habían aumentado hasta contar con dos mil hombres, gracias a la incorporación de nuevos reclutas campesinos decididos a combatir a los sandinistas. Durante el año anterior, los contras habían venido desencadenando incursiones periódicas en territorio nicaragüense, volando puentes, realizando emboscadas a patrullas militares del Ejército Popular Sandinista, atacando las cooperativas agrícolas sandinistas y capturando y asesinando a oficiales sandinistas. Según fue aumentando el número de combatientes disponibles y mejorando su planificación logística, se lanzaron a aventuras más ambiciosas, atacando los suministros de petróleo de la nación, bombardeando puertos y aeropuertos.

De la forma en que se estaba desarrollando el drama nicaragüense se deducía claramente que avanzábamos en dirección al caos económico y a una guerra entre nicaragüenses. Para los norteamericanos, lo que había comenzado como una operación relativamente sencilla de apoyo a grupos armados se estaba convirtiendo en un ataque a gran escala contra el gobierno sandinista.

Mientras ocurría todo esto, Edén Pastora, el Comandante Cero, que llevaba seis meses desaparecido, resurgió desde Costa Rica y se manifestó dispuesto a combatir contra sus anteriores camaradas. El encanto y las capacidades innatas del liderazgo de

Pastora tuvieron un efecto unificador sobre los antisandinistas exiliados que vivían en Costa Rica.

Después de la deserción del Comandante Cero de las filas sandinistas, se observó que la mayoría de los que habían combatido a su lado en el frente meridional habían dejado el gobierno y huido a Costa Rica para unirse a ese nuevo frente en el sur. Entre ellos se encontraba Alfredo César, quien había contraído matrimonio con Silvia, la hermana mayor de mi yerno Antonio Lacayo. Alfredo pidió un permiso en la presidencia del Banco Central de Nicaragua, teóricamente para irse de luna de miel. Pero nunca volvió.

Algunas semanas después, Antonio recibió una llamada de Alfredo pidiéndole que fuera a su casa y empaquetara todas sus pertenencias. Dijo que los sandinistas querían matarlo. Y, por tanto, estaba huyendo para unirse a la oposición que había sido organizada por el comandante Cero y Alfonso Robelo en la Alianza Revolucionaria Democrática (ARDE). Corrían rumores de que ARDE contaba con un fuerte respaldo por parte de la CIA.

De hecho, los nuevos rebeldes parecían estar muy bien financiados. En sólo unos pocos meses compraron toda una flota de vehículos, alquilaron una docena de casas en los mejores barrios de Costa Rica, se jactaban de tener a su disposición tanto equipo militar que, en caso de quererlo, podrían armar a toda la nación.

A los tres años de abandonar las primeras filas del sandinismo, Alfredo reapareció en primera línea de un directorio de la Contra.

Entre ellos abundaban los resentimientos entre los que habían estado con Somoza y los que habían estado con los sandinistas. Otro director de la Contra era Alfonso Robelo; su participación dio como resultado que el gobierno sandinista interviniera y declarara de utilidad pública GRACSA, una empresa de fabricación de aceite de semilla de algodón que gerenciaba Antonio Lacayo. Los sandinistas creían equivocadamente que Alfonso poseía un número mayoritario de acciones en la empresa. De hecho los dos mayores accionistas de GRACSA eran extranjeros. Antonio poseía pruebas irrefutables de ello que los sandinistas se negaban a creer. Por otro lado, la nueva conexión familiar de Antonio con Alfredo César en la Contra le complicó aún más las cosas. Los sandinistas acusaron a Antonio de mantener relaciones con la resistencia, y por tanto lo expulsaron a punta de pistola de la empresa que administraba y en la que él también era accionista minoritario, prohibiéndole volver a poner el pie en sus instalaciones.

Antonio contrató a los mejores abogados del país y se dispuso a luchar contra los sandinistas ante los tribunales. Sería una batalla prolongada, que estaba seguro de ganar.

Al igual que otros miembros del sector privado, sus otras alternativas eran renunciar a la lucha, abandonar el país, o bien combatir a los sandinistas en el campo político.

«¿Por qué decidiste quedarte y luchar?», le pregunté a Antonio varios años después.

«Porque sabía que los sandinistas no durarían siempre», me contestó. Estaba convencido de que Nicaragua cambiaría.

En mi opinión, creo que en su decisión influyó también Cristiana. Ella no podría irse de Nicaragua; estaba al frente de la dirección de *La Prensa*; además, no me la imagino viviendo fuera de Nicaragua sin tener una razón propia. En el momento que todo esto ocurría, Antonio y Cristiana estaban esperando a su primer hijo e intentando comprar una casa.

Se decidieron por una hermosa propiedad llamada La Guadalupana, construida por el abuelo de Antonio en el estilo neobarroco español. Se encuentra sobre una colina al sur de Managua, desde la que se domina una espléndida vista de la ciudad.

Según fueron creciendo las ambiciones y la confianza en sí mismos de los rebeldes de la Contra, funcionarios de la CIA consideraron de nuevo los objetivos e intenciones de ese movimiento paramilitar. No estaban ya satisfechos con limitarse a un embargo de armas. Tenían una idea mayor y más ambiciosa: la de una «cruzada en favor de la democracia». Para los líderes del Congreso, ese programa encubierto empezaba a parecerse mucho a una auténtica guerra.

El FSLN respondió a la amenaza de Pastora acusándolo de haberse vendido a la CIA y de ser utilizado por el «imperialismo yanqui». Los sandinistas temían que la defección de Pastora provocara deserciones en las filas del ejército.

Evidentemente, y a pesar de no tener auténticas posibilidades de derrocar a los sandinistas del poder, la amenaza de los contras tuvo varios efectos adversos sobre nuestra sociedad. El mayor de todos fue la paranoia sandinista a una supuesta invasión yanqui de la que hablaban todos los días. El gobierno decretó que mientras existiera la amenaza de guerra, no quedaba más remedio que poner en vigor un estado más amplio de emergencia. Las nuevas restricciones ahogaron las libertades civiles. Prohibieron la libertad de expresión, el derecho de reunión, el derecho a la privacidad y el derecho a viajar libremente, y suspendieron todas las garantías constitucionales. Comenzó de ese modo una nueva espiral represiva.

Según iban pasando los meses, resultaba cada vez más difícil ignorar que estábamos viviendo en una situación de extremo peligro. A pesar de ello, yo seguí decidida a combatir a los sandinistas por todos los medios. Desde algún tiempo atrás había tomado la resolución de que ningún marxista iba a obligarme a abandonar mi país.

Una noche en mi casa, antes de acostarme, observé que el viejo Saab de Pedro, que seguía en el garaje, tenía una luz encendida. Abrí la puerta del jardín y me di cuenta de que había alguien dentro del carro.

En situaciones de peligro, suelo reaccionar instintivamente; así que, en lugar de cerrar la puerta, me enfrenté a aquel extraño: «¿Qué estás haciendo aquí, ladrón, asesino?»

Estaba convencida de que alguien había enviado a aquel hombre a hacerme daño, pero lo había cogido «con las manos en la masa», antes de que pudiera hacer nada. El hombre salió del carro y comenzó a caminar hacia mí. Me rogó que me calmara. «Dialoguemos», me dijo. ¡Qué idea tan ridícula! Sólo en un país en el que la razón ha sido pervertida puede entrar un delincuente en la casa de uno y pedirle mantener un intercambio de ideas.

En aquel momento me di cuenta de que había otro hombre, de pie junto al muro que rodeaba la casa, esperando. Me di cuenta de que estaba sola y vulnerable. Y, por tanto, empecé a gritar.

Cuando aparecieron las dos empleadas, uno de los hombres

saltó por encima del muro mientras que el otro desapareció por los tejados de las casas próximas. Posteriormente se logró detener a ambos hombres, aunque nunca confesaron sus auténticas intenciones. Me imagino que cuando pasó el escándalo fueron puestos en libertad. Probablemente se trataba de agentes del Estado.

En enero de 1983, los ministros de Asuntos Exteriores de Venezuela, México, Colombia y los cinco países centroamericanos se reunieron por primera vez en la isla de Contadora, Panamá, para analizar los medios diplomáticos de poner fin a las hostilidades en América Central. Como había sugerido Carlos Andrés, se llegó al consenso general de que debían celebrarse conversaciones multilaterales entre los países enfrentados.

La diplomacia de Contadora no alcanzó el resultado previsto de suscitar la paz en América Central. Pero sí abrió el camino para las posteriores negociaciones de 1987 y los acuerdos de Esquipulas, que condujeron a las elecciones del 25 de febrero de 1990.

El 3 de marzo de 1983 vino a Nicaragua el Papa Juan Pablo II. Apareció en lo alto de las escaleras del avión y abrió los brazos hacia el cielo. Luego bajó, se arrodilló y besó el suelo. Al parecer eso es lo que hace siempre que visita un país por primera vez. Luego dio gracias a Dios por haberle permitido llegar a este país de lagos y volcanes. De pie, todos en fila, estaban los obispos de Nicaragua con sus sotanas negras y sus bandas color púrpura.

Si no me falla la memoria, los sandinistas estaban al otro lado con aspecto algo incómodo. Todo el mundo sabía que el Papa era un enemigo visceral del marxismo. Acompañando a los sandinistas estaba también uno de los sacerdotes que colaboraban con el gobierno: Ernesto Cardenal. Como siempre, Ernesto lucía una *cotona* (camisa campesina) y una boina a lo Ché Guevara.

Su santidad previno a ambos sacerdotes sandinistas de que debían dejar de utilizar las vestiduras eclesiales para realizar sus labores de proselitismo. En una fotografía que apareció en las primeras páginas de los periódicos de todo el mundo, Juan Pablo II amonestó con el dedo a Ernesto Cardenal, que permanecía humildemente arrodillado ante él. Después, Ernesto Cardenal se quejó con indignación de que el Papa había venido a Nicaragua a insultar a nuestro pueblo.

Aquella tarde, en la plaza, el Papa celebró la misa. Hablando en perfecto castellano, rechazó la idea de que pudiera haber dos iglesias o dos doctrinas. «Hay sólo una iglesia universal», dijo, «una fe y un Dios que reina sobre todo y vive en todos nosotros».

Afirmó que no podía haber «alternativas a la Iglesia que se ha creado en torno a los obispos». Advirtió: «Ellos son los auténticos representantes de Cristo... y son los únicos a los que se les ha confiado llevar adelante la misión espiritual de Cristo... Pensar de otra forma es absurdo y peligroso.»

Luciendo gorras de color rojo y negro, las *turbas divinas* abuchearon y ridiculizaron a Su Santidad para que pidiera justicia. Pero eso no silenció al Papa. Por tanto intentaron acallar sus palabras gritando: «Todo el poder al pueblo.» Mientras lo hacía, los cinco comandantes elevaron los puños y repitieron las consignas de las masas. El mensaje no podía estar más claro: el Papa desaprobaba a los sandinistas y apoyaba a los nueve obispos.

Antes de irse de Nicaragua, el Papa celebró un encuentro privado con los dirigentes sandinistas, en el que éstos intentaron convencerle de que eran víctimas de la agresión norteamericana. Acusaron a Estados Unidos de intentar estrangular a Nicaragua, tanto política como económicamente. Según ellos, en El Salvador, donde la guerrilla había tenido numerosos éxitos, Estados Unidos había aumentado su presencia militar preparándose para una invasión. Pidieron al Santo Padre que intercediera en su nombre sobre todas estas cuestiones.

Los sandinistas creían que podían manipular fácilmente la opinión de cualquiera. De hecho, lo hacían bastante bien. Pero el antiguo cardenal polaco sabía jugar a la perfección. Les dijo que su gira era de carácter esencialmente religioso y que, como tal, tenía un objetivo moral, que era el de favorecer el bien sobre el mal.

Por haber rechazado su causa, le llamaron el Papa de Occidente, el Papa del imperialismo.

En los meses que siguieron a la visita del Papa, el arzobispo Obando y los nueve obispos denunciaron toda una serie de violaciones de los derechos humanos por parte de los sandinistas, sobre todo en el Noroeste de Nicaragua, donde los contras se mostraban especialmente activos.

Mientras tanto, los constantes conflictos fronterizos entre Honduras y Nicaragua, provocados por la reciente presencia de fuerzas de la Contra en Honduras, amenazaba con convertirse en una auténtica guerra.

Nicaragua se dirigió al Consejo de Seguridad Nacional de las Naciones Unidas (ONU), donde denunció la agresión norteamericana y pidió al secretario general de la ONU que interviniera en la crisis. El Consejo decidió que era una cuestión que debía resolver la OEA. En la primavera de 1983, Honduras propuso la celebración de una serie de conversaciones multilaterales con el propósito de buscar soluciones diplomáticas. La idea era que en dichas conversaciones participaran otras naciones, lo cual superaría los parámetros del problema de la Contra y conduciría a discusiones acerca del apoyo nicaragüense a las guerrillas de El Salvador. Ésa no era una cuestión en la que los sandinistas estuvieran dispuestos a ceder. Formularon por tanto una contrapropuesta de inicio de conversaciones bilaterales directamente con Honduras y no multilaterales.

Un mes después, el 13 de abril de 1983, en un segundo esfuerzo por reavivar las conversaciones multilaterales, los ministros de Asuntos Exteriores del grupo de Contadora y de México se reunieron con Daniel Ortega en Nicaragua. Mientras todo esto ocurría, el Comité de Inteligencia de la Cámara de Representantes de Estados Unidos reunidos en Washington, votó a favor de interrumpir el financiamiento oculto a los 6.000 contras que combatían en la frontera hondureña. El Congreso era de la opinión de abandonar el enfoque militar en favor del diplomático. Reagan declaró que estaba en juego la seguridad de las propias fronteras de Estados Unidos. Describió a los contras como combatientes por la libertad y juró que seguirían combatiendo.

En mayo, el Consejo de Seguridad de las Naciones Unidas votó a favor de apoyar la iniciativa de Contadora, que imponía la democratización como una condición para cualquier propuesta.

Por aquel entonces yo estaba en Costa Rica con Cristiana, que dio a luz a Cristiana María. Quería tener a su hija en Nicaragua, pero era la primera y estaba lógicamente preocupada. Por culpa de los sandinistas, muchos médicos de Nicaragua habían abandonado el país. Cristiana María nació el 25 de abril de 1983. La niña era grande, pero no pesaba mucho. Poseía los delicados rasgos de Cristiana y la piel clara de Antonio.

La tarea de defender el poder sandinista demostró ser difícil y abrumadora. Cuatro días antes del cuarto aniversario de la Revolución, Humberto Ortega anunció que todos los hombres de más de diecisiete y menos de veintidós años tenían que alistarse en las fuerzas armadas.

El pueblo de Nicaragua no quería a los contras ni a Estados Unidos. Durante los días anteriores, Estados Unidos había realizado demostraciones de su poderío militar en una serie de maniobras en el Caribe y en la vecina Honduras. Por toda Nicaragua se hablaba de la inminencia de una guerra. Los sandinistas estaban convencidos de que Estados Unidos iba a invadirnos. Después de todo, habían hecho todo lo mejor posible para provocarlo.

La retórica de los comandantes me recordaba a veces las peleas escolares de los niños.

Cuando se impuso el Servicio Militar Obligatorio, gentes de todos los estratos sociales decidieron salir de Nicaragua. Vendieron sus propiedades y se dirigieron al exilio, a una vida de dureza y penalidades. En su opinión, eso era preferible a «a una vida sin libertad».

Los sandinistas denunciaron a esa gente como traidores y dijeron: «Cualquier persona a la que no le guste el sandinismo puede irse. En este país sólo queremos a los auténticos patriotas y revolucionarios.»

Posteriormente, cuando comenzó a aumentar de forma espectacular el número de familias que querían abandonar Nicaragua, los sandinistas intentaron frenar la emigración, creando un montón de obstáculos a quienes deseaban marcharse. Para obtener un visado de salida, una persona tenía que presentar pruebas de que había pagado los servicios públicos que había utilizado, encontrar tres testigos que atestiguaran sus datos personales y luego obtener la firma del jefe del Comité de Defensa Sandinista de su barrio y de la autoridad militar sandinista de la región. Eso no bastó para detener el flujo de gente que salía del país. Entonces, siguiendo el ejemplo de Cuba, dieron un paso adelante y decretaron que los médicos y los profesores, las personas cuyas profesiones eran de interés nacional, no podían salir del país. Olvidaron que Nicaragua no es una isla. La gente juró escapar por cualquier medio que pudieran encontrar a través de nuestras fronteras nacionales. Antes de que hubiera transcurrido una semana, el pánico que suscitó el anuncio obligó a los sandinistas a retroceder.

Para Pedro Joaquín, su esposa, Marta Lucía, y sus cuatro hijos, la vida en Nicaragua se había vuelto insoportable. En su calidad de redactor jefe de *La Prensa* y dirigente del Partido Socialdemócrata, tanto Pedro Joaquín como su familia tuvieron que soportar numerosos ataques públicos y amenazas que los acusaban de chupasangre o traidor burgués. Recibían a diario amenazas telefónicas y estaban sujetos a actos de vandalismo. Pedro Joaquín y Marta Lucía me dijeron que estaban preocupados por la seguridad de sus hijos. Le pedí a mi hijo que no emigrara. Desde el fallecimiento de su padre había desempeñado un importante papel en *La Prensa*. Sus propios triunfos como defensor de la libertad de expresión habían sido objeto de reconocimiento en Noruega, donde se le concedió el premio Pluma de Oro.

Durante algún tiempo Pedro Joaquín aceptó quedarse. Pero luego traslado a su familia a Costa Rica, y él se dedicó a viajar constantemente desde ese país a Nicaragua. El arreglo no podía durar demasiado.

El año terminó con una serie de éxitos de los contras, que convencieron a los sandinistas de que éstos representaban ya una amenaza real para el poder sandinista. Como el FDN atacaba por el norte y el ARDE por el sur, los sandinistas se veían obligados a librar una guerra extenuante en dos frentes. Humberto Ortega apareció en televisión y afirmó que los contras representaban un «grave peligro».

Cuando los sandinistas vieron amenazada su propia supervivencia, comenzaron a discutir la posibilidad de celebrar elecciones.

En medio de rumores de que Estados Unidos se disponía a crear una base miliar en Honduras, Daniel Ortega prometió fijar elecciones para el próximo año. Dijo que, si el candidato del FSLN perdía, el FSLN entregaría el poder.

A comienzos de 1984, se reveló que la CIA había participado en una operación clandestina para minar un puerto en Nicaragua. En todo el mundo Estados Unidos fue objeto de fuertes críticas. Los puntos de vista de Reagan fueron rechazados por nuestros vecinos latinoamericanos, que consideraban que la escalada de tensiones en la región estaba poniendo en peligro sus frágiles democracias y causando una grave crisis económica en América Central. En su opinión, el conflicto en Nicaragua podía desestabilizar toda la región.

En Nicaragua la mayoría de nosotros pensábamos también que las medidas de Reagan estaban equivocadas y debían ser contrarrestadas por un diálogo democrático capaz de conducir a la paz. La ausencia de una solución militar inclinó la balanza hacia el plan de 21 puntos propuesto por el grupo de Contadora. Aunque el plan había sido formalmente aceptado por Daniel Ortega, no lo había puesto en práctica. Estados Unidos rehízo la propuesta, la redujo a un tratado de cuatro puntos y le añadieron varias enmiendas de control y verificación.

El grupo de Contadora llegó al acuerdo de que Estados Unidos era el país más calificado para arrancar a los sandinistas las concesiones que exigía el proceso: la puesta en práctica de la democracia y el final de las actividades subversivas, la expulsión del personal soviético y cubano de Nicaragua y una reducción comprobable del poderío militar hasta situarlo en pie de igualdad con otras fuerzas armadas centroamericanas. A cambio, Estados Unidos interrumpiría su ayuda a la Contra y normalizaría las relaciones económicas con los sandinistas, dejando en suspenso un embargo que llevaba más de un año en vigor.

A finales de junio, diplomáticos nicaragüenses y norteamericanos se reunieron en la ciudad mexicana de Manzanillo para iniciar conversaciones bilaterales en torno al documento de Contadora. Representando a los norteamericanos estaba un diplomático de alto nivel, Harry Shlaudeman, mientras que en representación de Nicaragua acudió el viceministro del Exterior de D'Escoto, Víctor Hugo Tinoco.

El hecho de que el propio D'Escoto se negara a realizar con

su presencia la importancia de las conversaciones indica que los sandinistas no se planteaban realmente llegar a un acuerdo con los norteamericanos. Ésa fue también la opinión de Shlaudeman luego del encuentro; afirmó que no se había producido ningún avance significativo.

El episodio fue sólo un espectáculo, utilizado como instrumento de propaganda para rehabilitar a los sandinistas a los ojos de la comunidad internacional. Tinoco lo reconoció un mes después, cuando rechazó públicamente las disposiciones más importantes del borrador de acuerdo. Los sandinistas jamás aceptarían cortar sus conexiones con los soviéticos y los cubanos.

Tampoco estaban los sandinistas dispuestos a permitir la celebración de elecciones auténticamente democráticas. Tal como estaban las cosas, los sandinistas tenían ventajas que incluían el control de la prensa, de la policía y del Consejo Supremo Electoral.

Para asegurar que las elecciones se celebraran correctamente, la oposición redactó una serie de demandas. Lo que pedían en esencia era que se dieran las condiciones para un juego limpio. Exigían el levantamiento del estado de emergencia que limitaba la libertad individual, y la separación del Partido Sandinista de todos los poderes del Estado, el ejército y los medios de comunicación. Los sandinistas hicieron caso omiso de esas demandas.

Luego, el 19 de julio, en el quinto aniversario de la Revolución, Daniel Ortega reveló la existencia de dos obstáculos prácticamente insuperables para la oposición: el estado de emergencia no se levantaría hasta dos semanas antes de las elecciones, lo que dificultaba mucho a cualquier candidato de la oposición desplazarse y hacer campaña libremente. Además, los candidatos de la oposición debían evitar cualquier mención a la economía.

En el verano de 1984, la situación económica era probablemente el punto más vulnerable de los sandinistas. La producción económica de la nación había alcanzado los niveles más bajos de su historia como consecuencia de los controles de precios, los aumentos en los costos de producción y los graves ataques a los derechos de propiedad por la aplicación indiscriminada de la reforma agraria. Nicaragua, en otros tiempos el mayor exportador de carne de vacuno de América Central, que tenía más cabezas de ganado que habitantes, no disponía ya de carne suficiente para alimentar a su propia población. La producción láctea, que en 1978 había alcanzado los 20.6 millones de galones de leche, había descendido a 9 millones de galones. Lo mismo estaba pasando con el café, el azúcar y el algodón. Debido al descenso de las exportaciones, el país no tenía divisas suficientes para importar las necesidades más básicas. Escaseaban los medicamentos y los productos petrolíferos. En estas circunstancias, y en un juego limpio, cualquier candidato de la oposición habría triunfado sobre los sandinistas que aspiraban a mantenerse en el poder. Pero los sandinistas no estaban dispuestos a permitir la victoria de la oposición.

Arturo Cruz, el candidato elegido por la oposición que representaba a una coalición llamada Coordinadora Democrática, concedió una entrevista a *La Prensa*. Dijo que se sentía muy honrado por haber sido elegido, aunque en su opinión noventa días de campaña eran un plazo de tiempo poco realista. Con la ayuda de dirigentes extranjeros, intentó convencer a los sandinistas de que pospusieran las elecciones durante al menos tres meses.

Para los sandinistas, la candidatura de Arturo representó la primera oportunidad para oír la opinión de la gente. Para ellos fue un gran choque.

Ciudad tras ciudad, la gente celebraba su llegada. Cantaba: «Basta ya; el cambio va.» O entonaba en perfecta sinfonía: «¿Qué quiere la gente? Que se vaya el Frente.»

Desde hacía varios años, los sandinistas sólo habían podido interpretar el estado de ánimo de la nación a través del coro de aprobaciones y expresiones de adhesión formuladas por ellos mismos en sus mítines sandinistas. Como Somoza, parecían olvidarse de que ésas no eran manifestaciones espontáneas, sino el resultado de un esfuerzo masivo de movilización a cargo de sus propios comités de organización. La campaña de Arturo Cruz resultó una dura realidad que a los sandinistas les costó mucho asimilar.

En *La Prensa*, los sandinistas nos impedían realizar un seguimiento de la campaña de Arturo. En algunos momentos, su draconiana censura nos obligó a cancelar un número entero.

Luego los sandinistas dijeron que Arturo no se había inscrito como candidato antes del plazo límite de agosto, por lo que estaba descalificado automáticamente. La desafortunada intención de Arturo fue la de utilizar su abstención como palanca para incitar a los sandinistas a conceder más derechos y garantías a los candidatos de la oposición. Pero le salió el tiro por la culata. Ahora se había quedado fuera de la carrera electoral.

Como era inevitable, Daniel Ortega resultó elegido el 4 de noviembre. Nadie creyó que su presidencia era legítima.

Luego, el 6 de noviembre, Ronald Reagan fue reelegido para un segundo mandato como Presidente de Estados Unidos. Se habían puesto las bases para cuatro años más de confrontación.

Cuando se le impuso la banda azul y blanca de la Presidencia de Nicaragua, Daniel Ortega tenía cuarenta años de edad. El día de su proclamación, el 10 de enero de 1985, era también el séptimo aniversario de la muerte de Pedro y marcaba casi el sexto año de gobierno sandinista. De todos los líderes que en los primeros momentos habían apoyado al FSLN, ahora sólo se encontraba presente Fidel Castro.

Doce días después, cuando Ronald Reagan asistió a la ceremonia de su proclamación, un grupo de manifestanes levantaron carteles que decían: «Hands off Nicaragua» («No intervención en Nicaragua»). Nadie se lo impidió; nadie les insultó ni atacó. Eso es democracia. En Nicaragua, los sandinistas no permitían una oposición tan abierta. En su discurso inaugural, Reagan continuó defendiendo el apoyo de su administración a los insurgentes de la Contra, aunque, según las encuestas, los norteamericanos no apoyaban su política hacia América Central. Manifestó que quería que se recordara su presidencia como una «edad de oro» en la que Estados Unidos había defendido la libre empresa, el derecho a la autodeterminación y la libertad. Creía que, gracias a la intervención norteamericana, la libertad estaba avanzando en el mundo.

Después de las elecciones, Reagan puso en marcha un esfuerzo decidido destinado a asegurar la ayuda a los contras. En enero de 1985, el Congreso aprobó tácitamente la concesión de 14 millones de dólares a las fuerzas antisandinistas. Pero la aprobación estaba todavía pendiente de ser ratificada. Cuando se le preguntó si su objetivo era el de derrocar a los sandinistas, Reagan dijo que quería «cambiar la estructura de poder existente, propia de un Estado comunista-totalitario». Y añadió que el gobierno sandinista no había sido legítimamente elegido por el pueblo.

En Nicaragua proseguía la guerra. En los días que siguieron a la proclamación de Daniel, llegaron nuevos armamentos soviéticos al país, incluyendo helicópteros de alto rendimiento, como los que aparecen en las películas de Rambo. Eran como tanques volantes perfectamente armados y demostraron ser un arma letal con los contras. En el transcurso de la guerra se perdieron diez mil vidas. En las calles, la visión de hombres jóvenes en sillas de ruedas, ciegos o a los que les faltaba algún miembro, llegó a ser una visión patéticamente corriente.

Como consecuencia de los combates, la producción en nuestro país llegó a verse prácticamente interrumpida.

Hacia mediados de 1985, en una entrevista concedida a *La Prensa*, el líder del Partido Liberal Independiente, Virgilio Godoy, describía con precisión las consecuencias de las medidas económicas de los sandinistas. Según él, habían dejado al país «postrado», confinado a una silla de ruedas.

El descontento de la población empezó a manifestarse por medio de deserciones masivas entre los militares, en un estado de decadencia moral que provocaba continuas revueltas, levantamientos espontáneos contra el reclutamiento y un desencanto generalizado que se manifestaba en incontables actos de rebeldía política.

Fue en medio de esa situación cuando le escribía a João Baena Soares, el secretario general de la Organización de Estados Americanos (OEA), pidiéndole que se interesara por nuestros infortunios y exigiera a nuestro gobierno el cumplimiento de sus promesas de favorecer el pluralismo político en nuestro país, así como respetar una economía mixta y mantener una política exterior de no alineamiento. Le recordé que todo eso se había enunciado en la carta de compromiso que nosotros, la Junta, habíamos firmado en julio de 1979 ante la OEA.

Luego pasaba a decir que «los principios fundamentales en los que se basó la Revolución nicaragüense han sido traicionados por el partido actualmente en el poder, el FSLN», explicaba que para mí era un asunto de conciencia denunciar el fraude que estaba siendo perpetrado por los llamados representantes del pueblo en los que habíamos depositado nuestra confianza. «Esos hombres», decía, «han pervertido nuestros ideales democráticos y han corrompido nuestra moral cristiana poniendo a Nicaragua en el camino del marxismo leninismo». Añadí además que «sus actitudes insultantes y de confrontación» habían provocado graves conflictos tanto internos como externos que están «desangrando al país».

En búsqueda de soluciones a nuestra crisis, sugerí al señor Baena Soares que la OEA convocara a un diálogo nacional entre las distintas facciones enfrentadas, poniendo así las bases para una reconciliación nacional.

Mi acción fue interpretada por Daniel Ortega como una «invitación a que los yanquis lanzaran una invasión de nuestro país». Se me acusó a ser un «instrumento de la CIA» y parte del boicot económico que estaba siendo orquestado por los capitalistas de nuestro país.

De hecho, teníamos numerosos amigos democráticos, aunque no estábamos comprometidos con nadie y actuábamos sólo en interés de la nación. *La Prensa* era la primera parada en el itinerario de los dignatarios extranjeros que nos visitaban. Nos preguntaban «¿Qué tal les va? ¿Cuál es la situación de *La Prensa*?»

Estábamos funcionando prácticamente en un estado de asedio y represión. Pero el apoyo de nuestros amigos internacionales nos animaba a seguir denunciando los abusos, defendiendo a los débiles y reclamando la democracia. Además, como ciudadanos responsables, no podíamos simplemente cruzarnos de brazos y dejar que las cosas siguieran su curso, a pesar de que nuestro compromiso de publicar la verdad nos enfrentaba continuamente a graves riesgos personales.

La situación de la Iglesia no era en absoluto distinta. A comienzos de ese mismo año, la simpatía que el papa Juan Pablo II sentía por el pueblo de Nicaragua y su admiración por el liderazgo de nuestro pastor, el arzobispo Miguel Obando, se reflejaron en su ascenso al estatus de Cardenal. A la vuelta del nuevo Cardenal, cientos de miles de personas se congregaron en el aeropuerto para recibirle. Cantaban a coro: «Viva nuestro Cardenal Miguel» y «Cristianismo sí, comunismo no». La recepción de que fue objeto representaba no sólo un apoyo al Cardenal, sino también un rechazo a los sandinistas. El domingo siguiente, el Ministerio Sandinista de Comunicación prohibió la homilía del Cardenal y la transmisión de la misa por radio Católica.

El 12 de junio, tras una serie de duros enfrentamientos, el Congreso de Estados Unidos aprobó la concesión de ayuda humanitaria a la Contra por valor de 14 millones de dólares, partiendo del supuesto de que se reanudarían las conversaciones de Contadora. El objetivo era el de imponer el cambio en Nicaragua ejerciendo tanto la presión militar como la diplomática. No obstante, el fallo se dio cuando Reagan comenzaba a insistir en la celebración de un diálogo cara a cara entre los sandinistas y la Contra.

Cuando los sandinistas rechazaron las negociaciones, Reagan argumentó que no tenía más remedio que reforzar a los contras. Se mostró irreductible. Mientras él fuera presidente, América Central no caería en manos de los comunistas. Pasó a intentar aumentar el financiamiento del movimiento armado rebelde exigiendo que el Congreso aprobara la concesión de ayuda militar y humanitaria por valor de 100 millones de dólares.

Mientras tanto, los contras padecían los continuos enfrentamientos entre sus líderes. La CIA había reclutado a Arturo Cruz para que formase parte del liderazgo de la Contra. Arturo se llevaba bastante bien con el líder de la Contra Alfonso Robelo, pero no con el dirigente militar Enrique Bermúdez, un antiguo somocista. La Unión Nacional de Oposición (UNO), como se conocía ahora a la dirección de la Contra, se terminó pronto por sus propias contradicciones internas. Robelo, Arturo y mi hijo Pedro, que era miembro del Directorio, mantenían un conflicto constante con Bermúdez en relación con la forma de llevar los aspectos militares, quejándose de que no se reconocía el liderazgo civil.

Entre junio y septiembre, fuerzas contrarrevolucionarias avanzaron desde Honduras y Costa Rica. Estalló una disputa fronteriza con Honduras tras un intercambio de disparos en el que murió un soldado hondureño y varios más fueron heridos por disparos de morteros sandinistas. Los hondureños acusaron a Nicaragua de lanzar una invasión contra su país.

En el sur, dos guardias costarricenses resultaron también heridos como consecuencia de un intercambio de disparos entre sandinistas y miembros de la Contra. Los costarricenses acusaron a los sandinistas y exigieron que pidieran disculpas. Pero los sandinistas se negaron a asumir la menor responsabilidad.

Mi hija Claudia, que había sido nombrada recientemente embajadora sandinista en Costa Rica, no recibió el *placet* diplomático hasta que se resolvió la disputa con dicho país.

El año terminó con todas las vías a la paz cerradas. Los sandinistas exigieron la suspensión de las conversaciones de Contadora mientras prosiguiera la agresión norteamericana.

Mi hijo Pedro Joaquín hacía dos años que había abandonado Nicaragua. «No tenía sentido», manifestaba, «seguir siendo redactor jefe de un periódico con el ochenta por ciento de sus noticias prohibidas por los censores». En su opinión, podría ser de más ayuda en el extranjero, apoyando a la Contra y publicando una separata semanal de cuatro páginas en el periódico costarricense *La Nación*. Se llamaba *Nicaragua hoy*, desde donde contaba la verdad sobre los sandinistas.

Los sandinistas seguían atacando a quienes nos quedamos a vivir en Nicaragua.

Honduras había comenzado a solicitar a Estados Unidos ayuda militar de emergencia para rechazar a las fuerzas sandinistas. Se autorizó a las fuerzas militares norteamericanas en Honduras a entrar en acción, y por tanto los sandinistas se retiraron.

De aquella acción quedó claro que los sandinistas sólo retrocedían cuando se les oponían por la fuerza. Aunque nunca he creído que la solución era la guerra, en mi opinión los sandinistas no se hubieran sentado jamás en una mesa negociadora si los norteamericanos hubieran ofrecido una respuesta pasiva. El uso selectivo de la fuerza militar desempeñó evidentemente un papel en la consecución última de la paz.

Las acciones de los sandinistas acabaron definitivamente con cualquier esperanza de reanudar las conversaciones de Contadora y otorgaron a la administración Reagan una victoria legislativa.

Mientras continuaba el debate sobre la ayuda a la Contra en el Congreso de Estados Unidos, los sandinistas ejercieron una gran presión sobre los líderes de la oposición nicaragüenses para que se manifestaran en contra del decreto. Daniel Ortega informó a congresistas norteamericanos que visitaron Nicaragua de que estaba dispuesto a firmar el tratado de Contadora si Estados Unidos aceptaba renunciar a sus demandas de que el plan incluyera aspectos de democratización, que consideraba una intervención.

Fue aproximadamente en esos momentos cuando Jaime y yo recibimos una invitación para ir a Washington e intervenir como los principales oradores en una ceremonia en honor a *La Prensa.* Se calificó al periódico como el «diario del pueblo nicaragüense». Jaime pronunció un discurso en el que parecía argumentar en favor de la ayuda a la Contra. Dijo algo en el sentido de que «la guerra era un mal necesario». Sus comentarios aparecieron en el *Washington Post.* Los funcionarios sandinistas de Managua se mostraron furiosos.

Después Cristiana (que estaba embarazada de seis meses de su segundo hijo) y yo viajamos a Boston, donde se me concedió el premio Luis Lyons por mi honestidad e integridad al frente de *La Prensa* y por mis esfuerzos en la defensa de la libertad de expresión. En mi discurso ofrecí una descripción breve y precisa de las restricciones que los sandinistas nos habían impuesto durante los últimos siete años. «Sólo el último año», les dije, «nos hemos visto obligados a cancelar ocho veces *La Prensa* debido a que la mayor parte del periódico había sido censurada». En dos ocasiones más, los censores nos habían castigado no permitiéndonos publicar el diario. Expliqué cómo los ataques de las turbas provocan dificultades a nuestros agentes vendedores e impiden la distribución del periódico. Debido a estas agresiones, habíamos tenido que cerrar una tercera parte de las agencias. Nos habían limitado nuestras compras de papel periódico negándonos el acceso a las divisas, nos habían obligado a reducirnos de veinte páginas a sólo seis. Todo eso era parte de la triste situación de la libertad de expresión en mi país.

Transcurrieron varios meses. Cristiana y yo proseguimos nuestra defensa de la libertad de expresión. Entonces, el 15 de junio de 1986, a las 4 de la madrugada, recibí una llamada de Cristiana. Me dijo que estaba teniendo contracciones y que se disponía a salir para el hospital. A las 6.30 de la madrugada nació

Antonio Ignacio Lacayo. Como había hecho con todos mis otros nietos, procedí a reconocerle cuidadosamente. El niño pesaba nueve libras y siete onzas, y no parecía en absoluto un recién nacido. Hoy en día, es un niño fuerte y resuelto. Físicamente se parece a su padre, Antonio. Todavía me asombra pensar cómo pudo desarrollarse en el frágil cuerpo de Cristiana.

Diez días después, el 25 de junio de 1986, se procedió a la aprobación del paquete de ayuda a la Contra del presidente Reagan por valor de cien millones de dólares.

El día después de la votación, Ortega volvió a mostrarse a favor de Contadora. Dijo que era urgente que se firmara el acuerdo por tratarse del único instrumento para lograr la paz en Nicaragua.

Ortega también calificó la aprobación de la ayuda de acto inmoral, y nos acusó a todos los miembros de *La Prensa* de ser «un instrumento del imperialismo». Dijo que la Revolución sabría qué hacer con nosotros. Añadió que yo me merecía una condena de treinta años de cárcel y que era una enemiga de la Revolución. Diez años antes había sido Somoza quien me había denunciado; ahora lo hacía Daniel Ortega. En su opinión, yo era enemiga de Nicaragua simplemente porque me oponía a ellos.

Luego, en un espectacular acto de venganza, Daniel Ortega ordenó el cierre indefinido de *La Prensa*. Aquella mañana, el 26 de junio de 1986, cuando llegué al periódico hacia las 9 de la mañana para reunirme con un grupo de dignatarios extranjeros y diplomáticos, me sentí inmediatamente alarmada al encontrar cerradas las puertas de las instalaciones. Me salí del carro y me acerqué al portón. Me encontré con un par de ametralladoras que apuntaban hacia mí. El periódico estaba intervenido por los sandinistas. Durante el último año, las turbas sandinistas habían amenazado periódicamente con quemarnos, y en Radio Sandino afirmaron que nada podía salvarnos de una bala perdida o de ser despellejados vivos. Así, mucho antes de ese día, yo ya estaba preparada para cualquier cosa que pudiera ocurrir. El periódico era un legado sagrado que me había confiado Pedro y la única voz de la oposición en Nicaragua. Como tal, debía seguir funcionando hasta que nuestro país alcanzara la auténtica independencia.

«Abran las puertas», dije a los soldados, «que yo soy la dueña».

Me dejaron entrar. Me dirigí a mi oficina. Allí, sentados, estaban Cristiana y Carlos Holmann. Varios militares los estaban interrogando. Uno de ellos me dijo: «Señora, tenemos que hacerle algunas preguntas.» Según proseguía el interrogatorio, aumentaba el silencio en la habitación. Un hombre tomaba abundantes notas de todo lo que yo decía. Estaba buscando pruebas de que éramos agentes de la CIA. Cuando terminaron su interrogatorio, pedí ver sus notas. Me puse los anteojos. «Dios mío», pensé. Nada de lo que allí aparecía escrito reflejaba mis auténticas palabras. Rompí tres veces la transcripción de mi interrogatorio, hasta conseguir que realizaran una versión exacta.

Más adelante descubrí que su visita fue un puro formalismo. Habían decidido clausurar el periódico, y así lo hicieron. Nos ordenaron parar la imprenta, despedir a los trabajadores, dejar en suspensión de empleo a los reporteros y finalmente nos permitieron quedarnos en los edificios. Para ellos no pudo ser más sencillo. Pero para nosotros aquello representó un ataque a la joya más valiosa de la democracia: la libertad de prensa.

El antiguo dictador de Nicaragua, Anastasio Somoza García, había hecho lo mismo, condenando a mi suegra a irse al exilio cuarenta años antes. Aquello había sido sólo el principio. Desde entonces, *La Prensa* había tenido que soportar más cierres, lanzamientos de bombas, amenazas a nuestros directores, censuras de prensa, encarcelamientos y difamaciones y, por supuesto, la mayor pérdida de todas, la de la vida de mi marido, Pedro Joaquín Chamorro Cardenal.

Había creído que con los sandinistas todo eso cambiaría. Pero la mano opresora de la tiranía había vuelto para silenciar *La Prensa*.

Aquel fue un día de luto para todos nosotros. Después de que todos se hubieron ido, ordené poner a media asta la bandera azul y blanca de nuestra patria. Me quedé sentada en mi oficina pensando: «Esto no es el gobierno con el que habíamos soñado. No es por lo que Pedro había muerto», me dije a mí misma. Los sandinistas van a tener que hacerse a la idea de que yo no voy a permitir que las cosas se queden así no más.

Capítulo undécimo

Creo que mi furia con Daniel y compañía comenzó cuando les dio por llamarme «instrumento de la CIA y somocista». La primera vez que oí esas palabras fue como si me hubieran golpeado físicamente. Recuerdo que me senté ante mi máquina de escribir y expresé mis sentimientos de ultraje en una serie de opiniones desdeñosas que aparecieron en la sección de «Cartas al Director» del *New York Times*.

Fue así como el mismo día que los sandinistas cerraron *La Prensa* inicié, con la ayuda de Cristiana, una cruzada nacional e internacional destinada a crear una conciencia en torno a Nicaragua. Escribí a incontables senadores del Congreso de Estados Unidos. Hablé prácticamente ante todos los foros internacionales de prensa. Me entrevisté con los principales líderes de las naciones democráticas. Dije que desde que los sandinistas habían cerrado *La Prensa* y otros medios de información no sandinistas había caído sobre Nicaragua una auténtica «cortina de silencio». «Para estas acciones», dije, «no se dio ninguna explicación, ni se siguió ningún procedimiento legal, no se concedió ninguna posibilidad de defensa». Era un ataque a la libertad de expresión que dejaba indefensa a la ciudadanía. Así, una y otra vez exigí que se hiciera presión sobre los sandinistas «para levantar el estado de emergencia, devolver las libertades civiles a nuestro pueblo y reinstaurar una economía libre».

Cuando las tensiones con los sandinistas habían alcanzado su máximo nivel, Claudia me llamó desde Costa Rica. Me dijo que había decidido casarse con Edmundo Jarquín, protegido de Pedro en UDEL. Tras una separación formal de cuatro años, Claudia se había divorciado ya de José y llevaba casi un año saliendo con Mundo, como le conocíamos todos.

Yo no tenía ninguna objeción real a la unión, salvo que, en calidad de embajador sandinista en México, Mundo había contribuido en mi opinión a crear en el extranjero una falsa imagen de los sandinistas. Con Mundo tenía en mi familia tres sandinistas con los que convivir.

La boda se celebró en México. Se trató de un acontecimiento diplomático de alto nivel, al que asistieron miembros del directorio del FSLN. Para entonces *La Prensa* llevaba casi tres meses cerrada y las tensiones con los sandinistas eran graves. Afortunadamente, en mi calidad de madre de una novia adulta, no se esperaba de mí que actuase como anfitriona. Cristiana y yo mantuvimos nuestra distancia hospedándonos en un hotel y no en la embajada, que era la nueva casa de Claudia.

Con el país sumido en una grave crisis económica, y dañados también por los efectos de la guerra, los sandinistas se sentían vulnerables por primera vez. Parecían mostrar un nuevo interés por la paz. De hecho, su Revolución había alcanzado un punto de no retorno. Tenían que encontrar una forma de evitar la guerra o toda la nación se levantaría en armas. Según ellos, la mejor forma de conseguirlo consistía en derrotar a los contras en la mesa de negociaciones.

A medida que finalizábamos el año, una cadena de acontecimientos aparentemente no relacionados entre sí hizo girar la rueda de la fortuna alejándola de un conflicto militar. El clima empezó a resultar más propicio para la paz.

El 5 de octubre, una aeroplano pilotado por Eugene Hasenfus, un norteamericano, fue derribado en el aire por los sandinistas mientras realizaba una misión secreta sobre Nicaragua. El incidente confirmó rumores de una operación secreta de más armas a favor de los contras, lo que dio como resultado una investigación por parte del Congreso de Estados Unidos.

La investigación reveló que en 1986 un ayudante de la Casa Blanca llamado Oliver North, decidido a conseguir la liberación de los rehenes en Irán, vendió armas a dicho país a través de una empresa privada. Cuando se interrumpió la ayuda a los contras, North creó una red de patrocinadores privados que realizaron acuerdos comerciales al parecer con el fin de conseguir fondos para los contras. Algunos de los beneficios de las ventas de armas se desviaron en secreto para financiar las actividades encubiertas de los contras. Actuando de ese modo, el Congreso acusó a la administración de Ronald Reagan por haber subvertido la ley intentando provocar el derrocamiento de un gobierno extranjero. La Enmienda Boland, llamada así por el senador Boland, su autor, prohibía específicamente que el dinero de la CIA se destinara a actividades militares. A causa del malestar público suscitado, Reagan tuvo que desviar su atención de la ayuda a los contras y defender su administración en una serie de juicios que amenazaban con paralizarle políticamente.

Los problemas políticos de Reagan abrieron el camino para que alguien diera un paso adelante y se hiciera con el control de la diplomacia en América Central. El presidente de Costa Rica levantó la bandera de la paz.

Con Reagan sometido a todos esos ataques, Arias decidió que el proceso de paz podía ser asumido por los dirigentes de las naciones centroamericanas. Propuso, por tanto, su propio plan para acabar con la guerra.

En marzo de 1987, mientras en el Congreso de Estados Unidos se debatía la cuestión de si seguir apoyando o no la lucha armada, fui invitada a prestar testimonio. No obstante, sabía que mi papel no debía consistir en caer en el juego político de los demócratas o los republicanos, sino en centrar su atención sobre el silenciamiento de La Prensa como arma importante de la oposición. Les dije que en mi opinión la violencia en Nicaragua sólo podía terminar con la restauración de un sistema de gobierno que representase auténticamente la voluntad del pueblo, un Estado en el que estuvieran garantizadas las libertades civiles y que, en las luchas que se estaban librando en aquellos momentos, La Prensa se había convertido en un arma de resistencia civil ignorada por los que se oponían a los sandinistas.

Habían transcurrido nueve meses desde el día en que se nos había cerrado arbitrariamente, y no había salido nadie en nuestra defensa. Me sentía francamente desanimada. La reacción del mundo libre ante el cierre de La Prensa fue recibida con algo de indiferencia. Desgraciadamente, los ojos de la opinión pública estaban puestos en la guerra militar y no en la lucha cívica de quienes nos habíamos quedado en Nicaragua junto al destino del pueblo. Nadie parecía sentirse impresionado por la mordaza que se había aplicado a *La Prensa*. Yo había esperado más solidaridad de nuestros amigos demócratas, que ahora aparecían ciegos ante nuestra lucha. Así pues, y ante el Congreso de Estados Unidos, expliqué: «En Nicaragua estamos librando una guerra por la libertad, combatiendo una ideología que se presenta en un envoltorio atractivo pero falso. Contra ese tipo de proselitismo», añadí, «carecemos actualmente de defensas. Mientras ustedes centran su discusión sobre si apoyar o no una lucha armada, no se olviden de que algunas veces se pueden derribar las murallas del templo del totalitarismo con sólo dos frases».

Les previne de que a los jóvenes de Nicaragua se les estaba adoctrinando mientras estaban estudiando en la Unión Soviética, Alemania del Este y Cuba gracias a las becas que ofrecían esos países. Les pedí que Estados Unidos intentara igualar los esfuerzos del bloque comunista. Un grupo de congresistas de diferentes partidos que visitaron Nicaragua y estuvieron en mi casa, entre ellos el republicano Amos Houghton, escuchó mis palabras y poco tiempo después recibí un fax ofreciéndome 8 becas para nicaragüenses de escasos recursos y con buenas calificaciones, para que fueran a estudiar a los Estados Unidos. Desde ese momento existe una gran amistad entre la familia Houghton y yo.

Ese mismo mes tomó forma el Plan Arias. Contenía un compromiso de democratización (el mismo plan al que el FSLN había presentado anteriormente sus objeciones), y exigía la interrupción inmediata de la ayuda a los contras y su repatriación. Eso es lo que querían los sandinistas. Ahora ya no tenían más excusas. Si no firmaban, serían denunciados como tiranos. Poco después, Arias interrumpió las operaciones de la Contra en Costa Rica y expulsó del país a los miembros del Directorio Contra. Les dio la oportunidad de elegir entre renunciar a sus actividades armadas o irse a otro lugar. Pedro Joaquín y otros más se fueron a vivir a Miami. Alfonso Robelo se quedó en Costa Rica separándose de las actividades contras.

Sin embargo, y en mi opinión, el plan estaba incompleto debido a que no concedía a los contras la menor posibilidad de intervenir en las negociaciones. Yo creía que no podía haber paz mientras no se sentaran a conversar los dos bandos enfrentados.

En Washington, con las elecciones presidenciales a un año de distancia, había el deseo de intentar calmar el furor en relación con la ayuda a los contras. Sin embargo, existía un acuerdo entre Reagan y el portavoz de la Cámara Jim Wright para no abandonar a los contras. El plan era que, después de un cese de hostilidades, se mantendría a los contras intactos y, aunque se frenaría la ayuda militar, la humanitaria continuaría mientras no se pusiera en vigor un plan de reconciliación con la oposición.

Ortega no tenía más opción que apresurarse a firmar el Plan Arias. Estaba presionado por la situación económica, que seguía empeorando. La hiperinflación alcanzó niveles considerados los más altos del mundo, de más del 13.000 por ciento al año. La ausencia de producción e inversiones locales, la no disponibilidad de productos de consumo y las inversiones descontroladas por parte del gobierno terminaron haciendo que la moneda nacional no valiese prácticamente nada.

Por otro lado, Daniel Ortega sabía que, si no firmaba, tendría que tratar con los norteamericanos, cuyos planteamientos eran más duros. Los Estados Unidos insistían en que los sandinistas cortasen sus lazos militares con la Unión Soviética.

Así, el 7 de agosto de 1987, Daniel firmó el Plan de Paz junto a los presidentes centroamericanos, Vinicio Cerezo de Guatemala, José Napoleón Duarte de El Salvador, José Azcona Hoy de Honduras y Óscar Arias Sánchez, de Costa Rica.

Poco tiempo después, pasando por alto la cuestión de negociar con los contras, los sandinistas anunciaron un cese unilateral de hostilidades. Luego, en cumplimiento de lo dispuesto en el tratado, nombraron una Comisión de Reconciliación Nacional, que debía estar encabezada por el cardenal Obando, con el objetivo de dirigir y controlar la aplicación del acuerdo.

Se calculaba que en aquellos momentos había en los campamentos de la Contra cuarenta y ocho mil combatientes y refugiados. La responsabilidad era enorme para los líderes de la contrarrevolución. En septiembre de 1987 se adoptó la decisión de buscar formas de iniciar conversaciones de paz con los sandinistas.

Mientras tanto, entre las filas sandinistas empezaba a dominar el sentimiento de que se había eliminado el peligro de guerra. Ahora podían permitirse adoptar algunas medidas liberalizadoras que contribuyeran a atraer ayuda internacional para nuestra acosada economía. Fue el comienzo de nuestra propia «perestroika». Los comandantes responsables de la economía empezaron a hablar en términos de volver a una economía mixta y eliminar las ineficiencias del sistema. No obstante, eso tenía que hacerse en sus propios términos y condiciones. Por tanto, empezaron a abordar a empresarios de éxito de cuyas propiedades se habían adueñado, para ofrecerles la devolución de la mitad de las mismas en caso de que estuvieran dispuestos a gestionar la otra mitad para el gobierno. No conozco a ningún empresario que aceptara aquel acuerdo.

Yo también recibí una oferta interesante después de las gestiones que hizo en favor de *La Prensa* y la libertad de expresión mi amigo Rodrigo Madrigal Nieto, en aquel entonces canciller de Costa Rica del gobierno Óscar Arias.

Ortega llegó a mi casa con Rodrigo Madrigal y una gran comitiva, precedida por una caravana de motos y carros tanto grandes como pequeños, haciendo sonar sus sirenas y pitos. Daniel me saludó con una sonrisa y me besó como si fuera un viejo amigo de la familia. No parecía para nada el hombre que había desencadenado toda una campaña destinada a desacreditarme y difamarme mientras amenazaba con mandarme a la cárcel con una condena de treinta años. Pero hacía mucho tiempo que habían dejado de sorprenderme sus súbitos cambios de comportamiento, que parecían estar siempre calculados para adecuarse a sus necesidades.

Luego se separó de mí y, junto a D'Escoto, comenzó a examinar las fotos de mi despacho, el mismo en el que Pedro se había reunido siempre con amigos para discutir la política nicaragüense. Cada objeto, cada foto tiene un significado que suelo explicar a mis visitantes.

Para Ortega, el despacho no era un lugar desconocido. Sin embargo, insistió en examinar cuidadosamente todos y cada uno de mis recuerdos como si los estuviera viendo por primera vez. En la época en la que éramos compañeros que colaborábamos en la Junta de Reconstrucción Nacional, vino como dos veces a mi casa para discutir cuestiones de Estado y me preguntaba por las fotos y recuerdos de Pedro, al que afirmaba admirar. Sin embargo, en aquella ocasión no quise emprender un recorrido sentimental con un hombre que tanta falta de respeto hacia nosotros había mostrado. Le dije: «Vamos al grano», y lo corté señalando en tono de broma que la única novedad en mi despacho desde su última visita consistía en la ausencia de las fotografías que nos habían tomado a todos nosotros juntos, en 1979, cuando me habían pedido que formara parte de la Junta. Le comenté que las había guardado en un armario. «Su presencia», le dije, «constituye un recuerdo constante de días que prefiero olvidar».

A los nicaragüenses nos gustan mucho estas muestras de humor a costa de nosotros mismos. Después de ese intercambio, comenzaron las negociaciones. Ortega comenzó a hablar. Dijo que en presencia de nuestro amigo común, Rodrigo Madrigal Nieto, quería asegurarme que La Prensa podía reabrirse con un mínimo de censura. Dijo que sólo se nos impondrían restricciones en temas relativos a la guerra con los contras y la economía, por razones de seguridad nacional. Reconoció que las limitaciones que el gobierno había impuesta a La Prensa habían sido excesivas, irracionales y perjudiciales.

Luego pasó a explicar que el reciente Plan Arias especificaba que tenía noventa días para emprender medidas destinadas a la democratización del país. La primera de todas ellas sería la reapertura de La Prensa.

Me agradó escuchar que Daniel estaba dispuesto a poner fin a la persecución. Pero intenté explicar que nuestro compromiso para con el pueblo de Nicaragua estaría siempre «al servicio de la verdad y la justicia». Por tanto, no podía aceptar reanudar la publicación de La Prensa mientras no se me garantizara una libertad total de expresión sin censura de ningún tipo. Además, como no queríamos un tratamiento preferente, le dije que la medida tendría que incluir a todos los demás medios de comunicación.

La discusión duró horas y horas. Pero al final aceptó una prensa sin censura. Una vez dicho esto, prometió que Jaime Wheelock vendría más tarde a mi casa para ocuparse de los detalles. Wheelock llegó como a las dos de la tarde con una posición distinta a lo que Ortega había aceptado. Jaime Wheelock volvió a insistir en que tenían que aplicarnos censura. «No salimos», le dije. Ellos necesitaban que volviéramos a sacar *La Prensa* a la calle. Los ojos del mundo estaban puestos sobre ellos. Tenían que demostrar que estaban liberizando el régimen.

Nosotros, por nuestro lado, estábamos deseando poder volver a poner el periódico en circulación y también queríamos que el Plan Arias tuviera éxito. Había por tanto una clara urgencia de llegar a un acuerdo aquel mismo día. Cualquier retraso iría en detrimento del proceso de paz y de Nicaragua.

Así, antes de que pudieran cambiar de opinión, redactamos un comunicado conjunto en el que Cristiana y Antonio, que estaban conmigo, vigilaron para que dijera: Se acuerda la reapertura del diario sin más restricciones que aquellas que impone el ejercicio responsable del periodismo. Le confiamos a Rodrigo Madrigal Nieto que él, en calidad de testigo y amigo de confianza de ambas partes, fuese el que diese a conocer al mundo que se había acabado por fin la peor inquisición que jamás hubiese aquejado a Nicaragua.

Le di las gracias al presidente Óscar Arias Sánchez por su participación en el proceso de democratización de nuestro país.

La Prensa reapareció el 1 de octubre de 1987. Al cabo de dieciséis meses de silencio obligado, nuestro primer número estaba concebido para poner a prueba la paciencia de los sandinistas. En la primera página podía leerse:

EL PUEBLO TRIUNFA

EN NOMBRE DEL PUEBLO DE NICARAGUA, *LA PRENSA* SE CONGRATULA HOY DE TENER LA OPORTUNIDAD DE DECIRLE AL GOBIERNO SANDINISTA QUE NICARAGUA NO HA QUERIDO NUNCA, NI QUIERE, UNA DICTADURA COMUNISTA DE ESTILO TOTALITARIO.

Durante la primera semana después de su reaparición, nuestro periódico no dio cuartel a los sandinistas. Aunque no nos cerraron ni censuraron, una vez más limitaron nuestras compras de papel periódico y mandaron a las turbas a mi casa. Atacaron a los «voceadores», chavales que venden el periódico en la calle.

A veces les tiraban piedras y les arrebataban los ejemplares de *La Prensa* para quemarlos delante de ellos. Uno de esos pequeños vendedores dijo: «Sólo estaba intentando vender el periódico que se vende mejor para poder llevar a casa algo de dinero para mi familia.»

Llegué a la conclusión de que poco había cambiado entre los sandinistas. Sólo estaban fingiendo cumplir con el proceso de democratización. En las semanas que siguieron, se reprimieron varias manifestaciones y se encarceló a varios dirigentes de la oposición. Pero, con el levantamiento de la censura de prensa, no se podía seguir ya silenciando a la oposición.

Los sandinistas se negaron a negociar con los contras, y la administración Reagan pidió al Congreso más ayuda para éstos.

Ese año, Óscar Arias Sánchez recibió el Premio Nobel de la Paz por su labor en América Central. Pero tendría que transcurrir otro año y firmarse muchos más acuerdos antes de que comenzaran realmente a cambiar las condiciones en Nicaragua. Viéndolo en retrospectiva, me doy ahora cuenta de que se trató de un lento proceso de democratización que dependió en gran medida de los esfuerzos de los propios nicaragüenses. Es un proceso que continúa hoy en día.

A ESTAS alturas él Directorio de la Contra se mantenía ampliado en Miami, en un esfuerzo de Estados Unidos por aumentar el apoyo popular a la Contra y proyectar una imagen más pluralista. Se había concedido un escaño en la dirección a un representante de cada facción política, constituyendo siete miembros: Adolfo Calero, Enrique Bermúdez, mi hijo Pedro Joaquín, Arístides Sánchez, Alfredo César y Azucena Ferrey. Se formó además una Asamblea de setenta miembros para poder resolver las disputas al modo parlamentario. Pedro Joaquín era bien intencionado. Se dio de inmediato cuenta de que el poder del Directorio Contra estaba en manos del militar coronel Enrique Bermúdez y la CIA.

Según avanzaban las discusiones en el Congreso, se fue poniendo en cuestión la integridad de la dirección de la Contra. Al parecer se habían desviado a la Contra millones y millones de dólares. No obstante, las investigaciones revelaron que de hecho sólo se había entregado menos de un millón. En realidad, los socios privados de Oliver North, que ahora sabemos eran Richard Secord y un árabe llamado Hakim, parece que manipularon en su favor toda la operación.

Casi un año después, el 3 de febrero de 1988, la Cámara de Representantes de Estados Unidos derrotó una propuesta del paquete de ayuda a los contras. Como consecuencia de ello, a éstos apenas les quedó otra opción que la de empezar a plantearse seriamente la conveniencia de un cese de hostilidades. Cuando la Cámara rechazó la concesión de la ayuda, Daniel se apresuró a aprovechar la oportunidad. Respondiendo a una sugerencia anterior del presidente Arias, pronunció en la Plaza de la Revolución un discurso en el que afirmaba estar dispuesto a reunirse con el liderazgo de la Contra.

Se fijó una fecha para las conversaciones: el 10 de febrero. Luego la dirección de la Contra pospuso hasta el 18 de febrero. En los días siguientes fueron los sandinistas los que retrasaron el inicio de las conversaciones.

El 11 de marzo, tropas sandinistas estacionadas cerca de la frontera hondureña iniciaron una invasión en territorio nicaragüense. El 15 de marzo, el presidente Reagan convocó una reunión de urgencia en Washington. Ese mismo día el presidente Azcona de Honduras pidió oficialmente a Estados Unidos que interviniera. Reagan envió el batallón 82 de fuerzas aerotransportadas. Al parecer, dos bombarderos norteamericanos F-5 bombardearon posiciones del ejército sandinista. Las tropas sandinistas sufrieron pérdidas y se vieron rodeadas por el ejército hondureño. El gobierno de Honduras fijó a Nicaragua una fecha límite para sacar sus tropas; de lo contrario serían expulsadas por la fuerza. El 18 de marzo, Humberto Ortega mandó interrumpir la ofensiva.

Los sandinistas llevaban cinco meses planeando esa ofensiva. Habían movilizado miles de soldados, artillería y aviones en la frontera hondureña. Astutamente habían retrasado las negociaciones con la Contra mientras realizaban otros movimientos subrepticios para destruir las bases de la Contra.

Se esperaba que esos combates pusieran en peligro las conversaciones de paz. No obstante, la dirección de la Contra sabía que no tenía prácticamente la menor oportunidad de recibir nueva ayuda militar. Finalmente las conversaciones se celebraron el

23 de marzo de 1988. La delegación de la Contra estaba integrada por Adolfo Calero (que contaba con los votos delegados de Azucena Ferrey y de mi hijo Pedro Joaquín), Arístides Sánchez, próximo a Bermúdez, y Alfredo César.

Todo el mundo que siguió las conversaciones estaba seguro de que Alfredo César era el que llevaba la voz cantante y no Calero, al que se había designado jefe de la delegación. Incluso antes de que comenzaran las negociaciones, había sido con Alfredo, en otros tiempos dirigente sandinista, con quien los sandinistas habían decidido abrir un canal privado de discusión.

Al tercer día de las negociaciones, el 26 de marzo, Alfredo se reunió dos veces en secreto con Humberto Ortega para mantener conversaciones privadas que duraron casi una hora. Después Humberto Ortega planteó una propuesta no aceptable para la Resistencia. Proponía que se trasladaran a enclaves de al menos diez mil millas cuadradas de territorio capaces de garantizar su seguridad, y ofrecían la amnistía total, incluso para los que hubieran sido anteriormente miembros de la Guardia de Somoza.

Algunos miembros de la delegación, sobre todo un comandante de la resistencia llamado Toño, consideraron que había que proseguir la guerra al precio que fuese. Alfredo César habló en favor de la oferta, argumentando que dado que sólo faltaban ocho meses para las próximas elecciones presidenciales en Estados Unidos, era imposible recibir más ayuda.

Se firmó por tanto una tregua que concedió a los negociadores de la Contra un plazo de sesenta días, hasta el 30 de mayo, para desarmar y desmovilizar sus fuerzas. Una vez completado ese proceso, continuarían las negociaciones para un acuerdo global. Se fijó una nueva ronda de conversaciones a celebrarse el 6 de abril en Managua.

Durante las negociaciones, los sandinistas formularon exigencias más rigurosas. Según se iba aproximando la fecha límite del 30 de mayo, iban aumentando las tensiones en el seno de la dirección de la Resistencia. Los jefes de la Contra empezaron a albergar dudas poco tiempo después de la firma, sobre todo cuando comprobaron la reacción negativa de Enrique Bermúdez y los otros combatientes hacia los acuerdos. En el seno de la

Resistencia apareció una división entre los que estaban a favor de la paz y los que estaban en contra.

Alertados de que existía una división entre los negociadores de la Contra, los sandinistas retiraron las concesiones ofrecidas en las primeras conversaciones. Finalmente las negociaciones de paz quedaron suspendidas durante seis meses. Después de la suspensión de las conversaciones, la dirección de la Contra empezó a desmoronarse lentamente. En último extremo la paz se alcanzó gracias a los esfuerzos de los presidentes centroamericanos y de la intervención de la nueva administración Bush de Estados Unidos y de Carlos Andrés Pérez, aparte de los valerosos esfuerzos de la posición cívica interna, que continuó presionando a los sandinistas para que introdujeran reformas.

En julio, Pedro Joaquín dejó el movimiento Contra. Siguió viviendo en el exilio unos años más junto a su esposa y sus hijos. Volvió a sus actividades como periodista.

MIL novecientos ochenta y nueve comenzó con los sandinistas en una situación imposible. Nicaragua estaba al borde del derrumbamiento económico, internacionalmente desacreditada, mientras que la Unión Soviética, la fuente de apoyo económico de los sandinistas, estaba empezando a derrumbarse y los contras seguían siendo una fuerza armada a la espera en sus campamentos de Honduras. Así, cuando a comienzos de febrero de 1989 Carlos Andrés Pérez tomó posesión como presidente de Venezuela para un segundo mandato, Ortega se desplazó hasta Caracas para la ceremonia de la toma de posesión, dispuesto a llegar a una solución de compromiso. Ortega informó a los presidentes centroamericanos que asistieron a la ceremonia de que los sandinistas estaban dispuestos a permitir unas elecciones supervisadas internacionalmente. Entonces Arias exigió que Ortega acortase su mandato presidencial, trasladando las elecciones previstas para noviembre de 1990 a febrero de 1990. Por su parte, Carlos Andrés, que no contaba ya con la confianza de los sandinistas, exigió que Ortega adoptara medidas destinadas a garantizar que la campaña electoral fuera justa. Con ese compromiso se fijó una nueva fecha en la que Ortega debía reunirse con los cuatro presidentes centroamericanos.

Firmaron un acuerdo en Tesoro Beach, El Salvador. Ortega prometió celebrar elecciones en febrero de 1990. Éstas serían supervisadas por observadores internacionales. La campaña debía comenzar el 25 de agosto de 1989, después de que Ortega hubiera reformado la ley electoral y aboliera la ley de medios de comunicación, incluidas en la Constitución. Tal como estaban, estas leyes prohibían las organizaciones políticas y los actos masivos. Daniel también prometió el levantamiento del estado de emergencia, que limitaba las libertades, y una amnistía para todos los presos políticos. La contrapartida del acuerdo consistía en que la Contra procedería a un desarme voluntario, a su desmovilización y a una repatriación en un período de noventa días. Los cinco presidentes acordaron presentar en el plazo de un mes un plan para la desmovilización de los contras.

En abril, los sandinistas dieron a conocer la nueva ley electoral y la abolición de la ley sobre medios de comunicación. Las leyes estaban tan claramente a su propio servicio que la oposición consideró que la oferta era una farsa. No obstante, yo pensaba que debíamos aprovechar la ocasión y enfrentarnos a los sandinistas, presentándonos en las elecciones.

En esta etapa crucial de nuestra historia, mis anhelos personales y mis actividades políticas me empujaban en direcciones opuestas. Por un lado, hubiera querido que me dejaran tranquila para entregarme al placer de reclasificar todos mis recuerdos, los documentos y fotografías que conservaba. Por otro lado, quería ser de utilidad.

Gracias a mi defensa de la libertad de prensa, me había convertido en una figura conocida de la oposición. En marzo de ese año, la Coordinadora Democrática me había elegido Mujer del Año. La gente hablaba de mí como una posible candidata a la presidencia. Carlos Andrés no paraba de decirme: «Violeta, tienes un papel que jugar.» Así, y en gran medida, yo misma consideraba que tenía un deber que cumplir. En aquel tiempo, Cristiana, Antonio y yo solíamos discutir la idea. Hasta entonces mis esfuerzos en el campo de la política habían sido una consecuencia de los de Pedro. No estaba convencida de que podría llevar yo sola la carga de una campaña presidencial. Les dije a Cristiana y a Antonio que sólo con ellos a mi lado aceptaría la misión que me dieran. Pero era sólo una de esas cosas de las que se habla; hasta que no ocurre, no te la crees realmente.

Cuando le conté la idea a la madre de Pedro, doña Margarita, una mujer por la que siento una gran admiración, amor y respeto, me dijo: «Hacelo por Pedro, Violeta.» El Cardenal me animó a presentarme y me dio sus bendiciones.

En mayo de 1989 recibí un premio en Washington como guardiana de la democracia. Me había sido concedido por el líder de la mayoría en el Senado de Estados Unidos, Roberto Byrd. Me desplacé por tanto hasta Washington D.C. en compañía de Cristiana. En el camino de regreso, nos paramos una noche en Miami.

Alfredo César y su esposa, Silvia Lacayo, nos invitaron a cenar en su casa. Por aquel entonces Alfredo había dejado de pertenecer ya al Directorio de la Contra. Consciente de que pertenecer a la oposición armada no proporcionaba ya ninguna ventaja política, había emprendido negociaciones con el Partido Social Demócrata (PSD). Si conseguía entrar y formar parte del Directorio del PSD, se proponía volver a Nicaragua en julio, a tiempo para la campaña electoral, cuyo inicio se había programado para el mes de agosto. Las ambiciones presidenciales de Alfredo eran conocidas por todo el mundo. Me quedé, pues, muy sorprendida cuando Alfredo me dijo que me consideraba como alguien capaz de unificar a la oposición, ya que yo estaba por encima de los intereses personales de la política y era un símbolo de lucha por la democracia. Añadió: «Doña Violeta, quiero decirle que estoy dispuesto a promoverla como candidata presidencial. ¿Ha pensado en quién quiere que le lleve la campaña?»

Yo había discutido este tema con Antonio y Cristiana. Por tanto les dije: «En caso de que llegue a ser candidata a la presidencia, quiero que Antonio sea mi jefe de campaña.» Alfredo se mostró sorprendido. Desconozco cuáles podían haber sido sus intenciones. Yo sabía de sus conversaciones privadas con los sandinistas durante las negociaciones de paz, y también las experiencias de mi hijo Pedro Joaquín junto a él en el seno de la Contra. Había oído decir que en la forma en que Alfredo se comportaba políticamente había un cierto elemento de doblez. Debido a ello, en Nicaragua la gente le había puesto el apodo de

«Siete Puñales». Como era lógico, yo no quise adquirir ningún compromiso con él. No tenía suficiente confianza en él para asignarle mi representación.

Después de discutir la propuesta, Antonio y Cristiana me sugirieron que lo nombráramos asesor de la campaña. En su opinión, los miembros de la oposición teníamos que estar unidos contra los sandinistas.

Poco tiempo después, dos representantes del Partido Socialista de Nicaragua vinieron a visitarme a mi despacho en *La Prensa*. Me dijeron: «Doña Violeta, queremos proponerle que sea nuestra candidata en las próximas elecciones. Queremos saber si está dispuesta a aceptar.»

Aquélla fue la primera petición oficial que recibí. Empecé a darme cuenta de que mi candidatura tenía una dimensión real.

Pero la oposición seguía dividida, lo que en mi opinión favorecería a los sandinistas. Además, muchos de los dirigentes de la oposición se mostraban desanimados. Algunos amenazaban con boicotear las elecciones. Se quejaban de la represión y de verse obligados a retrasar el inicio de su campaña hasta agosto, mientras que los sandinistas ya estaban haciendo la suya. Sacando el máximo partido posible de sus habilidades oratorias, Daniel estaba realizando una gira por todo el país, prometiendo un futuro mejor ahora que las relaciones con Estados Unidos iban a mejorar. Con su voz llena de pasión, sacaba ilusiones de la nada. En realidad, los sandinistas estaban tan desacreditados que dudo de que los norteamericanos hubieran renovado su ayuda exterior a Nicaragua mientras éstos siguieran en el gobierno. Todavía en 1989, los sandinistas seguían confiscando propiedades, reprimiendo los actos de la oposición, a sectores enteros de nuestra sociedad que se oponían a los sandinistas.

A pesar de que la situación no era justa, vi una auténtica oportunidad para ocupar el espacio que se abría a insistir en la democracia. Abstenerse o retirarse sería una muestra de cobardía. Teníamos que enfrentarnos a los sandinistas como pudiéramos.

Daniel Ortega era perfectamente consciente de que no podían soportar otro año de guerra sin el apoyo económico de sus aliados soviéticos, por lo que, a instancias del presidente Arias, el 3 de agosto de 1989 Daniel realizó otro intento de reconciliarse con los grupos de la oposición. Nos convocó a un diálogo nacional para resolver las diferencias. En el encuentro, Daniel realizó una serie de concesiones. Se comprometió a suspender el reclutamiento militar durante seis meses, a poner fin a las detenciones de activistas políticos y a conceder un tiempo igual en la televisión a los partidos de la oposición. A cambio, los partidos de la oposición tenían que exigir el desarme de la Contra.

Sin embargo, dentro de la oposición nicaragüense muchos líderes seguían sin estar convencidos. La mayoría se sentían descontentos con el calendario fijado para las elecciones. Enumeraron las dificultades con las que nos enfrentábamos. Nuestras organizaciones políticas habían permanecido inactivas durante más de una década. Nos encontrábamos por tanto sumidos en la desorganización política. Por el contrario, nuestra oposición sandinista era una maquinaria política perfectamente engrasada con los recursos de toda la nación a su disposición.

Yo pensaba que, incluso en caso de que perdiéramos las elecciones, estaríamos contribuyendo a la democratización del país, participando abiertamente contra los sandinistas. Pero también creía que con el ardor cívico y la determinación moral que teníamos podríamos ganar las elecciones. Estaba segura de que el pueblo de Nicaragua no se olvidaría de quién nos había empujado a una guerra civil que había durado toda una década, provocando la muerte de tantos de nuestros hijos e hijas y reduciendo el país a un nivel de decadencia económica tan grave que era posible que nunca pudiéramos resurgir de él. Bajo el dominio sandinista Nicaragua se había convertido en la nación más pobre de nuestro hemisferio después de Haití. ¿Quién estaría dispuesto a agradecerles a los sandinistas todo eso?

Los sandinistas veían las cosas desde un punto de vista distinto. Estaban convencidos de que con veinte candidatos de la oposición en las listas, nuestros votos antisandinistas se verían divididos sin remedio. Eso significaba que Daniel podría ganar con sólo el 30 por ciento de los votos.

Pero, en su valoración, los sandinistas cometieron tres errores graves. El primero fue el de no saber interpretar en absoluto el nivel de descontento que existía entre la población. El segundo, el de creer que en un solo año podían revertir el desastre económico que habían tardado toda una década en crear: el 65 por ciento de la fuerza de trabajo carecía de empleo; más del 70 por ciento de los nicaragüenses estaban en extrema pobreza; la inflación ascendía a veinte mil por ciento al año; el salario de un trabajador valía sólo el 6 por ciento de lo que había valido una década antes; nuestro déficit comercial alcanzaba proporciones de escándalo y el país estaba prácticamente en la bancarrota. Ninguno de esos problemas se podía resolver de la noche a la mañana. El tercer error de los sandinistas consistió en infravalorar mi capacidad para unir a la oposición en un solo frente.

El 5 de agosto volvieron a reunirse los presidentes centroamericanos. Al día siguiente ambos bandos firmaron un acuerdo. Los cinco presidentes aceptaron completar la desmovilización de los contras para el mes de diciembre, dos meses antes de las elecciones.

Una vez firmada la paz, toda nuestra atención se centró en intentar derrotar a los sandinistas en las urnas. Alfredo César y otros volvieron a Nicaragua para unirse a la posición cívica. Muy pronto se puso en marcha un esfuerzo serio para convertirnos en una oposición unida.

A finales de agosto habíamos creado ya una coalición de partidos denominada la Unión Nacional Opositora (UNO). En nuestras filas había una amplia gama de ideologías políticas e intereses socioeconómicos que iban desde todas las facciones de liberales y conservadores hasta la izquierda más extrema, representada por el Partido Comunista de Nicaragua (que había padecido tanta represión como nosotros, debido simplemente a que no aceptaban el liderazgo sandinista). Además, desde el punto de vista social éramos una fusión de empresarios, agricultores y proletarios. Y, aunque nos habíamos puesto de acuerdo para crear una plataforma, aquello tenía menos que ver con la ideología y más con nuestro rechazo común al sandinismo y nuestro amor a los derechos humanos y la libertad.

Aparte de mí misma, había otros tres candidatos para la designación por parte de la UNO: el doctor Emilio Álvarez Montalván, un oftalmólogo de profesión pero también un conocido político; Enrique Bolaños, el presidente del COSEP (como líder de este grupo, Enrique había sido perseguido y encarcelado y había visto confiscadas sus propiedades; también había sido calumniado por las *turbas divinas*); el otro candidato era Virgilio Godoy, un economista al frente del Partido Liberal Independiente, ex ministro de Trabajo con los sandinistas, y político de la vieja escuela con una larga experiencia a sus espaldas. Godoy es un negociador muy duro, siempre reacio a ceder en lo más mínimo.

El proceso por el que se eligió a los candidatos no fue el mejor. El 2 de septiembre ya no había tiempo para celebrar primarias, por lo que todos nosotros fuimos convocados ante un comité de selección. Cada uno de nosotros permaneció sentado en una diminuta sala de espera, que se parecía más a una celda, hasta que se nos llamaba. Pero yo pensaba: «Si Dios me quiere para esto, seré elegida.»

Cuando me llegó el turno, fui conducida ante los catorce dirigentes de los partidos de la coalición UNO. Me sentí como si estuviera delante de un tribunal. Las mesas estaban dispuestas en forma de herradura. Sentados en ellas estaban los delegados, entregados a una solemne discusión. Me hicieron gestos para que me sentara en una silla en el centro del grupo. Las preguntas que me formularon eran sencillas. Las contesté lo más escueto posible. Querían saber cuál sería mi plataforma de gobierno en caso de resultar elegida.

Les dije con toda franqueza que podía realizar una campaña muy buena con dos ideas básicas. Me limité a explicarles: «Trabajaré en favor de la paz y la libertad.» Para alcanzar la paz, pondré fin al Servicio Militar Obligatorio y me esforzaré por reconciliar a la familia nicaragüense, que lleva tanto tiempo polarizada. Devolveré al pueblo el derecho a elegir a sus dirigentes mediante elecciones justas y abiertas. Y, sobre todo, les ofrecería honradez, no sólo en apariencia sino también en la práctica. Serviré a mi pueblo y no voy a hacer que éste me sirva a mí.

Ésas eran las mismas cuestiones que en todos nuestros diálogos habíamos discutido con los sandinistas.

Antonio me contó que, una vez terminado el interrogatorio, los delegados se pasaron el resto del día sumidos en un acalorado debate. Era imposible llegar a un consenso. Después de dos votaciones, yo tenía seis votos, Virgilio Godoy cuatro y Enrique

Bolaños otros cuatro. Se propuso por tanto un método de elección. Se designaría candidato a aquel que obtuviera diez votos o más del total de catorce. En una tercera votación, alguien expuso la idea de votar por dos fórmulas que me emparejaban con Godoy o bien con Bolaños. En ambos casos, conmigo como presidenta y uno de ellos como vicepresidente. Luego se invirtió la fórmula. En ambas votaciones obtuve un número superior de votos como candidata presidencial. Finalmente, se eligió a Virgilio vicepresidente porque era aceptado por todos los partidos. Por la tarde, Antonio vino a informarme de que yo era la candidata. Si mi voz no desfalleció nunca durante los años de enfrentamientos brutales con los sandinistas, fue porque siempre me dejé guiar por el deseo altruista de mejorar la suerte de mis compatriotas.

Mi mejor foro para lograrlo seguía siendo *La Prensa*. Desde que habíamos podido reanudar nuestras actividades periodísticas sin censura de prensa, habíamos recuperado la honrosa posición de ser la principal fuente de dolores de cabeza para el gobierno sandinista.

Ahora como candidata había dejado de ser la editora de un periódico y me había convertido en una figura política destacada de nuestro país.

Desde la primera encuesta a la opinión pública, celebrada en noviembre de 1989, yo estuve siempre en el primer puesto, por delante de Daniel. Por tanto, no me sentí en absoluto sorprendida cuando resulté elegida como candidata de la coalición democrática UNO.

Tuve que emprezar mi campaña en el extranjero. La necesidad de tener legitimidad internacional me exigió desplazarme a Estados Unidos y Europa, con el fin de solicitar ayuda económica para Nicaragua.

Acabábamos de llegar a Londres la mañana del 12 de noviembre cuando ocurrió algo que me convenció de que ganaríamos las elecciones. A través de los periódicos y de la televisión, nos enteramos de la caída del muro de Berlín.

Fue muy temprano cuando recibimos esa maravillosa noticia, pero no tanto como para que estuviera cerrado el servicio del bar del hotel. Nos apresuramos a pedir una botella de champagne, y yo propuse un brindis. Acababa de caer un muro que tenía sus cimientos en la supresión y limitación de los derechos de todo un país. Nosotros también podríamos lograr una hazaña semejante. Unidos lograríamos quitar el yugo del FSLN de nuestros cuellos y transformar Nicaragua en nuestro propio monumento.

Antes de que hubiera transcurrido una semana, y tras una serie de encuentros con la primera ministra británica Margaret Thatcher, con el ministro alemán de Asuntos Exteriores Hans-Dietricht Genscheer, y el papa Juan Pablo II, viajé a España para reunirme con el primer ministro Felipe González y el ministro de Asuntos Exteriores, Francisco Fernández Ordóñez.

Felipe González prometió mantenerse neutral durante todo el proceso electoral. Fernández Ordóñez, a quien un amigo le había regalado un trozo del muro de Berlín, me lo ofreció como recuerdo antes de mi partida.

Se trata sólo de un pequeño trozo del muro, de una piedra hecha de arena y cemento. No obstante, ¡cada una de sus partículas contiene tanto dolor, tanta lamentación por el pasado y una dosis mayor de optimismo por el futuro! Esa pequeña piedra tiene tanta importancia para mí que a veces la llevo en la cartera como una de mis posesiones más queridas.

Apenas cuatro meses después de mi nominación, el 2 de enero de 1990, Pedro Joaquín, Pablo Antonio Cuadra y yo estábamos almorzando juntos en la oficina de mi casa. Pedro Joaquín acababa de volver del exilio en Miami. Recuerdo que me estaba comentando la euforia contagiosa que había observado en todos nuestros mítines. Yo estaba de pie junto a la puerta cuando de reperte las piernas se me doblaron. En esa fracción de segundo antes de mi caída, me pasaron por la cabeza miles de imágenes en las que me imaginé en el hospital al que habían de conducirme, los puntos que recibiría en la frente en caso de caer hacia adelante sobre la caja de cristal que estaba directamente delante de mí. También me planteé las consecuencias que se producirían si, en lugar de caer hacia adelante, lo hiciera hacia atrás, causándome daños irreparables en mi espalda ya dolorida. Por tanto, me dejé caer sobre las rodillas, pensando que ése era el menor de todos los males. Poco podría imaginarme que mi desafortunada decisión casi pondría fin a mi breve carrera política.

Pedro Joaquín y Pablo Antonio se apresuraron a recogerme mientras yo permanecía caída en el suelo. Sentía un zumbido en el oído y no podía moverme. Pude sentir que me había lesionado la rótula, y me imaginé que estaba rota en mil pedazos. Gritaba de dolor, sin ofrecer resistencia al sufrimiento, pues hacía ya mucho tiempo que estaba convencida de que el dolor forma parte inevitable de la vida y de que, a menos que cedamos a él, puede llegar a resultar insoportable.

El personal doméstico de mi casa estaba reunido todo en torno a mí, y en un coro de voces murmuraban: «Dios mío, qué barbaridad.» Pero la piedad que sentían por mí no contribuyó en lo más mínimo a aliviar la incomodidad que sentía. Les pedí por tanto que me trajeran algo de hielo para calmar mis dolores. Al cabo de un rato llegó mi ortopedista, el doctor Gutiérrez Quant. Afirmó que la fractura resultaba demasiado grave para poder ser atendida en Nicaragua. Me recomendó por tanto que me fuera a Estados Unidos donde podía recibir mejor asistencia médica. Pero el último vuelo para Houston había partido ya, por lo que parecía que no me quedaba más opción que esperar hasta el día siguiente.

Tras enterarse de mi accidente, Carlos Andrés Pérez, siempre un gran amigo, me mandó un avión privado para transportarme a Houston. Desgraciadamente, parece como si aquel día concreto lo tuviera todo en contra, ya que a causa de las prisas los pilotos se olvidaron de asegurarse los permisos obligatorios para sobrevolar Honduras, y nos vimos obligados a regresar a Managua.

Mientras tanto, mi pierna se hinchaba cada vez más. Temí que no tuviesen más remedio que cortarla para impedir que se extendiera la gangrena. Durante sesenta años había llevado una vida muy activa y estaba acostumbrada a conseguir mis objetivos. Y ahora, en un momento crucial de nuestra historia, me veía obligada a la inactividad a causa de un accidente trivial. Sin embargo, y mientras miraba los rostros sombríos de mis amigos y compañeros, luchaba por conservar mi sentido del humor. Bromeé sobre las grandes caricaturas que mi nueva imagen «de inválida con muletas» inspirarían a los periódicos sandinistas. En el fondo de mi corazón lamentaba la terrible desgracia de que uno pudiera perder las elecciones por algo tan poco importante como una rótula rota.

Finalmente llegué a Houston. Cuando desperté después de una intervención quirúrgica de cuatro horas de duración en el Hospital de St. Luke, mi rótula era un complicado conjunto de huesos fracturados juntados por las hábiles manos de un gran equipo quirúrgico. Me dijeron: «Está como nueva. Se recuperará totalmente. Pero su rehabilitación va a ser muy lenta, y tendrá que permanecer en reposo total.»

Volvía a Nicaragua el 16 de enero de 1990. En mi ausencia, Antonio había organizado una marcha para conmemorar el undécimo aniversario de la muerte de Pedro. Los sandinistas no intentaron controlar ni interferir la marcha, pero la ridiculizaron en todos sus canales de comunicación. Informaron de que a los participantes en la marcha se les habían unido tres o cuatro gatos callejeros, pero no mencionaron que hubo diez mil manifestantes. También intentaron desacreditar a los participantes en la marcha definiéndolos como un pequeño grupo de líderes ambiciosos cuyo único objetivo era el de resucitar y proporcionar continuidad al somocismo.

Sus chistes y sus ataques sirvieron únicamente para unirnos todavía más. Recuerdo que después de la marcha nuestra unidad era tan fuerte que éramos como un muro de granito en nuestra oposición a los sandinistas. Sus ataques no lograron frenar nuestro entusiasmo. Pensé que sólo era cuestión de tiempo que las cosas empezaran a cambiar espectacularmente para todos nosotros.

De vuelta a mi campaña electoral, mi nuevo estado, de inmovilidad total, había sido un tema muy debatido entre nuestro personal más joven, que estaba buscando formas de hacerme participar en la campaña con mis muletas y mi silla de ruedas, al tiempo que se esforzaban por mantenerme inmóvil. Se les ocurrió un plan caracterizado por su gran ingenio militar. Consiguieron un dispositivo que impulsaba una silla de cuatro ruedas y lo equiparon con una especie de toldo que me protegía del sol, almohadones para mitigar los golpes a causa de los baches en la carretera, agua fría para calmar mi sed, sandías y naranjas para satisfacer mi hambre. Así es como empezó a funcionar el Violemóvil.

En ese invento recorrí todo el país, hablé con la gente, sentí su cálido afecto y respiré el aire de los barrios y del campo. Mis compañeros en esa nueva aventura seguían siendo Cristiana, Antonio, mi cuñada María Elena, mi sobrina Clarisa Barrios, mi sobrino Carlos Hurtado y de vez en cuando mi hijo Pedro Joaquín, cuando venía de Miami.

Y así, mientras recorría todo el país en el Violemóvil, difundiendo un mensaje de esperanza de ciudad en ciudad, Daniel Ortega y el FSLN realizaban una campaña bastante cómoda. Él era un hombre que tenía literalmente en la punta de los dedos todos sus caprichos y deseos. Con asombrosa facilidad conseguía regalos y donaciones de sus amigos socialistas de todo el mundo. Sin embargo, la facilidad con la que obtenía las cosas y le montaba las manifestaciones no le dejó ver la realidad y cayó en una autocomplacencia peligrosa.

Ninguno de los líderes del FSLN tenía ni la menor duda acerca del éxito de su campaña. Para ellos el sillón presidencial estaba seguro y la derrota resultaba imposible. La oposición no podía ser más débil a sus ojos: una mujer mayor y tullida, una diminuta coalición de catorce partidos, que eran como David frente al Goliat sandinista. Mientras nosotros recorríamos lagos y ríos de las regiones fronterizas en frágiles embarcaciones con motores, los altos jefes sandinistas se desplazaban en grandes y lujosos yates. A su disposición estaban las propiedades confiscadas y todos los recursos del Estado, incluyendo logística militar.

Nosotros denunciábamos a los sandinistas por su falta de justicia y equidad, su expolio de los activos del Estado en beneficio personal, incluso su uso ilícito de fondos para mantener su control sobre el país. Ellos respondían calumniándonos y sembrando cizaña entre los líderes de la UNO, debido a las generosas ayudas extranjeras que se suponía estábamos recibiendo. Nos acusaron de sometimiento al imperialismo yanqui.

No obstante, de los cuatro millones de dólares en concepto de donaciones que se suponía habíamos recibido a través de la Fundación Nacional para la Democracia y de la Agencia para el Desarrollo Internacional de Estados Unidos, sólo habían llegado de hecho dos millones de dólares, de los cuales 800.000 se habían destinado a la compra de vehículos para nuestro personal. Por ley, el 1,2 millón de dólares restantes tenían que repartirse al 50 por ciento con el Consejo Supremo Electoral. Los vehículos y equipos que nos llegaban eran retenidos por los sandinistas, que alegaban supuestas infracciones en nuestros procedimientos aduaneros.

Mientras tanto, los sandinistas contaban con aportaciones de aliados socialistas internacionales y con los recursos de la nación. Se calculó que sólo en dinero metálico gastaron siete millones de dólares. La disparidad de recursos en nuestras dos campañas resultaba absolutamente escandalosa. En realidad, las dos únicas ventajas que teníamos sobre los sandinistas durante la mayor parte de la campaña electoral consistieron en el apoyo de *La Prensa* y en nuestra propia determinación. Desde la llegada al poder de los sandinistas, *La Prensa* había perdido buena parte de sus ingresos, y su voz libre se había visto ahogada por el régimen de Ortega. No obstante, el diario seguía siendo la «gran dama» del periodismo nicaragüense, tan audaz y sincero como siempre. Para entonces, Cristiana llevaba cuatro años siendo la directora de *La Prensa* y era la responsable del mantenimiento y de su preeminencia.

Por mucha propaganda que lanzaran, los periódicos sandinistas no pudieron equipararse jamás a *La Prensa* en términos de calidad. En su mayor parte, los periódicos dependientes del régimen se centraban en dar a conocer las actividades del FSLN y, junto con las cadenas de televisión, funcionaban como el vehículo publicitario fundamental para el Estado. Por el contrario, a *La Prensa* le resultaba cada vez más difícil conseguir contratos de publicidad: nuestro país contaba con un número cada vez menor de empresas privadas. Con la nacionalización de las empresas, la restricción de los precios impuesta por el gobierno y el boicot sandinista, la empresa privada en Nicaragua estaba al borde del derrumbamiento. Evidentemente, *La Prensa* deseaba desesperadamente conseguir anunciantes; pero, a pesar de las dificultades económicas, seguía siendo el mejor periódico del país. En esencia, *La Prensa* servía como voz unida de la oposición a los sandinistas y era la antítesis ideológica a los órganos sandinistas, *El Nuevo Diario* y *Barricada*.

Igual de importante que *La Prensa* era el compromiso y tenacidad de nuestro personal de campaña, en especial del jefe de la misma, Antonio Lacayo y Carlos Hurtado, jefe de organización territorial. Con esos dos elementos como pilares fundamentales de nuestros esfuerzos políticos, me convencí de que lograríamos superar incluso a los sandinistas en aquella campaña presidencial. Ortega y sus secuaces podían reprimir nuestra voz libre, podían lanzar toda la propaganda que quisieran, podían incluso acusarnos de ser peones de los norteamericanos. Pero nunca lograrían aplastar nuestro espíritu ni nuestra decisión de liberar Nicaragua. Los líderes de mi campaña estaban demasiado entregados a nuestra causa para que eso pudiera ocurrir.

Posiblemente, una mayor preocupación para la UNO que la de los sandinistas era mi estado de salud. Los almohadones colocados dentro del Violemóvil amortiguaban hasta cierto punto los golpes de los baches y otros obstáculos en la carretera, pero no podían aliviar suficientemente el dolor para proporcionarme auténtica comodidad. Cada excursión en el Violemóvil representaba un auténtico calvario.

Cada vez que nos deteníamos en un determinado lugar, me sentía como si fuese una atracción de circo, y desde mi silla de ruedas yo me dirigía al público. Consideraba la silla de ruedas como una prisión. Cada vez que tenía que dirigirme a mis compatriotas en aquel incómodo invento, lo que sentía era únicamente vergüenza y desesperación.

Sin embargo, una vez en el podio y en el mismo instante en que tomaba el micrófono, experimentaba una transformación peculiar, o mejor dicho, una metamorfosis. Puedo afirmar que, cada vez que hablaba, me sentía como una mariposa emergiendo de su capullo. Cuando me dirigía al público, me olvidaba de todos los detalles insignificantes de la vida cotidiana. Me sentía liberada de aquella horrible silla de ruedas. Yo trascendía mis impedimentos físicos esforzándome por llevar esperanza y fe al pueblo nicaragüense.

En aquellos escenarios era como si existiera entre nosotros un lazo intangible que parecía casi mágico. Me parecía maravilloso poder ayudar a los ciudadanos de mi país, dar esperanza a sus corazones. No obstante, y al mismo tiempo, tenía el temor de que, si fracasábamos, habría estado sólo diciendo mentiras políticas, formulando promesas vacías al pueblo por el que tanto me preocupaba. Sólo puedo describir mi estado mental diciendo que era de una cierta agitación sublime, de una mezcla de felicidad y terror.

Sin incurrir en una novela, creo que las razones que explican la conexión excepcional entre el pueblo nicaragüense y yo misma nacen del hecho de que yo comprendo al nicaragüense. Ahora me doy cuenta de que entre los políticos decir que comprenden a sus votantes, que saben lo que quieren, no pasa de ser una afirmación vulgar y trillada. Yo no sabía necesariamente qué era lo que la gente quería, pero sí sabía lo que no quería. No quería que se la reprimiera, ni tampoco quería que se la engañara. Estaban cansados de los dogmas vacíos y vanos que los sandinistas llevaban tanto tiempo haciéndoles tragar. En esencia, no querían la misma retórica anticuada que llevaban escuchando durante la última década.

En consecuencia, incorporé esas ideas a mi oratoria. Hablé con la gente en un lenguaje claro y directo, exponiéndoles los objetivos de mi cruzada. Les hablé de Pedro, de mi fe religiosa, de la salvación de nuestra nación y de lo que significaba ser una República. Intenté abrirme ante ellos, revelándoles en el proceso muchos de mis sentimientos y convicciones más íntimas. Me mostré vulnerable. En lugar de rechazar mi causa como la de una persona mayor y tullida, numerosos ciudadanos nicaragüenses la abrazaron y se unieron a las filas de la oposición.

Afortunadamente, Dios me ha proporcionado suficiente sabiduría y fuerza de carácter como para mantenerme firme y constante. Su mano divina me ha enseñado las auténticas implicaciones de lo que significa perseverar.

En el fondo de mi corazón estuve siempre convencida de que las elecciones provocarían el espectacular cambio político que nuestro partido deseaba. Mi convencimiento se reforzaba cada vez que viajábamos por nuestras empobrecidas provincias. Una que recuerdo de manera especial es Chontales, donde la recepción que nos ofrecieron fue realmente asombrosa. Para llegar a una determinada población a mediodía, la caravana tenía que salir de Managua antes de que amaneciera. Recorrimos 150 kilómetros de carreteras polvorientas, de auténticos caminos de cabras, y atravesamos profundos cañones. Afortunadamente, logramos llegar a nuestro destino gracias al milagro de un vehículo con tracción a las cuatro ruedas. Cuando finalmente alcanzamos aquella aldea abrasada por el sol y en la que todo el mundo parecía estar sudando la gota gorda, fuimos tratados como auténticos liberadores. Allí, donde el sol cae implacablemente sobre la tierra como si fuera plomo fundido, fuimos recibidos con aclamaciones, alabanzas y cientos de sonrisas expectantes.

Desde ese momento, sentí el descontento que experimentaba la población por lo que consideraban el secuestro comunista de Nicaragua. En mí veían a la compañera eterna de Pedro Joaquín Chamorro, su mártir de las libertades civiles. Yo era la mujer que había levantado la bandera de la resistencia cívica y moral contra los sandinistas. Todas sus esperanzas de cambio estaban depositadas en mí. El recuerdo de esos actos era el mejor calmante para mis dolores de espalda y rodilla.

MIENTRAS tanto, empezaban a aparecer grietas y divisiones en la campaña sandinista. Como ocurre a la mayoría de los políticos que han gozado durante demasiado tiempo de los beneficios del poder, los jefes del FSLN habían perdido el contacto con su pueblo. Considerados en otros tiempos como los héroes de una revolución popular, ahora eran denigrados por muchos. Los sandinistas habían liberado Nicaragua de las garras de un déspota obsesionado por el poder, pero en el proceso de reconstruir el país se habían alejado del propio pueblo de cuyo apoyo dependían.

Aun así, a muchos de los altos jefes del FSLN no les cabía en la cabeza la idea de perder las elecciones. Creían que la población reconocería su redistribución de las tierras privadas, sus ambiciosas campañas de alfabetización, sus programas de salud nacional, educación, etc. La pobreza, la inflación y el paro, todos los males sociales de Nicaragua, eran atribuidos por los sandinistas a maquinaciones diabólicas de la administración Reagan, los contras, los dignatarios de la Iglesia, los líderes de la UNO y, por supuesto, a mí misma. Al cabo de un tiempo, los feroces ataques del presidente Ortega y sus compañeros se volvieron monótonos y aburridos. Los habitantes de Nicaragua pasaban hambre y miseria, pero no eran en absoluto idiotas. Supieron ver con facilidad la fachada del régimen. Los dirigentes sandinistas revelaron sin pretenderlo otro de sus fallos fatales: su incapacidad de asumir la responsabilidad de su propio fracaso.

Capítulo duodécimo

A medida que la campaña electoral iba avanzando hacia sus últimas cuatro semanas, los obstáculos con los que teníamos que enfrentarnos empezaron a parecer infinitos. El principal comentario era que los sandinistas habían sido más hábiles que nosotros porque habían invertido en la campaña mucho más que nosotros. Evidentemente lo habían hecho. Se rumoreaba que su campaña había costado veinte millones de dólares y había estado organizada por un equipo de especialistas norteamericanos del más alto nivel. De no haber sido por la decisión del pueblo de librarse de los sandinistas, creo que no habríamos ganado jamás. En último extremo fue el pueblo de Nicaragua el que demostró ser más listo que los sandinistas.

Durante la mayor parte de los meses de diciembre y enero subsistimos gracias a las donaciones privadas. Como consecuencia de nuestros propios esfuerzos por la recaudación de fondos, disponíamos de 170.000 dólares en metálico. Además, durante la propia campaña nos beneficiamos de donaciones ocasionales en especie, tales como gasolina gratis para nuestros vehículos o comidas gratis ofrecidas por los agricultores locales. En aquellos momentos, la población de Nicaragua había sufrido toda una década de penalidades y no tenía mucho que ofrecer, sobre todo a una candidata que muchos creían que apenas tenía posibilidades de derrotar a un gobierno que tenía consigo el ejército más poderoso de Centroamérica y que disponía de los recursos de toda la nación.

Una de las aportaciones privadas de mayor utilidad consistió en un equipo de sonido por valor de quinientos dólares que le dieron a mi hijo Pedro Joaquín en Miami, y que utilizamos en la campaña para amplificar mi voz de forma que la gente pudiera escuchar mis discursos. Como he señalado antes, la diferencia de recursos entre las dos campañas era inmensa. Por tanto resulta ridículo sugerir, como se hace en algunos libros, que la ayuda exterior contribuyó a igualar las condiciones. En todo momento los sandinistas tuvieron ventaja. Las legiones de periodistas extranjeros que cubrieron la información de la campaña describieron nuestros esfuerzos de tan débiles que resultábamos «casi invisibles».

Para aumentar las constantes intimidaciones que sufrimos durante los seis meses de campaña, las *turbas divinas* armadas con piedras y machetes irrumpieron en nuestros actos, tendieron emboscadas a nuestros vehículos y atacaron las casas de nuestros simpatizantes bajo la mirada observante y pasiva de la policía sandinista. Cuando mi propia vida se vio amenazada, mi yerno Antonio formuló una queja formal a los presidentes de América Central. Dijo que en aquel clima de inseguridad, sería imposible que la gente votara libremente el 25 de febrero. Los presidentes le enviaron a Daniel una carta advirtiéndole de que no estaba cumpliendo su palabra, y enviaron más observadores.

La agresión física de los sandinistas se vio complementada por una campaña de intimidación verbal destinada a desacreditarme como candidata. En todos sus discursos, Daniel insistía en llamarme la candidata de los guardias somocistas, la candidata del imperialismo yanqui, la candidata de la contrarrevolución, etc. También dio a entender que el voto no era secreto y que los sandinistas sabrían quién había votado en contra suya. Carecíamos de medios de defensa. El boletín de noticias *Habla UNO*, que se suponía debía ser difundido por la cadena de radio de propiedad estatal todos los domingos de la campaña, nunca lo dejaron salir. La única voz que nos quedó fue la de *La Prensa*, que no llega más que a una cuarta parte de los lectores de Nicaragua. Sabíamos que eso era suficiente para crear oposición, pero nos preguntábamos si lo sería para ganar unas elecciones.

Resulta comprensible que la mayoría de la gente predijo que los sandinistas iban a ganar. Nadie se dejó engañar más que la prensa norteamericana. Cuatro semanas antes de las elecciones, la revista *Newsweek* afirmaba que «Violeta Chamorro y su partido han sido incapaces de obtener avances significativos contra la maquinaria política sandinista». *Newsweek* pronosticaba «una abrumadura victoria sandinista».

Incluso el *New York Times* se dejó engañar por el asombroso espejismo creado por los comités de organizaciones de masas del FSLN. Justo antes de las elecciones publicaron los resultados de una encuesta que predecía la victoria de Daniel Ortega por dos a uno. Esta opinión encontró eco en medios de comunicación de todo el mundo: la revista *The Economist,* la BBC y el *International Herald Tribune* publicaron todos encuestas similares desfavorables a nosotros.

Estos pronósticos fueron refutados por *La Prensa,* que predijo un 46 por 100 de los votos a mi favor y un 26 por 100 a favor de Ortega, con un 28 por 100 de indecisos.

El pueblo de Nicaragua no mintió en las encuestas, pero tampoco dijo la verdad. De ese modo contribuyó a crear la ilusión de que los sandinistas obtendrían el 75 por 100 de los votos. Desde nuestro punto de vista, eso nos favoreció, ya que los sandinistas no hubieran arriesgado jamás su poder de haber pensado que podían perder.

La creencia equivocada de los sandinistas en su victoria se vio reforzada por las multitudes que asistieron a sus mítines políticos y además en la seguridad que tenían con cien mil votos del ejército, la policía y las organizaciones paramilitares sandinistas. Convencidos de que podían movilizar a todo un contingente de seguidores fanáticos, no pudieron imaginarse su derrota.

Daniel Ortega realizaba sus apariciones luciendo unas patillas y un bigote meticulosamente recortados, una camisa estilo *pop* de mangas flojas, todas alborotadas, con la pechera plisada, gafas de sol Ray-Ban y botas de *cowboy* incluyendo espuelas (como los gallos de pelea, con cuchillas sujetas a los espolones). Su llegada iba siempre precedida por el pitido de su gallomóvil, que emitía un sonoro kikirikí antes de que Daniel descendiera de él para mezclarse con sus admiradores.

Por el contrario, yo era una figura marginal, una señora vestida de blanco, esforzándose por hablar desde las profundidades de su silla de ruedas con las palabras e ideas propias de una sencilla ama de casa y madre. En la cultura machista de mi país, eran pocos los que creían que yo, en mi condición de mujer y además inválida, tuviera la fortaleza, energía y voluntad para sobrevivir a una dura campaña.

Pero, aunque carecía del estilo de un político profesional, podía ver en los ojos de hombres, mujeres, niños, familias enteras que acudían para oírme hablar, y que me abrazaban calurosamente. Sus miradas me decían que sólo querían la paz y la oportunidad de sacar a nuestro país de las ruinas y volver a ponerlo en el camino de la recuperación, para proporcionarnos la victoria. Así pues, intenté unir a la oposición dirigiéndome a todos los nicaragüenses.

Las elecciones tuvieron lugar el último domingo de febrero de 1990. Cuando se completó el recuento oficial de votos, me enteré de que *La Prensa* se había equivocado de hecho. Mi victoria fue sólo por un margen de doce puntos, y no de veinte, como había predicho *La Prensa*.

Supe también que nuestra victoria se había visto en peligro. A las 3 de la tarde del 25 de febrero, el ex presidente Carter le pidió a Antonio que se llegara al edificio en el que trabajaba el Consejo Supremo Electoral. Antonio fue acompañado de Cristiana y por mi sobrino Carlos Hurtado. Carter, Elliot Richardson y Mariano Fiallos, el presidente del Consejo Supremo Electoral, dijeron: «Es evidente que la tinta utilizada es tan poco espesa que puede quitársele a quienes insistieron en lavarse el dedo. Eso podría suscitar dudas sobre la honestidad del proceso electoral.» Los observadores habían llegado a la conclusión de que si cualquiera de nosotros deseaba anular las elecciones y exigir una nueva votación, podría hacerlo.

De hecho, la primera persona en arrojar dudas sobre la fiabilidad de las elecciones había sido Virgilio Godoy, mi compañero de fórmula. A las once de aquella misma mañana estaba denunciando las elecciones como fraudulentas. Sin conceder la menor importancia a sus declaraciones, dije: «Con fraude o sin fraude, vamos a ganar.» Mi única preocupación era la de que a nuestro pueblo le diera miedo acudir a los colegios electorales para emitir su voto.

Carter preguntó a Antonio si proseguía con las elecciones o no, advirtiendo que Bayardo Arce, el director de campaña de Daniel Ortega, estaba fuera, esperando conocer nuestra respuesta. Antonio dijo que quería notificármelo inmediatamente. Pero Carter dijo que no: «Si en nombre de su candidato alguno de ustedes decide que hace falta cancelar estas elecciones, las cancelaremos de inmediato.»

Antonio compartía mi creencia de que podríamos ganar, hicieran lo que hicieran los sandinistas. Por tanto su decisión fue la de seguir adelante con las elecciones. Su temor era que los sandinistas hubieran manipulado deliberadamente la tinta con el fin de tener una excusa para invalidar las elecciones.

Afortunadamente, y sintiendo también que la victoria podría ser suya, Bayardo Arce se presentó para manifestar que quería que se siguiera adelante con las votaciones.

Cuando se me informó de la situación, me consideré afortunada por tener un equipo de campaña capaz de mantenerse firme. Aquélla fue una situación muy dura para Antonio. En menos de un minuto tuvo que decidir nuestra suerte. Tres horas después, cuando conocieron su propio recuento rápido, el FSLN sabía que las cosas no estaban saliendo como tenían calculado.

A las 8 de la noche, un escrutinio preliminar del recuento de votos en el barrio Monseñor Lezcano, un populoso barrio de clase media de Managua, reveló que yo le llevaba a Ortega una ventaja de dos a uno. Estábamos ganando también en Batahola Sur, un barrio poblado por familias militares sandinistas. En la región proletaria de San Judas, Ortega iba delante, pero sólo nos sacaba un pequeño margen. Sin embargo, yo vencía incluso en la ciudad de Masaya, que era un bastión del sandinismo. Las Segovias, la provincia septentrional en la que en los años treinta Sandino había combatido a los *marines* norteamericanos, se mostró también abrumadoramente a mi favor. Pero fue con los resultados de Estelí con los que supe con toda certeza que lo que la gente quería y que había votado era la paz.

El día de las elecciones los sandinistas mandaron que se nos cortase la línea de teléfono. Por tanto, la mayor parte de nuestra fuente de información fueron los observadores internacionales, corresponsales extranjeros y miembros del cuerpo diplomático, que se mantenían en constante comunicación con nuestros directores de campaña.

Cuando se habían recontado ya los primeros cincuenta y cinco mil votos, comenzó a abrirse paso de manera asombrosa la idea de la victoria de Violeta Chamorro. Estaba ocurriendo lo que yo había predicho. Lo que había parecido imposible se había convertido en una realidad desconcertante que al FSLN le costaba asimilar. Sólo unas pocas horas antes, su única preocupación había sido la de saber cuál sería el margen con el que me derrotarían. Nunca pusieron en duda que ellos ganarían. Incluso los soldados, que se había esperado votaran unánimemente por el FSLN, al final emitieron miles de votos a favor de Violeta. Para los sandinistas eso constituía una prueba irrefutable de que el pueblo había repudiado su régimen totalitario. Por parte del Consejo Supremo Electoral hubo silencio durante un largo rato.

Consciente de que yo estaba ganando las elecciones, el ex presidente Carter al parecer había intentado ponerse en contacto con Daniel Ortega. Daniel y los otros miembros del Directorio Sandinista estaban reunidos a puerta cerrada intentando decidir cómo reaccionar. Pero se les había agotado el tiempo. Los miles de observadores internacionales y periodistas que habían acudido a ser testigos de su victoria, formaban ansiosas colas a la espera de saber cómo iban a reconocer su derrota. De hecho, los sandinistas, cantando victoria antes de tiempo, consiguieron convocar al mundo entero como espectador de su propio derrumbamiento. Y ahora no les quedaba más opción que la de seguir adelante.

Los observadores me dijeron que las circunstancias aconsejaban que asumiera inmediatamente la postura de una presidenta electa responsable, llamando al pueblo al orden. Les aseguré que yo era perfectamente consciente de los riesgos de nuestra victoria. Éramos los nuevos dirigentes de Nicaragua y habíamos sido constitucionalmente elegidos. Pero no era seguro que el ejército lo reconociera. Teníamos que actuar con prudencia.

Así, desde el primer momento, nos resistimos a cualquier impulso de abrazarnos o derramar lágrimas de alegría. No obstante, en el fondo de mi corazón, yo sentía que aquélla era también una oportunidad de oro para rechazar la tradición tan arraigada en nuestro país que exigía que los ganadores eliminaran a los perdedores de la escena política y, si era posible, los enviaran al exilio. Decidí entonces instaurar la nueva tendencia y abrir todas las puertas a los miembros de la vida política nicaragüense.

Reuní a mis hijos y a sus respectivos cónyuges, Pedro Joaquín, Marta Lucía, Cristiana, Antonio, y les dije que no íbamos a realizar ninguna fiesta espléndida. En lugar de ello, les pedí que rezáramos y diéramos las gracias al Señor por habernos llevado tan lejos y, lo que era más importante, le pediríamos que nos iluminara para los días que venían.

Luego salimos para dirigirnos a nuestra joven tropa de ayudantes de campaña, que estaban reunidos en la sala.

Clarisa Barrios, la sobrina que había permanecido lealmente a mi lado en todas mis excursiones en el Violemóvil, vino para abrazarme. Le di las gracias a ella y a todos los demás jóvenes voluntarios que me habían acompañado en mis incursiones hasta los rincones más recónditos del país y que me habían protegido de las piedras que nos habían lanzado las turbas violentas de los partidarios sandinistas.

«Vamos a gobernar», les dije. «Nicaragua será pronto una república y quiero que todos ustedes me ayuden a reconstruirla.»

Mis emociones más cálidas y profundas las reservé para Cristiana y Antonio. Después de la muerte de Pedro, el cierre de *La Prensa*, así como durante todo el proceso electoral, se habían convertido en aliados fieles y mis compañeros inseparables en el traicionero mundo de la política y el poder. Junto a mí habían combatido las intrigas y traiciones de algunos de los miembros de la coalición UNO. Pero sobre todo habían compartido conmigo un compromiso implícito de enfrentarnos como equipo unido al desafío de oponernos a lo que parecía inevitable en la historia nicaragüense. En lugar de humillar a los perdedores, nos esforzaríamos por conseguir la reconciliación y el pluralismo. En lugar de destruir a los que habíamos derrotado para gobernar sólo para nosotros mismos, intentaríamos abarcar en nuestro abrazo a todo el pueblo de Nicaragua.

Ese había sido el tema recurrente de mi campaña, y fue una de las razones que hizo votar por mí a la gente. Para mí no debería volver a haber nunca ninguna otra forma de gobernar

Nicaragua. Después de todo, yo tenía dos hijos sandinistas y no podía adoptar una posición que les excluyera de participar en el renacimiento de su país. No podía decir: «Nicaragua es sólo para mí y mis partidarios.»

Había pasado ya la medianoche cuando Carter llegó a mi casa. Le recibí en mi oficina, la habitación que encerraba tantos recuerdos para mí, el pequeño estudio en el que Pedro había pasado tanto tiempo hablando con sus aliados políticos y en el que había recibido a Daniel para aceptar sus excusas por haber clausurado *La Prensa*. Allí, Carter me informó de sus conversaciones con Ortega. Me dijo que había estado con él en la sede de su campaña. Afirmó que Daniel estaba reunido con los miembros de la Dirección Nacional Sandinista y había pedido más tiempo antes de poder dar seguridad de que podía «aceptar esta derrota».

Luego Carter se dirigió a mí llamándome señora presidenta, lo que recuerdo me sonó muy raro, ya que en mi interior yo seguía siendo simplemente Violeta. Me informó de que había intentado transmitir a Ortega la importancia de aceptar los resultados de un proceso democrático que indicaban que el pueblo había optado a favor de Violeta Chamorro. Posteriormente, me enteré de que Carter y su esposa, Rosalyn, habían permanecido sentados un buen rato con Ortega, compartiendo con él su propia experiencia penosa de una derrota electoral. Le dijeron que no tenía ya el poder de la presidencia, pero que podía encontrar formas significativas de seguir realizando aportaciones a su país. Ortega en ese momento se mostró vacilante. Había pedido más tiempo para gestionar lo que él denominaba una «situación problemática» que estaba empezando a escapar a su control. Todo lo que Ortega había pedido era que me abstuviera de formular ninguna declaración y que nuestra gente celebrara después que el Consejo Supremo Electoral se pronunciara, para no provocar innecesariamente la ira de sus seguidores.

El vicepresidente, Virgilio Godoy, era de una opinión diferente. Quería convocar una conferencia de prensa y denunciar lo que él consideraba una intriga por parte de los sandinistas para alterar los resultados de la tabulación definitiva.

Carter me miró y luego me preguntó qué era lo que yo quería. Mi conocimiento de la perfidia de los sandinistas me hizo plantearme si los temores de Godoy podían estar fundamentados o no. Pero razoné que los observadores internacionales, que no eran figuras puramente simbólicas, adoptarían las medidas necesarias para asegurarse de que no se manipulasen los resultados. Por otro lado, intuí que corríamos mayor peligro si hacíamos explotar la furia de los sandinistas. Eso podría conducirnos a una guerra civil. Tras reflexionar durante algunos instantes, le dije a Carter que estaba dispuesta a esperar. Quizás no se trataba de una petición del todo disparatada.

Luego el ex presidente norteamericano, que en mi opinión se estaba ganando el respeto de todos los nicaragüenses gracias a sus labores de mediación, se marchó en dirección a la sede de la campaña sandinista para comunicar a Ortega mi decisión.

Como consecuencia de todo lo anterior, hice unas declaraciones por radio no para reivindicar la victoria, sino para pedir a quienes me habían dado su voto que se quedaran en sus casas y reservaran sus energías para la dura tarea que nos aguardaba. Les hablé de la importancia de no perder de vista nuestro objetivo, que no era el de celebrar una rápida victoria, sino más bien el de establecer un programa nacional democrático en un entorno de estabilidad. Les dije: «La paz es un proceso que ahora debemos todos esforzarnos por alcanzar.»

El resto de la noche, rodeada de amigos y partidarios en mi propia casa, transcurrió como una larga y tediosa vigilia al final de la cual podría producirse una nueva aurora para Nicaragua. Poco después de medianoche, reuní a todo el mundo y rezamos. Luego cantamos el himno de nuestra República, canto que hasta ese momento se había visto sustituido por el himno de los sandinistas.

Las horas que siguieron estuvieron llenas de tensión y ansiedad. Jimmy Carter no paró de ir de un bando a otro intentando mediar para conseguir una transición pacífica.

Pero en la sede sandinista no parecía dominar ese estado de ánimo. Me han contado que la derrota encolerizó a Daniel Ortega. Ortega mandó llamar al equipo norteamericano de asesores que había contratado para asesorarse, y que habían llevado a cabo amplias encuestas en su nombre. Al parecer, cuando exigió una explicación por la inexactitud de las mismas, le dijeron que el pueblo de Nicaragua había mentido. Entonces convocó a los líderes más radicales del FSLN para escucharlos. Algunos le sugirieron sabotear nuestros primeros días en el gobierno y boicotear todas nuestras medidas legislativas. Las excepciones fueron las de los que razonaron en favor de una transferencia tranquila y pacífica del poder. Los esfuerzos diplomáticos de Carter dependían de esos sandinistas con una forma de pensar más cívica.

Desireé, la futura esposa de mi hijo Carlos Fernando, no se dio cuenta de que los sandinistas habían perdido hasta las 5.00 a.m. En horas de la madrugada estaba recontando los votos en un barrio en el que casualmente los sandinistas habían ganado. Dio por sentado que aquello era lo que estaba ocurriendo en todo el país. Alrededor de las cuatro de la madrugada, Desireé fue a las oficinas de *Barricada* para encontrarse con Carlos Fernando. Vio el rostro lánguido de mi hijo y, como la derrota estaba tan lejos de su mente, sin formular ninguna pregunta, dio simplemente por sentado que se estaba produciendo la tan temida invasión de los gringos. Hasta que no emprendieron el camino de regreso a casa, no descubrió la verdad.

«¿No te has enterado?», le preguntó Carlos. «A las diez de la noche toda Nicaragua y el mundo sabían que habíamos perdido ya las elecciones.»

«¿Qué?», exclamó en voz alta y luego rompió a llorar. El dolor y la confusión que mi victoria provocó en todos los sandinistas fueron enormes.

Luego, a las 5.30 de la madrugada apareció en televisión un demacrado presidente Ortega. De pie junto a él, dominados por la congoja y la angustia, estaban sus compañeros de armas y su esposa, Chayo. Pronunció un breve y emotivo discurso en el que, con una voz trémula y tosca, reconoció su derrota. Se comprometió a una transición pacífica y prometió ceder su posición como líder del gobierno. Añadió que asumiría un nuevo papel como líder de la oposición. Aquellas eran palabras que en cualquier otro país no habrían tenido nada de excepcional. Pero en Nicaragua, donde los sandinistas habían dominado de forma tan total y absoluta, sus declaraciones parecían un milagro.

Después, y en aquella soleada mañana de lunes, pude sentirme orgullosa de mi país. Habíamos dado al mundo un ejemplo de cumplimiento de deberes cívicos en unas elecciones en las que el 90 por 100 del país había decidido participar y que Carter definiría como una ceremonia solemne que había tenido la «gravedad de una misa». Juntos habíamos refutado todas las ideas equivocadas acerca de nosotros.

Después de la declaración de Ortega me reuní con grupos de corresponsales extranjeros y les dije lo que tendría que repetir tantas veces después: «En esta emergente democracia nicaragüense no habrá vencedores ni vencidos. Violeta Chamorro puede ser testaruda, pero no es vengativa. Y su gobierno no producirá exilados ni presos políticos. No habrá confiscaciones. No se dejará fuera del juego político a ninguna muestra de oposición cívica. Y, lo que es más importante, no habrá más guerra, ya que la gente ha votado libremente en favor de la paz.»

Ortega volvió a hablar la tarde del día siguiente para asegurar a sus seguidores que defendería las conquistas de la revolución. Afirmó: «Gobernaremos desde abajo.»

A las 2 de la tarde del 26 de febrero, Carter llamó a Antonio y le pidió que fuera a verlo a su hotel. Dijo: «Antonio, los sandinistas aceptaron ya su derrota. Eso está muy bien. No obstante, ahora es importante que establezcas algún tipo de comunicación con ellos.»

Carter le pidió a Antonio que se reuniera con los sandinistas, y Antonio aceptó. En un momento posterior de ese mismo día Carter llamó a Antonio y le dijo que la reunión debía celebrarse al día siguiente a las 4 de la tarde en la oficina del Centro Carter en Managua, en el barrio Bolonia.

Asistieron a la reunión Antonio y Alfredo César. (Luego, cuando Alfredo se dio cuenta de que, como consecuencia de su participación en las conversaciones, tendría que firmar un acuerdo, el protocolo de transición, se retiró de las conversaciones.)

Llegaron un poco antes de las cuatro. Estaban esperando junto a Carter, Elliot Richardson y João Baena Soares. A la hora en punto, aparecieron los comandantes Humberto Ortega, Joaquín Cuadra Lacayo y Jaime Wheelock.

Carter dijo que comprendía que los sandinistas tuvieran ciertas reservas y preocupaciones y que consideraba que sería una buena idea que los conociéramos para poder llevar a cabo una transición pacífica en Nicaragua.

Como era previsible, Humberto citó como su principal preocupación la existencia de los contras como grupo armado de oposición. Afirmó que mientras no se hubiera procedido a desmovilizar y repatriar a los contras, no podrían confiar en el nuevo gobierno, ya que los rebeldes constituían una amenaza para ellos. También quería saber qué ocurriría con el ejército.

Antonio le dijo que, en su opinión, no debía preocuparse por los contras. La razón de su existencia era la de alcanzar la democracia. Ahora que habíamos ganado, íbamos a esforzarnos por conseguir que se desarmaran. No obstante, Antonio dejó perfectamente claro que los sandinistas no podían convertir la desmovilización de los contras en un requisito previo para reconocer la legitimidad de mi gobierno, ya que nosotros no éramos los líderes de la Contra. Les aseguró que nos dedicaríamos plenamente a ese problema y a reducir el ejército.

En relación con el ejército y la policía, Antonio señaló que eran instituciones nacionales, no sandinistas, y que deberían funcionar con independencia del partido desde el primer día de mi mandato.

La reforma agraria y el tema de las propiedades también se abordó. Al final del encuentro, Carter sugirió que formáramos dos equipos para el traspaso de poderes, uno por cada bando, de forma que pudiéramos discutir detalladamente las cuestiones y llegar a un acuerdo. Carter ofreció volver a Nicaragua si en nuestra opinión él podía resultar de ayuda en las discusiones. Pero nosotros pensábamos que esas cuestiones debían resolverse entre nosotros los nicaragüenses.

Creo que aquellas primeras cuarenta y ocho horas fueron cruciales para asegurar que prevaleciera el orden y la disciplina. El triunfo de la prudencia sobre la locura y de la humildad sobre la arrogancia no duraría mucho. Las profundas heridas que existían en la izquierda y en la derecha impulsarían pronto a ambos bandos a una confrontación, dejándome a mí la difícil tarea de arbitrar en ese sangriento enfrentamiento.

Casi de inmediato resurgieron las sospechas y las acusaciones en mi propio campo. Después de todo, éramos sólo una coalición que se había formado para las elecciones con intereses partidarios, contradictorios entre sí. En los días posteriores a mi elección, la organización UNO comenzó a resquebrajarse. Muy pronto me enteré en qué consistía realmente la política. La única cosa que parece les interesa a los políticos profesionales es el poder: cómo conseguirlo, cómo mantenerlo. En la coalición UNO había muy pocos que estuvieran de acuerdo con la política de reconciliación que yo proponía. Dejándose llevar por la ira, varios me acusaron de haber llegado a un pacto para cogobernar con los sandinistas.

De hecho, habían creído tan poco en mí como candidata que, según me han informado, antes de las elecciones solían discutir, quizás incluso con Daniel Ortega, cuáles debían ser las condiciones para el perdedor. Me dijeron que, si ganaba el FSLN, para dotar al proceso electoral de la credibilidad que tanto necesitaba, concederían a la UNO un 33 por 100 de los votos. Y de ese modo, en lugar de solicitar algún cargo en el gabinete o un puesto diplomático, los dirigentes de los partidos que constituían la coalición UNO habían decidido introducirse en las listas como candidatos para la cámara legislativa. Con el 33 por 100 de los votos, se asegurarían todos un escaño. De ese modo, incluso en caso de que perdiéramos, seguirían teniendo una cierta cuota de poder, un buen sueldo, exenciones de impuestos, un vehículo a su disposición, etc.

Yo, por otro lado, había pactado sólo con Dios y estaba dispuesta a actuar de acuerdo con mi conciencia. Cuando resulté elegida como dirigente de mi nación, consideré que mi responsabilidad era la de no crear más división, sino la de encontrar la forma de superar las fracturas en mi país y trabajar para que pudiéramos prosperar en paz y como República democrática.

También creí que la única forma de lograrlo consistía en adoptar un enfoque bipartidista para las tareas de gobierno. No podía ignorar que los sandinistas habían conseguido el 41 por 100 de los votos. Eso les aseguraba un número importante de representantes en la legislatura. Todo lo que necesitaban era sólo diez votos de la UNO para bloquear cualquier programa legislativo que yo pudiera proponer.

Además, estaba la cuestión de que el general Humberto Ortega seguía siendo el jefe de la organización más poderosa de América Central. ¿Debía sustituirlo o permitirle que siguiera en el cargo? ¿Cómo reducir las dimensiones de la poderosa organización militar de los sandinistas? ¿Cómo desarmar sus tropas paramilitares y desmantelar su política secreta sin la cooperación de ellos mismos? El asunto era un dilema que los días que siguieron a mi elección discutí mucho con Antonio.

Muchos en la coalición UNO creían que, con las miradas del mundo entero puestas en nosotros, se daba una oportunidad única para quebrar la organización monolítica del Ejército Popular Sandinista (EPS). Pero en mi opinión esa actitud sólo serviría para perpetuar errores del pasado.

Estaban además mis consideraciones anteriormente expuestas en relación con las reformas del ejército y con el desarme de miles de civiles sandinistas. Estaba convencida de que para poder realizar esos cambios deberíamos tener a Humberto de nuestro lado.

En Polonia y en Chile los gobiernos democráticos recientemente elegidos habían intentado introducir cambios mediante un lento proceso de transformación que exigía la lealtad de las fuerzas armadas.

En ambos casos el nuevo gobierno había decidido que se debían aplicar reformas graduales con la plena cooperación de los militares, lo que, en medio de cambios radicales, podría contribuir a mantener la estabilidad y el orden en el país.

En mi opinión, nuestra situación no era en absoluto distinta. Necesitábamos en primer lugar alcanzar un cierto grado de orden y estabilidad para poder centrar nuestras energías en resolver los problemas graves de Nicaragua: la pobreza y el déficit fiscal.

Seguía habiendo, sin embargo, muchos en desacuerdo con esta forma de pensar. Todos los que habían sido perseguidos y oprimidos y cuyas propiedades habían sido confiscadas sólo podían pensar en vengarse. Argumentaron en favor de desmantelar el partido y el ejército sandinista. Cuando me negué a incurrir en el viejo modelo de «ojo por ojo», empezó a hablarse de traición y de conversaciones a la sombra.

Esos rumores se vieron alimentados por el descontento de

algunos participantes en la coalición UNO, que creían que mi nominación había sido poco más que simbólica. En su opinión, yo no debía ser nada más que una especie de figura decorativa, mientras que ellos gobernarían el país.

Como cabía esperar, a la hora de formar el gabinete no busqué políticos tradicionales, sino muchachos bien preparados y con experiencia de trabajo. Yo tenía mis propias ideas sobre cómo gobernar, y también mis propias prioridades. El primer punto en mi orden del día era la desmilitarización de Nicaragua.

No necesitaba estudiar economía para comprender que si reducíamos el tamaño del ejército, podríamos recortar sustancialmente el gasto gubernamental. Tal como estaban constituidas, las fuerzas armadas consumían un tercio de nuestro presupuesto nacional. Tampoco necesitaba ser psicóloga para comprender cuáles eran los sentimientos de la población hacia los militares. Para nosotros se había convertido en un símbolo de opresión y parte de nuestro tormentoso pasado, caracterizado por la dominación más brutal.

Decidí, por tanto, abolir el reclutamiento obligatorio, reducir las fuerzas armadas de 84.000 a 15.000 hombres, destruir los depósitos de armas almacenados por todo el país y colocar a los militares firmemente bajo la jurisdicción del poder civil representado en el poder ejecutivo. Como era lógico, pensé que sólo podría lograrse con la plena cooperación del general Ortega.

Por tanto, mi próximo paso fue el de proponer esas medidas al líder de nuestras fuerzas armadas. De ese modo en los días que siguieron a mi elección, Antonio y yo nos reunimos con Humberto con el propósito de discutir mi misión para Nicaragua y el papel que en nuestra opinión él podía desempeñar con vistas a forjar un mejor futuro para todos nuestros compatriotas.

Pareció comprender de inmediato que el Ejército Popular Sandinista no podía seguir siendo el brazo represivo del partido. También tenía igualmente claro que no resultaba aconsejable intentar organizar un golpe militar. Después de la reciente invasión norteamericana de Panamá, existía la idea de que Estados Unidos estaba dispuesto a recurrir a la fuerza. Además, Humberto se mostró de acuerdo en que no podíamos seguir sumiendo a Nicaragua en continuas guerras civiles. Resultaba, por tanto, fundamental que, paralelamente a la reducción del ejército, se produjera la desmovilización de la resistencia Contra, todavía con posibilidades de atacar desde la frontera hondureña. En mi opinión no había nadie en el movimiento sandinista con más poder e influencia política que Humberto. Sin su cooperación habría resultado más difícil despolitizar y reducir pacíficamente el tamaño del ejército. Además, manteniéndolo a él por un período, estaba indicándoles a los oficiales del ejército que podían colaborar y confiar en mi nuevo gobierno.

La reforma agraria era una cuestión más espinosa. La situación de la misma tenía capacidad para hundir a la nación en un lodazal social y político que sólo serviría para empantanar el proceso de paz y la reactivación económica del país. Mi opinión era la de que anular lo que se había logrado en una década de socialismo implicaría arrebatar la tierra a los campesinos humildes. No obstante, en nombre de la revolución se habían llevado a cabo numerosas confiscaciones injustas; tenían que revisarse y posiblemente revocarse. Pero, en aras de la paz, había que respetar lo que se había concedido a los pobres u organizado en forma de cooperativas. Sin embargo, las propiedades bajo el control de una empresa estatal anónima tendrían que devolverse o privatizarse. Treinta días después los acuerdos que discutimos se convertirían en la base del protocolo de transición.

Lo que estábamos intentando conseguir era que los sandinistas se comprometieran con el proceso de transición que estaba iniciando mi gobierno en tres frentes distintos: estábamos pasando de la guerra a la paz, desde un sistema totalitario a una democracia liberal y pluralista, y desde una economía centralizada a un mercado libre. Ésos eran cambios que teníamos que realizar juntos, como nicaragüenses, suavemente, sin intervención exterior, manteniendo la estabilidad. Ése era nuestro sueño.

Capítulo Decimotercero

Durante la campaña, yo sabía que podíamos ganar. Si el muro de Berlín había caído, ¿por qué no los sandinistas? Y ahora, mirando hacia atrás, ¡cuántas cosas no hemos conseguido en estos seis años! Desde hace mucho tiempo las cosas son ya distintas, los nicaragüenses se han olvidado de cómo eran las cosas antes: la escasez, las colas, la pérdida de valor de la moneda, la militarización y el poder opresivo y omnipresente de los sandinistas, siempre dispuestos al ataque. Todo eso bajo mi gobierno pasó a la historia.

No incurriré en una descripción tediosa de todo lo que hemos hecho ni contaré todo lo que había dentro del gran «Nacatamal» que me encontré, los obstáculos con los que hemos tenido que enfrentarnos. Pero sí diré que ha resultado extremadamente difícil realizar los cambios necesarios en medio de las traiciones de todos los que afirmaban ser nuestros aliados y que, en lugar de ello, se asociaron con los sandinistas para sabotear mi programa legislativo.

El estado de la nación era mucho peor de lo que yo jamás hubiera imaginado. Recibí un país acosado por la pobreza y profundamente polarizado por el odio. Los contras y los sandinistas estaban en todo momento alertas, dispuestos a tomar las armas. Lo primero que teníamos que hacer era poner orden en el país.

Ese objetivo en sí mismo representó una formidable tarea. Sin desear mostrarme en ningún sentido superior a los demás, puedo decir con toda certeza que pocas personas habrían asumido la abrumadora responsabilidad de gobernar un país como Nicaragua. Pero yo tenía un compromiso con la democracia y soñaba con hacerla realidad. Me negué a dejarme intimidar. Los que no estuvieron a mi lado viviendo todas estas dificultades no pueden ni imaginarse hasta qué punto era grande el desafío.

El Partido Sandinista, después de su derrota, se agitaba y pataleaba a causa del dolor de sus lesiones y provocaba la destrucción a su paso. Como cuestión de rutina, los sandinistas organizaron grandes manifestaciones públicas que terminaron en tumultos, que arrasaron medio país. Eran gente que se complacía en extender el pánico y que no respetaba la autoridad civil. Su comportamiento sólo contribuyó a agravar las malas condiciones que existían en el país. Se podían escuchar las voces de unos pocos moderados del partido advirtiendo al resto contra una posible reacción del pueblo en contra de sus acciones. Al mismo tiempo, en mi calidad de madre de dos sandinistas idealistas, comprendía perfectamente bien que sería injusto definir a todo el FSLN basándose en las acciones de un grupito de líderes. No todos los miembros de ese movimiento eran codiciosos ni estaban deseosos de crear desestabilización. Había muchos jóvenes revolucionarios que no habían cometido delitos ni injusticias y que desempeñaban cargos modestos al servicio del Estado.

A muchos de ellos se les podía ver en las calles, aturdidos, vagando en un estado de asombro mientras intentaban comprender por qué el pueblo (los supuestos beneficiarios de la revolución) había votado para derrocar del poder al FSLN. Comprendí que a esas personas les esperaba una dura realidad. A esas legiones de idealistas desilusionados se podían sumar los grupos de internacionalistas. Eran los sandinistas en sandalias (o sandalistas) que habían llegado a nuestro país para vivir el romanticismo de una revolución marxista. Y no se trataba de pintorescos *hippies* políticos, sino de personas que deseaban colaborar seriamente con lo que creían era una emergente utopía comunista.

Todos ellos tenían dibujada en sus jóvenes rostros la decepción más amarga y se mostraban confundidos por lo que parecía ser un repudio concluyente de los sandinistas.

Algunos, como el norteamericano Benjamin Linder, que estaba ayudando a construir una planta eléctrica en Jinotega, resultaron muertos en un fuego cruzado entre el EPS y los contras, incluso antes de que se celebraran las elecciones.

En verdad, por cada sandinista que se negaba a reconocer la derrota había otro esforzándose por aceptarla. Por esas personas yo sentía la más profunda simpatía y deseaba contribuir a su proceso de ajuste.

Así cuando, movido por su cordialidad postelectoral, Daniel Ortega pidió, a través de mi hijo Carlos Fernando, poder visitarme en mi casa con el sencillo propósito, como él mismo dijo, de rendirme respeto y felicitarme por mi triunfo, le recibí lo mejor que pude, esperando que nuestro encuentro transmitiría el mensaje de que había llegado la hora de que vencedores y vencidos se dieran unos a otros un abrazo patriótico.

Al menos así es como yo veía las cosas. Pero nicaragüenses menos conciliatorios decidieron interpretarlo como una reunión de cúpulas en la que Daniel y yo procedimos a dividirnos nuestras respectivas «cuotas de poder». Políticos veteranos como mi vicepresidente Virgilio Godoy plantearon esta idea. Tenían esa mentalidad de que el ganador se lo lleva todo, lo que en mi opinión minaba nuestros objetivos democráticos. Yo deseaba alejarme de esa filosofía. En mi opinión, en ambos movimientos había personas cuyo valor, idealismo y patriotismo debían ser reconocidos. Me negué a apoyar la idea de que todos los partidarios de la izquierda eran unos villanos y los de la derecha héroes. Desde mi punto de vista, ambos bandos habían cometido malas acciones.

Como suelen hacer las madres, consideré mi tarea la de devolver armonía y equilibrio a la familia nicaragüense. No lo digo en vano. Otros lo han dicho ya antes que yo. De hecho, en cierta ocasión leí un artículo titulado: «¿Tiene la paz cara de mujer?» Lo que venía a decir en esencia es que la experiencia de una mujer como madre la dota de cualidades únicas para gobernar. Acostumbrada a administrar a diario las relaciones familiares, una madre está siempre más capacitada para comprender la gran paradoja de las emociones humanas: por ejemplo, que es perfectamente posible que las personas se comporten de formas buena o mala, dependiendo del nivel de hostilidad que exista en su entorno. Por tanto, mi filosofía ha sido la de condenar las acciones malas de los individuos, pero no a ellos como seres humanos.

Mis esfuerzos han sido dirigidos a modificar el entorno que a veces es el que contribuye a generar acciones malvadas.

Supongo que ésa es la razón de que cuando vi a Daniel acompañado por mi hijo Carlos Fernando, no me resistí a mi impulso natural de abrazarle, al igual que a mi propio hijo. Cuando entró en la intimidad del jardín situado en la parte delantera de mi casa, se detuvo a admirar las flores. «Se trata de algo práctico», le dije. «Me sirven para ahorrarme tener que comprar las flores que llevo a la tumba de Pedro todas las semanas. Además me proporcionan intimidad y protección. Aunque mi mayor protección es la de Dios y la de la Virgen de Guadalupe», añadí, señalando a la estatua situada junto a la entrada.

Les expliqué que había construido el jardín después de que las turbas sandinistas vinieron a pintarme las paredes y a tirar piedras contra mis ventanas. Al principio sólo había una valla no demasiado atractiva, hecha de madera. Después planté veraneras que ahora cubren todo el muro con sus brotes de color púrpura. Finalmente puse también maceteras alrededor.

Antes de entrar al corredor de la casa, le mostré a Daniel los azulejos con mis iniciales. «Como podés ver», le dije, «son V.B.CH., porque yo me llamo Violeta Barrios de Chamorro. Y no, como los sandinistas dijeron durante la campaña, simplemente Violeta Barrios».

También le dije: «Puse estos azulejos aquí para que mi pueblo no se deje engañar. Quiero que sepan exactamente quién soy: la esposa de un héroe martirizado, Pedro Joaquín Chamorro Cardenal.»

Una vez dentro, Daniel se echó a llorar. Lo abracé y le dije: «Mi muchacho, no pasa nada.» Luego le invité a sentarse en una mecedora a mi lado.

Durante la campaña, Daniel había adoptado la postura de una estrella de *rock*. Pero ahora, mientras permanecíamos sentados juntos, me sorprendió su evidente melancolía. Al parecer, el golpe de la derrota inesperado le había hecho pasar muchas noches en vela.

Me di cuenta de que tenía ante mí a un hombre que, debido a su equivocada conducta anterior, ahora no era sino una sombra de sí mismo. Dio la impresión de que había desaparecido ya el fulgor del joven revolucionario que hacía menos de una década había ascendido al poder. Parecía que había desaparecido ya el porte orgulloso del líder que hasta hacía poco tiempo había sido aclamado por sus seguidores como un auténtico emperador romano.

Cuando acabábamos de iniciar nuestra conversación, entró alguien en la habitación para informarme de que el ex presidente Ronald Reagan estaba al teléfono. En un primer momento creí que se trataba de una broma y seguí hablando. Poco tiempo después, la misma persona volvió para decirme que el presidente Reagan seguía esperando al teléfono.

Me apresuré a disculparme y me dirigí a recibir la llamada. Ya había recibido un telegrama del ex presidente felicitándome por mi victoria y por el triunfo de Nicaragua sobre la dictadura. Pero hasta aquel día no había tenido nunca la oportunidad de hablar directamente con el señor Reagan.

Debido a la falta de práctica, mi inglés no es demasiado bueno. Hablamos por tanto por medio de un intérprete. Pero yo podía comprenderlo todo. Me contó el placer que sintió por el éxito de mi campaña y me dijo que el 25 de febrero había sido un día lleno de bendiciones para la democracia.

«Qué paradoja», pensé. Aquí estaba hablando con Ronald Reagan mientras que Daniel Ortega me estaba esperando en la oficina. Durante la mayor parte de la década de los ochenta, aquellos dos hombres se habían negado obstinadamente a reunirse y discutir una solución pacífica para Nicaragua. Con su actitud dogmática hacia la resolución del conflicto, el presidente Reagan y Daniel Ortega habían añadido un capítulo sangriento más a nuestra historia. Ninguno de ellos había vencido. La mayor perdedora había sido Nicaragua. De haber conocido a Ronald Reagan entonces, yo podría haber defendido mejor la paz. A comienzos de 1987, cuando reabrimos *La Prensa*, Cristiana y yo, por razones políticas, no apoyamos la lucha armada, decidimos cerrarle las puertas a la guerra y abrírsela a la lucha cívica, a nuestros políticos y empresarios que se quedaron en Nicaragua luchando desde dentro.

Desde las páginas de nuestro periódico habíamos saludado como héroes a políticos que se quedaron en Nicaragua luchando desde dentro. Por ejemplo Miriam Argüello, una de los muchos que habían sufrido la represión y se habían visto encarcelados tras la celebración de un acto político de la Coordinadora Democrática en Nandaime. Seguimos dicha política de pacificación pagando un gran costo político. En el seno de la oposición había muchos que acariciaban secretamente el sueño de ver a los *marines* norteamericanos desfilando por Managua, apoderándose del búnker situado en la cima de Tiscapa y expulsando a los sandinistas de Nicaragua para siempre. Dentro de mi propia familia, situada a mitad de camino entre la izquierda sandinista de Carlos Fernando y Claudia y la derecha contra de Pedro Joaquín, me criticaban por situarme en el centro de los extremos.

Se han escrito muchos libros sobre la política exterior de Reagan en relación con Nicaragua. No tengo mucho que añadir, salvo quizás que no creo que la guerra de los contras fuera la mejor alternativa para la causa democrática. Puede que incluso obstaculizara la llegada de nuestra causa democrática, ya que obligó a los sandinistas a reforzar su control sobre todos nosotros, a reprimir la disidencia política, estrangular la oposición cívica y hundirnos cada vez más en la pobreza.

Estoy de acuerdo con el presidente Reagan en que, entre los contras, había muchos combatientes por la libertad, campesinos humildes y honestos que se habían unido a las fuerzas de la resistencia por considerar que no existía un diálogo razonable. Lamentablemente, el endurecimiento de las posiciones sirvió también para incrementar el resentimiento y el deseo de venganza en los corazones de muchos nicaragüenses.

Los sandinistas habían echado sobre los hombros de Ronald Reagan toda la culpa de la guerra. Pero había sido su ansia de poder lo que les había impulsado a seguir queriendo combatir mientras tuvieran armas y municiones. Se debe culpar asimismo a los soviéticos por suministrarles continuamente armamento. Pero a quien considero más responsable de todos es a Fidel Castro. Él hizo a los sandinistas y, una vez que estuvieron en el poder, les utilizó como trampolín para lanzarse sobre el continente americano. Les aconsejó sobre las medidas políticas más duras que utilizaron para perpetuarse en el poder. Envió al general Ochoa y sus tropas (Ochoa había combatido previamente en Angola) para ayudar a Humberto Ortega a diseñar una estrategia militar nueva y más eficaz en nuestro país. Él y quienes le siguieron son culpables de los miles de muchachos que murieron en Nicaragua.

Afortunadamente, hemos superado ya ese sombrío pasado. La llamada telefónica del ex presidente Reagan, que había sido precedida por otra del presidente Bush, representaba el inicio de unas buenas relaciones entre nuestros dos países.

Las elecciones demostraron que la voluntad de la mayoría de los votantes fue decir «no» a la intervención norteamericana, «no» a los comunistas, «no» a la locura de la guerra. Lo que la gente quería era que el país se gobernara a diario por la razón y el sentido común, dos cosas que, desgraciadamente, suelen escasear más que abundar entre los políticos.

Han sido por tanto necesarias grandes dosis de paciencia y perseverancia para transformar una cultura política como la nuestra. Para cambiar Nicaragua hará falta al menos una generación. Incluso esa puede ser una predicción demasiado optimista, teniendo en cuenta nuestra historia y nuestro comportamiento actual. Para comenzar a cambiar las cosas, tenía que destruir con mis propias actitudes toda una serie de estereotipos basados en la idea de confrontación.

Volví a mi reunión con Daniel después de haber decidido que, al margen de lo que me había hecho ese hombre y los otros sandinistas, no podía permitir que ningún resentimiento contaminara el cordial civismo de nuestras relaciones. Merecían una segunda oportunidad. Le aseguré a Daniel que no tenía nada que temer de mí, y que confiaba en que él utilizaría su influencia para ayudar a Nicaragua. Nadie dudaba de que Daniel controlaba las masas sandinistas.

Pero, en los dos meses que transcurrieron entre las elecciones de febrero y mi proclamación en abril, aprendí mucho sobre la perfidia de los políticos. Poco después de nuestro encuentro, dejándose llevar por un cambio de estado de ánimo, Daniel abandonó su postura de hombre civilizado. En los últimos días de su presidencia, en lugar de elevarse a un lugar superior, Daniel se hundió cada vez más y más cometiendo errores.

No paraban de llegarme informes que decían que estaba animando a sus seguidores a saquear hasta el último rincón del gobierno, incluyendo llevarse a sus casas televisores, carros, muebles, escritorios, archivos, computadoras, etc. Lo que no pudieron llevarse físicamente, los sandinistas se lo atribuyeron con falsos títulos. De la noche a la mañana buena parte de Nicaragua fue privatizada en favor de un grupo de sandinistas.

Luego, y llegando a un nivel de saqueo todavía mayor, Daniel, Sergio Ramírez y los asesores legales que tenían en el Congreso, se apresuraron a dictar decretos para asegurarse de conservar el mayor poder posible. Con una mayoría de votos podríamos revocar luego lo que estaban haciendo. Pero la UNO se decidió desde el primer día de la legislatura.

El vandalismo sandinista alcanzó tales extremos que todo ese período fue calificado por *La Prensa* bajo la dirección de Cristiana, como la «gran piñata». La repartición de bienes entre sandinistas nos recordaba a todos las fiestas en las que los niños se turnan para golpear la piñata con un palo hasta que se rompe, lanzándose luego todos sobre el suelo para recoger los confites que lleva por dentro.

Los abusos de los que fui testigo en esos sesenta días antes de mi proclamación representaban un marcado contraste con la forma en la que mi marido, Pedro, había vivido. Pedro era un auténtico discípulo de Cristo. Pedro era partidario del principio de que «debemos hacer con los demás lo que quisiéramos que éstos hicieran con nosotros». En el pensamiento político de Pedro, «otros» quería decir el pueblo de Nicaragua.

Así, y a pesar de la tensión reinante, decidí seguir adelante con mi plan de reforma de Nicaragua de manera que pudiera ser un país pluralista y democrático, como Pedro y yo lo habíamos soñado.

Pero un sueño no es nunca lo que uno piensa que debería ser. A lo largo del camino ocurren muchas cosas que contribuyen a modificarlo.

Cuando sólo faltaban diez días para mi proclamación, Daniel no había concedido permiso para que la ceremonia se celebrase en el lugar que yo había elegido. Todo el mundo se preguntaba qué se podía hacer. Entonces se celebró una cumbre de presidentes centroamericanos en Montelimar, la antigua plantación azu-

341

carera de Somoza, en la que los sandinistas habían invertido al parecer 30 millones de dólares para convertirla en un hotel de lujo. En la casona situada sobre la colina, la antigua residencia de Somoza, se organizó un almuerzo al que fuimos invitados el cardenal Miguel Obando y yo. Por tanto, ayudándome con mis muletas, recorrí poco a poco, taca-taca-taca, el vestíbulo hasta la sala en la que se encontraban reunidos todos aquellos hombres de Estado. Me senté junto a Óscar Arias, de Costa Rica. Yo no comía nada. En un determinado momento durante el almuerzo, Óscar Arias se volvió hacia mí: «Violeta, ¿dónde va a ser el traspaso de poder?»

«Pues todavía no lo sé. La fecha se aproxima, pero ya sabes que esta gente», le dije señalando a Daniel, que estaba situado en el otro extremo, «no quiere concedernos nada». Daniel se limitó a reírse: «Ja, ja». Pero yo seguí. «Ya sabes que he intentado conseguir permiso para utilizar el estadio. Pero en su lugar me han ofrecido un espacio cerrado que alcanzaría sólo para unos pocos afortunados. Yo quiero que todo el pueblo de Nicaragua vea cómo puede ser una toma de poder en Nicaragua. Tengo ya sesenta años y todavía no he visto ninguna.»

Óscar Arias, Premio Nobel de la Paz, le dijo a Daniel: «¿Qué podemos hacer para resolver esto?» Teniendo mucho cuidado de no revelar que él era el que había elaborado los planes para la ceremonia de toma de posesión. Daniel contestó: «Se lo diré a Sergio.» Pero yo repliqué: «Mandemos a llamar a Sergio de inmediato, o de lo contrario no habrá una ceremonia de toma de posesión.» Cuando Sergio apareció, Daniel le dijo: «Ocúpate de esto.» Era así de sencillo.

El 24 de abril, mientras Antonio estaba dándole los últimos toques al discurso de toma de posesión del día siguiente, habían empezado ya las deserciones de mi gabinete. Gilberto Cuadra, nombrado ministro de la Construcción, y Jaime Cuadra, ministro de Agricultura, se mostraron rotundamente en contra de que Humberto Ortega siguiera al frente del ejército.

Mientras todo eso ocurría, se estaba procediendo a la votación de la directiva del Congreso. Como era de esperar, se eligió presidente a Miriam Argüello. Pero una fracción de la UNO, dirigida por Alfredo César, no estuvo de acuerdo y se aliaron con los sandinistas para no darle la secretaría a Jaime Bonilla, partidario de doña Miriam. En lugar de Bonilla se propuso a Alfredo César, quien resultó elegido con los votos sandinistas. El mismo fenómeno ocurrió con los otros cuatro cargos restantes. A partir de ese día, el voto de la UNO en el Congreso permaneció dividido.

Alfredo conservó la fidelidad de su bloque hasta el día que comenzó a hacer campaña en contra de la ayuda norteamericana a Nicaragua, momento en el que fue expulsado de su partido.

Mientras Alfredo manejaba a su estilo y criterio el Parlamento, Antonio y yo estábamos muy ocupados en cuestiones más importantes, negociando con el gobierno sandinista el traspaso de poderes y con Humberto la situación del ejército. Lo que más me preocupaba era la resolución de este segundo asunto, ya que los políticos son peces sumamente escurridizos, como los guabinas que nadan en las aguas del Gran Lago de Nicaragua. Necesitaba que Humberto me asegurara que el ejército se despolitizaría y que respetaría mi gobierno y me ayudaría a sacar adelante mi programa. Por tanto, la víspera de mi toma de posesión, fui a reunirme con Humberto Ortega una vez más para asegurarme de que teníamos que reconstruir nuestro país juntos y estar segura de que comprendía cuál iba a ser su papel.

Esta vez frente a testigos, le dije que, a pesar de que él y su hermano eran «non gratos» para la mayoría del pueblo que me dio su voto, creía que podíamos colaborar juntos; pero que si él no cumplía su palabra de respetar la Constitución y participar plenamente en mi programa de gobierno, no tendría ningún futuro en Nicaragua. Nadie creía en ellos. Sus acciones pasadas y sus traiciones habían destruido su credibilidad. Le hice ver que aquella era su última oportunidad de recuperar la confianza del pueblo nicaragüense. Me dio su palabra y a mí la historia me daría la razón después.

El 25 de abril me desperté al amanecer. La Anita me trajo mi desayuno a base de té y pan. La casa estaba desierta. La pequeña tropa de ayudantes de campaña y asistentes administrativos que durante los últimos meses no habían parado de moverse por mi casa a todas horas del día, organizando encuentros y realizando entrevistas que favorecieran nuestra causa democrática, se habían marchado ya. Pedro Joaquín y Marta Lucía estaban dormidos en una habitación; Claudia Lucía, que había venido especialmente para mi toma de posesión, estaba hospedada en casa de un hermano de Edmundo, y por tanto no estaba en la mía aquella mañana.

El silencio de la casa me indujo a un estado de ánimo pensativo. Reflexioné sobre la importancia del momento. Por primera vez en nuestra historia, un presidente civil legítimamente electo iba a recibir el traspaso de poderes de un grupo militar que lo había alcanzado mediante una revuelta armada. Era un acontecimiento fundamental en nuestra historia y nuestras vidas. Aquel día estábamos aceptando devolver al pueblo el poder de elegir a sus líderes. Sin embargo, cuando leí todos los periódicos, *La Prensa, Barricada* y *Nuevo Diario*, me di cuenta de que todos, salvo *La Prensa* pronosticaban que mi presidencia no duraría mucho. Según ellos el FSLN prometía gobernar desde abajo. En el código sandinista eso significaba: «Vamos a sabotear su gobierno.»

Otros reportajes señalaban que los sandinistas se habían comprometido a defender los avances de la revolución. Eso representaba una amenaza encubierta contra cualquier propuesta legítima destinada a acabar con la «piñata».

Mi lectura se vio interrumpida a las nueve de la mañana por Cristiana y Clarisa Barrios, la hija de mi difunto hermano Raúl. Se quedaron muy sorprendidas al descubrir que no había empezado a vestirme. Todavía no había elegido lo que me iba a poner aquella mañana. No soy de las personas que dedican mucho tiempo a pensar sobre vestimentas. Pero conozco la importancia del simbolismo y de hacer los gestos adecuados. Así pues, aquel día quise reflexionar cuidadosamente sobre mi atuendo. Había decidido que mi vestido sería blanco, el color de la ropa que se suele llevar para recibir los sacramentos, ya que era el que mejor simbolizaba el carácter inmaculado que deseaba aportar a mi presidencia. Creía además que reflejaría la idea de santidad con la que yo veía nuestra cruzada política según iniciábamos una nueva era de paz, democracia y reconciliación nacional.

Mi confusión se centraba sobre si ponerme o no algunos de los vestidos que me habían enviado, a modo de regalo, diseñadores tan famosos como Óscar de la Renta. Aquella mañana decidí que por mucho que apreciara sus obsequios, ponerme uno de esos vestidos equivalía a rechazar la ayuda de Aurorita Cárdenas, mi fiel amiga de Houston, que me compra algunas de mis ropas. Conoce mis gustos: sencillo, bonito y barato. Finalmente, fue uno de esos trajes el que elegí. Como único adorno me puse una cruz antigua que me había regalado mi abuela.

Cuando llegó mi sobrino Carlos Hurtado, discutimos en qué carro debía dirigirme a mi toma de posesión. Había algunas preocupaciones en torno a la seguridad; algunos pensaban que yo debería ir en un vehículo blindado. Nadie estaba seguro de cómo se comportarían las turbas sandinistas. Pero le dije a Carlos que yo quería en mi «convertible», el Violemóvil, de manera que la gente pudiera verme como me había visto mientras hacía campaña, sin mostrar miedo a nada. Cuando ya se han vivido los peores días de la vida de uno, nada puede asustarlo. Carlos y Antonio insistieron en que yo llegara hasta el estadio en un coche cubierto y que una vez allí me cambiase al otro.

Salí de mi casa en Las Palmas y me vi inmediatamente rodeada de auténticas hordas de periodistas, guardaespaldas y asesores, todos los cuales se habían convertido en parte de mi entorno permanente. Reconozco que ser objeto de tanta atención había llegado a convertirse en una auténtica pesadilla para mí. Me despojaba de mi libertad para andar por las calles como una ciudadana privada. No obstante, era también algo que no podía esquivar una vez que había iniciado mi vida política.

Decidí por tanto enfrentarme a mi nueva situación con bastante humor, inocencia y paciencia, sobre todo en mis relaciones con los corresponsales extranjeros, que estaban constantemente aparcados delante de mi puerta. Comprendí que, al igual que los sandinistas estaban asombrados ante los resultados de las elecciones y necesitaban comprender para sí mismos y para sus lectores el «gran misterio» que se ocultaba tras la victoria de doña Violeta.

Pero llevaron mi paciencia hasta el límite cuando empezaron a hacerme preguntas como: «¿Se considera una Margaret Thatcher, una Benazir Bhutto o una Corazón Aquino?» A esas preguntas sin sentido solía responder que, aunque me gustaban y respetaba mucho a todas esas mujeres, no quería parecerme a ninguna de ellas. En primer lugar yo vivía en Nicaragua, no en Gran Bretaña, Pakistán o las islas Filipinas. La señora Aquino y yo teníamos algo en común; el hecho de que nuestros maridos habían pagado con la vida su amor a su país. Pero yo era Violeta Chamorro.

Algunas veces las preguntas adoptaban otro giro: ¿Concede usted importancia al hecho de que en los últimos tiempos pareciera haber más mujeres al frente de los destinos mundiales? ¿Es esto el anuncio de una nueva era de dominio femenino en nuestro planeta? Esa pregunta debería formularse cuando la lista incluya a veinte o cuarenta mujeres del mundo que sean primeras ministras, presidentas o jefas de Estado, y no cuando somos sólo tres o cuatro. De hecho, nunca se me ocurrió que mi elección pudiera interpretarse como parte de una tendencia creciente hacia el matriarcado dentro del poder. Siempre he pensado que mi candidatura fue producto de las circunstancias, y que yo me entregué a ella para que Pedro y Nicaragua pudieran triunfar a través de mí.

Pero lo que en ningún caso podía soportar era cuando tenía que someterme a sus muestras de sabiduría convencional, sobre todo cuando adoptaban una actitud paternalista hacia mí. La mañana de mi toma de posesión, uno de los corresponsales tuvo la audacia de sugerir que mi dependencia de Dios y Pedro era excesiva y que no podía imaginarse que yo pudiera finalizar mi mandato.

Me disgustaba mucho comprobar que no habían comprendido que, aunque mi fe en Dios me daba fuerza y los ideales de Pedro inspiraban mi liderazgo, mi persona y mi equipo teníamos otras cosas que ofrecer. En esos casos solía referirme a mi leal grupo de asistentes que, además de valor y honestidad, poseían una notable inteligencia y una excelente formación académica y profesional, lo que en mi opinión podía contribuir a sacar a Nicaragua de las ruinas y la confrontación en que la habían dejado mis «experimentados predecesores». Al igual que cualquier otro presidente, confiaba en mis asesores y en el personal a mi servicio. «Pero», añadía, «sin liderazgo, ideales y un elevado componente moral, será inevitable que perdamos el rumbo».

Y así, entré en el Estadio Nacional a bordo del Violemóvil, enfrentada a la gigantesca tarea de llevar la paz a mi país desgarrado por la guerra.

LEJOS de estar deslumbrada por la victoria, me preocupaba si nuestros numerosos problemas convertirían a Nicaragua en un país imposible de gobernar. Sabía que durante los años venideros mi vida estaba destinada a dedicarse a una lucha constante, en la que habría sólo raros momentos de armonía. Entre mis preocupaciones más importantes de aquel día destacaban las fisuras políticas que estaban desgarrando nuestra nación.

Se trataba de un fenómeno claramente palpable en la forma en la que las gradas del estadio parecían estar divididas por la mitad. A un lado se encontraban las multitudes extasiadas de los que habían votado a favor de Violeta, y al otro los ruidosos espectadores del FSLN vestidos de rojo y negro. No obstante, en aquella ocasión me di cuenta de que, como dirigente recién elegida, tenía un compromiso irrenunciable tanto con mis amigos como con mis adversarios.

Cuando el Violemóvil se detuvo delante de la plataforma destinada a los oradores, mis hijos me estaban esperando para ofrecerme su apoyo. Recuerdo que pensé la suerte que tenía de mantener mis relaciones al margen de la política con todos ellos, a pesar de que cada uno piensa diferente. Internamente les agradecía que durante los oscuros años de la opresión sandinista, cuando resultaba tan difícil conseguir la tolerancia, nunca dejaron de venir a mi casa para compartir conmigo una comida e interesarse por mi salud.

Lejos de mi casa, expresaban con frecuencia opiniones y actuaban de formas que era inevitable que me hicieran daño. Pero Pedro y yo habíamos querido que fueran así: libres e independientes. Creíamos que debíamos permitir que sus personalidades se desarrollaran sin verse obstaculizadas por nuestros propios prejuicios y opiniones; por eso fomentamos en ellos el sentido de solidaridad y de respeto de unos por otros. La diversidad y unidad que alcanzamos en el núcleo de nuestro hogar se traduciría a nivel nacional en pluralismo y democracia.

Por esa razón, no me sentí sorprendida cuando Claudia anunció que iba a venir a Nicaragua para mi toma de posesión. En aquellos momentos vivía junto con Mundo, Edmundo Jarquín, en España, donde él era embajador de los sandinistas. El día que llegó, nos reunimos todos en la casa y abrimos una botella de champán. Carlos Fernando estaba también presente, a pesar de que su periódico había atacado mi campaña. Mis dos hijos sandinistas comprendían que, al igual que su padre antes de mí, yo consideraba mi deber luchar contra el yugo de la opresión, fuese la de los Somoza o la de los sandinistas.

La presencia de Claudia en el podio aquel día reforzó mi decisión de trabajar en pro de la unidad en unos momentos en los que todo el mundo deseaba actuar siguiendo sus intereses o de acuerdo con el resentimiento y deseos de venganza que inflamaban sus corazones.

Según avanzaba en la tarima para recibir la banda azul y blanco que representa el poder presidencial, me preguntaba si estaba haciendo realidad un sueño imposible, pues no podía ignorar la cultura de nuestro país, que hacía que a los hombres les resultara más fácil sucumbir a la codicia y al deseo del poder que cumplir su deber patriótico.

Con una mezcla de angustia y alegría, saludé a todos los nicaragüenses sin excepción. Y les felicité por haberse unido conmigo en «nuestra fiesta democrática», que dije había sido posible «gracias a los votos y no al fuego de los cañones».

Me dirigí a ellos como «amigos, compatriotas y aliados», y les informé de mi decisión de alejarnos de la «lucha descarnada por el poder» que nos había venido desgastando durante siglos. Les recordé nuestro sueño de llegar a ser una democracia que en nuestra historia reciente no había sido posible debido a los bajos apetitos de nuestros dirigentes militares, incapaces de servir a su país porque, en lugar de ello, preferían servirse a sí mismos.

Recordé que quienes habían optado por perseverar en nuestra búsqueda de libertad e igualdad, como Pedro, habían sufrido el exilio, el secuestro, el asesinato o la prisión.

Hasta aquella mañana no había podido dejar de preguntarme si la muerte de Pedro no habría sido en vano. Pero cuando miré los rostros jubilosos de mi pueblo, me di cuenta de que la sangre que se había derramado de su cuerpo martirizado estaba poniendo las semillas de una nueva nación.

Al igual que Pedro me había dicho tantas veces antes, les repetí: «No puede haber soberanía sin paz; no puede haber soberanía sin libertad». Pero para tener libertad, les dije, deben respetar «el imperio de la ley, los principios morales», las opiniones de otras personas y la propiedad privada.

Luego, como símbolo de reconciliación, tendí mi mano a todos y cada uno de mis compañeros y declaré la amnistía general para todos. Añadí que quería que a partir de ese mismo día todos depusiéramos las armas y dejáramos a un lado nuestros intereses partidarios para poder iniciar la difícil tarea de reconstruir Nicaragua.

De pie ante una multitud exaltada y desbordante, expliqué en qué consistía en esencia mi plan de gobierno, comenzando por lo que sabía era una medida antipopular pero necesaria: mi intención de mantener a Humberto Ortega al frente del ejército.

Consciente de la resistencia con la que se enfrentaría mi anuncio, me explayé hablando de mi decisión y expliqué que en mi opinión la única forma de gobernar Nicaragua consistía en romper el círculo vicioso de venganza que había caracterizado a todos los políticos de nuestro país. Apelé a sus «corazones nobles y patrióticos» y les pedí que me ayudaran a «rescatar a Nicaragua de la violencia». Les recordé que, como nicaragüenses, éramos todos hermanos y hermanas y que, sobre esa base, debíamos alejarnos de nuestra cultura política basada en el caciquismo y las represalias, dejar a un lado nuestras diferencias ideológicas y centrarnos en las cuestiones que nos unían. Les prometí que terminarían descubriendo que la reconciliación resulta más gratificante que la victoria.

Cuando levanté mis ojos y miré en torno a mí tanto en el mismo podio como más allá de él de la tarima, sentí que había muchos dispuestos a ser mis colaboradores. Sin embargo, estaban también los que habían dejado ya perfectamente claro que se opondrían a mi gobierno y otros de los que sabía que se limitarían a criticarme permanentemente por no estar de acuerdo con mi política de reconciliación.

Pero yo estaba preparada para esta reacción. Mi decisión de

no imponer la renuncia del general Ortega había provocado ya deserciones en mi propio gabinete. Era, por tanto, consciente de que mi política de reconciliación no sería bien recibida por todos los nicaragüenses, sino sólo por aquellos que comprendían bien que era una necesidad para parar la guerra y dejarse de matar entre hermanos nicaragüenses.

Me doy cuenta de que en las democracias avanzadas, donde la gente goza de libertad, no se plantea esa clase de dilemas. Un sistema de frenos y equilibrios garantiza siempre una transición pacífica y la capacidad de renovar el gobierno. Pero en nuestra cultura nicaragüense, las cosas habían sido distintas. Primero los Somoza y después los Ortega monopolizaron el poder, se perpetuaron hasta que los bajamos. Mi sueño consistía en que nosotros, los herederos de ese legado tan imperfecto, lo eleváramos por encima de los errores de nuestra herencia política y construyéramos una democracia en la que prevaleciera un verdadero equilibrio de poderes.

Para lograrlo, les dije, debemos «sustituir nuestra cultura de confrontación por otra de tolerancia y amor a la paz». Debemos domesticar a nuestra sociedad de guerreros y convertirlos en juiciosos hombres de letras.

Finalmente, añadí, mi sueño es que si logramos las reformas que propongo, algún día mi banda presidencial pasará a un sucesor democrático debidamente elegido, tradición que confío se mantendrá durante siglos, de forma que Nicaragua pueda convertirse finalmente en una república.

Invité a todos a asumir la «identidad nacional» descrita en sus obras por nuestro gran poeta Rubén Darío. Pensaba que ésa era la clave para nuestro éxito. El orgullo y la unidad de propósitos era lo que necesitábamos para reconstruir Nicaragua y convertirla en un país en el que no volvería a haber necesidad de generales. Y en ese propósito se apoyaría nuestro ejercicio del poder.

Capítulo decimocuarto

El pueblo había votado a favor del cambio, pero para alcanzar la estabilidad política y poder gobernar hacía falta un período de transición a la paz en el que tenían que cicatrizar nuestras heridas. Por eso consagré los doce primeros meses de mi gobierno para llevar la paz a mi país.

Desde antes de la toma de posesión, gran parte de mi tiempo lo invertí en hablar con los contras. Nos reunimos con los comandantes en jefe de la Contra de Honduras. Les dijimos que su misión había concluido ya, y que ahora todos podían volver a una vida civil y pacífica. Les explicamos que ahora mi tarea consistía en trabajar en favor de la democracia. Como consecuencia de esas conversaciones, firmaron una carta de intenciones declarando que estaban dispuestos a desmovilizarse antes de junio. Aquello fue sólo el inicio de lo que se convertiría en un largo proceso para convencer a los contras que depusieran sus armas.

A los dos días de mi toma de posesión, Daniel Ortega, el hombre que había sido presidente durante toda una década, salió al público con una camisa negra y un pañuelo rojo en torno al cuello llamando a miles de militantes sandinistas a defender la revolución. Exigió que los contras se desarmasen antes del plazo límite que ellos mismos habían fijado, junio de 1990. «De no ser así», amenazó, «será el pueblo armado el que se encargará de disolverlos».

El otro tema de Daniel fue la defensa de la «piñata», todo lo que se repartieron durante los dos meses anteriores a mi toma de posesión, cuando cientos de empresas públicas se privatizaron de la noche a la mañana en favor de corporaciones anónimas cuyos ejecutivos habían sido anteriormente miembros del Gabinete sandinista.

El que se había definido como enemigo de la propiedad privada ahora defendía las propiedades piñateadas, que incluían miles de manzanas de las tierras agrícolas más valiosas y las residencias más lujosas de Managua.

En las arcas del Estado Daniel dejó tres millones de dólares para administrar el país. Llegué a la conclusión de que aquella gente no eran los jóvenes idealistas que una década antes habían marchado sobre Managua para construir una Nicaragua mejor.

A Daniel le había gustado siempre hablar mucho; pero, después de verse expulsado de su cargo en unas elecciones libres, se había dedicado a intervenir en la radio y en la televisión con una pasión desbordada que revelaba una profunda inseguridad y una gran necesidad de curar su ego maltratado. El país tuvo que pagar un alto precio para que nosotros pudiéramos sustituir todos los activos e inventarios que los sandinistas se llevaron a sus casas.

Le pedimos a Humberto Ortega que intentara ejercer una influencia positiva sobre Daniel. Su opinión era que, una vez se lograra desarmar a los contras, las cosas cambiarían.

Las negociaciones con los contras avanzaban más lentas de lo previsto. Se mostraban lógicamente preocupados por su seguridad personal. Era el inicio del proceso de paz. Durante todas las negociaciones se dieron abundantes muestras de mala fe. El avance se veía constantemente obstruido por recriminaciones. La conducta feroz y salvaje de un pequeño grupo de miembros del FSLN dificultó considerablemente el proceso de paz y en momentos parecía que aumentaría el odio que cada grupo sentía por el otro.

Yo no perdía la esperanza. Pensaba que era sólo cuestión de tiempo, que la ira que sentían ambos bandos terminaría disipándose y viéndose sustituida por una actitud más razonable.

Antonio se reunió con tantos comandantes de la contra como pudo e intentó convencerlos de la gravedad de su situación. Les hizo ver que la ayuda humanitaria que estaban recibiendo estaba abocada a terminar y que había que encontrar una solución antes de que se quedaran sin casa, hambrientos y expuestos a los ataques de elementos renegados del FSLN.

El primer grupo de la Contra depuso sus armas el 8 de mayo de 1990. Logramos que el desarme avanzara a un ritmo de 120 hombres por día y no los 200 que esperábamos.

Israel Galeano, conocido entre los contras como comandante Franklyn, al que habían nombrado mediador, me explicó que resultaba difícil convencer a sus hombres de que se desarmasen porque las zonas de seguridad que se les habían asignado no estaban bien delimitadas. Los contras querían tener sus propios centros médicos, escuelas y tierras para trabajar.

Como si estuviéramos planificando un Estado independiente dentro del país, asignamos a los contras 16.000 kilómetros cuadrados, casi todo el departamento de Río San Juan y parte de Zelaya Sur. Franklyn nos aseguró que aproximadamente la mitad de los 23.000 contras decidirían establecerse en esas zonas de desarrollo, mientras que la otra mitad optaría por volver a sus antiguos hogares. Ese acuerdo consumiría en el primer año casi 50 millones de los 300 millones de dólares que nos había concedido Estados Unidos en concepto de ayuda, mucho más de lo que cualquiera de nosotros hubiera podido imaginar. Pero yo comprendía que era importante que esos hombres supieran que si cambiaban sus armas por arados, tendrían su seguridad garantizada.

El 10 de mayo, en medio de un período de negociaciones intensas, tuve que marchar al extranjero en mi primera gira presidencial, para asistir a la toma de posesión del nuevo presidente de Costa Rica, Rafael Ángel Calderón Fournier. Rafael y yo somos parientes consanguíneos por dos vías distintas. Nuestros bisabuelos eran primos carnales por parte de los Barrios y por parte de los Muñoz. Rafael había nacido en Diriamba, Nicaragua. Su padre, Rafael Calderón Guardia, llegó a Costa Rica en calidad de exilado. Con el tiempo pidió la ciudadanía para su familia. Los periódicos concedieron mucha importancia al hecho de que dejara a Antonio, el ministro de la Presidencia, al frente del gobierno mientras yo estaba fuera. Para entonces todo el mundo sabía que mi vicepresidente, que era un político de más experiencia que yo, se había mostrado públicamente en desacuerdo con los compromisos que yo estaba realizando llevada por mi deseo de traer la paz a nuestro país.

Aunque yo había intentado llevarme bien con don Virgilio, era evidente que él y yo no pensábamos de la misma manera. Su deslealtad hacia mí había quedado demostrada en las numerosas entrevistas en las que había acusado a mi administración de cogobernar con los sandinistas. Rompiendo con el papel tradicional de los vicepresidentes de todo el mundo, don Virgilio decidió hacerme oposición desde dentro de mi propia administración. Lógicamente pensé que no podía dejarlo negociando al frente de mi Gobierno. Esa tarea se la encomendé a Antonio, en quien yo confié para que llevara adelante mi programa de gobierno tal como yo lo había previsto.

Por ser Antonio la persona en quien yo más confiaba, se convirtió en el blanco de todos los ataques a mi Gobierno. Creo que nos complementamos perfectamente. Como mujer madura, yo aportaba la capacidad pacificadora, la sensibilidad y el instinto político. Y él, como ingeniero y empresario, formado en las universidades de Georgia Tech y Massachusetts Institute of Technology, mostró una comprensión inmediata de lo que había que hacer para rescatar a Nicaragua de la guerra, el totalitarismo y la economía centralizada.

Antonio, como ministro de la Presidencia, utilizó el poder de su cargo para conformar un equipo de gobierno coherente, motivado y altamente profesional. Definió las estrategias precisas para lograr las metas que yo me había propuesto y desplegó una extraordinaria práctica de diálogo constante con todos los sectores que podían aportar o entorpecer la buena marcha de los asuntos públicos.

Durante la campaña, los dirigentes de la UNO intentaron en contra de mi voluntad que Antonio dejara de ser mi jefe de campaña. Ellos querían que formáramos un gran comité, y en caso de que ganáramos, compartir también la presidencia. Antonio dejó perfectamente claro que las campañas de éxito son las que se gestionan como si fueran empresas, con una persona al frente, delegando en los demás las diversas tareas.

En el sandinismo las consecuencias de la planificación a cargo de un comité central habían sido una mala experiencia para Nicaragua. No podíamos cometer los mismos errores.

A finales de mayo las organizaciones sindicales sandinistas se pusieron en huelga. Para presionarnos, los trabajadores del gobierno se apoderaron de todas las oficinas y departamentos del Estado, incluyendo el Banco Central de Nicaragua. El Instituto Nicaragüense de Telecomunicaciones y Correos (TELCOR), nos cortó los servicios telefónicos, el Instituto Nicaragüense de Acueductos y Alcantarillados hizo lo mismo con el agua. El suministro de energía eléctrica fue mantenido por el Instituto Nicaragüense de Energía, pero todas las funciones administrativas quedaron suspendidas. El aeropuerto apenas funcionaba. Managua quedó paralizada.

Los sandinistas controlaban todos los sindicatos del Estado preparados para oponerse a la nueva administración con el pretexto de que querían un aumento de salario o unas mejores condiciones de trabajo. Los sindicatos estaban situados en el seno de la estructura administrativa del país. Su plan consistía en librar una guerra burocrática y administrativa contra la economía para impedirme la democratización de Nicaragua.

Se trataba de una situación destinada a intimidarnos. Pero yo siempre llevo conmigo la imagen del cuerpo de Pedro, martirizado como el de Jesucristo, la imagen de la sangre que Pedro derramó para redimir a Nicaragua, y eso me indica el camino que tengo que seguir con el fin de alcanzar la dignidad para nuestro país. Hacía ya tiempo que había aceptado la muerte de Pedro como testimonio del tipo de compromiso para con la patria que debemos asumir todos los que queremos una Nicaragua libre y democrática. No voy a permitir, por tanto, que unos pocos me impidan cumplir mi promesa para con el pueblo nicaragüense. Sólo la muerte podría lograrlo. Además, pensaba que a pesar de mostrarse muy audaces y agresivos, los sandinistas no representaban a la mayoría de los nicaragüenses.

La crisis laboral aumentó según se fueron uniendo a la protesta trabajadores de hospitales, maestros, trabajadores de la construcción y otros. Un total de 30.000 empleados del gobierno habían parado la actividad de todo el país.

Mientras eso ocurría, el director de la Contra, el comandante

Rubén, que estaba negociando con nosotros en Managua, anunció que 18 contras habían sido reportados muertos por la Comisión de Derechos Humanos. Inmediatamente mandó a las tropas de la Contra estar alertas. Según él, tenía información de que fuerzas militares del gobierno avanzaban hacia las zonas de seguridad. Rubén dijo que no se podría responsabilizar a los contras si resurgía la guerra.

Por un momento sentí que estábamos entrampados. Contras y sandinistas se estaban poniendo en rebeldía, unos por una razón y los otros por otra.

Yo había decidido que la lección que deseaba enseñar a mis compatriotas nicaragüenses era la de la paz y no la de la violencia. Deseaba erradicar totalmente la idea de que la resolución del conflicto pudiera reducirse a cuatro palabras: destruir a tu enemigo. Por el contrario, los conflictos pueden y deben resolverse mediante el diálogo civilizado. Necesitábamos hacer comprender a la gente que las huelgas y los disturbios sólo servían para afectar negativamente a las condiciones socioeconómicas del país. En todas nuestras discusiones, el mensaje era siempre el mismo: «Sin paz, no puede haber prosperidad.» Conseguimos un cierto equilibrio adicional indicándoles a los trabajadores del gobierno que nosotros y no Daniel Ortega éramos los que administrábamos el presupuesto nacional, y que apreciaríamos mucho su cooperación para la reconstrucción de Nicaragua. Pero hasta que no despedimos a los dirigentes sindicales, y de hecho decapitamos el movimiento sindical, no se logró avanzar ni pacificar la situación.

En junio funcionaban ya todos los ministerios, aunque seguía existiendo una notable desconfianza entre los antiguos y los nuevos empleados. Con el tiempo eso cambiaría.

En nuestro núcleo familiar, la situación estaba cambiando también. Mi hijo Pedro Joaquín, que había dedicado los últimos años a colaborar con la Contra, se dedicaba ahora a promocionar Nicaragua en Taiwán. Durante la campaña electoral había conseguido recaudar importantes fondos entre la comunidad nicaragüense en Miami. Y ahora, a petición de los taiwaneses, pidió irse a Taiwán durante un año entero para abrir una nueva embajada en dicho país.

Mundo, el marido de Claudia, tenía un escaño en el poder legislativo. El plan era que volvieran a instalarse en Nicaragua. Pero en septiembre Marcos Tolentino, su tercer hijo, de diez años de edad, cayó enfermo. En Houston se le diagnosticó leucemia. Fue un golpe demoledor, pero al mismo tiempo Claudia descubrió que estaba embarazada de Mateo Cayetano, mi noveno nieto, lo que nos dio también algunas razones para sentirnos alegres. Mundo permaneció durante algún tiempo en Nicaragua con sus otros hijos, hasta conseguir un empleo en el Banco Interamericano de Desarrollo (BID); entonces la familia entera se trasladó a Washington, donde se podía prestar a Tolentino la mejor asistencia posible.

Comenzó entonces un período de nuestras vidas personales centrado en torno a ayudar a Tolentino. El cáncer transforma las vidas de la gente, sobre todo cuando lo que se ve amenazado es la vida de un niño. En un primer momento se nos dijo que se trataba de una modalidad leve de leucemia; el diagnóstico era bueno. Pero un mes después nos dijeron que las células cancerígenas de Tolentino incluían el llamado cromosoma «Philadelphia», resistente a la quimioterapia. Nuestra única esperanza radicaba en encontrar un donante de médula ósea. La búsqueda comenzó de inmediato.

Para mi desolación, un exiliado nicaragüense en Miami que goza de influencia en la comunidad lanzó una campaña contra Tolentino. Sugirió que no era correcto prestar ayuda a mi nieto, ya que yo no había respondido a las exigencias de que todas las propiedades confiscadas fueran inmediatamente devueltas a sus propietarios. ¡El niño estaba condenado a la muerte y a ellos les parecía correcto mezclar eso con la política!

No se encontró jamás un donante para Tolentino. Los médicos decidieron trasplantar médula ósea de su propio cuerpo. Durante algún tiempo mostró signos de mejoría, pero muy pronto resultó evidente que no había nada que la ciencia pudiera hacer para ayudar a Tolentino salvo proporcionarle una cierta tranquilidad y comodidad antes de que falleciera. Claudia le contó a Tolentino la verdad. Al igual que Pedro, mi nieto no podía soportar la mentira.

Tolentino se enfrentó a la muerte con la misma decisión y

valor que había caracterizado toda su vida. Su parecido con Pedro era asombroso. Había alcanzado tal grado de madurez que a veces yo tenía la sensación de estar hablando con un adulto. Nunca hablaba por hablar. Era un gran pensador.

Pero siempre mostró gran preocupación por mi salud y mi situación política. Algunas veces intentó incluso aconsejarme. Tenía un corazón muy noble. Lo que más le molestaba de tener que morir tan joven era que nunca tendría ocasión de hacer algo por la sociedad. Pero como Claudia le señaló acertadamente, hay mucha gente que vive muchos años y sólo los utiliza para hacer desgraciados a los demás; Tolentino, por el contrario, estaba condenado a vivir una vida muy corta, pero que dejaría una marca imborrable en nuestros corazones.

Lo que aprendí de mi nieto es que el amor nos fortalece y debería guiar todas nuestras acciones.

Durante los cinco años siguientes, hasta la muerte de Marcos Tolentino, intenté ayudar a mi hija a enfrentarse a su enfermedad y a la pena que le causaba. Al final, ella se convirtió en su propia fuente de fortaleza.

En *La Prensa*, Cristiana seguía siendo la directora del periódico. Con el tiempo terminaría encontrándose en una situación muy difícil como hija de una dirigente electa y esposa de un funcionario del gobierno, sobre todo teniendo en cuenta que su marido era el pararrayos de mi gobierno. Al igual que Antonio, se dudaba de su objetividad cuando intentaba aferrarse a la oposición centrista que siempre había mantenido. Además, ninguno de los miembros de la Junta Directiva comprendía o estaba de acuerdo con mi política de reconciliación nacional. Descargaron sobre Cristiana su oposición a mi administración, como si fuera parte interesada en mi gobierno y no una mujer con pensamiento propio e independiente, como son todos mis hijos. Ninguno de ellos ha cambiado jamás su forma de pensar por mi influencia. Durante todos los difíciles años de opresión sandinista, fue Cristiana quien se mantuvo a mi lado luchando por *La Prensa*. No obstante, después de la campaña electoral, ese hecho quedó totalmente olvidado. Enfrentaron a mi hijo Pedro Joaquín con ella. Al final, a mis dos hijos Pedro y Cristiana, por ser hijos de la presidenta, los apartaron de las decisiones importantes del periódico. Paradójicamente, en el periódico creado por Pedro, por el que murió y el que yo financié personalmente cuando se vio sumido en la ruina a causa de Somoza, ahora no hay espacio para mis hijos que a la par mía lo sacaron adelante en los momentos más difíciles.

En *Barricada*, la suerte de Carlos Fernando no fue muy distinta. Durante los últimos diez años había estado al servicio del partido sandinista. Ahora pensaba que la situación se había invertido. Dirigentes del partido como Daniel, Bayardo Arce y Tomás Borge sugirieron que la recién encontrada objetividad de Carlos Fernando contenía grandes dosis de parcialidad en favor de la presidenta, su madre.

No podían aceptar el hecho de que Carlos Fernando creyera firmemente que Nicaragua se había convertido en una sociedad más abierta, competitiva y democrática y que, para que un diario sobreviviera, incluso fuertemente subvencionado, como *Barricada*, tenía que dejar de ser el portavoz del partido sandinista. Tenía que ofrecer calidad periodística.

Mi hijo estaba evolucionando. Durante ese año maduró enormemente. Se casó con Desireé. Tuvieron dos hijos, Luciana Fernanda y Andrés Eugenio, que tienen ahora cinco y tres años respectivamente. Todos los domingos vienen a mi casa a comer y se reúnen con sus otros primos, los hijos de Pedro Joaquín y los de Cristiana. En la oficina de Pedro comparten conmigo los acontecimientos de la semana.

Debido quizás a la democracia que yo he construido y a esas reuniones familiares, Carlos Fernando y Desireé han cambiado mucho o puede que ahora piensen como lo hacen los padres y se pregunten qué tipo de mundo están creando para sus hijos. Por tanto, deben llegar a la conclusión de que necesitamos construir una paz duradera que se eleve por encima del partidismo y contribuya al desarrollo económico del país. Aunque siguen siendo sandinistas, se apartaron de los Ortega.

El 28 de junio de 1990, en San Pedro de Lóvago, el mismo sitio en el que Pedro había sido rescatado por la Virgen durante la invasión de Olama y Mollejones, 18.000 miembros de la resistencia depusieron sus armas, y la Contra dejó de existir como movimiento armado. Óscar Sovalbarro, el comandante Rubén, dijo que el nuevo lema de los contras era «Paz y trabajo». Afirmó: «Desde este momento, y aunque la administración de Violeta Chamorro no cumpla sus promesas, no habrá más guerra. Defenderemos nuestros derechos por medios cívicos y políticos.» En un gesto simbólico, el comandante Franklyn me entregó su arma. La acepté y le prometí ponerla en mi museo privado, el estudio de Pedro. Como madre y como nicaragüense, me sentí extremadamente feliz de que por fin hubiera llegado ese día.

El cardenal Miguel Obando y Bravo ofició una misa. Dijo que había llegado el momento de enterrar la violencia en Nicaragua. Sugirió que el desarme de los contras debía verse seguido por todo el país y por la reducción de las fuerzas militares sandinistas.

En los días que siguieron aproximadamente 3.000 ex contras se establecieron en las zonas de desarrollo. 22.000 siguieron dispersos.

Por el otro lado, para calmar la agitación y amenazas de los sandinistas, invité a un diálogo nacional, llamado la Concertación, para que en conjunto ordenáramos las prioridades del país. La organización sindical sandinista prometió que durante doscientos días se abstendrían de realizar huelgas o tomas de empresas del tipo que fueran. Y, lo que es más importante, aceptaron dar su apoyo a nuestro plan económico, que incluía una serie de medidas destinadas a sacarnos del desastre económico en el que estábamos sumidos. Durante 1990 se habían producido hasta sesenta devaluaciones de nuestra moneda nacional. Teníamos una tasa de inflación del 55.000 por 100.

COMENZAMOS 1991 con el apoyo de la comunidad internacional y del Fondo Monetario Internacional, un plan de estabilización económica que incluía un ajuste estructural fuerte. Como primera medida, devaluamos el córdoba un 400 por 100. Luego ajustamos los salarios y fijamos el valor del córdoba en 5 por 1 dólar.

Estas medidas se vieron seguidas por un llamamiento a poner fin a los subsidios gubernamentales, los controles de precios, los créditos desregulados y la emisión indiscriminada de moneda por parte del Banco Central para cubrir nuestros déficit fiscales.

Redujimos el número de empleados del gobierno de 280.000 a uno aproximado de 80.000 trabajadores, con un Plan de Conversión Ocupacional que daba a los empleados del gobierno la posibilidad de jubilarse voluntariamente a cambio de un año de paga y de financiamiento para poner en marcha sus propios negocios. Fue un proceso más lento y más costoso que el de despedir directamente a la gente. Costó casi 200 millones de dólares durante un período de dos años. Pero tuvo dos ventajas. Una fue la de evitar los resentimientos y conflictos; la otra evitar el aumento de la tasa de desempleados que ya alcanzaba el 65 por 100. En unos pocos meses, la inflación empezó a descender a un ritmo del 6 por 100 al mes.

Luego decidimos acabar con los monopolios estatales. Aprobamos una ley de banca privada y extendimos permiso a seis nuevos bancos, para que pudieran funcionar y competir lo más agresivamente posible con los bancos propiedad del Estado.

También aprobamos una ley sobre inversiones extranjeras que aseguraba que quienes invirtieran en Nicaragua pudieran repatriar libremente sus capitales y sus ganancias. Favorecimos las exportaciones y autorizamos la creación de una zona industrial de libre comercio. A continuación vino la privatización de 107 empresas. Durante toda una década esas empresas habían sido muy poco productivas y habían representado una carga para el presupuesto de la nación. En manos privadas contribuirían a la creación de un entorno empresarial más competitivo y eficiente. Pensé que al fin habíamos puesto la base para iniciar nuestra recuperación económica. Me sentí especialmente contenta cuando Pedro Joaquín me informó del interés de los taiwaneses por invertir en Nicaragua en áreas tales como el turismo, la industria y las explotaciones madereras.

Estaba llena de esperanzas de mi pequeña Nicaragua cuando, el 15 de abril de 1991, partí para Washington para realizar una visita oficial a la Casa Blanca. La invitación fue un gesto del presidente Bush, muy significativo para nuestros dos países después de todos esos años en los que Nicaragua no había sido bien vista en Washington, y habían sufrido continuos embargos y bloqueos.

Desde el mismo momento en que aterrizamos en Miami, recibí un tratamiento muy ceremonioso, hasta el punto de resultar casi embarazoso. Ernesto Palazio, nuestro embajador en Washington, vino en un avión oficial a recogernos. Volamos hasta el aeropuerto Dulles en Washington, donde nos estaban esperando un helicóptero para trasladarnos directamente al centro de la ciudad. Aterrizamos en medio de un campo cercano a la Casa Blanca. Luego nos montaron en una flota de limosinas y partimos a toda velocidad, con las sirenas de nuestra escolta policial abriéndonos camino.

Recuerdo que era un día despejado y soleado de primavera, por lo que en Washington todo estaba en plena floración. La gente de las aceras nos saludaba. Era curioso cómo respondían a la visión de aquella caravana motorizada. Me imagino que las dimensiones de la misma les hacían creer que delante de ellos pasaba alguien más importante.

NOS condujeron a Blair House. Todos los caminos que conducían a la mansión estaban adornados con banderitas de Nicaragua. Aquella noche ofrecí en Blair House una cena en honor de los líderes del Congreso. Resultó todo de lo más elegante. Blair House es una mansión bastante hogareña, pero también un lugar lleno de historia. Los bustos de Lincoln y Jefferson le miran a uno desde lo alto de sus pedestales. Después, sola en mi habitación, me pregunté cuánta gente había dormido en mi cama.

El resto de la jornada lo dedicamos a intercambios oficiales y protocolarios en la Casa Blanca con el presidente Bush y el secretario de Estado James Baker. La cuestión más candente era el caso que Nicaragua había ganado contra Estados Unidos ante el Tribunal Internacional de La Haya en relación con el minado de puertos nicaragüenses. El caso había sido sometido al tribunal por Daniel Ortega durante su presidencia. Pero ahora yo tenía que tomar la decisión de si seguir adelante con él o no. Estados Unidos era una nación claramente amistosa hacia nuestro país, por lo que yo había decidido desistir de presentar reclamación alguna.

Aquella noche hubo una recepción en mi honor en la Casa Blanca. Cristiana, Antonio y yo fuimos invitados a tomar una copa con los Bush en el apartamento de la primera familia del país. Estaban presentes varios de los hijos de los Bush. También estaba su perro. Durante algún tiempo, Pedro y yo habíamos tenido un par de pastores alemanes ganadores de varios concursos. Me gustan los perros, pero nunca les permitimos que entraran en la casa. Debo reconocer, sin embargo, que la Casa Blanca estaba llena de cierta calidez y que aquel animal cubierto de pelo y con manchas en la piel rompía graciosamente con el protocolo establecido para esos eventos. El presidente Bush, siempre cariñoso y efusivo hacia mí, me dio las gracias por el regalo que le había entregado, una gran piedra pintada en estilo «naïf» que representaba una aldea nicaragüense en lo alto de una colina. Después nos invitó a salir junto con su familia al balcón del pórtico sur. Nunca olvidaré la vista del río Potomac al atardecer y del monumento a Washington. Pero lo que más me impresionó fue la unión de la familia Bush.

Mientras todo esto ocurría, en la planta de abajo empezaban a congregarse los invitados para la cena.

Algunas semanas antes se me había pedido que elaborara una lista de invitados. No sé cómo funciona la oficina de protocolo, pero sólo se invitó a unas cuantas de las personas que yo había deseado estuvieran presentes.

Aquella noche había muchas estrellas de cine, como Sylvester Stallone, y algunas de ellas eran nicaragüenses famosos como Bárbara Carrera, que trabajaba en una película con James Bond, pero con los que yo no me había encontrado nunca. También estaba presente el boxeador nicaragüense Alexis Argüello. Había sido muy maltratado por los sandinistas. Me imagino que quienes trabajan en la oficina de protocolo pensaron que me gustaría ver a esas personas.

No puedo negar que la experiencia resultó interesante. Un par de hombres jóvenes con casacas rojas, como soldados romanos, anunciaron con trompetas nuestra entrada en la sala. Pensé que todo resultaba algo irreal: la sensación de poder y esplendor, la gente que nos atendía con aquel porte tan perfecto y el pelo cuidadosamente cortado a cepillo... Cualquier viajero le hubiera echado un vistazo al lugar y luego se hubiera marchado pensando: ¡Qué gran sociedad es ésta!

Lo que resulta tan extraordinario en Estados Unidos es que

todos sus grandes líderes parecen haberse preocupado por el mañana, por hacer su país grande para sus hijos y para sus nietos. Supieron ver su papel dentro de un marco histórico, como algo que iba más allá de sus plazos de vida. Y así, cada paso que dan lo miden y sopesan pensando en el mejor bienestar de la sociedad.

Incluso hoy en día, creo que los presidentes norteamericanos piensan en cómo se les verá cuando hayan transcurrido varios siglos. Nosotros morimos, pero nuestros actos son inmortales. Ésa es la forma en la que yo veo mi presidencia, como algo destinado a abrir caminos para futuras generaciones.

Volví a Nicaragua para recibir en visita oficial al Rey y a la Reina de España. La Madre Patria, como algunos llaman a ese país, se había mostrado muy dispuesta a cooperar con mi administración. Soldados españoles formaron parte de las fuerzas pacificadoras de las Naciones Unidas, ayudando a desarmar a la Contra y a pacificar Nicaragua. Además, con motivo del Quinto Centenario del «Descubrimiento» de América, España casi adoptó el mantenimiento histórico de joyas arquitectónicas en ciudades de Granada y León. Sin mostrarnos sumisos, después de todo no somos súbditos de la Corona española, sí queríamos honrar a nuestros reales huéspedes.

En el continente europeo, Sus Majestades, como se les denomina, me imagino tienen que seguir la pompa y el protocolo. Pero en el trópico se mostraron mucho más informales. Así, cuando el Rey y la Reina descendieron del avión con la corona del Reino de España pintada en la cola, me apresuré a recibirlos hasta la escalinata del avión, les di un beso y un abrazo y de la mano procedimos a la revisión de tropas, brindarles honores, discursos y todo lo demás. Reconozco que ése es mi estilo personal y que en realidad no puedo cambiarlo.

LLEVO diecisiete años participando en la vida pública. Todo el mundo que me rodea tiene ya una cierta idea de quién soy y de qué represento. Entre el personal que me rodea hay una especie de autocontrol y de autocensura. Saben con qué cosas no estaré nunca de acuerdo, y por tanto rara vez me las plantean. Conocen las cuestiones sobre las que me muestro totalmente inamovible.

Por ejemplo, no estoy a favor de programas que promuevan el aborto como método de planificación familiar. Soy pacifista. Rechazo la violencia de cualquier tipo y el sufrimiento de los demás. Mi respeto por los derechos humanos nace del corazón. Mi creencia de que Nicaragua debe seguir siendo un país independiente, libre de cualquier intervención, constituye un pilar de nuestra política exterior. Eso se traduce en una defensa agresiva de nuestras fronteras territoriales y marítimas. En todos los foros internacionales me he mostrado categórica a este respecto. Rechazo la intervención exterior en mi país. Lógicamente se deduce de ello que no apruebo las invasiones de otros países, sean de Panamá, de la isla de Granada o de cualquier otro lugar. No soporto las dictaduras y preferiría no mantener relaciones con ninguna de ellas. Rezo por tanto todos los días para que en la isla de Fidel surja una Violeta que cambie las vidas de los oprimidos. A un nivel más personal, creo que, una vez que he dado mi palabra y por poco importante que sea la promesa que encierra, estoy obligada a mantenerla. También estoy segura de que mis ayudantes se sienten en ocasiones molestos porque suelo escribir en trocitos de papel recordatorios de cosas que tengo que hacer por personas a las que he conocido. Creo que se nos ha puesto en la Tierra para ayudar a los demás. Ése es el núcleo de todo lo que hago.

Como cualquier ejecutivo, he delegado en Antonio y en mi Gabinete los detalles del gobierno. Todos ellos sin excepción son magníficos profesionales procedentes de carreras de éxito en el sector privado. Los elegí porque son inteligentes, porque han demostrado un sentido de lealtad, organización y eficiencia. Me considero como la persona responsable de fijar el programa para mi administración. Yo proporciono el liderazgo y la inspiración. Asisto a todas las reuniones importantes, consulto con mis asesores, intento alcanzar un consenso y, si éste está de acuerdo con mis propios puntos de vista y principios, les digo que sigan adelante.

No soy ninguna intelectual. Pero sé unas cuantas cosas de sentido común. Pasé los años anteriores a mi llegada al poder con la gente común de mi país, en Amayo y en la ciudad de Rivas. Sé cómo piensa la gente de la calle, porque yo soy una de ellos. La gente quiere tener su tierra, plantar su maíz, criar su ganado en total libertad. Es una aspiración llena de dignidad. No necesito ser economista para comprender que nuestra economía de libre mercado es la mejor forma de asegurar el desarrollo y el progreso.

Cuando estábamos poniendo en marcha el programa de estabilización económica, una de las cosas más difíciles que mi gabinete me pidió que hiciera fue salir al extranjero y pedir dinero. No lo había hecho nunca antes y todavía no me gusta hacerlo. Pero sabía que no tenía más remedio que hacerlo en bien de mi país. Una de las razones importantes de mi visita a la Casa Blanca fue pedirle al presidente Bush más ayuda para el año siguiente. Así lo hice, y amablemente él me lo prometió. Pero no fue siempre seguro. Al parecer el Congreso y el Departamento de Estado querían que yo avanzara más rápido en los cambios de lo que podía. No estaban de acuerdo con la presencia de Humberto Ortega en el Ejército y creían que debía reformar el ejército y la policía más rápido de lo que lo estábamos haciendo. El propio Bush nunca me dijo nada de eso. Se mostró en todo momento respetuoso y afable. Pero Dan Quayle sí me dijo que, en su opinión, estaba permitiendo que mi gobierno se comprometiera demasiado con los sandinistas. Le expliqué que estábamos todavía licenciando a gente del ejército y que estaba en marcha un conjunto de reformas tanto para la policía como para el ejército. Esas reformas no podían efectuarse sin la cooperación de figuras sandinistas clave. Tenían que ser discutidas y apoyadas por ellos.

No creo que Estados Unidos y mis adversarios se dieran cuenta de hasta qué punto Nicaragua había llegado a ser un país violento (un «polvorín», decía yo), debido al número de armas de fuego en manos de la población y los intereses antagónicos.

El antídoto para la violencia no es más violencia. Estoy totalmente segura de ello. La paz tiene que construirse mediante actos diarios de tolerancia, juego limpio y legalidad. Incluso si mis interlocutores no seguían esas reglas, yo como dirigente estaba obligada a hacerlo.

Mi objetivo era el de crear un país en el que la gente respetara el imperio de la ley, y un gobierno que operara dentro de los parámetros estrictos de la Constitución. Incluso si la Constitución era imperfecta por haber sido redactada por un partido cuyos objetivos eran los de ampliar su poder, debía ser respetada hasta poder cambiarla mediante un consenso. Y si por esa actitud la gente creía que yo era débil, que lo creyeran.

Aunque seguimos realizando grandes avances en el desmantelamiento de la resistencia, había muchos que insistían en seguir fuera de todo control. Con el tiempo, algunos, como aquel que se denominó «El Indomable», se convirtieron en delincuentes que aterrorizaban a la población campesina. Para los que preferían llevar una vida desordenada de crímenes y delitos, nada de lo que pudiéramos hacer resultaba satisfactorio. Acusaban a mi administración de darle la espalda a sus necesidades.

La realidad era muy distinta. Para diciembre de 1991 habíamos creado ya diecinueve zonas de desarrollo, que cubrían un área de aproximadamente 410.000 hectáreas para una población de diez mil ex contras, lo que equivalía a cuarenta y una hectáreas por hombre. Aproximadamente la mitad de ese terreno estaba en el sur, y la otra mitad en el norte.

Los ex combatientes estaban siendo ayudados por una organización cívica que actuaban como asesores, técnicos y administradores de las zonas de desarrollo. Con la ayuda de este grupo, los contras estaban empezando a transformarse lentamente en agricultores, produciendo una abundante cosecha de maíz, frijoles y diversos tipos de granos. También criaban cerdos, gallinas y vacas.

Algunas de las granjas se organizaron en forma de cooperativa, mientras que otras no. Se trataba de una decisión de carácter estrictamente voluntario. Los ex combatientes recibieron también formación profesional en actividades tales como la carpintería y la zapatería.

No contamos con que la mitad de los contras decidieron no establecerse en las llamadas zonas de desarrollo. Por tanto tuvimos que buscar terrenos y conseguir que ellos y sus familias recibieran pensiones y atención médica gratuita durante todo un año. Para satisfacer esas demandas invertimos 85 millones de dólares en programas sociales para los contras.

Nuestros esfuerzos para reconstruir la imagen de Nicaragua estaban empezando a dar resultados. Venezuela, México y Colombia nos condonaron un millón de los once millones de dólares que Nicaragua les debía. Luego pagamos 360 millones de dólares al Banco Mundial con préstamo a corto plazo. Eso abrió la vía para recibir nuevos préstamos por primera vez en siete años.

En ese mismo año 1991, nos presentamos ante el llamado Club de París (sus miembros son Estados Unidos, Francia, España, Alemania, Holanda e Italia) con el fin de renegociar los 830 millones de dólares de deuda exterior que los sandinistas habían dejado de pagarles. Estados Unidos nos condonó una parte de la deuda (260 millones de dólares). Después nos enfrentaríamos al problema de nuestra deuda para con la Unión Soviética, Checoslovaquia, Polonia, Irán, Brasil y América Central. Poco a poco estábamos empezando a encajar las piezas de nuestra quebrantada economía.

En Nicaragua veíamos 1992 como el año del despeque económico, siempre que lográramos controlar la violencia que azotaba nuestro país. Proclamé una amnistía para todos los grupos renegados, sandinistas o contras, que seguían viviendo al margen de la ley, aparentemente por razones políticas. «A partir de este momento, cualquiera que viole la ley», declaré, «será considerado como un delincuente y enviado a la cárcel». Para dejarlo perfectamente claro, los primeros trabajadores que se declararon en huelga mostrándose a favor de la violencia y ocupando empresas fueron desalojados a la fuerza y encarcelados temporalmente.

En el legislativo, un grupo de sandinistas encabezado por Sergio Ramírez formaron una facción independiente, y Daniel los condenó airadamente calificándolos de oportunistas y relacionándolos con mi hijo Carlos Fernando, que seguía trabajando en *Barricada*. Se sometió por tanto a Carlos Fernando a una gran presión para que renunciara. Pero se negó a marcharse hasta que lo despidieron.

Daniel Ortega y su grupo seguían siendo un problema. En el decimotercer aniversario de la Revolución sandinista, en la gran plaza de Managua se reunieron veinte mil personas para escuchar a Daniel lanzar amenazas contra nuestro plan de estabilización económica. A sus discursos se sumaban los universitarios, reclamando para las dos universidades propiedad del Estado el 6 por ciento del presupuesto nacional y de todas las donaciones que pudieran efectuarse. Por otro lado, en la Asamblea Nacional comencé a tener problemas.

Un ex aliado nuestro, Alfredo César, acusó a mi gobierno de que entregábamos parte de la ayuda norteamericana a los sandinistas. Sus comentarios hicieron que el senador Jesse Helms y un miembro de su personal, ambos ultraderechistas convencidos, insistieran en que se retrasara la concesión de la ayuda norteamericana por valor de cien millones de dólares mientras se investigaban las acusaciones de Alfredo. La acción de Alfredo perjudicó más al pueblo de Nicaragua que a mi administración. Una vez concluida la investigación, no se procedió a la entrega de los tan esperados 100 millones de dólares de ayuda de Estados Unidos, porque mis nuevos adversarios habían ido a Washington a insinuar que mi gobierno no estaba dispuesto a realizar cambios en las filas de la policía y el ejército.

Consecuentemente, los miembros de la delegación investigadora dieron a entender que querían que en ese momento destituyera a los máximos jefes de ambos cuerpos como condición para soltarnos la ayuda. Obviamente, mi escuela al lado de Pedro me impedía aceptar condicionamientos o imposiciones de algún país extranjero.

Como cabía esperar, el año terminó de manera desastrosa. Habíamos previsto un despegue económico que apenas tuvo algún índice positivo, con un crecimiento registrado del 0,5 por ciento.

Para mí, las reformas del ejército y de la policía debían ser con el consenso de ellos y de la sociedad. El caso de Nicaragua es mucho más complejo que el de un país comunista que transita hacia la democracia. Que yo sepa, somos el único gobierno civil que ha reducido de 80.000 hombres a 15.000 un ejército que constituyó el brazo armado de un partido derrotado en unas elecciones libres. Checoslovaquia, ahora dividida entre la República Checa y Eslovaquia, espera poder reducir el ejército de un 5 a un 10 por ciento al año a lo largo de un período de diez años. Su plan es mucho menos ambicioso que el nuestro. Nosotros redujimos el ejército en un 80 por ciento en sólo dos años. Si se tiene en cuenta que, junto a esa reducción, profesionalizamos e institucionalizamos el ejército, puede considerarse como un auténtico milagro.

Cuando se compara Nicaragua con los países del antiguo bloque del Este, creo que es justo decir que, cuando dieron el salto desde el comunismo a la democracia, esos países lo hicieron en condiciones de relativa paz. Sus guerras y confiscaciones habían tenido lugar cincuenta años antes de su liberación, por lo que ya se habían curado las heridas provocadas por esos disturbios sociales. En Nicaragua teníamos que realizar nuestras reformas en un ambiente muy polarizado. Las heridas de la guerra estaban todavía frescas en los corazones y mentes de nuestro pueblo. Nuestra Revolución tenía sólo diez años. Cuando asumí la Presidencia, los sandinistas seguían todavía expropiando. Las personas que habían sufrido esas medidas seguían vivas y resentidas por la injusticia que se había cometido con ellas. En Bulgaria, en Alemania del Este y en la ex Unión Soviética, la propiedad privada se había confiscado cincuenta años antes. Los propietarios originales estaban en la mayoría de los casos muertos. Los que querían reclamar la propiedad eran sus hijos o sus nietos. Se sentían emocionalmente distanciados del tema. No existía un compromiso sentimental tan fuerte y directo como el que se daba en Nicaragua.

La promesa que yo había repetido durante toda mi campaña era la de que concederíamos títulos legales de propiedad de la tierra a los contras desmovilizados y a los miembros licenciados del ejército. En lo que se refiere a las confiscaciones, pensaba que la única solución consistía en crear un tribunal especial dotado de poderes para revisar todas las reclamaciones. Todos aquellos que consideraban que sus propiedades habían sido injustamente confiscadas intentaban recuperar sus tierras en la medida de lo posible. Las compensaciones exigían dos cosas: había que crear una oficina para fijar un valor correcto a las tierras confiscadas y había que conseguir fondos mediante la venta de activos estatales. Pero, ¿quién puede querer comprar propiedades obsoletas o en malas condiciones? Se trata de un proceso bastante largo, que de hecho todavía continúa.

Me consideraba moralmente obligada a responder a las demandas de aquellos cuyas propiedades habían sido confiscadas.

Mi administración había hecho cuanto estaba en su mano para hacer avanzar el proceso. El problema afecta directamente al 20 por 100 de la población, e indirectamente nos afecta a todos nosotros.

En relación con el problema de la propiedad, los poderes del Gobierno se vieron enfrentados unos a otros. El ejecutivo se enfrentó con el legislativo, el legislativo con el judicial, etc. Aunque es saludable que los poderes de gobierno sean independientes unos de otros, la falta de consenso entre nosotros tuvo consecuencias paralizantes en algunos períodos de mi gobierno.

En medio de la lucha de poderes, Antonio se esforzó diligentemente por conseguir los 100 millones de dólares de ayuda norteamericana. La ayuda llegó finalmente, como regalo navideño.

En diciembre, cuando las arcas del gobierno estaban totalmente vacías y estábamos a punto de declararnos en situación de emergencia económica, recibí una llamada del presidente Bush en la que me informaba que los 100 millones de dólares estaban ya en camino.

El año nuevo 1993 se anunciaba turbulento. La permanencia de Humberto en el ejército sería el centro de toda la controversia. De manera no oficial, Humberto había hecho saber que se marcharía en 1996. Pero en diversas reuniones privadas con él le dije que, en mi opinión, había llegado ya el momento de que se fuera. Se había reducido el tamaño del ejército y se había profesionalizado; los contras se habían movilizado. Su presencia al frente del ejército sólo servía para polarizar más al país.

Así, el 2 de septiembre de 1993, en el trigésimo aniversario de la fundación del ejército, ante los miembros de mi gabinete, representantes del Estado, otros funcionarios, oficiales del ejército y el Cuerpo Diplomático, anuncié que en 1994 el general Humberto Ortega se retiraría del ejército.

Los oficiales del mismo saltaron de sus sillas, algunos de ellos gritando. Daniel Ortega se vino contra mí y me dijo: «¿Quién cree que es usted?» «Se cree la dueña de Nicaragua».

Yo me quedé algo sorprendida ante la reacción, ya que creí haber dado pruebas suficientes a Humberto de que iba a dar ese paso. Pensaba que Humberto había aceptado su destino. Pero también creo que, a nivel emocional y cotidiano, le resultaba muy difícil aceptar que había un poder superior al suyo. Estoy segura de que el hecho que el poder estuviera en manos de una mujer que carecía de auténtica experiencia política no contribuyó a facilitar su subordinación al poder civil.

Desgraciadamente, en aquella ocasión Humberto tuvo la sensación de que yo lo había avergonzado frente a sus hombres y ante toda la nación, al anunciar su retiro. Él dijo que yo no se lo había advertido, lo cual no era cierto porque tres veces se lo dije en tres conversaciones privadas donde sólo estábamos él y yo.

Dejando a un lado mis propios sentimientos heridos, acepté, días más tarde, reunirme con él para encontrar una salida honorable a su situación. Yo no estaba dispuesta a retroceder. Pero él quería salvar la cara. Decidimos que, en diciembre de 1994 nombraría a un nuevo comandante en jefe del ejército y daría a Humberto dos meses para realizar la transición. Como yo dije, sería sustituido en 1994 y entregaría en 1995.

Preocupada por las advertencias de nuestro embajador en Washington en el sentido de que la ayuda para 1993 podía ser suspendida, di instrucciones a Antonio para que en marzo de 1993 viajara a Washington y presionara personalmente a la nueva administración Clinton, el Departamento de Estado, el Consejo de Seguridad Nacional, el Senado, la Cámara Baja y las distintas agencias multilaterales.

Yo no podía comprender las señales confusas que me llegaban desde Estados Unidos. Creía que si en Rusia Boris Yeltsin hubiera logrado el tipo de profundas transformaciones democráticas que yo estaba introduciendo en Nicaragua, todo el mundo se habría mostrado complacido. Pero en lo que a mí se refería, el hecho de que mi política, por un lado rompiera la unidad monolítica de los sandinistas y por otro dividiera a la UNO, se consideraba un problema.

En Washington, Antonio intentó explicar las repercusiones políticas que tendría la retirada de la ayuda para 1993. Les dijo: «Cuando un miembro importante de la comunidad internacional le da la espalda al pueblo de Nicaragua e incumple sus compromisos para con nuestro país, la autoridad de Violeta Chamorro y su capacidad para introducir cambios se ven sustancialmente reducidas. La extrema derecha y la extrema izquierda endurecen sus posiciones, y en nuestra sociedad se generan una nueva ola de intolerancia. Se rompe el consenso y se abren las vías para la intolerancia y la violencia.»

Las palabras de Antonio demostraron ser casi proféticas. En agosto de 1994, un grupo de 150 ex contras, al mando de un guerrillero llamado El Chacal, se alzó tomando como rehenes a cuarenta y una personas que formaban parte de una comisión especial del gobierno para el desarme. Entre ellas había algunos legisladores sandinistas. Entre otras cosas, el grupo de El Chacal exigió la renuncia inmediata de Humberto Ortega y un aumento de la ayuda para la resistencia desmovilizada.

A modo de represalia, un grupo de ex oficiales del ejército que se llamaban a sí mismo Comandos para la Dignidad, secuestraron a treinta parlamentarios de la UNO mientras celebraban una sesión privada. Entre los rehenes figuraba Virgilio Godoy, vicepresidente de la República.

Aquello fue una prueba de que la violencia sólo conduce a más violencia. La situación a la que nos enfrentábamos no podía ser más triste y decepcionante. Decidí dirigirme a la nación y formular un llamamiento para poner fin al odio, la violencia y la intolerancia que albergábamos en nuestros corazones.

En Estados Unidos un grupo de nicaragüenses formó una comisión que pidió a la Casa Blanca que intercediera en la resolución del problema. No recibieron ninguna respuesta, salvo expresiones de solidaridad por parte del presidente y de la señora Clinton. Siempre he afirmado que debemos resolver los problemas entre nosotros mismos. Así pues, mandé llamar a los líderes de la UNO y del FSLN, incluyendo a Daniel Ortega. Acordamos condenar conjuntamente a los dos bandos responsables de aquellas acciones y colaborar para la liberación inmediata de los rehenes.

Pasarían cinco días antes de que nuestras negociaciones con los dos bandos opuestos dieran resultados y se produjera la liberación de los rehenes. Llegaron al extremo de humillarlos obligándolos a posar ante los fotógrafos en ropa interior.

Cuando los legisladores reanudaron sus funciones, se enfrentaron al desafío de redactar una nueva Constitución. Durante los últimos tres años, la reforma de la Constitución había sido objeto de grandes controversias, por cuanto la última había sido en 1987 por un congreso controlado por los sandinistas en unos momentos en los que parecía como si fuera a gobernar Daniel Ortega para siempre. La Constitución daba al Ejecutivo poderes fuertes frente al Legislativo, el Judicial y la Contraloría, y convertía constitucionalmente al Ejército en una institución del partido FSLN. La disparidad de puntos de vista existente amenazaba con convertir las discusiones prácticamente en una guerra de opiniones. Por tanto, nosotros en el poder ejecutivo acordamos con una mayoría legislativa que la reforma debería ser producto de un consenso entre ambas partes.

Poco tiempo después de que empezaran esas reuniones, Sergio Ramírez, Luis Humberto Guzmán, Alfredo César y varios dirigentes de la UNO y del FSLN en conjunto, decidieron darle la espalda al Ejecutivo y hacer una Constitución que concedía al Parlamento poderes omnímodos. En cierto sentido, el legislativo proporcionaría a los sandinistas lo que siempre habían deseado: la posibilidad de «gobernar desde la sombra».

Los parlamentarios centraron la discusión pública en el tema de las inhibiciones para Antonio Lacayo, que consideraban un fuerte candidato a la presidencia en las próximas elecciones. La nueva Carta Magna decretaba que no podrían aspirar a la presidencia en unas elecciones libres y justas los parientes del presidente en cuarto grado de consaguinidad o que estuvieran o hubieran estado casados con algún hijo o hija de la actual presidenta.

En el fondo las inhibiciones eran una cortina de humo al hecho de que la nueva Constitución descompensaba el equilibrio de poderes.

Para simplificar la discusión, Antonio sugirió que separáramos las restricciones en contra suya del resto del paquete de medidas y que negociáramos con los legisladores las cuestiones que afectaban al gobierno. Él se encargaría de defender sus derechos ciudadanos como simple ciudadano.

En noviembre de 1994 una serie de reformas parciales a la Constitución superó una primera votación. Estaba previsto que se celebrara una segunda votación a comienzos de 1995. Aunque representaba una mejora sustancial con respecto a la primera versión, seguía conteniendo errores constitucionales, que sólo favorecían al Congreso y debilitaban al Ejecutivo y a los otros poderes del Estado.

A comienzos de febrero de 1995 se aprobó la nueva Constitución. Yo había pedido diez días de discusión antes de su ratificación, pero se votó en contra de esa propuesta mía. Seguía teniendo la opción de veto. No obstante, decidí no ejercer ese derecho.

Humberto Ortega se retiró del Ejército el 21 de febrero de 1995, en una ceremonia tranquila. Nombré al general Joaquín Cuadra para sustituirlo. Cuadra es el primer comandante en jefe del Ejército nombrado por un presidente civil en toda la historia de Nicaragua.

Ese mismo año se celebró en París una exitosísima reunión del Grupo Consultivo para Nicaragua. En ese encuentro la delegación nicaragüense, presidida por Antonio Lacayo, consiguió compromisos por 1.500 millones de dólares para el período 96-98, lo cual me aseguró dejar el camino preparado y despejado para cualquier gobierno que ganara las elecciones del 96.

El 7 de septiembre se despidió Antonio del Gabinete, para dedicarse por completo a la organización del partido Proyecto Nacional, que él mismo creó para continuar mi labor.

Hacia finales de 1995 realicé un último esfuerzo por convencer a Su Santidad Juan Pablo II para que viniera a visitarnos en Nicaragua. Le había escrito ya muchas cartas. Después que publicó su última encíclica, en la que defiende la vida y ataca la cultura de la muerte, le rogué que viniera a América Central para pronunciar personalmente su mensaje. Así es como se produjo el viaje.

Esperaba que su presencia traería esperanza, unidad y un objetivo o propósito a nuestro país. Cierto día de diciembre, el cardenal Miguel Obando y Bravo vino para decirme que el Papa le había manifestado: «Sí, quiero ir a Nicaragua. Dios mediante estaré allí el 7 de febrero.» Pusimos inmediatamente en marcha nuestros planes para recibirlo.

A las 8 de la mañana del 7 de febrero yo estaba en el aeropuerto con el Cuerpo Diplomático, mi Gabinete en pleno, el comandante en jefe del Ejército, general Joaquín Cuadra, y los obispos de la Conferencia Episcopal, esperando la llegada del papa Juan Pablo II desde Guatemala. Nos acompañaban miles y miles de personas. Un gigantesco estandarte decía: «Juan Pablo II, Nicaragua te recibe con amor y los brazos abiertos.»

Cuando su avión aterrizó y se detuvo finalmente en la pista, la gente cantaba: «Un Dios, un amor, una Iglesia.»

Yo estaba esperando al Papa al pie de la escalera, pensando: «Bendito sea el Señor; mi sueño se ha hecho realidad.» La verdad es que, cuando nos abrazamos, fue debido a un movimiento súbito e instintivo por parte de ambos. A pesar de lo que se ha dicho, no lo besé en la mejilla. Él me saludó con un beso en la frente. Yo me sentí confusa y apenada. Le expliqué que, en Nicaragua, nuestras emociones desbordan a veces el protocolo, y le pedí que por favor nos perdonara. Pero él indicó a sus ayudantes que se retiraran y me apretó firmemente la mano.

Los dos, vestidos ambos de blanco, permanecimos solemnemente en pie escuchando a una banda militar tocar el himno de nuestra república. Después se dispararon 21 cañonazos.

En mi discurso de bienvenida en el aeropuerto informé al Papa de la felicidad que experimentábamos al poder expresar por fin de forma libre y abierta el amor que sentíamos hacia él como «el Vicario de Cristo en la tierra y símbolo de unidad y perdón». La última vez que nos había visitado se le había mantenido largo tiempo de pie bajo un sol inclemente, mientras Daniel Ortega pronunciaba un largo discurso sobre la guerra con los contras.

Durante su homilía, el Papa habló de la importancia de los valores familiares. Dijo que cuando se ignoran, se socavan los cimientos de la sociedad. La familia es el laboratorio humano en el que se forman los individuos. El bienestar de toda una nación depende de la moral que logramos enseñar a nuestros hijos. Habló de paz y de reconciliación y nos animó a confiar en el perdón.

No estoy intentando compararme con el Santo Padre, pero ésos eran los mismos temas de mis discursos. Pensé: «Dios mío, no me he equivocado.»

En algunos momentos, el Papa improvisaba con respecto al texto previamente preparado. Dijo que, en su última visita, Ni-

caragua era como un polígono de tiro al blanco para las super-
potencias. Recordó: «En 1983 celebramos en Nicaragua el Santo
Sacrificio de la Misa en una noche oscura. Hoy brilla un sol resplandeciente en Nicaragua... Han cambiado muchas cosas en Nicaragua... Los habitantes de Nicaragua pueden gozar ahora de
una auténtica libertad religiosa.» Añadió: «Recuerdo la celebración de hace trece años. Se hacía ruido. Una grande noche oscura. Hoy se ha hecho la misma celebración eucarística del sol.
Se ve que la Providencia Divina está actuando.» Pensé: Este hombre es un caballero que comprende nuestra realidad.

Aquel día celebró la Eucaristía bajo el sol. Cuando elevó en
sus manos el Cuerpo de Cristo, se produjo tal silencio que se
podía escuchar el ruido del viento. Los asistentes no pronunciaron ni una palabra. Todos estaban rezando en silencio por la paz
y la unidad para todos nosotros. Fue algo increíble. Las lágrimas
se deslizaban por mis mejillas. No sé si alguien me vio o si me
criticaron por sacar el pañuelo y secarme las lágrimas, pero no
podía dejar de pensar en su última visita y en la hora triste de
la consagración, cuando las turbas habían cantado a coro: «No
pasarán, no pasarán», con los puños levantados.

Nunca me canso de repetir que a lo largo de toda mi vida
lo que me ha sostenido es la fe en Dios. No creo que sea una
cuestión de ser católica o no. Pero la fe del tipo que sea ejerce
un impacto positivo sobre la vida de una persona.

Tras la misa en la plaza, el Papa se reunió en privado con el
Cardenal y otros altos dignatarios de la Iglesia hasta últimas horas de aquella tarde, cuando llegó el momento de su partida.

Le pregunté al Papa qué pensaba de mi familia. Dijo que lo
que estuvo en otros tiempos desunido ya no lo estaba. Le contesté: «Gracias, gracias, Santo Padre. Mis sueños se han hecho
realidad.» Él añadió: «No te preocupes, Violeta; estamos juntos.
Siempre rezo por ti, por tu familia, por tu pueblo.» Cuando formulé al Santo Padre la pregunta sobre mi familia, no me refería
únicamente a Pedro Joaquín, Claudia, Cristiana y Carlos Fernando. Incluía a mi gran familia, la formada por todos los nicaragüenses. Creo que, como mis propios hijos, mis compatriotas han
madurado y desarrollado poco a poco una tolerancia cada vez

mayor hacia las respectivas diferencias. Aquel día nos sentimos enormemente felices.

Todo funcionó tan bien que el Cardenal y yo apenas podíamos creerlo.

Antes de marcharse, el Papa expresó su pena por no poder quedarse más. Dijo: «Volveré», y me regaló una paloma de la paz hecha de bronce. Lleva una inscripción que dice: Nicaragua, 7 de febrero de 1996.

Epílogo

Es realmente un motivo de orgullo y satisfacción haber contado la historia de mi país después de haber liderado en ella un hermoso proceso de pacificación y democratización particularmente difícil, que ahora puedo sintetizar a manera de epílogo. Siempre recordaré que en 1988 vivíamos la guerra más intensa del continente americano, nuestra economía había entrado en agonía después de reducir su producción en un 38 por 100 durante los diez años anteriores. Gran parte de nuestros mejores talentos estaban enfrascados en la confrontación o habían salido al exilio, producto de un gobierno totalitario y centralista.

Pero en 1990, el gobierno sandinista, presionado por los pueblos centroamericanos, la comunidad internacional y una mayoría de nicaragüenses democráticos, tuvo que ofrecer un proceso de elecciones libres. Nosotros, la oposición democrática, tuvimos la visión y la valentía de aceptar el reto. Desde entonces, nos embarcamos en una triple transición, quizás única, como dijo el ex presidente Sarney y ciertamente difícil, arriesgada y agotadora.

Transitamos de la sociedad polarizada y confrontada, regida por un gobierno dictatorial, a la sociedad tolerante, reconciliada y en libertad, estableciendo un gobierno democrático y profundamente respetuoso de los derechos fundamentales. Transformamos una economía altamente centralizada, estatizada, deteriorada, desarticulada, hiperinflacionada y endeudada, para reemplazarla por una nueva economía social de mercado, con estabilidad de precios, y orientada al desarrollo sostenible y equitativo.

Un tercer aspecto de dicha triple transición fue el tránsito de la guerra, el armamentismo y el militarismo a la paz, la destrucción de armas y la inserción de los ex combatientes a la vida civil y productiva del país.

En esta difícil misión hemos tenido que vencer obstáculos de todo tipo, desde las primeras asonadas en las calles de Managua y las tomas de carreteras en numerosas partes del país, hasta los cortes de ayuda económica por parte del anterior gobierno de Estados Unidos; dificultades como el rearme de grupos de ex combatientes de ambos bandos que pulularon por todo el territorio nacional por espacio de tres largos años, inclementes sequías y otras características naturales que diezmaron nuestras cosechas, bajísimos precios del café en los mercados internacionales y onerosos pagos por servicio de la deuda externa heredada; y escollos como la fragilidad misma de nuestras instituciones democráticas y la debilidad de nuestras capacidades organizativas y administrativas en las esferas del Gobierno.

Ahora, sin embargo, la situación es a la vez mejor y más desafiante. Mejor por cuanto, al igual que el mundo en su conjunto, Nicaragua ha consolidado la paz y la democracia, ha logrado iniciar la etapa del despegue económico, y ha dado testimonio del vigor de su sistema democrático logrando un proceso electoral regional del Atlántico en febrero de 1994 y elecciones generales en 1996.

Al finalizar mi gobierno obtuvimos un crecimiento de nuestra producción agropecuaria en un 18 por 100. Sin embargo, el desafío sigue siendo grande, porque, al igual que todas las democracias nuevas o restauradas, Nicaragua necesita consolidar su democracia política y desarrollar paralelamente su democracia económica y social en la búsqueda de una mejor redistribución de la riqueza que alivie a nuestro pueblo del flagelo de la pobreza.

El proceso de transición

Nuestro proceso representa una de las cosechas más jóvenes del nuevo orden mundial que se está construyendo, y la mejor esperanza para el nuevo siglo que se avecina. De nosotros mismos y de las lecciones que saquemos de este proceso de transición, dependerá el futuro de la nueva sociedad internacional desarrollada y libre que todos esperamos se consolide.

En la última década hemos visto ocurrir profundas transformaciones alrededor del mundo, que desbordaron los alcances de los primeros cambios ocurridos en Europa del Este. Aquello fue sólo el inicio de una intensa marcha por la democracia, que ha sido nuestro principal propósito.

La democracia, en medio de la diversidad de pueblos, culturas y costumbres, se ha impuesto como un valor de contenido universal y es el que mejor refleja las aspiraciones de nuestras sociedades.

En estos diez últimos años, muchos mitos han caído para siempre. Yo tengo fe en que nunca más el Estado se alzará nuevamente sobre el individuo, imponiendo su voluntad arbitraria. Tampoco las dictaduras de un solo hombre o de un solo partido anularán las voces de nuestras sociedades nacidas para expresar libremente sus ideas y elegir libremente a sus gobernantes.

La fe en el sistema democrático no debe ser un dogma inalterable. Debemos ser conscientes de que la democracia puede y debe renovarse y perfeccionarse constantemente donde ya existe, y además apoyarse decididamente donde se está construyendo.

El sistema democrático de gobierno es el único modelo que asegura un marco de libertades para encontrar soluciones a los problemas políticos, económicos y sociales que a diario enfrentan nuestras sociedades.

Hoy en América Latina estamos hablando sobre cómo recoger nuestras experiencias y fortalecer la democracia a través de las prácticas de un gobierno eficiente y efectivo que, a la vez que practique la transparencia administrativa, promueva la incorporación plena de la sociedad civil al proceso de desarrollo nacional y fortalezca las instituciones democráticas.

Al mismo tiempo, en Centroamérica estamos hablando de un modelo regional de desarrollo sostenible, que partiendo de sistemas democráticos comunes, nos permita alcanzar los beneficios del desarrollo, sin destruir los recursos naturales que debemos dejar como herencia a las nuevas generaciones.

Gran parte de la humanidad está viviendo con esperanza estos procesos de transición. Sin embargo, no hay plena conciencia de la gran importancia que tiene que la comunidad internacional contribuya más activamente a consolidar estos procesos emergentes, para lograr un orden mundial verdaderamente estable.

La lucha que libran las democracias nuevas o en vías de consolidación es tarea de todos, y tal vez la más urgente en la agenda de la paz y la seguridad internacional.

Si el nuevo orden mundial no incorpora como actores principales a nuestras democracias y no nos apoya en su afianzamiento, no se habrá logrado consolidar la democracia forjada a finales de este siglo, que constituye la principal garantía para un sistema internacional renovado y justo. Democracia y desarrollo son los nuevos nombres de la seguridad internacional.

Creo que es un deber fundamental destacar el vínculo de solidaridad democrática que debe unir a las antiguas y a las nuevas democracias para forjar un destino común. Junto al concepto de solidaridad democrática debemos incorporar el valor de la reconciliación nacional entre nuestros pueblos.

La inmensa mayoría de las democracias nuevas tenemos que vivir procesos de transición en medio de condiciones internas adversas y en un ambiente internacional y nacional que con frecuencia pareciera olvidar lo complejo de estos procesos.

En algunos casos, como en Nicaragua, el tránsito de un modelo totalitario a un modelo pluralista se produjo en un país que no ha tenido instituciones y prácticas democráticas, lo que conduce a que nuestro proceso sea vulnerable y frágil, expuesto a los riesgos del retroceso. En otros casos, estas transiciones se producen en países con una historia de polarización e intolerancia, lo que hace más difícil afianzar el diálogo y la negociación como mecanismos idóneos para preservar una convivencia pacífica.

Nicaragua es un claro ejemplo del grado extremo de complejidad de los procesos que pueden vivir las democracias nuevas. Asumí el poder el 25 de abril de 1990, como resultado de las elecciones donde el pueblo nicaragüense, con la presencia de observadores de todo el mundo, votó por un cambio definitivo y democrático. Lo hice con la convicción de que la principal misión de mi gobierno debía ser lograr una verdadera reconciliación nacional y sentar las bases para instaurar en mi país, de manera irreversible, una verdadera democracia.

Con orgullo quiero decir que tomé la decisión de romper para siempre con el odio y los rencores entre nicaragüenses que nos había impedido crecer y prosperar en esta bella tierra llena de grandes valores humanos y riquezas materiales.

Ahora puedo afirmar con toda convicción, después de cumplir mi período de gobierno, que en Nicaragua, como en otros países de Centroamérica y del mundo que están en proceso de transición, sin reconciliación no es posible establecer una verdadera democracia, de igual manera que sin un proyecto democrático genuino, como el que impulsamos en mi país, no se puede llevar a cabo un proceso de reconciliación verdadera.

Debemos volver la vista atrás en nuestra historia para comprender la importancia que tiene la reconciliación para la formación de nuestro proceso democrático. Los nicaragüenses, a lo largo de nuestra vida independiente, hemos vivido en constantes luchas por el poder; hemos resuelto nuestras diferencias por las armas y hemos excluido el diálogo como forma de resolver nuestros problemas.

En el pasado las plataformas de los partidos políticos no se utilizaron para ejercer el libre juego democrático ni el debate de ideas, sino como una expresión de rivalidades que tradicionalmente se definieron por la vía de la exclusión y la fuerza.

Nuestra historia había girado en torno a un círculo de violencia y revanchismo que nos había impedido vivir en armonía y desarrollarnos a través de programas de gobierno que representen los intereses de nuestro pueblo.

Esta historia condujo a los nicaragüenses a tener visiones polarizadas que no beneficiaron a las grandes mayorías. Por largo tiempo vivimos de espaldas a una convivencia democrática, capaz de brindar espacios políticos a todas las tendencias.

Las guerras civiles, las revoluciones, los golpes de estado, la supresión de las libertades fundamentales de hombres y mujeres y la concentración del poder como base para destruir el adversario político fueron episodios muy dolorosos de nuestra historia, llena de dictaduras, destierros, exilios y expropiaciones, desde el siglo pasado hasta los años recientes.

Las luchas por el poder después de la independencia, agravadas por los actos de intervención, fueron creando un país dividido, incapaz de comunicarse en torno a posiciones nacionales comunes.

Por eso me propuse reconciliar Nicaragua, lo que significa recuperar para mi pueblo la paz, la libertad y la democracia. De esa misma manera asumí, con responsabilidad patriótica, por encima de intereses partidarios, la gran tarea de sacar adelante a mi país de la postración política, moral, económica y social en que había caído durante las últimas décadas.

Triple transición

Para ello era necesario impulsar una política de unidad nacional que nos permitiera construir una nueva Nicaragua, y era necesario comenzar a fortalecer nuestra naciente democracia a través de tres ejes fundamentales: asegurar la paz a través de un verdadero proceso de reconciliación nacional, transformar nuestra economía, para garantizar bienestar a nuestro pueblo y consolidar el Estado de derecho y las libertades públicas, para garantizar la democracia de manera irreversible.

Primero pasamos de la guerra a la paz. En los dos primeros meses los integrantes de la desaparecida Resistencia Nicaragüense procedieron a su desmovilización. Un total de 22.000 combatientes entregaron sus fusiles automáticos a las fuerzas de ONUCA que Naciones Unidas organizó con el apoyo de otros miembros de la comunidad internacional.

Inmediatamente procedimos a la reducción del ejército de nuestro país, y en sólo tres años pasamos de ser el ejército más grande y temido de la región centroamericana, con 87.000 hombres, a ser el más pequeño de todos, con sólo 15.000 hombres al día de hoy, lo que sin duda alguna constituye un récord que incluso ha servido de estímulo a otros países.

En este transcurso de la guerra a la paz, promovimos también la desmilitarización de nuestra sociedad. En paralelo a los miles de armas destruidas por ONUCA durante la desmovilización de la Contra, nuestro Gobierno inició una extraordinaria campaña para promover el desarme de los civiles, y tan sólo en los primeros catorce meses compramos de la gente más de 47.000 fusiles automáticos y 32.000 explosivos de todo tipo, para destruirlos en presencia del pueblo y cimentar las bases de una sociedad pacifista y fraterna.

Y en lo que constituye la más clara muestra de la primacía del poder civil sobre el poder militar, también logramos la reducción del presupuesto militar en un increíble 80 por 100, en sólo tres años. Esto refleja la madurez de un ejército que, habiendo sido firme en la guerra, es ahora audaz en la paz; y que, habiendo sido parcial y partidario cuando gobernaba en Nicaragua un partido, lo convertimos en nacional, bajo el ejemplo y el liderazgo de un gobierno nacional, comprometido con promover la reconciliación de los nicaragüenses y la unidad de la nación.

Para transitar de la guerra a la paz tuvimos que crear foros de diálogo y de negociación que nos permitieron no sólo la desmovilización de más de 22.000 personas alzadas en armas, sino su integración a la vida productiva.

Por primera vez en Nicaragua se redujo el gasto militar en 10 puntos por debajo de nuestro producto interno bruto, para invertirlo en el área social, especialmente en educación y salud.

Esto no hubiera sido posible sin un auténtico espíritu de reconciliación y de fe en la democracia. Sólo bajo estos principios fue posible quemar y enterrar miles de armas que estaban en manos de civiles, abolir el servicio militar obligatorio, y desmantelar bases y unidades militares.

Consolidamos la desmilitarización enviando a la Asamblea Nacional el Código de Organización Militar para garantizar el funcionamiento del ejército de una manera profesional y apolítica, subordinándolo claramente al poder civil, separando la jurisdicción militar de la jurisdicción civil y fijando períodos claramente establecidos para el ejercicio de los altos cargos militares.

Paralelamente, pasamos de la centralización económica a una economía de libre mercado. De la hiperinflación más desenfrenada de América Latina pasamos a la estabilidad más alta en la región; simultáneamente logramos detener la caída de ocho años consecutivos en el producto interno bruto y generar un crecimiento del 13 por 100 en los últimos tres años de mi gestión.

Y conscientes de que cuando hablamos de economía hay que dejar hablar a los empresarios y expertos, cito textualmente al doctor Vittorio Corbo, coordinador de un equipo de especialistas contratados por la Agencia Sueca para el Desarrollo (ASDI), que dijo en 1993:

«En los dos últimos años, Nicaragua ha llevado a cabo un Programa de Estabilización muy exitoso que le permitió, en este breve plazo, reducir drásticamente su tasa de inflación de un 13.500 por 100 en 1990 a sólo una tasa en torno al 5 por 100 en 1992. Este éxito es más significativo por cuanto es el único caso en el período después de la Segunda Guerra Mundial de un país que pasó de una hiperinflación a una inflación de un dígito en sólo dos años.

»Lo más admirable aún es que esta estabilización ha estado acompañada de la puesta en marcha de un profundo programa de reformas estructurales, y con un crecimiento en el producto de un 0,4 por 100 en 1992, y después de casi una década de caída en el PIB. Este resultado es extraordinariamente favorable si consideramos lo difícil que ha resultado la transformación de las economías centralmente planificadas de Europa del Este y la ex Unión Soviética.»

Significa que en Nicaragua logramos la increíble hazaña de conseguir simultáneamente ajuste estructural en el verdadero sentido de la palabra, es decir, cambio de sistema económico, con estabilización casi perfecta y con crecimiento económico al mismo tiempo, en lo que constituye un récord difícil de encontrar en otras partes del mundo moderno.

Entre otras cosas abrimos el país a los bancos privados, que ya controlan casi el 80 por 100 de los depósitos del pueblo. Eliminamos los monopolios estatales de importación y exportación. Redujimos la burocracia estatal y el gasto público, y hemos privatizado centenares de importantes empresas azucareras, ganaderas, cafetaleras, algodoneras, arroceras, tabaqueras, industriales y comerciales, porque creo que el Gobierno está para gobernar, y pierde su tiempo cuando administra y promueve lo que otros saben y pueden hacer mejor.

Con el apoyo de la comunidad internacional, del Banco Mundial y del Banco Interamericano de Desarrollo, pagamos la mora que acumulamos con estos bancos por ocho años. Renegociamos la deuda externa con los países miembros del Club de París, y la disminuimos considerablemente con Venezuela, México, Colombia, Argentina y Estados Unidos.

El tamaño del Estado fue también reducido en este proceso de modernización y reformas institucionales, con el objeto de mejorar su eficiencia, pasando de 280.000 servidores públicos en el año 1990 a menos de 80.000 al final de mi gestión.

Todos estos cambios en la economía nos permitieron finalmente sentar las bases para el crecimiento económico de los próximos años.

Hay que reconocer que en nuestro proceso de reconstrucción económica uno de los factores más difíciles de manejar fue y sigue siendo el problema de la propiedad, heredado del gobierno anterior. La solución de este problema es compleja, pero esencial para el restablecimiento de los derechos de las personas y para el impulso de nuestra economía. Para eso establecimos procedimientos de revisión para restituir y compensar los casos en conflicto.

Y junto con el paso de la guerra a la paz y de la locura a la racionalidad económica, también logramos pasar de la sociedad dictatorial y totalitaria, a la Nicaragua abierta, democrática, respetuosa de las libertades individuales y del Estado de derecho.

En Nicaragua gozamos hoy de la libertad de expresión y de prensa, de la libertad de movilización y organización y hasta de la libertad de defender a Nicaragua o denigrar nuestras conquistas, como algunos ambiciosos desmedidos lo han hecho en los corredores del Congreso de Estados Unidos, o en las radios y periódicos de nuestro propio país, aprovechando la apertura que incluso excede a la de los países más estables.

Gozamos de real y total independencia entre los poderes del Estado, contando por primera vez en la historia de mi país con una Asamblea Nacional que durante mis siete años de gobierno gozó de completa independencia. No tuvo que mirar al Ejecutivo para seguir su consigna. Igual logramos una Corte Suprema de

Justicia absolutamente independiente y un Consejo Supremo Electoral de gran prestigio y profesionalidad.

Paz, Democracia y Desarrollo. Ése fue el compromiso de Violeta Chamorro en su campaña electoral y ésa ha sido mi lucha y mi desvelo. Y los indiscutibles logros que hoy aquí desplegamos en estas líneas, son la más clara muestra de la firme y tesonera voluntad política de un pueblo que parió la democracia, para que creciera grande y frondosa y se alimentara con la política de reconciliación y concertación, indiscutibles sellos de fábrica de la Nicaragua de hoy.

En Nicaragua también cambiamos del sistema totalitario a la democracia con el apoyo, a veces vacilante y crítico, de los que se oponían al sistema anterior, y con el apoyo a veces silencioso y tímido, de los que defendían ese sistema anterior.

Lo logramos a pesar de heredar una economía en bancarrota, con índices de inflación anual de cuatro dígitos. Lo hicimos a pesar de heredar una infraestructura destruida por el conflicto bélico y por el bloqueo económico. Lo realizamos a pesar de ciento setenta años de polarización encarnizada, de diez años de reciente guerra civil, de la absoluta falta de cultura democrática, y de la pobreza y el desempleo más duros de América Latina.

Todo este proceso de fortalecimiento de las instituciones del Estado garantiza la permanencia de un sistema democrático que comenzamos a implementar y espero siga perfeccionándose a partir de las elecciones de 1996.

Sin embargo, esta difícil y compleja triple transición la llevamos a cabo en medio de pobrezas, desempleo y toda clase de problemas sociales. Para hacerle frente, creamos una red social a fin de amortizar los duros impactos de la transición y para esto hemos tenido la mano amiga y el apoyo sostenido de la comunidad internacional.

Por otra parte, es necesario destacar que las transiciones se encuentran con problemas también de tipo cultural. Necesitamos enterrar la vieja historia de violencia y sustituirla con una cultura de paz y con una educación para la convivencia pacífica. Requerimos de una nueva generación de nicaragüenses educada en los valores democráticos; necesitamos una generación reconciliada.

En esta triple transición cabe destacar dos factores importantes: una voluntad de reconciliación y un espíritu de democracia permanente, como dos caras del mismo rostro de la nación. En el caso de Nicaragua, ambas caminaron unidas de forma inseparable. La reconciliación hizo posible la democracia y, a su vez, la democracia fortaleció la reconciliación.

Desde 1990 que iniciamos la democracia, cada vez que los nicaragüenses recurríamos al diálogo, nuestro país vivía con más esperanzas su proceso democrático. Por el contrario, cada vez que los nicaragüenses recurrían a viejas prácticas de violencia, nuestras instituciones democráticas y las posibilidades mismas de nuestra recuperación económica y social se veían afectadas.

Reconciliación en Nicaragua felizmente no ha significado el retorno a pactos de poder ni a componendas. Ha significado la posibilidad de hacer entrar en nuestra historia una corriente fresca de diálogo y de comunicación que no conocíamos antes y que constituye la mejor manera de preservar, fortalecer y desarrollar la democracia.

Hoy, los antiguos adversarios pueden debatir democráticamente sus posiciones en el seno de la Asamblea Nacional. Hay condiciones democráticas para que trabajen por sus comunidades en los consejos municipales y laboren conjuntamente para resguardar nuestro orden público.

Estos avances no habrían sido posibles sin el apoyo de la comunidad internacional, particularmente de aquellos líderes de gobiernos y representantes de organismos gubernamentales y no gubernamentales que han contribuido intensamente a forjar la nueva Nicaragua, que, con esperanza, debe seguir consolidando su proceso democrático bajo una nueva administración de gobiernos.

El 10 de enero de 1997 terminé mi mandato de siete años dejando instituciones sólidas y permanentes, incluyendo fuerzas del orden y seguridad cada vez más profesionales y apartidarias, así como un Estado de derecho fortalecido, en donde la justicia nunca más se debería inclinar ante los colores partidarios. Terminé mi mandato con el orgullo de haber sido la primera presidente de Nicaragua que en este siglo cumplió con un alto privilegio de orden democrático: LA TRANSMISIÓN DEL PODER A UN NUEVO PRESIDENTE CIVIL POR LA VÍA DEL VOTO, PARA QUE EN NI-

CARAGUA NUNCA MÁS SE IMPONGA LA VOLUNTAD ARBITRARIA NI EL AUTORITARISMO.

Puedo afirmar que desde 1990 la violencia ha experimentado un constante declive. Pero no se ha logrado erradicar del todo. En Nicaragua sigue habiendo mucha pobreza. Sigue habiendo mucha tensión social. La gente culpa de ello a mi administración. Pero no se debe echar la culpa sólo al gobierno. La pobreza, el desempleo y la violencia son cosas que debemos combatir juntos.

En el Norte sigue habiendo pequeñas bandas de delincuentes que se han negado a integrarse en la vida civil. Algunas personas insisten en vivir al margen de la ley. Les he ofrecido amplias oportunidades de hacerlo, incluyendo tres amnistías. Ahora corresponde al ejército la labor de reducir a esas personas.

En mis seis años en el cargo he llegado a comprender la necesidad de contar con un pequeño ejército. En el momento actual contamos con doce mil hombres en servicio activo y seis mil seiscientos policías. Costa Rica tiene treinta y seis mil hombres armados, casi el doble que nosotros, a pesar de ser un país que supuestamente carece de ejército.

El general Joaquín Cuadra Lacayo, nuevo comandante en jefe del ejército, me dice que todavía seguimos librando una guerra silenciosa.

Albergo grandes esperanzas de que alguna vez haya pronto una paz total. El búnker de Somoza y posteriormente baluarte de los sandinistas ha sido entregado recientemente al pueblo de Nicaragua para construir sobre él un parque nacional.

Aquel día se celebró una gran ceremonia y, mientras yo estaba sentada mirando más allá de la loma hacia la belleza del Lago de Managua y de los volcanes Momotombo y Momotombito, recordó mis sentimientos de hace ya tanto tiempo. La Loma de Tiscapa era un símbolo de sufrimiento conjunto. Ahora, lo que había sido un símbolo de poder opresor y un «pozo de aflicción», como lo había llamado el cardenal Obando, está destinado al disfrute del pueblo de Nicaragua.

Nos hemos convertido en una nación en la que no existe ningún poder por encima del poder civil.

Entregué al nuevo presidente una Nicaragua grande, como elemento indispensable para la estabilidad de la región centroamericana, y como pieza clave para la integración económica y política de una región que, luego de ser prototipo de la desintegración, da pasos firmes hacia un modelo que puede y debe ser ejemplo para otras regiones tercermundistas que merecen la democracia y el progreso, para beneficio de la paz y la estabilidad mundial.

ÍNDICE DE NOMBRES

Méndez Figueroa, María de los Ángeles: 22.
Milpas: 231, 256.
Ministerio de Medios y Comunicaciones: 262.
Misquitos: 20, 226, 260, 270.
Mollejones: 97, 100, 103, 111, 147, 187.
Monimbó: 161.
Moors Cabot, María: 139, 146.
Movimiento Democrático Nicaragüense (MDN): 164, 170, 173, 177, 235, 244, 250, 258, 259.
Movimiento de Liberación Farabundo Martí (FMLN): 227, 250.
Murillo, la Chayo, Rosario: 122, 124, 189, 192, 237, 327.
Murphy, John: 158, 162.
Nejapa Country Club: 251.
Newsweek: 320.
New York Times: 290, 320.
Nicaragua Hoy: 286.
Nixon, Richard M.: 124, 129.
North, Oliver: 291, 298.
Novedades: 105, 141, 213.
Nuevo Diario: 248, 344.
Núñez, Carlos: 225.
Núñez, René: 202.
Obando y Bravo, Miguel: 136, 143, 157, 172, 198, 200, 212, 236, 263, 267, 268, 270, 275, 284, 294, 303, 342, 360, 375, 378, 390.
OLP: 228, 251, 255, 256.
Olama: 97, 103, 111, 147, 187.
ONUCA: 384.
Open Tres: 186.
Organización de Estados Americanos (OEA): 175, 182, 191, 197, 199, 276, 283, 284.
Organización Mundial para la Libertad Democrática: 164.
Ortega, Daniel: 184, 203, 217, 227, 232, 237, 248, 254, 260, 261, 264, 265, 276, 279, 280, 282, 284, 287, 312, 320, 322, 323, 330, 336-338, 351, 356, 362, 371, 373, 374, 376.
Ortega, Daniel y Humberto: 137, 169, 189, 207, 225.

Ortega, Humberto: 169, 173, 197, 198, 214, 215, 221-223, 232, 253, 265, 267, 269, 277, 278, 299, 300, 328, 331, 340, 342, 343, 349, 352, 375.
Our Lady of the Lakes: 51.
Pacto Andino: 188.
Paguaga, Edmundo: 126.
Palazio, Ernesto: 362.
Parodi, Paula: 22.
Partido Comunista de Nicaragua: 240, 306.
Partido Liberal Independiente: 283, 307.
Partido Sandinista: 232, 335.
Partido Social Demócrata (PSD): 278, 229, 303.
Partido Socialista de Nicaragua: 304.
Pasos, Carlos: 97.
Pastora, Edén: 114, 172, 173, 194, 207, 214, 222, 270, 272, 273.
Patria Libre: 213.
Pedro Joaquín: 268, 298, 300, 301, 319.
Pellas: 176.
Peña, Silvio: 153.
Peñalba, Pierre: 173.
Pereira, Enrique: 57, 74, 165.
Pérez, Carlos Andrés: 96, 97, 156, 159, 162, 166, 169, 173, 183, 192, 194, 197, 198, 199, 223, 251-253, 269, 274, 301, 302, 310.
Pérez Aycinena, Evelio: 44.
Pérez Vega, Reynaldo: 162, 165, 211.
Perón, Juan Domingo: 83.
Pezullo, Lawrence: 177, 191-193, 201, 205, 216, 219, 245.
Pham Van Dong: 227.
Picado, Teodoro: 83.
Pío XII, Eugenio Pacelli: 85.
Plan Arias: 293, 294, 296, 297.
Plan de Conversión Ocupacional: 361.
Plasmaféresis: 141, 149.
Plaza de la República de Managua: 206.
Plaza de la Revolución: 206.